KB070224

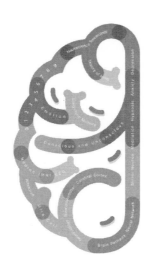

치료자를 위한
뇌과학
근거, 모델
그리고 실제 적용

C. Alexander Simpkins
Annellen M. Simpkins 공저

채규만 · 김지윤 · 정진영
전진수 · 채정호 공역

학지사

💗 역자 서문

최근에 심리치료 및 상담 기법이 근거 중심으로 접근하는 경향에서, 이제는 더 나아가 신경과학의 뇌 기능에 근거하여 심리치료 및 상담이 우리의 삶과 내담자의 삶에 어떻게 영향을 주는가로 한층 더 발달하고 있다. 즉, 뇌과학에 근거해서 내담자의 각종 심리적인 문제를 설명하고, 우리가 사용하고 적용하는 심리적인 기법이 뇌의 어느 부위에서 어떻게 작용하여 뇌에 어떤 변화를 일으키고, 결과적으로 내담자가 건강한 뇌를 회복할 수 있게 하는가를 설명하는 근거가 중요해졌다.

역자가 미국에 있을 때 임상심리전문가, 상담자, 사회복지사 등을 위한 심리 교육 기관에서 보수 교육에 대한 안내문을 많이 받았는데, 대부분의 주제가 신경과학을 포함하고 있었다. 예를 들면, 신경과학에 근거한 우울증 치료, 신경과학에 근거한 불안 및 중독 치료, 신경과학과 마음챙김, 신경과학과 EMDR, 신경과학에 근거한 외상치료 등 많은 심리치료가 신경과학과 통합적인 접근을 시도하고 있는 추세였다. 이 책을 번역하게 된 동기도 역자가 시카고 지역에서 참석한 신경과학에 근거한 우울증 및 불안증 치료에 관한 워크숍에서 신경과학과 마음챙김을 통합적으로 적용하는 것에 감명을 받아서였다.

이 책의 구성은 1부에서는 뇌의 기본 구조와 기능을 다루고, 2부에서는 신경과학적 접근 방법과 그에 관련된 용어 설명을 통해 신경과학에 대한 이해를 돕는다. 3부에서는 뉴런과 신경망 등에 관련한 신경생물학을 설명하고, 신경전달물질 등이 어떻게 작동하는지 알아보며 인간의 행동, 특히 뇌의 신경회로에 관한 내용을 살펴본다. 4부에서는 시간의 변화에 따른 뇌의 변화와 발달 과정을 다룬다. 5부에서는 심리치료를 위해 어떻게 뇌의 기능을 활성화하는지를, 6부에서는 뇌과학을 심리치료 현장에 적용하는 방법을 구체적으로 다룬다.

책의 내용은 치료자를 위해 알아보기 쉽게 쓰였다. 특히 임상이나 상담 전문가,

정신보건 사회복지사 및 간호사들이 이 책의 내용을 필독하고 숙지하면 현장에서 내담자에게 적절한 심리적 도움을 줄 수 있을 것이라고 확신한다. 역자가 이 책에서 습득한 내용을 상담에 적용하고 있는 예를 하나 소개하면 다음과 같다. 상담을 통해서 내담자를 변화시키는 과정은 기존의 심리치료 기법인 통찰력이나 공감만으로는 부족하며, 뇌의 가소성을 기반으로 뇌의 인지네트워크(cognitive network)를 활성화하고, 뇌에서 행동 변화를 위한 새로운 회로가 형성되기 위해서 내담자가 상담 중에 습득한 내용을 현장에서 실습하고 부단히 노력해야 한다는 것을 깨달았다. 역자는 내담자에게 자신의 생활 현장에서 상담 중에 습득한 기술을 적극적으로 활용해야 감정과 행동의 변화가 지속된다는 것을 항상 강조한다. 또한 내담자의 변연계에 관련된 외상, 상처나 정서적인 문제가 있으면, 정서적인 문제를 먼저 다루고 인지를 다루는 상향식(bottom-up) 접근을 취하지만, 변연계에 관련된 문제가 상대적으로 적으면 인지적인 접근, 즉 하향식(top-down) 접근의 입장을 취하고, 이러한 과정에서 수평적인 접근은 음악이나 미술 치료를 인지치료와 통합적으로 융통성 있게 접근하는 것으로 활용하고 있다.

치료자나 상담자들이 이 책의 내용을 숙지하고 현장에서 많이 활용하면, 자신들의 심리치료 기법과 기술을 좀 더 창조적으로 발달시키고, 우리나라 문화에 적합한 심리적 기법도 개발할 것으로 기대한다.

끝으로, 이 책을 번역하는 데 같이 참여해 주신 전진수, 정진영, 김지윤, 채정호 선생님께 심심한 감사를 표한다. 정진영 선생님은 1, 2, 3, 8, 14, 20장을, 김지윤 선생님은 4, 6, 11, 12, 13, 17장을 도맡아 번역해 주었다. 전진수 선생님은 5, 7, 16, 18장, 채정호 선생님은 9, 10, 15장 번역에 힘써 주셨다. 특히 김지윤, 정진영 선생님이 여러 차례 교정 과정에서 보여 주신 통 큰 기여에 감사를 드린다.

2021년
역자들을 대표하여
채규만 드림

💙 저자 서문

심리치료는 전통적으로 사고와 감정과 함께 마음을 다루어 왔다. 어떤 치료는 몸 건강이 정신 건강을 증진시킬 수 있다는 것을 인정하면서 신체와 함께 작용하기도 한다. 그러나 최근의 신경과학 연구는 당신의 치료에 추가할 수 있는 새로운 차원을 공개했다. 즉, 뇌와 신경계를 통한 광범위한 확장이다. 우리는 당신이 뇌를 깊이 생각할 수 있도록 여기로 초대하려 한다. 흥미로운 신경과학이라는 새로운 렌즈를 통해서 내담자를 이해함으로써, 발견과 잠재력으로 채워진 방대하고 새로운 보물창고에 당신의 치료적인 민감성을 집중하게 할 것이다. 당신이 뇌를 변화시킬 수 있는 방법을 배운다면, 치료에 새로운 차원을 추가할 수 있을 것이다.

뇌-마음-몸-환경의 네트워크

뇌는 인간의 심리적인 경험에 어떻게 관여하고 있을까? 뇌-마음-환경의 상호작용을 하나의 네트워크로 고려해 보라. 어떤 활동은 뇌의 특별한 부위에서 국지화되고 있지만, 그 효과는 복합적인 방식으로 다차원적인 시스템 전반에 걸쳐 파급효과를 발휘한다.

어떻게 이런 일이 발생할 수 있을까? 당신이 지금 이 책을 읽고 있는 방 주위의 모든 방향에 전체적으로 그물망이 펼쳐져 있다고 상상해 보라. 투명한 보석이 그물망의 모든 면에서 빛을 발하고 있다고 시각화해 보라. 각 보석은 모든 다른 보석을 반사해 주고, 이렇게 반사된 빛은 세계의 모든 방향으로 무한히 퍼져 나간다. 이러한 아름다운 이미지는 고대 불교 화엄사상과 『대방광불화엄경(Flower Garland Sutra, Avatamsaka Sutra)』에서 기인한 것이다. 이는 모든 것을 포괄하고 항상 상호작용하는 인드라망(Indra's Net)으로, 마음, 뇌, 몸과 환경이 하나의 네트워크로서 기능하는 것과 상당히 유사하다.

　당신은 문제가 심리적인지, 생물학적인지, 환경적인지, 그중 하나를 선택할 필요가 없다. 왜냐하면 어떤 의미에서 모든 문제는 어느 정도 상호작용하고 있는 네트워크의 모든 면을 포함하고 있기 때문이다. 심리적인 장애들은 독특한 개인, 상황 그리고 문제에 따라서 이 모든 관점을 통해 접근할 수 있다. 인드라망의 은유에서 제시한 것처럼, 상호작용하는 다른 측면들이 그 현상을 만들어 낸다. 치료는 네트워크에 있는 어떤 지점에서 시작할 수 있고 그곳에서부터 효과를 낼 수 있다. 당신이 이처럼 풍성한 관점들을 당신의 치료에 통합하려고 시도하는 것은 치료에 새로운 차원을 추가하는 것과 같다.

　치료는 뇌를 비롯하여 마음, 몸, 사회적인 환경 등 다차원에서 이루어진다. 두 가지 차원을 통해서 단순하게 치료를 재구조화하는 익숙한 방식 대신에, 다차원적인 네트워크를 마음속에 아로새겨 좀 더 광범위하게 사고하도록 당신을 초대한다.

신경가소성

　뇌는 마음을 변화하게 할 수 있지만, 마음과 경험 또한 문자 그대로 뇌에 구조적인 변화를 가져올 수 있다. 최근의 뇌 연구에 따르면, 뇌는 지속적으로 변화한다고 밝혀졌다. 신경가소성은 일생을 통해서 이루어진다. 이러한 현상은 치료에 아주 바람직한 현상이다. 당신은 마음-뇌-환경에서의 유연성이 어디에서 일어나고 있는지와 그것을 치료적으로 어떻게 활용할 수 있는지를 발견하게 될 것이다. 당신은 이와 같이 적어도 다른 차원의 수준에서 내담자들을 위한 개입을 실시할 수 있다. 즉, 뇌의 신경망을 긍정적으로 변화시키기 위해서 감각적·운동적·인지적·정서적으로 개입할 수 있다. 『치료자를 위한 뇌과학』은 당신이 개입하기 위해 어떻게 접근할 것인가를 보여 줄 것이다.

　이 책은 당신에게 최근의 모델, 방법, 기법 그리고 신경과학에서 발견된 내용들을 제공해 줄 것이다. 당신은 이미 임상 훈련을 받았고 민감한 치료자이기에, 뇌에 관한 지식을 활용하고 변화를 촉진하기 위해서 당신이 소유한 민감성을 매끄럽게 적용할 수 있는 유일한 위치에 있다. 신경과학 연구자들은 당신과 같은 임상적 경험을 항상 가지고 있지는 않으므로, 그들은 당신처럼 신경계의 작동 방식을 이해한 후 즉각적으로 치료기법에 적용할 방법을 개발해 낼 역량을 갖기는 어렵다.

이 책의 활용 방법

　이 책의 목표는 세 가지이다. 첫째, 우리는 뇌에 관한 명확한 안내서, 사전에 신경과학에 대한 훈련이 없는 사람도 분명하게 이해할 수 있는 안내서를 제공해 주려는 소망이 있다. 우리가 선택해서 제공해 주려는 정보는 임상적으로 관련이 있고, 더 깊이 파고들고 싶을 때 무엇을 찾아봐야 하는지 알 수 있도록 도와줄 것이다. 둘째, 우리는 새로운 뇌과학을 당신이 치료하는 데 통합할 수 있도록 구체적인 실습을 동반한 기술과 방법을 제공한다. 셋째, 우리는 주체적 학습(second-order learning)이 가능하게끔 당신이 치료에 적용하기 위한 개입법을 개발하기 위해서 뇌를 공부하는 방법을 배우게 할 것이다. 뇌과학과 치료 사이를 연결하는 가이드라인을 개발해서 새로운 연구 결과와 미래에 발견한 결과물들을 당신이 치료 작업에 통합하도록 하는 것이다. 당신의 치료적 접근을 신경과학이 유익하게 쓰이도록 우리가 제공하는 제안 사항들, 방법과 실습을 토대로 당신의 치료적 접근을 구축해 나갈 것을 진지하게 희망한다. 이와 같은 통찰이나 실습을 자유롭게 적용하기 바라고, 이 과정에서 당신이 더 나아갈 수 있기를 바란다.

　각 장은 연구 결과를 명료하게 언급하고, 이를 어떻게 임상 현장에 적용할 것인가를 제공하고 있다. 우리는 바로 사용할 수 있는 실습법과 기법들을 제공하는데, 이 방법들을 당신의 방식과 내담자들의 독특한 개성에 맞게 변형해서 자유롭게 적용하라.

이 책의 구성

　제1부의 제1장은 도입부로서 주요 혁신가들과 그들의 괄목할 만한 발견들이 담긴 신경과학의 흥미로운 역사로 시작한다. 제2장은 모두가 명확하고 좀 더 이해를 잘하기 위해 용어를 공유할 수 있도록 신경과학의 언어를 소개한다. 제3장은 뇌와 마음과의 관계에 관한 생각을 자극할 것이다. 단순한 해답이 있는 것이 아니기에, 우리는 당신 자신의 관점을 가지고 영감을 얻으면서 더 깊이 사고하기를 기대한다.

　　제2부에서는 신경과학의 방법은 뇌를 더 잘 이해하는 데 도움이 되는 것이므로 신경과학에서 사용되는 몇 가지 방법을 기술한다. 제4장은 신경과학자들이 뇌 손상을 경험한 개인이 결여된 기능을 연구해서 정상 뇌가 작동하는 방식에 관해 발견한 사항들을 제시한다. 제5장은 뇌 영상이 무엇을 실제로 제공해 주는가를 설명한다. 당신이 보게 될 뇌 영상은 직접적인 사진이 아니고 추론적인 영상이다. 그렇기에 제6장에서는 컴퓨터를 사용한 모델링 방법이 뇌 영상 자료를 어떻게 해석하는가를 소개한다.

　　제3부에서는 당신에게 신경계의 기본 단위, 뉴런, 신경전달물질(제7장), 뇌 구조(제8장), 뇌 경로(제9장), 신경망(제10장)을 제공한다. 이러한 내용을 이해하게 되면, 당신은 치료에서 작동하는 중요한 체계에 관한 기초 지식을 갖출 것이다.

　　제4부에서는 뇌가 시간에 따라서 변하는 다양한 방식들에 관해 다룬다. 뇌의 변화는 이전에 믿었던 것보다 더 광범위하게 발생하고, 이러한 능력을 치료에 유용하게 적용할 수 있다. 제11장은 뇌가 천만 년에 걸쳐서 어떻게 진화했는지에 관한 간단한 개요를 제공한다. 인간의 뇌는 하등 동물의 뇌와 공통분모가 많으므로 진화 과정을 학습하면 뇌에 대해서도 학습할 수 있다. 제12장은 발달적인 변화를 다루는데, 임신 후부터 뇌가 발달하는 과정을 추적하고, 초기 애착, 청소년기 및 노년기를 포함하는 중요한 발달기점에 관해 설명한다. 그러나 치료자는 내담자가 자신의 생애 다양한 기간에 걸쳐서 변화하기를 원한다는 것을 알고 있다. 그래서 제13장은 어느 연령에서나 일어나는 신경가소성 및 신경발생에 관한 내용으로, 어떻게 뇌가 매 순간순간 변하는지를 알려 준다. 여기에서 심리치료가 확실히 마음-뇌 변화에 미치는 강력한 효과를 거들 수 있다는 가장 흥미로운 발견들을 확인한다.

　　치료자는 뇌를 이해한 내용을 실천에 옮기기를 원한다. 제5부에서는 뇌의 중요한 어떤 기능을 치료 효과를 증진시키는 데 도움이 되도록 적용하는 방법을 제시한다. 제14장은 당신이 뇌를 당신의 치료에 통합하도록 하는 원칙에 대한 가이드라인을 제공한다. 제15장은 뇌과학의 관점에서 마음의 기능을 이해하는 방식과 당신이 주의(attention)에 관해서 작업할 때 힘을 보탤 수 있도록 적용하는 방법을 제공한다. 제16장은 정서, 제17장은 기억, 제18장은 인간관계에 관한 관점을 소개한다.

　　제6부에서는 정신 건강 장애에 관해서 공통적으로 발견되는 신경계의 불균형을 변화시킬 수 있는 구체적인 방법을 다룬다. 우리는 이제 심리적인 문제가 어떻게 뇌

의 특정한 패턴을 변화시키는가에 관해 지속적으로 축적된 자료를 가지고 있다. 우리는 심리치료적인 방법을 통해서 이와 같은 많은 패턴을 되돌릴 수 있는 것도 알고 있다. 제19장은 전형적으로 사용되는 심리치료가 어떻게 뇌를 다른 방식으로 변화시키는지를 기술한다. 제20장은 불안이 어떻게 뇌를 변화시키는지 다루고, 건강한 균형을 회복하기 위해서 당신이 사용할 수 있는 방법을 소개한다. 제21장은 정서를, 제22장은 물질 남용에 관해서 다룬다. 당신의 치료적인 개입은 뇌가 더 건강하게 기능하도록 변화시킬 수 있고, 이 장들은 그 방법을 열어 갈 것이다.

🫰 차례

역자 서문 _ 3
저자 서문 _ 5

 1 서론

제 1 장 **새로운 과학의 탄생**   21

신의 계시에서 뇌까지 _ 22

고대 이집트 _ 22

고대 중국 _ 23

고대 그리스와 로마 _ 24

증거와 발견에서 생겨난 변화 _ 28

18세기에 새로 등장한 전기 _ 30

신경과학의 위대한 논쟁: 국재화, 전체론 그리고 둘의 조합 _ 31

현대의 모델: 신경세포설 vs. 망상체설 _ 38

신경전달물질의 발견 _ 40

결론: 신경과학의 현대로 진입하다 _ 41

제 2 장 **신경과학 용어 학습하기**   43

다양한 뇌 지도 보기 _ 44

뇌의 각 부분들에 대한 용어 _ 48

결론 _ 50

제3장 마음과 뇌는 무엇인가   51

마음이론 _ 52

피질의 정중선 구조와 자기감 _ 53

의식과 뇌 _ 54

물리주의 _ 55

기능주의 _ 57

유심론 _ 59

치료적으로 뇌와 마음의 균형 맞추기 _ 61

결론: 마음과 뇌의 통합 _ 62

2 신경과학 방법론과 기술

제4장 뇌 손상을 입은 사례에서 배우기   67

Phineas Gage의 사례 _ 68

H. M.과 기억에 관한 새로운 이해 _ 69

분리뇌 환자 _ 70

하나의 기능이 상실되었을 때 _ 73

신경과학이 우리에게 의식과 무의식에 관하여 알려 주는 것 _ 75

결론 _ 77

제5장 뇌 영상 기법   79

초견: 염색 기법 _ 79

초기의 엑스레이에서 CAT와 CT 기법까지 _ 80

PET _ 81

MRI와 fMRI _ 82

EEG 뇌파검사 _ 85

기타 시각화 방법들 _ 88

결론 _ 88

제6장   뇌를 모델링하기   91

모델링에 대한 일반적인 접근법 _ 91

하향식 및 상향식 모델 _ 92

정의된 수학적 모델링 _ 93

베이지안 추론: 모델의 가능성 추정 _ 94

확률론적 존재로서 인간: 앞으로 일어날 일을 가늠하는 것 _ 96

자기조절: 최적 경로 찾기 _ 98

뇌 모델링을 위한 전산화 프로그램 _ 101

결론: 미래를 내다보며 _ 104

3 단일뉴런에서 복잡한 네트워크에 이르는 신경생물학

제7장   뉴런과 신경전달물질   107

행위의 충동은 뉴런에서 시작된다 _ 108

교세포 _ 112

뉴런들은 어떻게 소통하나 _ 113

신경전달물질 _ 117

결론 _ 124

제8장   뇌 구조   125

전체론과 국재화 _ 126

하부 뇌 체계 _ 126

기저핵 체계 _ 128

변연계 _ 129

대뇌피질 _ 134

결론 _ 140

제 9 장 뇌 경로 141

신경계 _ 141

조절 경로 _ 145

생물학적 리듬 _ 153

결론 _ 158

제 10 장 신경망: 어떻게 뉴런이 생각하고 학습하는가 159

뉴런은 네트워크로 상호작용 _ 160

신경망이란 무엇인가 _ 160

신경망의 형성 _ 161

초기 발달 _ 162

기타 활성 개념 _ 169

학습 모형 _ 172

신경망의 활용 _ 174

결론 _ 177

4 오랜 시간에 걸친 뇌의 변화 과정

제 11 장 수억 년에 걸친 뇌의 진화 181

뇌에 관한 하향식 접근 _ 182

세 가지 진화적 연구 방법 _ 182

단일 조상 가정 _ 184

지적 설계 vs. 자기 조직화 체계 _ 185

자기 조직화 체계 _ 187

진화의 왕관: 동종피질(신피질) _ 191

결론 _ 193

제12장   평생에 걸친 뇌 발달   195

임신에서 유아기에 이르기까지 뇌 발달의 단계 _ 196

발달에서 유전과 경험 간의 상호작용 _ 202

결정적 시기와 민감한 시기 _ 203

뇌가 재정비되는 청소년기 _ 205

나이 드는 뇌 _ 207

결론 _ 211

제13장   신경가소성과 신경발생: 시시각각의 변화   213

신경가소성 연구 방법 _ 215

발견의 역사 _ 217

결론 _ 224

5 치료를 위해 뇌 기능 높이기

제14장   심리치료에 뇌를 통합시키기 위한 원칙   227

치유 경향을 인지하기 _ 228

다차원적으로 작업하기 _ 229

신경가소성을 활성화하기 _ 230

거기 있는 것을 사용하기 _ 230

치료적 강화하기 _ 233

변화를 이끌어 내기 _ 234

결론 _ 235

제15장   주의와 작업   237

주의에 대한 신경과학 모형 _ 238

각성: 주의의 핵심 _ 238

주의의 과정 _ 239

주의는 상향식 또는 하향식으로 이루어진다 _ 240

관련된 뇌 영역 _ 240

무의식적 주의 _ 241

의식적 · 무의식적 주의를 치료에 활용하기 _ 243

의식적으로 주의력 기술을 개발하기 _ 244

무의식적인 주의를 치료적으로 다루는 방법 _ 250

결론 _ 255

제16장   **정서의 조절**   257

정서의 진화적 발달 _ 258

정서는 체화되어 있다 _ 259

정서 경험의 구성요소 _ 260

정서가 유발되는 과정 _ 260

뇌의 정서 영역 _ 263

정서의 패턴 _ 267

정서를 다루기 _ 268

신체내부감각을 작업하기 _ 268

정서 상태에서 운동 반응에 주의를 기울이기: 긴장 및 이완 _ 270

정서에 관해 생각하기 _ 273

마음챙김으로 정서를 수용하기 _ 275

인지를 넘어서 _ 278

결론 _ 280

제17장   **기억의 재응고화**   281

도입 _ 281

기억의 기본 형태: 선언적 기억 및 비선언적 기억 _ 282

기억과 학습의 미시적 그림 _ 282

기억과 학습 과정의 큰 그림 _ 283

선언적 기억 내 장기기억 영역 _ 285

비선언적 기억의 장기기억 영역 _ 287

재응고화: 무의식적인 업데이트 _ 288

선언적 기억의 재응고화 _ 291

비선언적(암묵적) 기억을 작업하기: 점화와 시딩 _ 293

긍정적인 망각 _ 296

감내력과 수용 _ 297

결론 _ 298

제18장 **사회적 뇌를 최대한 활용하기**   299

관계를 맺도록 타고난 뇌 _ 299

다중미주신경이론 _ 302

애착 신경망의 재배선 _ 305

거울 뉴런 시스템 _ 310

결론: 치료적 함의 _ 322

6 일반적인 장애에서 신경계를 변화시키기

제19장 **심리치료가 뇌를 바꾸는 방법**   325

인지치료(CBT와 RET) _ 326

행동치료 _ 329

정신역동/심리생물학적인 접근 _ 332

명상 _ 339

최면 _ 343

결론 _ 347

제20장 **불안감 줄이기**   349

불안은 어떻게 신경계를 변화시키는가 _ 350

정서와 스트레스에 대한 짧은 경로와 긴 경로 _ 353

특정 공포 _ 356

PTSD _ 358

강박장애 _ 362

공황장애 _ 366

결론 _ 368

제21장 **우울증과 양극성 장애를 위한 더 좋은 균형을 발견하기**   369

우울한 뇌 _ 370

양극성 장애의 뇌 _ 373

치료가 뇌를 변화시키는 방법 _ 375

우울증 치료를 위한 종합적인 세 가지 요소 치료기법: 뇌, 마음, 환경 _ 376

결론 _ 390

제22장 **중독 회복하기**   391

중독에 있어서 보편적이고, 비특이적인 마음―뇌 변화: 변화된 보상 회로 _ 392

약물 남용에 대한 치료: 정상적인 기능을 회복하기 _ 394

호흡이 가진 힘 _ 403

결론 _ 410

참고문헌 _ 411

찾아보기 _ 435

1

서론

제1장 새로운 과학의 탄생

제2장 신경과학 용어 학습하기

제3장 마음과 뇌는 무엇인가

무엇이 인간을 행동하게 하고, 생각하게 하고, 느끼게 하는가? 지난 천 년 동안 인류는 이러한 의문을 가져왔다. 신경과학은 그 답이 뇌 속에 있다고 믿는다. 뇌 연구는 인간의 인지, 정서, 행동의 신비를 풀 수 있을 것이다. 누적되는 신경과학 연구는 심리학 이론에 증거를 더해 주었고, 정신질환과 같이 인류에게 가장 어려운 문제에도 실마리를 주고 있다. 이러한 새로운 정보들을 바탕으로 학습, 창의성, 건강에 대한 연구가 촉진되고 있다.

연구는 쉽지 않다. 과거에, 뇌는 헤치고 들어갈 수 없는 블랙박스 같았다. 지난 세대는 어떻게 살아 있는 뇌를 연구할 수 있을지 고민해 왔으며, 많은 독창적 방법이 개발되었다. 제1장에서는 고대부터 현대까지 발견한 것들을 살펴볼 것이다.

제2장에서는 당신이 새로운 뇌과학을 공부하는 데 필요한 도구(tool)를 제공한다. 전문용어에 대한 지식은 당연히 필요하다. 복잡한 어휘들은 명확하기보다는 다소 모호하게 느껴질 수 있을 것이다. 이 장은 당신이 전문가처럼 방향을 설정하고, 현대에 이루어진 연구들을 이해하며, 다른 사람들과 신경과학에 대해 명확하게 의사소통하기 위해서 필요한 것들을 제공해 줄 것이다.

새로운 뇌과학을 실행에 옮기기 전에, 마음과 뇌의 관계에 대해 드는 몇 가지 의문들을 생각해 보는 것이 중요하다. 마음은 단순히 뇌일까? 혹은 뇌의 작용일까? 혹은 마음과 뇌는 별개의 것일까? 이러한 질문에 대한 답은 당신이 신경과학적 발견들을 치료에 어떻게 이용하게 될 것인지에 영향을 줄 것이다. 제3장에서는 이러한 생각들에 대해 다룰 것이며, 지금도 계속 진행 중인 논의에 당신을 초대한다.

제1장

새로운 과학의 탄생

우리는 과거에서 생겨났으며, 과거에 참여함으로써 더욱 풍부해질 수 있다. 신경과학은 상대적으로 새로운 연구 분야지만, 시대를 거슬러서 과거에 이루어진 뇌에 대한 설명에도 관심을 가지고 있다. 인간은 항상 마음 그 자체와 마음이 몸이나 뇌와 어떻게 관계되는지를 궁금해한다. 사람들은 같은 질문을 계속하여 탐구하기 때문에, 현대 신경과학의 많은 이슈들은 고대에 뿌리를 두고 있다. 다양한 문화와 민족이 우리가 현재 알고 있는 것들에 기여하였다. 계속 연구되고 확장되고 있는 이 매력적인 분야에 대한 이해를 바탕으로, 우리는 몇 가지를 강조하고 싶다. 과거에 이루어진 발견들에 대한 다음 이야기들이 뇌 구조 및 뇌 구조가 정신 작용에 작용하고 있는 방식에 대한 이해를 더욱 깊고 넓게 만들어 줄 것으로 기대한다.

💡 신의 계시에서 뇌까지

고대인들은 인간의 행동, 정서, 인지가 신의 지배를 받는다고 믿었다. 그러나 몇몇 사람들이 수 세기에 걸친 객관적인 관찰을 통해 사고, 감정, 행동을 통제하는 데 신의 의지가 아닌 뇌가 관여함을 인식함에 따라, 이론이 변하기 시작했다. 인간의 뇌 구조를 이해하게 되었으며, 뇌가 마음 및 신체와 어떻게 연관되어 있는지를 알게 되었다.

💡 고대 이집트

뇌에 대해 언급한 최초의 기록은 기원전 1600년경, 전투로 인한 외상(trauma) 치료를 위해 사용된 Edwin Smith 외과 파피루스(surgical papyrus)로 알려져 있다. 거기에는 두개골 표면뿐만 아니라 중추신경계를 보호하는 덮개인 뇌막(meninges) 등 뇌 해부학에 대해 객관적으로 관찰된 것이 기록되어 있다. 또한 혈액순환, 혈압 및 피가 어떻게 뇌를 통하여 움직이는지에 대해서도 기술하고 있다([그림 1-1]).

후에 기원전 3~4세기경 이집트에서는 통치자들이 유죄 판결을 받은 범죄자들

그림 1-1

Edwin Smith 파피루스

을 해부하는 것을 장려했다. 이를 통해 과학자들은 감각신경은 뇌를 향해 올라가고 운동신경은 뇌에서부터 내려가며, 신경계는 몸 전체에 걸쳐 서로 연결되어 있음을 알게 되었다. 또한 두개골에 있는 구멍들(cavities)을 보고 뇌실의 국재화 모델(ventricular localization model)을 개발하였다. 뇌에 있는 구멍은 정신적·영적 과정이 일어나는 장소로 생각되었다. 이 이론은 로마시대에 더욱 발전되었고, 중세 유럽에서 받아들여지게 된다.

고대 중국

　중국인들은 마음과 뇌에는 상호작용하는 흐름의 패턴이 있다고 생각했다. '뇌(腦)'라는 한자는 이러한 중국의 이론을 보여 준다. 표의문자 '뇌(腦)'는 세 가지 부분으로 이루어져 있다. 이때 각 세 부분은 의미적으로 서로 다른 부분에 의지한다. 왼쪽을 가리키는 3개의 화살표는 다른 글자와 합쳐지면 불(fire)이나 개울(stream)을 의미한다. 이는 생각이나 의식의 흐름(stream)에 해당한다. 얇고 사다리 같이 생긴 글자는 다른 부분과 합쳐져 사용되면 고기, 육체, 신체 조직을 의미한다. ×를 둘러싸고 있는 사각형은 지성(intelligence)을 의미한다. 태양이나 달의 상징과 결합되었을 때, 태양이나 달처럼 빛나는 지성을 가리킬 수 있다. 이것들이 합쳐지면, 마음과 뇌는 물질적 특성(신체)과 의식(consciousness)이 계속 흐르는 지성의 근원으로, 함께 작동하는 구조와 기능이 된다([그림 1-2]).

　고대 중국 의학은 '체화된 인지(embodied cognition)'와 관련된 현대적 개념과 일견 일치한다. 기의 흐름(서로 상반되는 우주의 음과 양 및 다섯 원소의 움직임으로부터 나오는 에너지)은 뇌-몸 시스템(brain-body system)에 체화되어 있다. 뇌는 이러한 힘을 벗어나서 작동하지 않으며, 시스템의 일부가 된다. 뇌의 기능은 심장, 폐, 간, 비장, 신장 등 다섯 가지 기관에 골고루 영향을 미친

그림 1-2

'뇌'의 표의문자(출처: Halfhill 2008)

다. 유명한 음과 양의 상징은 항상 작동하고 있는 반대되는 힘 간의 상호작용을 표현하는 것이다. 그러므로 뇌, 마음, 몸에서 일어나는 모든 장애(disorder)는 단지 하나의 기관의 특성에 국한되어 있는 것이 아닌 역동적으로 작동하는 시스템으로 이해되어야 하며, 고정되거나 고립되어 있지 않다는 것을 항상 염두에 두어야 할 것이다. 현대적 뇌 모델은 뇌 구조의 각기 다른 부분이 어떻게 서로 연결되고 상호작용하는지를 알게 해 주었다. 또한 뉴런 사이의 온-오프(on-off) 신호를 음과 양 사이의 반대 작용으로 이해할 수도 있다. 우리는 최근의 책,『신경과학의 도(道)(The Dao of Neuroscience)』(Simpkins and Simpkins 2010)에서 유사한 이론을 전개하였다.

🔆 고대 그리스와 로마

그리스 사상의 위대함은 세계와 인류의 본질에 대해 깊이 탐구하기 위해 적극적인 토론을 하였던 소크라테스(Socrates, B.C. 470-399)와 같은 저명한 사상가들에 기반을 둔다. 주의 깊은 관찰, 까다로운 대화(exacting dialogues), 명확한 구분(clear distinction)을 통해 과학적인 방법론이 진화하기 시작하였다([그림 1-3]).

그림 1-3 소크라테스

플라톤(Plato, B.C. 420-347)

플라톤은 저명한 현대 뇌 이론에 스며든 마음에 대한 초기모델을 제안했다. 플라톤의『국가론(Republic)』제4권(Plato 1997)에서 소크라테스는 영혼의 본질을 탐구했다. 플라톤은 영혼이 욕망(appetitive), 기개(spirited), 이성(rational)의 세 가지의 부분을 가지고 있는 것으로, 영혼에 대한 관점을 발전시켰다. 욕망은 배고픔, 목마름, 성(sex)과 같은 낮은 차원의 욕구와 관계돼 있다. 기개는 정서적인 부분이다. 이성은 판단과 결정을 가능하게 하는 사고와 관련된 부분이다. 플라톤의 패러다임에서, 질서 잡힌(well-ordered) 영혼을 만들기 위해서 이성은 열정과 욕망을 다스려야 한다. 프로이트의 자아, 초자아, 원초아 모델은 아마 플라톤의 모델에서 나왔을 것이다([그림 1-4]).

비슷하게, 뇌는 진화론적 삼중뇌 모델(evolutionary triune model)로 개념화되었다. 1960년대 미국의 의사이자 신경과학자인 Paul D. MacLean(1913-2007)은 진화 과정에서 현재 인간의 뇌에 함께 존재하고 있는 세 가지의 뇌가 순서대로 나타났다고 제안했다(MacLean, 1967). 첫 번째 뇌는 포유류의 뇌로, 본능 및 심장박동, 호흡, 체온, 균형 잡기와 같은 기본적인 생명 기능을 다스리는 뇌간의 상부, 소뇌, 시상이 포함된다. 이는 플라톤의 영혼 이론에서의 욕망과 비슷하다. 두 번째 뇌는 최초의 포유동물의 뇌간이 발전하면서 구 (舊) 포유류 뇌로 알려진 변연계가 되었고, 여기에는 해마

그림 1-4 플라톤

와 편도체가 포함된다. 이는 정서를 조절하며, 플라톤의 영혼 중 기개와 비슷하다. 마지막으로, 신피질(neocortex)로 알려진 신포유류 뇌는 플라톤의 영혼 중 이성에 대응된다. 영장류에서 가장 두드러지며, 인간의 뇌에서 충분히 발달되어 있다.

아리스토텔레스(Aristotle, B.C. 384-322)

위대한 철학자이자 과학자 아리스토텔레스는 심장에 정신적·정서적 기능을 부여했다. 반면, 차갑고 피가 없는 뇌는 단지 심장의 흥분을 식혀 주기 위한 냉각 장치로 이해되었다. 역사는 아리스토텔레스의 이러한 아이디어에 비판적이었으며, 이제 모든 사람은 그것이 사실이 아님을 안다. 그러나 새로운 연구 결과는 아리스토텔레스의 생각이 사실일 수도 있음을 보여 준다. 현대의 다중미주신경이론(polyvagal theory; Porges 2011)은 미주신경으로 알려진 10번째 뇌신경을 통해 기능하는, 심장에 기반한 마음(heart-mind)을 알아냈다. 뇌, 심장, 호흡은 대인관계, 신뢰, 친밀감과 관련된 인지와 정서의 일부로 함께 작용한다([그림 1-5]).

그림 1-5 아리스토텔레스

덧붙여, 모든 인지치료자들은 혼란스러운 내담자의 격정(passion)을 가라앉히기 위해서는 이성과 명확한 사고가 필요하다는 것을 안다. CBT나 REBT 같은 인지치료자들이 전두피질을 활성화시키는 것을 보여 줌으로써, 뇌가 흥분을 식혀 준다는 아리스토텔레스의 아이디어를 확인시켜 주었다. 예를 들어, 인지치료의 재평가 과제(reappraisal task)에서 사용되는 주요 방법은 뇌의 전대상회(anterior cingulate)와 전두엽의 특정 부분은 활성화시키고, 정서와 관련된 편도체의 활성은 약화시키는 것이다(Banks et al. 2007). 오늘날 우리는 얼마나 많은 뇌의 시스템이 신경계와 함께 작용하며, 심장이나 호흡과 같은 신체 시스템이 생각-감정-감각(thinking-feeling-sensing) 경험과 연관되어 있는지에 대해 보다 통합된 관점을 갖고 있다.

히포크라테스(Hippocrates, B.C. 460-380)

히포크라테스는 종종 서양의학의 아버지로 불린다. 소크라테스의 영향을 받았으며, 이것이 그의 명확한 사고에 따른 접근법(clear thinking approach)을 설명해 준다.

그림 1-6 히포크라테스

그는 지성이 뇌에서 나온다고 믿었으며, 지성이 작동할 때 뇌가 우리에게 강력한 힘을 부여한다는 생각을 가지고 있었다(Adams 1886). 그는 사고, 감각, 정서, 행동이 뇌를 통해 안내된다는(guided) 것을 언급한 최초의 사람들 중 한 명이다. 히포크라테스는 뇌, 마음, 몸을 단일체로 보았으며, 인간을 부분으로만 보기보다는 전인적(whole person)으로 설명하는 치료법들을 개발시켰다. 그의 이론에 따르면, 질병은 혈액, 흑담즙, 황담즙, 점액 등 네 가지 체액의 불균형에 의해 일어난다. 치료는 불균형을 회복하도록 돕는 것이다([그림 1-6]).

히포크라테스는 뇌의 한쪽에 부상을 입는 것이 신체의 반대편의 마비와 관련되어 있다는 것을 관찰했다. 그는 또한 『성스러운 질병에 대하여(On the Sacred Disease)』(Adams 1886)라는 책에서 뇌전증의 증상을 설명했다. 뇌전증은 현대 신경과학자들이 널리 다루는 뇌 질환 중 하나이다. 히포크라테스가 살던 시대의 사람들은 뇌전증은 신의 행위라고 믿었지만, 히포크라테스는 뇌전증 환자의 뇌가 오작동하고 있다는 것을 인식하고 이를 과학적으로 보았다. "그러므로 신성하다고(sacred) 불리는 것들에 대해서 그것은 다른 질병에 비해서 결코 더 신성하거나 성스러운 것이 아니며, 다른 병들처럼 자연적 원인이 있다."(Zanchin 1992, p. 94)

Galen(130–201 A.D.)

Galen은 로마의 내과 의사로, 현대 의학의 발달 및 신경계 이해에 가장 오랜 기간 영향을 미친 사람들 중 한 명이다. 그는 많은 해부학적 실험을 통해 주요 뇌 구조를 이해하는 데 도움을 주었다. 그가 살던 시대에는 부검을 하는 것이 불법이었다. 그래서 Galen은, 오늘날의 많은 신경과학자들이 하는 것처럼, 동물을 해부했다. 또한 뇌 손상을 입은 사람들, 주로 전투에서 다양한 유형의 뇌 손상을 입은 로마의 검투사들을 연구했다. 그는 부상으로 입은 영향을 관찰함으로써 뇌가 어떠한 기능을 하는지 알 수 있었다([그림 1-7]).

그림 1-7 Galen

Galen은 정신적이고 영적인 작용 및 과정은 뇌실(ventricle)에 국재화(localization)되어 있으며, 우리가 지금은 혈액이 흐른다고 알고 있는, 두개골의 빈 공간이나 세포 속에서 정신과정이 번져 나간다는 초기 모델을 바탕으로 이론을 발전시켰다. 이 이론은 세포설(Cell Doctrine)로 알려져 있다. Galen은 뇌는 점액이 엉긴 큰 덩어리라고 제안했다. 그에 따르면, 펌프 시스템이 '혼(psychic pneuma)'을 신경계를 통하여 밀어낸다. 뇌 구조에 대한 그의 이론은 로마의 도시들을 관통하였던 당대의 수압 시스템을 떠올리게 한다. 뇌와 다른 신체 시스템의 모든 기능은 이러한 액체들의 균형에 달려 있다. 그는 이를 심리적 가스(psychic gases)나 체액(humors)이라고 하였으며, 여기에 정신 기능을 부여했다. 그는 아리스토텔레스가 설명한 각각의 정신적인 기능(기억, 주의, 상상, 이성, 감각)을 특정한 뇌실에 할당했다. 인지 기능은 뇌실의 앞에서부터 뒷부분에까지 일어난다. 예를 들어, 상식(common sense)에 연결되어 있는 감각들(senses)은 첫 번째 뇌실에 위치해 있다.

🔆 증거와 발견에서 생겨난 변화

Galen의 뇌 구조와 기능에 대한 모델은 1200년이 넘는 기간 동안 받아들여졌다. 결국 이 이론이 틀렸다는 것이 입증되었지만, 오랜 전통을 해체하기 위해서는 강한 경험적 증거들이 필요했다. 재능 있는 사람들이 신경과학의 새로운 시대를 열기 위해 대담한 질문을 던졌다.

Andreas Vesalius(1514-1564)

Andreas Vesalius는 재능 있는 예술가이자 숙련된 외과 의사로, 독특한 두 가지 기술을 가지고 있었다. 그는 수술을 할 때, 그의 특별한 예술적 재능 및 뇌 구조를 주의 깊게 관찰하는 능력을 결합했다. Vesalius는 둥근 발코니를 둘러싸고 있는 의대생들이 보는 앞에서 해부를 했다. 그는 Galen의 이론에 부합하는 구멍(holes)을 찾지 못했고, 이론이 정확한지에 대해 의문을 가지기 시작했다. 주의 깊은 관찰을 통해, 그는 뇌의 체액과 기능의 관계에 대한 Galen의 이론이 틀렸다고 주장했다. Vesalius는 그의 유명 저서 『인간 신체의 구조에 대하여[On the Fabric of the Human Body(De Humani corporis fabrica)]』에서 뇌를 포함하는 정교하고 세밀한 인간 해부도를 그렸다(Vesalius 1998-2009). Vesalius는 오늘날까지 현대 인간 해부학의 창시자로 불린다. 뇌의 주름(convolution)에 대해서는 약간의 오류가 있긴 하지만, 세밀하고 사실적으로 그려진 그의 그림

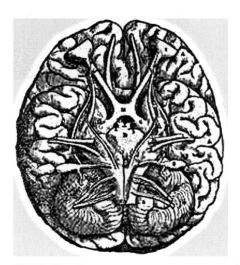

그림 1-8 Vesalius의 그림

은 뇌와 신체에 대한 이해를 증진시켜 주었다([그림 1-8]).

데카르트(Rene Descartes, B.C. 1596-1650)

이 기간 동안, 사람들은 마음의 단 하나의 원천(source)을 찾고 있었다. 교회는 신이 동물의 영혼을 직접 지배한다고 강하게 주장하였다. 그러나 인간의 몸에 대한 기계론적인 관점이 인기를 얻어 가고 있었다. 유명한 철학자 르네 데카르트는 몸과 마음을 분리한 것으로 잘 알려져 있으며, 마음(mind)은 영혼(spirit)이며, 몸은 기계 장치라고 주장하였다. 반사반응은 전선처럼 신경을 따라 일어나며, 신경은 신체를 따라 퍼져 있고 뇌에 이른다([그림 1-9]).

그림 1-9 데카르트

데카르트는 마음과 뇌가 하나의 구조—뇌의 중앙에 위치해 있는 작은 내분비선인 송과선(pineal gland)—에서 교차한다고 설명했다. 그는 송과선이 두 반구에서 유일하게 두 개가 아닌 구조물이었기 때문에, 마음이 머무는 합리적인 장소로 송과선을 선택했다. 그러므로 비물질적인 영혼(spirit)은 기계적이고 물질적인 신체를 통해 표현된다.

두 개의 독립 차원인 몸과 마음은, 몸에 영향을 주는 마음(mind over body) 혹은 마음에 영향을 주는 몸(body over mind)의 두 방법으로 서로에게 영향을 미칠 수 있다. 동물의 영혼은 송과선에서 흘러나오며 자동반사반응을 일으킨다. 우리가 의식적인 행동을 할 때, 마음은 동물의 영혼에 영향을 준다. 데카르트는 비록 송과선 및 몸과 마음이 분리된다는 아이디어에서는 틀렸지만, 몸, 마음, 뇌가 상호작용하는 체계 안에서 어떻게 서로 관여되는지에 대한 아이디어를 주었다. 또한 파블로프는 반사에 대한 아이디어를 처음 낸 사람이 데카르트라고 공을 돌렸으며, 이를 바탕으로 유명한 메커니즘 이론(theory of mechanism)을 발달시킬 수 있었다([그림 1-10]).

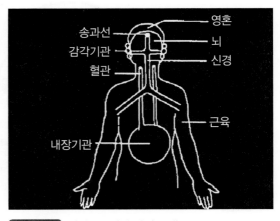

영혼
송과선
감각기관　뇌
혈관　신경
근육
내장기관

그림 1-10 데카르트의 송과선 도해

💡 18세기에 새로 등장한 전기

계몽주의는 연구의 자유 및 경험에 기반한 입증을 지향했다. 이 흥미진진한 시기 동안 위대한 과학적 발전이 이루어졌으며, 새롭고 참신한 세계관이 위대한 과학발전 및 깊은 수준의 문화적 풍요를 가져왔다. 새로운 과학적 발견들 중 하나인 전기(electricity)는 뇌와 신경계가 어떻게 작동하는지를 쉽게 이해하게 해 주었다.

Luigi Galvani(1729-1798)

Luigi Galvani는 이탈리아의 내과 의사로, 신경계의 전기적 특성에 대한 초기의 발견을 한 사람이다. 많은 위대한 발견들처럼, Galvani의 발견도 우연히 일어났다. Galvani와 그의 조수는 개구리의 피부에 정전기에 대한 실험을 하고 있었다. Galvani의 조수는 죽은 개구리 다리의 노출된 신경에 우연히 금속으로 된 메스를 갖다 댔다. 놀랍게도 스파크가 일어났고, 개구리가 살아 있는 것처럼 다리를 찼다. Galvani는 전기 에너지가 근육 운동을 일으킴을 불현듯 깨달았다. 그는 이러한 힘(force)의 이름을 동물 전기(animal electricity)라고 지었고, 신경을 따라 이동하는 액체가 동물 전기를 운반한다고 믿었다. 동시대의 Alessandro Volta(1745-1842)는 힘(force)이 근육과 분리될 수 없다고 믿은 Galvani의 의견에 동의하지 않았다. 그는 Galvani가 틀렸다는 것을 증명하기 위해서, 신체와 독립적으로 전기를 생성할 수 있는 최초의 배터리를 발명했다. 그러므로 어떤 의미에서는 신경과학이 전기 시대(electrical age)의 길을 닦아 준 것으로 볼 수 있다([그림 1-11]).

그림 1-11 Galvani의 실험

Johannes Peter Muller(1801–1858)

Johannes Muller는 독일의 생리학자로, 생리학 연구를 위해 많은 분야를 집대성하였다. 그는 『생리학의 요소의 인간생리학 편람(Handbuch der Physiologie des Menschen, Elements of Physiology)』(Muller 2003)에서 감각과 운동 사이의 상호작용에 대한 획기적인 원리를 소개했다. 그는 우리가 다양한 종류의 지각(perceptions)을 가지고 있으며, 지각은 자극(stimuli)보다는, 정보가 신경계를 통해 전달되는 감각경로(sensory pathway)에 의존한다고 믿었다. 특수 신경에너지 법칙(law of specific nerve energies)으로 알려진 이 이론은, 감각이 전기 자극에 어떻게 다르게 반응하는지를 설명한다. 어떤 신경은 빛을 감지하고 또 다른 신경은 소리나 냄새를 감지한다. 감각은 외부 자극의 양상이 아니며, 외부의 어떤 것에 의해 흥분된 신경계의 상태라고 주장했다.

Roger Sperry는 Muller의 아이디어를 더욱 발전시켜 1961년에 노벨상을 수상했다. 그는 지각 시스템 내에서 신경계의 위치에 따라 반응의 특정성이 결정된다고 주장했다. 양서류의 경우, 우뇌의 시신경은 왼쪽 눈에서 오는 자극에만 반응한다(인간의 경우, 이러한 교차는 부분적으로만 일어난다). 그는 양서류의 오른쪽 시신경을 잘라서 왼쪽 방향으로 다시 자라게 했다. 그리고 뇌의 왼쪽 부분은 왼쪽 눈에 연결하고, 오른쪽 부분은 오른쪽 눈에 연결시켰다. 양서류는 수술 전에는 물체를 피하기 위해 왼쪽으로 움직였지만, 수술 후에는 오른쪽으로 움직였다(Sperry 1945). 이러한 변화는 뇌신경의 위치가 동물이 세상을 보는 방식의 변화를 만든다는 것을 보여 준다.

🔆 신경과학의 위대한 논쟁: 국재화, 전체론 그리고 둘의 조합

인간은 발견한 것을 해석하는 다른 방법을 항상 찾아낸다. 신경계에 대해 더욱 많은 것들이 알려지면서, 뇌의 기능이 뇌의 특정 부위에 위치해 있는지 아니면 통일된 체계가 관여되는 것인지에 대한 서로 다른 의견이 형성되었다. 데카르트는 뇌가 많은 부분으로 이루어진 기계와 같이 작동된다고 강하게 주장했다. 그러나 이성에 관한 능력은 단일의 체계로 전반적인 것이어야 하며, 두 반구 구조에서는 뇌 속에서 존재할 수 없다. Franz Joseph Gall이 제기한 골상학(phrenology)의 대중화 이후에야 비로소, 사람들은 정신적인 능력이 뇌의 특정 부위에 국재화될 수 있다는 생각을 가지기 시작했다. 오늘날까지 구조와 기능에 대한 일반화와 국재화 사이의 논쟁은 지속되어, 각 입장을 주장하는 사람들이 있다. 가장 최근의 증거는 이 책에서 설명할 내용처럼 둘 다 상호 보완적인 방식으로 관여되고 있음을 보여 준다.

기능에 따른 구조 국재화의 주장자: Franz Joseph Gall(1758-1828)

Gall은 뇌의 구조를 기능과 연결시키는 체계인 골상학을 만들어 낸, 논란 많은 생리학자이다(Gall and Hufeland 2010). 골상학은 특정한 정신 기능이 특정 뇌 영역에 위치해 있다고 가정한다. 성격, 정서, 인지는 모두 국재화된 뇌의 영역에서 생겨나는 것으로 생각되었다. Gall은 머리 모양이 뇌 모양을 반영한다고 믿었다. 이에 따르면, 마음은 철학이나 종교보다는, 뇌의 크기, 모양, 무게를 연구함으로써 가장 잘 알 수 있다. 정신 능력과 뇌 기관(organ) 사이의 직접적인 관계를 보여 주는 것으로 신중히 설계되었다고 믿은 실험에 그는 이론의 근거를 두었다. 뇌에는 각각의 정신적 능력과 관계되었다고 여겨진 27개의 기관이 있었다. 이 기관들은 두개골의 튀어나온 부분과 일치했으며, 특정 영역에서 크게 튀어나와 있는 부분은 특정 성격 특성을 갖고 있다는 것을 의미했다. 대중은 골상학을 받아들였다. 많은 사람들이 자신의 성격과 강점을 알고 이를 발달시키기 위해 지역의 골상학자들에게 문의하였다([그림 1-12]).

학계는 골상학 연구에 의문을 제기하였으며, 골상학은 틀렸음이 밝혀졌다. 지금 우리는, 예를 들어 뇌가 더 큰 것이 더 똑똑한 것을 항상 의미하지는 않는다는 것을 안다. 결정적으로, 돌고래의 뇌

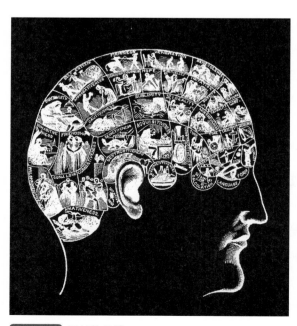

그림 1-12 골상학 도해

는 인간의 뇌보다 훨씬 크지만, 돌고래에는 언어와 같은 특별한 능력을 갖게 하는 대뇌피질의 많은 부분이 없다. 골상학은 그 자체로는 받아들여지지 않았지만, 그러한 접근은 마음이 뇌에 국재화되어 있을 가능성에 대한 후속 연구에 영감을 주었다.

Jean Pierre Flourens(1795-1867)의 등위성과 전체론이 골상학에 도전하다

골상학이 틀렸음을 보여 준 사람들 중 한 명인 Jean Pierre Fluorence는 존경받는 저명한 프랑스 생리학자이자 대학교수였다. 그는 많은 고위 직책에 있으면서 마취용 클로로포름의 사용에 대한 선구적 업적을 인정받았다([그림 1-13]).

Flourens는 동물의 뇌에 있는 작은 조각들을 제거하는 외과적 절제술을 개선했다. 그는 주로 새와 토끼를 연구했다. 그는 회복 후 어떠한 기능이 상실되는지를 주의 깊게 관찰함으로써 동물 뇌의 구조와 기능을 연결 지었다. 그의 목적은 특정한 뇌 영역이 특정한 기능과 관련되어 있다는 Gall의 주장

그림 1-13 Flourens

을 시험해 보는 것이었다. 초기에 그가 절제한 것 중의 하나는 Gall이 '사랑의 기관 (organ of amativeness)'이라고 주장했던 소뇌였다. Flourens는 동물의 양쪽 소뇌가 절단되었을 때, 운동을 조정하고 균형을 잡는 능력을 상실한다는 것을 알게 되었다. 뇌간, 특히 연수의 절제는 동물을 죽게 하였다. 피질을 잘랐을 때 동물은 동기, 지각, 운동성(mobility)을 상실했다. 뇌 기능은 뇌의 넓은 부분과 관련된다고 결론 내렸지만, 국지적 차이는 찾지 못했다. 피질은 고차원의 기능을 통제했고, 소뇌는 운동 조절과 관련되어 있었으며, 뇌간은 호흡이나 순환과 같은 생명 유지 활동과 연관돼 있었다. 또한 절제된 부위와 가깝지만 손상되지 않은 부분이 절제된 부분의 기능을 대체한 것을 보고, 피질에 등위성(equipotentiality)이 있다는 것을 알게 되었다. 그는 뇌의 특정 영역과 기능 사이에는 전체적이고, 상호작용적이고, 가소적인(plastic) 관련성이 있다는 주장을 하였고, 이것은 Gall의 국재화론에 강한 반대 증거가 되었다.

국재화에 대한 보다 정교한 개념

Paul Broca(1825-1880)는 좌뇌에서 언어를 담당하는 국재화된 영역을 발견한 공로를 인정받고 있다. 그러나 특별한 사건이 없었다면, 우리는 언어를 담당하는 부분을 브로카 영역으로 알고 있지 못할 것이다. 이 이야기는 인간의 성격으로 인한 행위가 어떻게 세계에서 가장 큰 발견을 이끌었는지를 보여 준다([그림 1-14]).

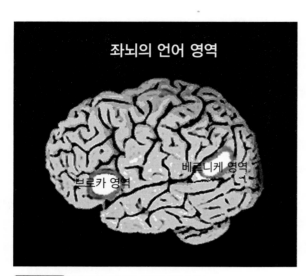

그림 1-14 브로카 영역과 베르니케 영역

Jean Baptiste Bouillaud(1796-1881) 같은 의사들은 계속하여 골상학에서 나온 국재화론을 주장하였다. Bouillaud에게는 뇌의 특정 부위의 손상으로 특정한 실어증(aphasia)을 겪고 있는 환자가 있었다. Bouillaud의 사위인 Ernest Aubertin(1825-1895)은 장인으로부터 국재화론을 이어갈 사명을 인류학협회

(Society of Anthropology)와 함께 이어받았다. 인류학협회의 설립자인 Broca는 젊은 외과의사로, 형질인류학(physical anthropology)에 관심이 있었다. 그는 다른 문화와 인종 간의 머리 크기를 비교하고자 하였다. Aubertin은 Broca에게, 말하는 능력은 잃어버렸지만 들은 것을 이해하는 능력은 여전히 갖고 있는 환자가 있다고 주장했다. 그 환자는 곧 죽을 것 같았다. Aubertin은 그 환자의 부검 결과 전두엽의 특정 부위에 손상이 나타나지 않는다면, 자신의 견해를 포기할 것이라며 협회에 도전하였다. Broca는 부검에 동의했다. 그 환자는 '탕(tan)'이라는 소리밖에 낼 줄 몰랐으며, Tan은 곧 그의 이름이 되었다. 그가 낼 수 있는 유일한 다른 소리는 "빌어먹을(Sacre nom Die)"이라는 욕이었다. 그러나 그는 자신이 21년간 입원하여 있다는 것을 알았으며, 손가락을 들어 이를 보여 줄 수 있다. 그는 유머감각을 가지고 있는 것 같았으며, 생각하고 이해하는 능력은 유지되고 있음을 행동을 통해서 보여 주었다. Broca는 이 환자를 부검하여, 좌뇌 전두엽의 타원형 부분에 손상을 입은 것을 발견하였다. 몇 달 후, Broca는 Tan과 비슷한 증상을 보이는 환자를 맡게 되었고, 그 환자의

부검 결과 Tan과 동일한 부분의 손상이 있었다. 해당 영역은 브로카 영역(Broca's area)으로 알려지게 되었으며, 이 부분의 손상과 관련된 말하기 능력의 손실은 말문이 막혔다는 뜻인 플라톤의 용어를 따서 실어증(aphasia)이라고 이름 붙여졌다.

기능의 국재화에 대한 또 다른 핵심 증거는 비슷한 시기에 독일에서 나왔다. 두명의 젊은 의사 Gustav Fritsch(1838-1927)와 Edvard Hitzig(1838-1907)는 개의 전두엽의 뒷부분에 있는 특정 피질 영역을 자극하면 운동이 생성된다는 것을 알게 되었다. 각기 다른 영역들은 뇌의 각기 다른 부분의 움직임을 만들어 내었다. 그들의 연구는 피질이 전기(electricity)에 의해 활성화될 수 있으며, 뇌에는 신체 움직임에 대한 지형도(topographical representation)가 있음을 보여 주었다. 이 유명한 연구는 피질의 기능이 국재화되어 있음에 대한 새로운 증거를 제공해 주었다.

수술 방법은 더욱 정교해졌으며, 다른 발견들도 이루어졌다. 스코틀랜드의 David Ferrier(1843-1928)는 후두엽 영역을 자극하면 원숭이들이 사물을 보는 것처럼 눈을 앞뒤로 굴린다는 것을 알았다. 그리고 이 영역을 잘랐을 때, 원숭이는 앞을 볼 수 없게 되었다. 또한 피질에 있는 운동피질(motor strip)을 자극할 때는 감각이 만들어지지 않았으나, 지금은 두정엽의 감각피질(sensory strip)로 알려져 있는 뇌의 더 뒷부분을 자극하자, 감각이 만들어졌다.

1874년에는 피질에 대한 새로운 개념이 등장하여, 운동, 감각, 시각, 청각에 역할을 하는 센터에 대해 기술했다. 이는 특정한 센터의 가까이에 있는 연합영역(association areas)이 정보를 받아들이고 저장한다는 이론이다. Carl Wernicke(1848-1905)는 이 이론을 실어증과 관련하여 발전시켰다. 그는 브로카 영역이 운동피질에 위치해 있다는 것을 지적하며, 브로카 실어증 환자들은 말하는 것과 관련한 운동 능력을 잃어버린 운동성 실어증(motor aphasia)에 해당한다고 하였다. Wernicke는 말을 할 수 있는 능력은 가지고 있으나 의미를 이해하는 능력은 상실한, 다른 종류의 언어 장애를 발견했다. 환자들은 감각피질의 아래, 측두엽에 있는 베르니케 영역(Wernicke's area)이라 알려진 부분에 손상을 입고 있었다. 그들은 다른 사람이 말한 것을 들을 수는 있었으나, 의미 있게 응답하지 못했다. Wernicke는 브로카의 운동성 실어증과 자신이 새롭게 발견한 감각성 실어증(sensory aphasia)을 구분하였다.

그러나 국재화는 그렇게 간단한 것이 아니다. 브로카 영역과 베르니케 영역은 모두 좌뇌에 있다. 그러나 좌뇌의 해당 영역들에 손상을 입고 태어난 아기들은 정상적

그림 1-15 Lashley

인 발화와 의미 이해 능력이 발달된다. 뇌에는 가소성이 있어서 다른 영역이 그 일을 할 수 있게 되는 것 같다. 덧붙여, 이 아이들은 공간지각 능력이 부족해지는 것 같은데, 아마도 뇌가 재배선(rewiring)되면서 보통의 우뇌가 관여하는 기술이 이용 가능한 피질영역이 줄어들기 때문일 것이다([그림 1-15]).

초창기의 신경심리학자 중 한 사람인 행동주의자 Karl Spencer Lashley(1890-1959)와 그의 제자 John Watson에 의해 분위기는 다시 전체론(holism)으로 반전되었다. 연합영역 이론(association areas theory)이 옳다면, 기억은 분명히 특정 영역에 저장되어야 한다. Lashley는 특정 연합영역이 제거되면 어떤 일이 일어나는지를 확인하기 위해서 많은 연구를 했다. 연합영역 이론에 따르면, 운동과 상관없는 특정 연합영역을 제거한다고 해도 미로에 있는 동물의 운동기억에 혼란을 주어서는 안 된다. 그러나 뇌의 많은 영역을 제거하자 동물의 수행이 저하되었다. 그는 이러한 결과는 기억이 국재화되어 있지 않으며 보다 일반적(global)임을 증명하는 것이라 주장했다. 오늘날 우리는 기억에 단지 한 종류만 있는 것이 아님을 알고 있다. 단기기억과 장기기억이 있으며, 이들은 각자 다른 영역과 관련되어 있다. 이어지는 장들에서는 이러한 발견들을 기술한다.

Hughlings Jackson과 Alexander Luria의 통합적인 접근

Hughlings Jackson(1835-1911)은 뇌전증을 연구한 영국의 신경학자였다. 그는 고등정신 기능은 단지 한 과정으로만 이루어지지 않으며, 단순한 기술들이 통합된 복합체로 보아야 한다고 주장했다. 그러므로 말하기(speech)는 고등 인지능력과 함께, 듣기, 소리 구별, 입과 혀의 운동도 포함하게 된다. 뇌 손상으로 인한 말하기 능력 결손은 이와 같은 보다 단순한 여러 가지 기술에 손상을 입었기 때문일 수 있다. 그러므로 등위적이고 전체론적 관점에서, 행위는 뇌의 많은 영역들 간의 상호작용의 결과로 이해될 수 있다. 하지만 그와 동시에, 각 영역은 국재화되어 있는 특정 기능 또한 갖고 있다. Jackson의 이론은 마음과 뇌가 국지적으로 그리고 전체적으로 작동하는 방식을 더 잘 이해하게 해 주었으며, 우리는 이를 『신경과학의 도(The Dao of Neuroscience)』(Simpkins & Simpkins 2010)로 발전시켰다([그림 1–16]과 [그림 1–17]).

그림 1–16　Hughlings Jackson

　　Alexander Luria(1902-1977)는 우리가 마음과 뇌를 이해하는 방식에 깊은 영향을 준 러시아의 신경심리학자이다. 그는 교육, 의학, 심리학 학위를 가지고 있었으며, 이는 넓은 배경지식을 주었다. 그는 또한 통합적인 문화사 심리학(cultural-historical psychology)의 창시자인 Lev Vygotsky(1896-1934)에게서 강한 영향을 받았다. Luria는 교육받지 않은 소수자 집단에서 나타나는 심리적 결손 및 뇌 손상으로 인한 실어증부터 기억 능력이 무한한 특별한 사람에 이르기까지, 인간 능력의 전체 범위를 연구했다. 그는 Jackson의 관점과 양립 가능한 뇌에 대한 통합 이론을 발전시켰다. 중추신경계는 각성과 근육 긴장을 조절하는 뇌간, 감각 정보를 처리하는 피질의 뒷부분, 집행 기능을 하는 피질의 앞부분의 세 가지 기능적 단위로 구성된다. 각각의 단위는 고유한 기능을 가지고 있지만, 세 단위를 하나의 단위로 묶을 수 있다. 그러므로 Jackson의 이론처럼, Luria의 이론에서도 국재화와 전체론의 통합을 볼 수 있다. Luria는 뇌의 어떤 부분

그림 1–17　Luria

도 행동과 관여되었을 수 있다는 다능성 모델(pluripotentiality model)을 제안했다. 그는 때로 고차적인 뇌 기능이 부상으로 상실된 낮은 수준의 기술을 보상할 수 있다는 것을 발견했다. 예를 들어, 한 아동이 좌뇌를 완전히 제거하는 수술을 받았다면, 당신은 이 아동이 언어와 운동에 엄청난 손실을 겪을 것이라 예상할 것이다. 그러나 이 아동은 7세에 유창하게 말하고 잘 걸을 수 있었다. 이 아동의 뇌는 재배선되어 좌반구 대신에 우반구를 사용했다(Zillmer, Spiers, and Culbertson 2008). 상실한 능력을 되

찾거나 새로운 능력을 기르기 위해 대안 기능을 습득하도록 돕는 것이 우리가 이 책에서 서술하는 기본 원리이다.

💡 현대의 모델: 신경세포설 vs. 망상체설

20세기에 들어와서, 연구자들은 알고 있는 모든 것들을 종합하기 시작했다. 20세기 초에, 사람들은 신경계의 요소들이 신경섬유(nerve fibers)와 신경세포(nerve cells)의 두 가지 형태를 갖고 있다고 믿었다. 신경섬유는 충동을 전도하며, 감각과 지각뿐 아니라 자동반사를 전달하는 물질(transmitter)이었다. 이러한 견해는 1873년 Camillo Golgi(1843-1926)가 만들어 낸 새로운 영상 기법의 출현으로 틀렸음이 밝혀졌다. Golgi의 방법은 세포를 염색하기 위해 은을 사용하였다(제3장 참조). 처음으로, 연구자들은 말 그대로 기본적인 신경 단위들을 볼 수 있었다. 이제 연구자들은 뇌의 구성요소들과 신경계가 어떻게 함께 작동하는지에 대한 보다 정확한 모델을 만들 수 있었다. 흥미롭게도, 두 명의 위대한 학자는 새로운 염색 기법을 사용했지만, 그들이 본 것은 서로를 반대되는 결론으로 이끌었다([그림 1-18]).

그림 1-18 Golgi

세포설(Neuron Doctrine)은 많은 이들이 현대 신경과학의 아버지로 생각하는 스페인의 병리학자이자 조직학자인 Santiago Ramon y Cajal(1852-1934)이 제안하고 대중화한 이론이다. Cajal의 이론은 전체 신경계의 구조와 기능을 설명해 준다. 같은 시기에 은 염색 기법을 개발한 Golgi는 전체 신경계를 설명하기 위해 매우 다른 접근법을 제안했다. 그는 이를 망상체설(Reticular Theory)이라고 불렀다([그림 1-19]).

그림 1-19 Cajal

Cajal의 세포설은 뉴런이 세포체, 축색돌기, 수상돌기를 지닌 별개로 구별되는 대사 단위(metabolic units)라는 개념을 기반으로 했다. 뉴런들은 상호작용을 하지만, 서로 분리되어 있다. 해부학적 단위인 뉴런은 전기 신호를 보냄으로써 의사소통한다는 동적 분극 법칙(law of dynamic polarizing)을 따른다. 그러므로 각 뉴런은 신호를 받아들여서 처리한 후 다른 신호를 내보내는 정보 처리의 단위이다. 이 이론은 신경계가 신호를 통해 상호작용하는 별도의 단위로 구성되어 있다는 생각을 강조했다.

Golgi가 자신의 염색 방식을 사용하여 본 것은 고도로 상호 연결된 네트워크, 즉 그가 분산 신경망(diffuse nervous network)이라 부른 것이었다. 그래서 신경계의 경쟁 모형(competing model)을 개발했다. Golgi와 Cajal은 1906년에 노벨상을 공동 수상했지만, 이 두 과학자는 극심한 라이벌이 되었다.

Golgi가 Cajal과 근본적인 의견 차이를 보인 부분은 뉴런의 구조나 뉴런이 상호작용하는 방식이 아니라, 신경세포설이 환원적이고 원자론적이라는 점이었다. 망상체설을 따랐던 Golgi와 다른 학자들은 신경세포설이 뇌 기능의 전체론적 관점을 간과하고 있다고 생각했다. 그들은 뇌, 신경, 척수를 포함한 전체 신경계는 뉴런을 포함한 신경계의 집단 작용(collective action)으로부터 생기는, 기능을 가진 연속적인 망상체(reticulum)로 보아야 한다고 생각했다. 그러나 Golgi의 이론은 타당성을 인정받지 못하였고, 신경세포설이 우위를 차지하였다. 신경세포설은 오늘날까지 계속 발전하고 진화하고 있다(Cimino 1999). 독자들은 뇌의 구조, 기능 및 변화를 설명하는 다른 장에서, 이 이론의 많은 가정들을 볼 수 있다.

Cajal은 성인의 뇌에서는 신경가소성이 없다고 예측했다. 그러나 점점 더 많은 증거들은 뇌가 여러 가지 방법으로 재배선(rewire)될 수 있다는 것을 보여 준다. 이러한 발견들은 신경세포설이 너무 제한적이라는 비판으로 이어졌다. 결과적으로 신경가소성에 대해 새롭게 발견한 것들을 잘 설명해 줄 수 있기 때문에, 오늘날에는 전체론적 관점이 부활하고 있다. 보다 광범위한 모델들이 논의 중에 있으며(Guillery 2007), 분산 인지(distributed cognition)와 같은 새로운 이론들이 연구되고 있다(Hutchins 1995). 우리는 뇌 조직의 다능성(multipotentiality)에 대해 일종의 다원론적 관점을 가지기를 권장한다. 국재화와 전체론이 함께 작동할 수 있게 해 주는 이론은 신경세포설을 이론적으로 더 잘 그려 볼 수 있게 해 주어 잘 조화되어 작동하고 있는 신경계에 대해 더욱 잘 이해할 수 있게 해 줄 것이다.

🔬 신경전달물질의 발견

오늘날 대부분의 임상가들은 신경전달물질이 많은 심리적 문제들에 중요한 역할을 한다는 것을 안다. 그리고 약물치료는 정신질환을 해결하지는 못할지라도, 특히

그림 1-20 *Loewi*

심리치료와 결합되었을 때 많은 사람들에게 위안을 줄 수 있다. 신경전달물질은 뉴런이 다른 뉴런에게 발화할지 말지를 알려 주는 메시지를 보내는 핵심적인 방법이다.

신경세포설은 뉴런을 분리된 단위(separate unit)로 설명했다. 하지만 서로 접촉하지 않고 있다면, 한 뉴런이 다른 뉴런에게 발화할지 말지를 어떻게 알려 줄 수 있었을까? 뉴런들 사이에는 시냅스(synapse)로 알려진 공간이 있기 때문에, 한 뉴런에서 다른 뉴런으로 전기 신호를 전송하기 위해서는 보트 같은 일종의 운반 수단이 필요한 것처럼 보인다([그림 1-20]).

신경전달물질은 한 뉴런에서 다른 뉴런으로, 시냅스를 건너 메시지를 전달하는 화학물질이다. 그러나 이 아이디어는 즉각적으로 받아들여지지는

않았다. 사람들은 처음에 시냅스의 신호는 전기적인 것뿐이라고 생각했다. Otto Loewi(1873-1961)는 시냅스에서의 의사소통이 전기적일 뿐만 아니라 화학반응도 포함한다는 과학적 증거를 보여 준 유명한 실험으로, 1936년에 노벨상을 받았다. 이 일이 가능하게 된 일화는 무의식적 지성이 작동하는 흥미로운 예이다.

Loewi는 화학반응이 시냅스의 의사소통과 관련되어 있다는 강한 믿음을 가지고 있었지만, 이를 증명할 어떠한 방법도 생각해 낼 수 없었다. 1921년 부활절 주말, 그는 한 실험에 대한 꿈을 꿨고, 매우 흥분된 채 일어나 휘갈겨 쓰고 다시 잠을 잤다. 그러나 다음 날 아침 일어났을 때, 그 휘갈겨 쓴 글씨를 읽을 수 없었다. Loewi는 본

인 인생 최악의 날이라고 불렀던 그날, 꿈속의 실험을 기억하려고 노력하며 보냈다. 그날 밤 그는 낙담하고 좌절한 채 잠이 들었다. 하지만 놀랍게도, 그 꿈을 다시 꿨다! 두 번째 기회에 감사하며, 그는 한밤중에 일어나 즉시 실험실로 갔다. 그날 밤 그가 한 실험은 신경과학계를 영원히 바꿔 놓았다.

그는 두 개구리의 심장을 별개의 식염수에 담았다. 첫 번째 개구리의 심장은 미주신경을 손상하지 않고 해부했다. 미주신경은 심장 박동 수를 조절한다. 두 번째 개구리의 심장은 미주신경을 없앤 채 해부했다. Loewi가 첫 번째 심장의 미주신경을 전기적으로 자극하자, 심장 박동이 줄어들었다. 그 후 첫 번째 개구리의 심장이 담겨 있던 용액의 일부를 가져다가 두 번째 개구리의 심장이 담겨 있는 용액에 넣었다. 그러자 두 번째 개구리 심박률은 첫 번째 개구리의 심박률과 유사하게 감소했다. 이러한 결과는 미주신경이 없을 때에도 첫 번째 심장의 미주신경에서 나온 화학물질이 두 번째 심장에 변화를 일으켰다는 것을 보여 주었다. 화학적 전달체(chemical messengers)가 심장이 어떻게 뛰어야 할지 신호를 보내고 있었다. 뉴런들 사이의 신호 전달은 전기 자극뿐 아니라 화학적 반응이 포함된다는 확실한 증거를 주었다. 그 미지의 화학물질은 분리되어, 아세틸콜린으로 밝혀졌다. 이것이 처음 발견된 신경전달물질이다(Kandel et al. 2000).

결론: 신경과학의 현대로 진입하다

이제 보다 포괄적인 이해를 할 준비가 되었다. 신경과학은 심리학, 신경학, 의학, 심지어 철학 분야에서 합해진 전문가들이 있는 분야로 발전할 것이다. 1990년대는 뇌 연구의 10년으로 선언되었고, 관심이 기하급수적으로 늘었다. 이 책의 나머지 부분은 현대의 이야기를 서술할 것이다. 우리는 당신이 여러 아이디어에 참여함으로써 자신만의 것으로 만들기를 권한다. 만약 당신이 내담자의 생각, 감정, 행동에 대해서만 생각하지 않고, 내담자가 몸을 가지고 있으며 작동하고 있는 뇌를 가지고 있는 것에 대해서도 생각한다면, 위대한 신경과학적 발견들을 통합하여 당신이 하는 치료 작업에 새롭고 가치 있는 관점들을 더할 수 있을 것이다.

제**2**장

신경과학 용어 학습하기

새로운 주제에 대한 공부를 시작하기 위해서는 항상 도구에 익숙해지는 시간이 필요하다. 어떤 도구는 그것을 알기 전에는 복잡해 보일 수 있지만 무엇인지, 어떻게 사용하는지 익숙해지기만 하면 유용해진다. 우리가 뇌에 대해 빨리 학습하지 못하는 이유는, 뇌에 대한 단어들이 실제 그 단어가 묘사하는 것보다 혼란스럽기 때문일 수 있다. 따라서 뇌의 체계를 탐구하는 첫 번째 단계는, 뇌를 설명하는 데 일반적으로 사용되는 명명법(nomenclature)을 이해하는 것이다. 이 장은 필요한 그 기술을 쌓는 데 필요하다.

뇌를 묘사하기 위해 사용되는 용어가 지도(map)와 같다고 생각해 보라. 세상에는 도로 지도, 고도 지도, 2D 지도, 3D 지도와 같은 다양한 종류의 지도가 있다. 각 지도는 논리적인 근거를 가지고, 원점에서부터의 표시 제도를 사용한다. 신경해부학 책에서 흔히 볼 수 있는 뇌 사진은 매우 다양한 지도 체계(mapping system)를 사용한다. 이론적 설명(rationales)이 거의 없기 때문에 입문자는 기가 죽는다. 대신 지도를 보는 사람들이 체계에 익숙할 것으로 기대된다. 혼동의 또 다른 원인은, 같은 영역을 언급하는 데 다른 지도 체계를 사용하기 때문이다. 일단 전형적인 지도에 익숙해지면, 각 지도가 뇌와 신경계를 완벽하게 그리는 데 어떻게 기여하는지 알게 될 것이다.

이 장에서는 가장 일반적으로 사용되는 용어의 논리와 분류체계를 설명한다. 많은 지도를 함께 따라가다 보면, 멋진 광경이 환하게 드러나 놀랄지도 모르겠다.

💡 다양한 뇌 지도 보기

뇌는 그림, 도해, fMRI나 PET와 같은 다양한 종류의 뇌 사진을 통해 묘사된다. 신체는 3D로 존재하지만, 기술은 뇌를 2D 사진으로 보여 준다. 따라서 뇌를 이해하는 데 어떠한 다양한 관점(perspectives)도 사용될 수 있을 것이다.

외부적 관점

가장 많은 것을 표현할 수 있도록 3차원의 물체를 보기 위해서는, 바깥에서, 일반적으로는 앞, 뒤, 위, 아래 부분을 보면서 조사를 시작해야 한다. 뇌는 이러한 방식으로 묘사되지만, 이름은 다르게 표현된다. 네 가지 방향은 보통 문측(rostral; 혹은

그림 2-1 해부학적 방향

입쪽), 미측(caudal; 혹은 꼬리쪽), 배측(dorsal; 혹은 등쪽), 복측(ventral; 혹은 배쪽)으로
불린다. 이러한 분류체계가 있으면 동물을 쉽게 표현할 수 있다([그림 2-1]).

문미축(rostral-caudal axis)은 머리에서 꼬리까지 뻗어 있다. 고양이의 머리나 앞
쪽은 문측이고, 꼬리나 끝 쪽은 미측이다. 배복축(dorsal-ventral axis)은 문미축에 수
직(또는 직교)이다. 그림에서 고양이 등의 윗부분은 배측이고 발은 복측이다.

인간의 뇌에서는 용어를 약간 바꾸어야 한다. 인간의 경우 문미축이 배아 형성 과
정에서 90도 회전해서, 많은 네 발 달린 동물들처럼 척수가 뇌와 수평에 있지 않고
뇌의 아래에 있기 때문이다. 그러므로 축이 일직선에 위치하는 고양이와 비교하면,
항상 같은 방식으로 명명(label)되는 것은 아니다([그림 2-2]).

여기에 이러한 용어를 사용하여 인간의 뇌를 표지하는 방식이 있다. 문미축은 뇌
의 앞쪽(이마를 향한 쪽)을 문측으로 놓고, 목에 가까운 등 쪽에 미측을 놓는다. 배복
축은 뇌간과 척수의 수직 방향을 따른다. 배측은 머리의 위쪽을 향하고, 복측은 더
아래쪽에 있다.

두 번째 명명 체계, 즉 상부(superior), 하부(inferior), 전측(anterior), 후측(posterior)
도 널리 사용되며, 이는 여러 면에서 더 친숙하고 쉽게 적용 가능하다. 내측(medial)
과 외측(lateral)의 추가적인 분류 유형도 있다. 내측은 중앙을 향하고, 외측은 바깥
을 향해 있다. 따라서 내외축(medial-lateral axis)은 수평하게 보면, 내부의 정중선
(inner midline)에서부터 외측까지 존재한다. 만약 두 영역이 같은 쪽에 있다면 동측

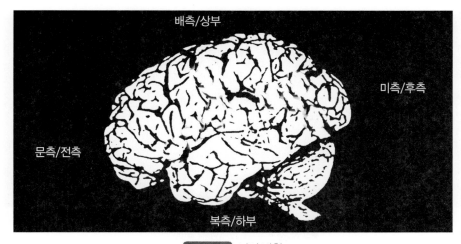

그림 2-2 뇌의 방향

(ipsilateral)이고, 반대쪽에 있다면 대측(contralateral)이다.

내부적 관점

모든 뇌의 체계는 단지 바깥에서만 봐서는 안 된다. 안에 무엇이 있는지도 볼 필요가 있다. 따라서 뇌를 관찰하는 또 다른 방법은, 사과를 잘라 내부의 심을 보는 것처럼 뇌를 가르는 것이다. 뇌와 신체의 내부를 보는 관습은 매우 보편적이며, 세 가지 그림에 나타나 있다([그림 2-3]).

앞에서부터 뒤를 수직으로 절단하는 것은 시상면(sagittal plane; 라틴어로는 '화살')으로 본 것이다. 시상면이 중심을 통과하면 정중 시상면(midsagittal plane)으로 불린다. 좌우 면을 가로지르는 수직 절단면은 관상면(coronal; 라틴어로는 '왕관') 또는 가로면(transverse plane)이다. 마지막으로, 바닥과 평행한 수평면(horizontal section)이 있다. 이러한 일련의 용어는 인체의 내부를 보는 데도 사용된다. 뇌 스캔 사진을 시상 및 관상 시야(sagittal and coronal views)에 따라 표지할 때, 시상면(sagittal view)과 관상면(coronal view)으로 나타난 그림의 맨 위는 배측, 바닥은 복측이라고 한 반면, 수평면(horizontal plane)에서는 문측을 이마 쪽에, 미측을 뇌의 뒤쪽에 붙인 것을 볼 수 있을 것이다. 이런 식으로 조합하면, 어떠한 관점에서 그림을 보고 있는지를 명확히 알 수 있다.

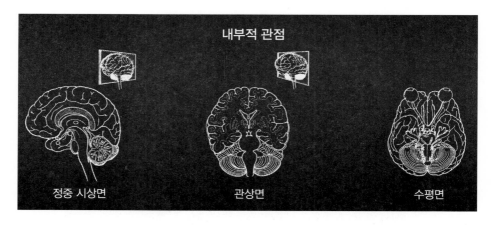

그림 2-3 뇌를 안쪽에서 보는 관점

브로드만 영역

Korbinian Brodmann(1868-1918)은 뇌의 바깥층에 있는 대뇌피질의 분류체계를 개발했다. 그는 세포조직 혹은 세포 구조를 바탕으로, 피질의 표면을 52개의 서로 다른 부분으로 나누었다. 그는 1909년에 지도(map)를 출판했다(Brodmann 1909/1994). 그는 모든 동물의 해부학적인 배열이 비슷하다고 생각했지만, 동물이 인간보다 피질구조가 훨씬 더 작았기에 이러한 생각은 잘못된 것으로 밝혀졌다. 과학자들은 1세기 동안 브로드만의 지도를 개선하는 작업을 해 왔다. 브로드만 영역은 번호로 붙여져 있다. 예를 들어, Broca의 말하기나 언어 영역은 브로드만 44와 45영역에 위치하며, 일차 체감각 피질은 브로드만 1, 2, 3영역이다. 일차 운동 피질은 브로드만 4영역이며, 일차 시각 피질은 브로드만 17영역이다. 브로드만 영역은 반구의 내부 및 반구와 반구 사이의 많은 연결을 충분히 설명할 만큼 정밀하거나 정교하지 않다(Zillmer et al. 2008). 그러나 브로드만 체계는 피질 영역을 언급할 때 자주 사용되므로, 이 지도 체계를 이해하는 것은 여전히 유용하다([그림 2-4]).

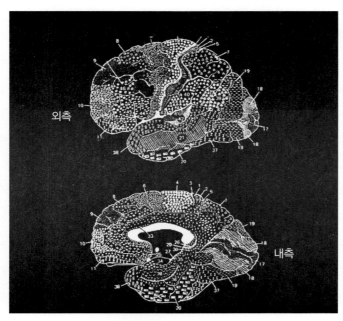

그림 2-4　브로드만 영역

🔅 뇌의 각 부분들에 대한 용어

폐나 위 같은 신체의 다른 부위처럼, 뇌의 각 부분에도 이름이 있다. 때로 구조물들은 가늘고 길며 둥근 모양인 후각 망울(olfactory bulb)이나, 아몬드처럼 휘어진 편도체(amygdala; 라틴어로 '아몬드')처럼, 각 구조의 형태를 반영하는 직접적인 이름을 가지고 있다.

이러한 구조물들은 뇌 안에 위치해 있으며, 구분되는 구조를 가지고 있다. 그러나 어떤 구조물들은 물리적으로 구분이 쉽지 않다. 대신 특정 영역에 위치한 세포들이 단일한 기능을 수행한다. 무리를 이룬 이 신경세포 집단에는 이름이 붙여진다. 따로 기능하는 것처럼 생각되게 이름 붙여지기도 하지만, 하나의 체계로 더 잘 이해될 수 있다. 예를 들어, 기저핵은 종종 하나의 구조물인 것처럼 언급되지만, 사실은 운동과 관련하여 서로 밀접하게 작동하는 구조물 집단을 일컫는다. 또 다른 예로, 변연계는 정서 경험을 위해 함께 작동한다.

이러한 구조들을 일컫기 위해 몇 가지 서로 다른 용어들이 사용된다. 일반적으로 사용되는 단어 중 하나는 핵(복수형 nuclei, 단수형 nucleus)이다. 기저신경절(basal ganglia)[1]의 구조 중 하나인 미상핵(caudate nucleus)처럼, 핵은 뇌 안에 위치한 신경세포 집단을 일컫는 것으로, 전문화된 기능을 가지고 있다. 신경절(복수형 ganglia, 단수형 ganglion)은 척수와 그 주변을 뇌와 연결하는 빽빽한 뉴런들의 집합을 일컫는 용어이다. 신경절은 척수 양쪽에 위치하며, 스트레스 반응 및 투쟁-도피(fight or flight) 스트레스 반응에 관여한다. 예외적으로, 운동 통제와 관련된 핵의 집합인 기저핵과 구분하기 위해, 뇌 안에 있는 영역에 신경절이라는 용어를 쓸 때가 있다. 어떤 이들은 이것이 잘못된 명칭이며, 뇌의 내에 위치해 있기 때문에 기저핵(basal nuclei)으로 불러야 한다고 생각하기도 한다. 그러나 척수 및 말초신경계가 포함되며 움직임과 관련되어 있기 때문에 신경절이라는 이름은 말이 된다. 기저핵이 활동을 하지 않으면 헌팅턴병이나 파킨슨병 같은 특정한 피질하 운동장애(subcortical movement disorder)가 발생한다. ADHD 또한 기저핵과 관련이 있다.

---

[1] [역자 주] '기저핵'으로 주로 번역된다.

회와 구

피질에는 상대적으로 높고 낮은 부분이 있어 주름이 많다. 이 높은 곳과 낮은 부분들 또한 구분하기 위해 이름이 있다. 즉, 회(gyrus, 복수형 gyri)와 이랑(ridge), 구(sulcus, 복수형 sulci)와 고랑(valley)은 돌출부 및 주름을 가리키는 데 사용되는 두 가지의 서로 다른 용어이다. 때로 높고 낮은 특정 부분에는 이름이 붙여진다. 예를 들면, 각 반구에서 정서 및 주의와 관련된 피질 영역은 대상회(cingulate gyrus)이고, 뇌엽(lobes)을 두 부분으로 나누는 것은 중심구(central sulcus)이다. 다양한 회와 구는 이와 같이 이름 붙여진다([그림 2-5]).

뇌엽(lobes)은 각자 다른 부분에 있는 피질을 설명하기 위해 사용되는 용어로, 제3부에서 설명할 것이다. 네 가지 엽은 전두엽(frontal), 두정엽(parietal), 측두엽(temporal), 후두엽(occipital)이다. 우반구와 좌반구에 두 세트의 뇌엽이 있다. 기능은 유사하지만, 우반구와 좌반구에는 뚜렷한 차이가 있다.

이러한 뇌엽의 분할은 특정한 기능이 일어나는 위치를 전반적으로 이해하는 데 도움이 된다. 예를 들어, 시각 통제(control of visions)는 후두엽의 뒷부분에서 이루

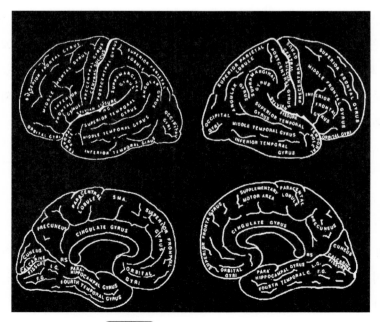

그림 2-5 인간 뇌의 주요한 회와 구

어진다. 감각 영역(sensory area)은 두정엽에 있다. 측두엽은 청각 기능에 관여하고, 전두엽은 더 높은 수준의 처리를 한다. 뇌엽들은 현미경 없이도 눈에 잘 보인다. 소엽(lobule)은 뇌엽(lobe)의 일부를 가리키는 용어이다. 이는 현미경으로 보아야만 볼 수 있지만, 소엽 또한 명확하게 구분이 된다. 4개의 뇌엽의 그림은 제9장을 참조하라.

백질과 회백질

뇌를 구분하는 또 다른 방법은, 조직 염색 시 나타나는 회색의 정도(grayscale)이다. 포름알데히드로 고정된 뇌 조직을 현미경으로 보면, 어떤 부분은 하얗게 보이고 어떤 부분은 회색으로 보인다. 이때 흰 부분은 백질(white matter)로, 회색 부분은 회백질(gray matter)로 불린다. 뉴런으로 입력 신호를 전달하는 세포체(cell body)나 세포체에서 나온 가지인 수상돌기(dendrite)는 현미경을 통해 보면 회색으로 보인다. 따라서 세포체와 수상돌기는 회백질을 구성하는 뉴런의 일부이다. 유수축색(myelinated axons)은 백질로, 수초(myelin)가 축색을 덮고 있다. 축색(axon)은 출력 신호를 한 뉴런에서 다른 뉴런으로 전달하는 긴 섬유이다. 수초는 전선의 절연체와 같은 기능을 한다. 피질에 있는 이 깊은 부분은 포름알데히드로 고정시켜 현미경으로 보면 흰색으로 보이기 때문에 백질로 알려져 있다. 뇌는 백질과 회백질로 이루어져 있다. 회백질은 피질과 소뇌의 바깥 표면을 따라 들어가고 튀어나온 부분에 발견된다. 또한 뇌의 안쪽 깊은 부분과 척수 주변에서도 발견된다. 백질은 뇌와 소뇌의 깊은 부분과 척수의 표면에 위치해 있다.

💡 결론

용어에 익숙해지면 뇌에 관한 문헌이나, 뇌가 어떻게 인지, 정서, 행동에 연관되어 있는지에 대해 더 쉽게 알 수 있을 것이다. 이러한 사전학습에 시간을 들이면 치료에 보다 새로운 풍부한 가능성이 열릴 것이다.

제3장

마음과 뇌는 무엇인가

치 료자로서 당신은 마음(mind)에 대한 일을 한다. 수련 과 수년간의 연습은 당신을 사람들의 생각, 내적 감 각, 감정의 미묘한 뉘앙스에 맞추도록 했다. 당신은 사람들이 자신의 행동에 대해 갖는 관점 및 중요한 타인에 대해 갖는 생각에 대해 작업한다. 이 모든 일에서, 당신 은 내담자가 당신처럼 마음을 가지고 있다는 것을 당연하게 여겼을 것이다.

그러나 겉보기에는 타당한 가정에 신경과학은 의문을 제기한다. 상식적으로 우 리에게 마음이 있다는 것을 안다고 해도, 마음이란 무엇인가? 과학이 우리가 몸과 뇌를 가지고 있다는 것을 증명할 수 있지만, 마음이 있다는 것은 어떻게 확실히 증 명할 수 있을까? 누가 당신에게 팔을 보여 달라고 하면 보여 줄 수 있고, 뇌를 보여 달라고 하면 머리를 가리킬 수 있다. 하지만 "자, 이제 마음을 보여 줘."라고 한다면, 그렇게 하는 것은 쉽지 않을 것이다.

사실, 사람들은 수천 년 동안 마음을 찾기 위해 노력해 왔다. 1,500여 년 전 위대 한 창시자 보리달마가 첫 제자인 혜가에게 전수한 것에 대한 유명한 이야기에서도 이러한 질문이 제기되었다. 혜가에게는 우리의 내담자와 마찬가지로 어려움이 있었고, 스승에게 "마음을 편안하게 해 달라."고 했다.

보리달마는 "네 마음을 보여 달라."고 대답했다. 혜가는 보여 주려고 했지만 찾을 수 없었다. 그 순간 깨달음을 얻었다.

마음과 뇌에 관한 질문은 치료자인 우리에게 매우 중요하다. 그에 대한 답은 우리가 내담자와 작업하는 데 영향을 줄 것이다. 우리는 항상 내담자의 마음을 바꾸는 가장 효과적인 기술을 찾는다. 마음과 뇌의 관계에 대해 더 많이 알게 될수록, 당신이 하는 일에 통합시킬 수 있는 새로운 방법을 알게 될 것이다. 뇌에 대해 많은 것을 알고 있는 신경과학자들은 마음과 뇌의 관계에 대해 중요한 질문을 던진다. 우리는 여러분이 이 문제에 대해 좀 더 생각해 보면 좋겠다.

이 장에서는 마음과 뇌 사이의 관계에 대해 알아본다. 둘 사이의 관계는 의식의 본질 및 자기감(sense of self)에 대해 시사한다. 이 장의 끝부분에 이르면, 여러분은 이 모든 것들을 당신이 하는 작업에 통합시킬 방법을 찾을 수 있을 것이다.

🧠 마음이론

데카르트(1596-1650)는 몸과 마음을 별개로 보는 것에 대한 논의를 시작했다. 그가 "나는 생각한다, 고로 존재한다."(Descartes 1984)고 말한 것은, 마음을 따로 떼어 놓은 것이었다. 뇌에 대한 신경과학적 발견은 많은 철학자들로 하여금 물질적·신체적인 뇌가 마음의 기초를 형성한다고 믿게 했다. 그러나 우리가 마음을 가지고 있다는 감각은 여전히 남아 있다. 그렇다면 마음은 무엇일까?

가장 유명한 실용적인 설명 중 하나는 마음이론(Theory of Mind: ToM)으로 알려져 있다. 마음이론은 신념, 욕구, 의도와 같은 마음상태를 자신과 다른 사람들에게 귀인한다(attribute)는 생각에 기반을 두고 있다. 마음이론은 다른 사람들이 우리와 같은 마음이론을 가지고 있다고 가정한다. 우리는 모든 사람이 자기와 같은 마음을 가지고 있다고 믿기 때문에, 사람들의 행동에서 이유를 찾는다. 이러한 추론의 근거는 피질에서 일어나는 상위 수준의 개념화 능력인 하향식 처리 과정(top-down process)이다. 우리는 뇌에서 표상(representation)을 형성해 낸다. 이러한 정신적 표상은 자기와 타인에 대해 경험하고, 문화에 참여함으로써 생겨난다. 세계에 대한 우리의 정신적 표상은 실제 세계와 일치할 수도 있고 그렇지 않을 수도 있다. 사실, 표상이 항상 관찰 가능한 것은 아니기 때문에 마음이론이라고 한다. 저명한 기능주의자인 Jerry Foder(b. 1936)는 정신적 표상 이론을 강하게 주장하는 대표자였다. 그는 표상이 사고의 언어(Language of Thought: LOT)로 표현된다고 믿는다. 언어능력은 뇌의 특정 부분에 위치할 수 있기 때문에, 마음이론과 사고의 언어가 존재한다는 증거가 된다. 심리치료자들은 종종 마음이론의 수준에서 작업한다. 때로는 마음이론이 다른 사람을 더 잘 이해하게 하지만, 사람들은 혼란스러울 때는 왜곡된 마음이론을 채택하기도 한다는 것을 임상가들은 잘 알고 있다.

　마음이론은 어디에서 왔을까? 전통적인 관점에서는, 우리가 세계에 대한 태도와 신념인 가정적인 체계(assumptive system)를 형성하며, 그 가정적인 체계가 우리가 지각하는 방식에 영향을 미친다고 본다. 인지치료는 이 체계를 다루며, 이를 더욱 현실적이고 합리적으로 만드는 것을 돕는다. 최근의 신경과학적 발견은 두 번째 가능성을 제안한다. 거울 뉴런은 뇌의 여러 부분에서 발견되며, 우리가 무언가를 할 때 발화(fire)하는 특별한 종류의 뉴런이다. 그러나 다른 사람이 행동하는 것을 볼 때도 발화한다. 따라서 뇌가 행동을 흉내 내기(simulate) 때문에 다른 사람을 이해할 수 있는 것인지도 모른다. 거울 뉴런의 활동은 마음이론과 같은 상위 수준 과정이 발달과정의 후기에 성장할 수 있다는 것을 암시한다. 모사이론(simulation theory)은 우리가 다른 사람들을 어떻게 이해하는지에 대해 새로운 관점을 제공한다.

🔆 피질의 정중선 구조와 자기감

　신경과학자들은 뇌의 앞부분에서 피질의 정중선 구조(cortical midline structures)로 알려진 영역을 발견했다. 이 부분은 '자기(self)'라는 분리된 존재를 체험하고 자기와 관련된 정보를 처리할 때 활성화된다(Bermpohl 2004). 신경과학자들은 이러한 종류의 처리를 자기-참조(self-referencing)라고 부르며, 이는 자기감(sense of self)을 형성하는 데 핵심적이다. 우리가 어떤 것을 경험할 때에는 자극을 어떻게 표상하고 관찰할 것인지와 같은 많은 하위 과정이 필요하다. 또한 우리는 정보가 자기 자신에 적용되는지, 아니면 다른 누군가에게 적용되는지를 평가한다. 그 후 자기-참조적

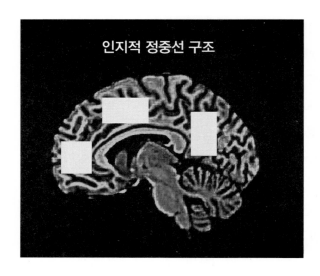

그림 3-1 정중선 구조

자극(self-referential stimuli)과 통합한다. 이러한 모든 과정은 우리가 어떻게 구별되는 자기감을 갖게 되는지, 그리고 우리 자신을 어떻게 다른 사람과 구별되는 존재로 느낄 수 있는지와 관계된다([그림 3-1]).

💡 의식과 뇌

우리에게 자기감이 있다는 것을 생각해 보면, 이 자기감을 느끼게 할 수 있는 방법이 있을 것이다. 사전에서는 의식(consciousness)을 우리 자신의 존재, 감각, 사고, 주변 환경을 인식하는 것으로 정의하는 경향이 있다. 누구든지, 나에게 의식이 있다고 말할 수 있다. 그럼에도 불구하고 더 깊이 생각해 본다면, 의식이 무엇인지 명확히 알 수 없다. 명상(meditation)은 의식의 흐름을 관찰하는 방법을 가르쳐 준다. 이러한 과정을 통해 의식에 접촉할 수는 있지만, 접촉 경험은 우리가 예상하는 만큼 합리적이지도 논리적이지 않다. 의식이 무엇인지 하나의 정의로는 이해하기 어려울 수 있지만, 신경과학자들은 의식을 더욱 명확하게 이해할 새로운 증거를 찾고 있다. 정서의 신경과학에 대한 저명한 연구자 Antonio Damasio는 다음과 같은 유용한 정의를 제시해 주었다. "의식이란 자기 자신 및 주변 환경의 존재에 대한 지식이 있는 마음 상태이다."(Damasio 2010, p. 157) 이러한 의식적인 마음 상태는 위대한 현상학자 Edmund Husserl이 "어떤 대상에 대한 의식은 모두 의도적이다."(Husserl 1900, 1970)라고 한 것과 유사하다. 각성(뇌간), 신체 감각(뇌섬엽 및 피질의 두정엽), 정서(변연계), 인지(피질의 전두엽)를 포함하여, 뇌에서 일어나는 많은 과정은 이러한 의식적인 마음 상태에 기여한다. 매우 많은 뇌 영역이 관련되어 있기 때문에, 의식은 다양한 방식으로 매우 깊숙이 우리의 존재에 스며든다. 신경과학에서는 의식이 이러한 뇌 과정들에 의하거나, 통하거나, 상호작용하여 발생한다고 주장한다. 하지만 어떻게 일어나는 것일까?

🔆 물리주의

분명히, 마음속에서 일어나는 일과 뇌에서 일어나는 일은 어느 정도 관련이 있다. 하지만 어떤 관계일까? 마음과 뇌 사이의 관계에 대한 주요 접근 중 하나는 물리주의(physicalism) 혹은 유물론(materialism)이다. 물리주의는 물리적 실재만이 유일한 진실 혹은 실제적인 현실(actual reality)이라는 입장을 취한다. 우리가 알 수 있는 모든 것은 물질이며, 물질(substance)은 물리적이거나 물질적(material)이다. 나머지는 추측일 뿐이다.

물리주의는 서양철학 전통의 창시자인 그리스의 Thales(B.C. 624-546)에서 시작되었다. Thales는 우주가 원시 물질인 물(water)로 이루어져 있으며, 우리에게 세계라는 바다를 항해할 나침반을 제시해 준다고 믿었다. 어떤 것의 물질적 속성을 이해함으로써 그 특성과 행동을 모두 알 수 있다. 이는 단지 물리적 실체가 드러난 것일 뿐이다.

많은 사람들, 특히 서양인들은 우주의 중심에서 어떤 궁극적 물질(ultimate substance)을 찾을 것이라고 믿는다. 세상은 물질(matter)로 이루어져 있다. 대상과 사건은 단지 물질의 패턴일 뿐이다. 물질은 근본적인 것이다. 스크린 위에 있는 화소를 멀리서 보면 패턴이 만들어지는 것처럼, 마음은 세계가 만들어 낸 물질을 바탕으로 패턴을 만들어 낸다. 동양 철학자에게 물질은 마음의 패턴과 다르지 않다. 분리할 수 없다. 마음이 패턴을 만들어 내고, 세계는 물질로 이루어져 있다.

뇌에 물질주의를 처음 적용했을 때, 마음의 주요한 요소는 뇌의 뉴런이었다. 뇌가 없으면 인간의 마음도 존재하지 않을 것이다. 오늘날의 물질주의자들은 마음과 뇌의 관계에 따라 입장이 조금씩 다르지만, 핵심은 항상 어떤 식으로든 뇌가 기본이라는 것이다.

마음이 곧 뇌이다

심신 일원론(identity theory)은 말 그대로 마음이 뇌라고 주장한다. 뇌와 마음은 별개이거나 분리될 수 없다. 이원론자들(dualists)은 뇌와 마음이 서로 분리돼 있으며 관련 없는 것으로 생각하거나, 관련성은 있지만 분리된 것으로 생각할 수도 있다. 그러나 일원론자에게 이러한 주장은 증명 가능하지 않다.

마음의 과정과 뇌의 과정은 같으며(same), 그러므로 일치한다(identical). 일치성 그 자체가 본질이다. 비록 미묘한 차이가 있는 변형물들(variations)에 대해서 논쟁할 수 있지만, 변형된 것들끼리도 일치성(identity)을 공유한다. 예를 들어, 낡은 배의 선창 덮개(hatch cover)는 커피 테이블로 만들어졌지만, 커피 테이블과 선창 덮개는 정말로 같은 것이다. 선창 덮개로 사용하든 커피 테이블로 사용하든, 다른 목적으로 사용될 뿐 여전히 같은 것이다. 이와 비슷하게, 마음이 뇌고, 뇌가 마음이다. 이 둘은 같다. 생각을 할 때, 마음은 뇌다.

상식(common sense)이 어떤 것이 실제로 무엇인지 우리에게 알려 주려 해도, 때로는 개념과 이름이 이를 어렵게 만든다. 만약 어떤 물건이 다른 물건도 가지고 있는 특성을 모두 가지고 있다면, 그것은 같은 물건이다. 어떤 물건이나 물질이 다른 물건과 속성을 공유한다면, 같은 범주(category)에 속한 것이다. 그러나 역설적이게도, 범주는 기만적(deceptive)일 수 있다. 예를 들어, 어떤 별은 아침과 저녁에 빛난다. 그래서 사람들은 아침에 별을 가리키며 "샛별(Morning Star)이 있다!"라고 외칠 수 있다. 그리고 저녁에 그 별이 있었던 장소로 가서 하늘을 올려다보고 "개밥바라기(Evening Star)가 있다!"라고 말할 수 있다. 어떤 의미에서는 뭔가 다른 것을 본 것처럼 보일 수도 있다. 샛별도 있고, 개밥바라기도 있다. 하지만 확연히 다른 두 이름의 별은 실제로는 같은 하나의 별이고, 우리가 금성이라고 알고 있는 행성이다. 이 행성은 24시간 주기로 다른 시간대에 볼 수 있다. 따라서 사물(things)이 항상 상식에 부합하는 것은 아니다.

심신일원론 너머: 제거적 유물론

심신일원론에 대해 문제를 제기하는 물질주의들은 제거적 유물론자(eliminative materialist)이다(Churchland 1988; 1995). 제거론자들은 마음과 정신적 표상에 대한 이론을, 단순히 세대를 거쳐 전해지고 할머니의 무릎에서 배운 당연한 일련의 가정들(assumptions)로 이루어진 통속 심리학(folk psychology)으로 본다. 우리가 마음을 묘사하기 위해 사용하는 개념과 용어는 골상학이나 다른 오래된 믿음, 미신 혹은 설화와 비슷한 것이다. 상식 수준의 심리학 체계는 인간 행동의 원인과 인지 활동의 특성을 근본적으로 호도하는 잘못된 개념이다(Churchland 1988, p. 43).

뇌 과정을 활성화시키는 감각 경험 외의 마음은 없다. 그러한 잘못된 개념은 거짓(deceptive)일 뿐이다. 유일하게 타당한 마음의 실제는 뇌의 신경 연결이다. 그러므로 우리가 통속 심리학의 개념, 생각, 믿음과 함께, 뇌의 물리적 구조와 기능 사이에서 일대일 대응이나 일치성을 찾을 수 있을 것 같지는 않다. 오직 물리적 또는 물질적 세계만이 실재하기 때문에, 잘못된 용어를 사용하여 특성을 찾아내고 구별하는 것은 아무런 의미가 없다. 잘못된 결론만 도출될 것이다. 우리는 이러한 낡은 체계를 없애고, 화학적인 또는 뉴런의 수준에서 시작하는 순수한 물질주의적 해석을 받아들여야 한다. 이 철학적인 입장은 설명이론으로의 연결주의(connectionism)에 긍정적이며, 실체가 없는 전제에 기초한 다른 접근법들은 받아들이지 않는다.

🔆 기능주의

마음을 형성하는 데 있어 뉴런의 연결이 중요하다 하더라도, 우리는 사고, 감정, 행동이 뉴런 간의 연결을 강화하거나 약화시킴으로써 뉴런 연결에 강력한 영향을 미칠 수 있다는 것 또한 알고 있다. 대부분의 임상가들은 심리적 사건이 기능에 어떻게 영향을 미칠 수 있는지 알고 있다. 치료자들에게 가장 친숙한 이론은 기능주의(functionalism)이며, 이는 마음이론과 완벽하게 일치한다. 기본적으로 기능주의는 생각, 소망, 감정과 같은 정신 상태의 특성은 개인의 전체 인지체계의 작용에 달려 있다고 주장한다(Foder 1983). 뇌와 같은 물질(material)은 전체 시스템 내에서 기능이나 역할 측면에서만 중요하다. 그러므로 시스템의 각 부분들 사이의 기능적 관계 속에서 볼 때, 특정한 생각은 어떠한 마음이나 의식 상태에서 실현될 수 있으나, 이는 한 부분 때문에 생기는 것이 아니라 각 부분들이 서로 결합하여 작동한 결과이다.

같은 방식으로 기능하는 한, 심지어 다른 종의 뇌에서도 비슷한 상태가 나타날 수 있다. 그러므로 동일한 기능적 방법으로 형성되는 한, 같은 생각은 다양한 뇌에서 여러 가지 방식으로 나타날 수 있다. 생각을 담고, 생성하고, 전달하는 물질의 동일성이 핵심 요인이 아니다. 기능이 핵심이다.

예를 들어, 당신이 좋아하는 영화의 DVD나 VCR 테이프를 두 가지의 매체(media)를 모두 재생할 수 있는 기계를 통하여 재생한다면, 출처는 다르지만 시각적으로 동일하게 나타날 수 있다. 다른 매체를 통하여 나타남에도 불구하고, 둘의 기능적 연결성이 영화로부터 정보를 알려 준다. 마찬가지로, 같은 방식으로 기능하기 때문에, 두 사람의 뇌가 서로 다르더라도 어떠한 상황에 대한 동일한 정신 상태를 느낄 수 있다. 깊은 사랑에 빠진 두 사람은 독특한 뇌 조직을 가진 각기 다른 사람이 어떻게 같은 감정을 공유할 수 있는지를 보여 주는 예이다. 사실, 서로 다른 종의 동물도 유기체가 같은 방식으로 기능한다면 동일한 반응을 나타낼 수 있다. 구성요소가 아니라 기능이 중요한 것이다. 이것은 심리철학(philosophy of mind)에 많은 함축적 의미를 준다.

동양의 지혜는 이러한 생각을 명확히 이해하는 데 도움이 된다. 컵의 유용함은 비어 있음(emptiness)에 있다(『도덕경』 11장; Wilhelm 1990). 그러므로 비어 있음은 컵이 기능을 실현하기 위한 잠재력의 원천이다. 컵만 있다면 그 컵이 진정으로 무엇인지 이해하기 어렵다. 기능(function)에 따라 형태(from)가 만들어지고, 형태는 무언가를 사용할 수 있도록 빈 공간을 준다.

한 무리의 사람들이 태평양을 내려다보는 산책로에서, 해가 지는 것을 보고 있다고 상상해 보라. 한 사람이 다른 사람들에게 돌아서서 "노을이 정말 아름답네!" 하고 외친다. 모두 동의하며 고개를 끄덕인다. 그들 사이에서 뭔가가 공유된 것이다. 각자는 갖고 있는 몸(body)이 다르고, 살아 온 배경이 다르고, 각자 다르고 독립된 뇌를 가졌지만, 아름다운 노을이 무엇인지 모두 알고 있다. 기능주의자들은 자연의 아름다움을 경험하는 것이 기능적으로 동일하기 때문에, 개인적 요인들에 상관없이 경험의 공유가 가능하다고 주장할 것이다.

🔆 유심론

우리는 우리가 경험하는 세계가 현실(reality)이고 계속될 것이라고 당연하게 여기는 경향이 있다. 또한 같은 세계가 내일도 펼쳐질 것이라고 생각한다. 하지만 치료자들은 현실 감각(reality sense)이 마음에 강력한 영향을 미칠 수 있다는 것을 알고 있다. 상황을 부정적으로 지각하기 때문에 실제 상황도 부정적인 것으로 확신하는 것일 수 있다. 역설적이게도, 의도하지 않았을 때조차 사람들은 바로 그 현실을 유도해 낸다. 화난 여성은 주변에 있는 짜증나게 하는 사람, 물건, 사건들을 찾는다. 세상은 적대감으로 가득 차 있다. 두려움에 가득 찬 사람은 매번 위협적인 사람, 물건, 사건들을 보고, 언제든지 위험해질 가능성을 당연하게 찾는다. 우리가 경험하는 세계는 우리가 살고 있는 세계이다. 그리고 결국, 우리가 사는 세계는 우리가 경험하는 세계가 된다.

불교에서 유래한 유심론(mind-only view; Simpkins 1997)은 우리가 지각하는 모든 것은 우리의 마음속에 있으며, 모든 것은 오직 마음일 뿐이라는 관점이다. 생각이 세상을 진짜처럼 보이게 한다. 마음이 만들어 낸 존재의 허상을 꿰뚫어 보는 가장 좋은 방법은 이성이 아닌 명상이다. 외부적 실재(external reality)도 없고, 실제 존재하는 물질도 없다. 기본은 비물질(non-substance)이며 공(emptiness, 空)이다. 마음의 바깥에는 아무것도 없다.

도교에서는 우주의 근본 핵심은 다른 것에 의해 창조되지 않고, 변치 않고, 비정형이며, 사물이 형태를 갖출 때 음과 양의 반대편에서 나타난다고 본다. 물론 다양한 동양적인 관점들이 있다. 하지만 사물의 내부적 핵심이 마음(Mind)이건 도(Dao)이건 간에, 공통점은 어떤 것이 경험되었으며 그것은 정신적 특성을 갖고 있다는 것이다.

양자 이론이 나타나기 전, 과학은 순진하게도 우리가 지각하는 세계가 객관적으로 관찰 가능하고 정확하게 측정 가능하다고 생각했다. 그래서 측정한 것이 있으면 세계가 바로 그곳에 있다고 확신했다. 과학자들은 측정법을 개량하고 기술을 개발함으로써 세상을 더 잘 이해할 수 있을 것으로 기대했다. 그러나 양자물리학은 정확한 관찰과 측정만으로는 한계가 있음을 보여 주는 역설적인 의문들을 제기했다. 우리가 측정한 것이 우리가 측정하고자 한 현실을 정확히 반영한 것인지는 확신할 수 없다. 우리가 지각한 대로 세계가 실제로 존재하고 있다고 순진하게 믿는 것은 오류를 범하는 것이다(Albert 1992).

우리가 지각한 물체가 실제로 그곳에 있다면, 그 물리적 특성을 시험할 수 있어야 한다. 예를 들어, 우리는 무게를 알아내기 위해 물건의 무게를 재 보고, 들어 올리고, 내려놓을 수 있으며, 그 물체와 무게가 비슷하거나 다른 물체와 비교 · 대조해 볼 수도 있다. 그 물건을 물에 담근 후 물이 얼마나 넘쳤는지도 측정할 수 있다. 그러나 이 모든 실험들이 물체의 변함없는 실재(constant reality)를 증명하지는 않는다. 그것은 물체로부터 얻어진 추론일 뿐이다. 위대한 서양 철학자 Martin Heidegger(1869-1976)는 "바위를 작은 조각으로 부순다고 해서, 바위에서 바위성(rockness)을 발견할 수는 없다."(Heidegger 1962)고 말했다. 바위의 진정한 본질이나 본성은 분석할 수 없다.

더욱이, 실험은 단순히 그 순간에 나타난 일시적인 실재(reality)에 대한 정보만을 준다. 내가 오늘 측정한 물체가 내일 측정할 물체와 같다는 직접적인 증거는 없다. 일련의 예들을 보면, 시간은 우리에게 존재의 지속(continuous existence)에 대한 그럴듯한 환상을 주며, 결과적으로 우리는 의식(consciousness)을 통해 우리가 지각한 세상을 만들어 낸다.

우리는 마음속 대상들이 고정되고, 영원하며, 지속될 것으로 생각된다. 이렇게 지속될 것이라는 착각은 부분적으로는 의식이 틈을 메우면서 생겨난다. 시간에 따라 변하는 음색을 들을 때, 우리는 음악의 흐름을 듣는 것이다. 현실에서 우리의 마음은 음표와 함께 흐르며, 멜로디를 기억하고, 심지어 거기에 'Row, Row, Row Your Boat'와 같은 이름을 붙인다. 특정 범위나 속도로 깜박거리며 달라지는 일련의 그림들을 순서대로 보면 움직이는 것처럼 보인다. 지속되는 장면의 흐름은 끊김이 없는(constant) 것으로 보인다. 마음은 분리돼 있는 그림들을 시간을 통해 하나로 묶어 단일체를 만들어 주어, 서사적 이야기가 있는 영화를 체험하게 한다. 이것이 실존(existence)을 만들어 내는 우리의 의식이다.

개념은 또한 현실 속의 환영(illusion of reality)을 만들어 낸다. 우리는 뇌의 각 부분에 이름을 붙인다. 변연계를 인식하고, 그것을 정서 반응과 연관시킨다. 하지만 이러한 이름은 정말 임의적인 관습이며, 마음이 만들어 내는 것이다. 변연계는 매일, 매 순간 계속 변화하며 끊임없이 변화하는 뉴런의 연결에서 추상화된 개념이다. 심지어 뉴런 자체도 항상 유동적이다. 예를 들어, 우리는 변연계에서 일어나는 일들을 '변연계'라고 이름 붙인 시스템을 통해 경험하게 되며, 그 경험이 굳건히 지속될 것이라고 생각한다. 그러나 정서 처리를 위해 기능하고 있는 뇌의 다양한 부분이 순간적으로 상호 연결되어 있는 것 외에, 실제 고정된(fixed) 변연계는 없다. 변연계는 하나의 기관(organ)으로 영구적인 물질이나 실재를 가지고 있지 않다. 하지만 뇌가 기능하는 매 순간 변연계는 거기에 있다. 그리고 뇌가 기능하는 그곳에 마음도 있다. 그들은 하나의 단일체이다. 독립적이고 영속적인 실재는 없지만, 순간적인 현실에서 서로에 대한 관계 속에서 상호 의존적으로 존재한다.

🔆 치료적으로 뇌와 마음의 균형 맞추기

Karen은 끔찍한 자동차 사고에서 살아남은 20대의 젊은 여성이었다. Karen이 조수석에서 자고 있는 동안, 그녀의 어머니가 운전을 하였다. Karen에게는 허리 통증이 있었고 사고에 대한 기억을 완전히 상실했지만, 그것만 아니면 신체적으로는 회복된 상태였다. 그러나 그녀의 어머니는 그렇게 잘 지내지 못했다. 치명적인 부상을 입었고, 사고가 난 몇 년 후에도 여전히 생명 유지 장치에 의존한 채 혼수상태에 빠져 있었다. Karen은 사고에 대한 기억을 찾기 위해 치료받으러 왔다. 기억할 수 있다면 상황이 더 나아질 것이라고 믿었다.

Karen은 사고 직전, 사고가 일어나는 동안 그리고 이후의 기억을 모두 잃어버렸다. 그녀는 무서운 이미지와 끔찍한 악몽에 시달렸다. 극심한 죄책감을 느꼈고, 자신이 깨어 있었더라면 사고를 막기 위한 어떠한 것을 할 수 있었을 거라는 생각을 계속해서 했다. 그녀는 병원 침대에서 가만히 누워만 있는 창백한 얼굴빛의 불쌍한 어머니에 대해 끊임없이 생각했다. 대학을 다닐 생각을 하지 못했고, 원래 해 오던 쉽고 재미없던 일을 해내는 데에도 어려움을 겪었다.

Karen은 뇌에 외상(trauma)을 입었다. 그러나 사고 이후 몇 년 동안은 혼란스러운 생각과 감정이 마음의 빈자리를 채웠다. 치료가 진행되자, 기억훈련부터 하면 안 된다는 것이 분명해졌다. 그 대신 마음의 과정이 어떻게 기억의 틈을 메우고 있는지를 알아볼 필요가 있었다.

　Karen은 치료를 받으면서, 사고가 일어난 정확한 순서를 끝내 기억해 내지 못할 수도 있으며, 기억에는 항상 공백이 있을 수 있다는 것을 받아들였다. 하지만 생각은 통제할 수 있었다. 미지의 상황에 정면으로 맞서, 그녀는 현실에서 일어난 비극을 받아들일 수 있었다. 그녀는 사고가 자신의 잘못 때문에 일어난 것은 아니라는 것을 깨달았다. 그리고 비록 자신은 회복했고 어머니는 그렇지 않았지만, 그것이 자신에게 죄가 있다는 것을 의미하지는 않는다는 것도 깨달았다. 그녀가 더 많은 책임을 지기 시작하면서, 삶에 대한 통제력이 다시 발휘되었다. 의사는 그녀의 어머니가 회복될 수 없는 혼수상태에 있다는 것을 알려 주었으며, 가족은 어머니의 생명유지장치를 제거하는 것에 동의할 것인지 결정해야 했다. 그녀는 재정적인 부담과 개인적 책임에 대해 생각해 보았고, 어머니가 어떻게 느낄지도 생각해 보았다. 그 후 어머니의 상실을 받아들였고, 어머니를 놓아 줄 준비가 되어 있다고 느꼈다. 우리는 나중에 Karen이 대학으로 돌아가서 의미 있는 일을 하고 있다는 소식을 들었다.

　마음과 뇌는 서로 밀접한 관계를 맺고 있다. 여기서 우리는 뇌의 자연스런 메커니즘인 틈 메우기를 보았다. 치료 초반에 그 틈을 메우는 것은 내담자에게 맞지 않았다. 치료 종결 즈음에, 이 자연스러운 메커니즘은 그녀의 치유를 도왔다. Karen은 따뜻한 지지를 통해 더 밝은 미래를 향해 적응해 갈 수 있었다.

결론: 마음과 뇌의 통합

　분명히, 마음과 뇌는 밀접하게 연관되어 있다. 당신이 서양의 물질론적 관점에 이끌리건, 심신일원론, 기능주의, 제거적 유물론, 혹은 불교, 도교, 선, 유심론과 같은 동양적 관점을 수용하건 간에, 내담자의 뇌에 영향을 미치기 위해 마음을 또는 마음에 영향을 주기 위해 뇌를 변화시키는 방법을 배울 것이다. 마음과 뇌의 관계는 양방향적이며 이후 내용에서는 이러한 연관성을 치료적으로 활용하는 방법을 보여 줄 것이다.

　우리는 입자물리학자가 파동과 입자를 보는 방식처럼, 서로 다른 관점도 포함하는 중도를 취한다. 여러 입장들에서 설명되었듯이, 이 책을 읽으면서 당신은 뇌와 마음이 상호 의존적인 방식으로 어떻게 관련돼 있는지를 알게 될 것이다. 뇌가 없다면 우리는 생각하고, 느끼고, 무언가를 하고 있을 수 없고, 반대로 뇌에서 일어나는 감정, 사고, 행동을 통하지 않고서는 뇌에 대해서 충분히 이해할 수 없다. 마음과 뇌는 더 큰 세상의 일부분이며, 다른 것들과 끊임없이 상호작용한다. 마음과 뇌 사이의 상호작용을 인식함으로써 이해는 더욱 완전해질 것이며, 내담자가 건강한 마음-뇌의 변화를 이룰 수 있도록 임상적으로 사용할 수 있는 기술도 많아질 것이다.

2

신경과학 방법론과 기술

제4장 뇌 손상을 입은 사례에서 배우기
제5장 뇌 영상 기법
제6장 뇌를 모델링하기

최근 몇 년 동안, 방법과 기술의 발전은 우리의 뇌와 정신에 대한 이해를 진전시켰다. 뇌를 이해하는 데 효과가 있는 것으로 판명된 초기의 방법 중 하나는 뇌 손상을 입은 사람들, 특히 정확한 부상 부위가 알려진 경우를 연구하는 것이었다. 신중하게 연구하고 실험한 한 개인은 많은 것을 밝힐 수 있다. 그 방법은 이미 알고 있는 손상 지점에서 나타나는 기능상의 결손을 정상인이 기능하는 방식과 비교하는 것이다. 연구자들은 뇌의 어떤 특정 부분이 관여될 가능성이 있는지에 대해 역으로 추론할 수 있다. 제4장에서는 Phineas Gage, H. M. 등과 같은 중추적인 사례에서 배운 내용을 설명한다.

핵심 기술은 제5장에 기술되어 있다. 새로운 장비는 신경과학자들이 뇌의 비밀을 밝혀낼 수 있게 했다. 수십 년 동안, 뇌는 EEG를 통해 실시간으로 연구되었다. 그러나 그 수치는 광범위한 것이고 해독하기 어려웠다. 이제 더 발전된 통계적 방법을 통해 연구원들은 소음을 걸러 내어 진짜 신호를 들을 수 있다. fMRI 같은 영상장비는 뇌 내부를 간접적으로 촬영할 수 있게 한다. 그 이미지들은 전에는 볼 수 없었던 뇌의 활성화와 변화를 보여 준다. 뇌 영상으로 수집된 새로운 정보를 통해 과학자들은 데이터를 보다 정확하게 해석하는 데 도움이 되는 수학적 모델을 만들 수 있었다. 제6장에서는 자주 적용되는 수학적 모델 중 일부가 본 책에서 기술되는 복잡성에 대한 이해를 돕기 위해 제공된다. 각기 다른 뉴런에 다중으로 연결된 수십억 개의 뉴런이 있고 동시에 많은 뉴런이 작동한다는 것을 생각하면, 많은 상호작용을 함께 개념화할 수 있는 수학의 필요성을 알 수 있다. 이 장에서는 이러한 수학적 모델들이 어떻게 작용하는지를 밝힐 것이다. 그렇다면 자신을 '수포자(수학을 포기한 사람)'라 생각하는 독자조차도 수학이 왜 신경과학 분야에 도움이 되었으며, 마음-뇌 상호작용을 더욱 명확히 이해하고자 하는 임상가인 당신에게도 도움이 되는지 알게 될 것이다.

이러한 모든 새로운 접근법을 종합하면, 신경과학은 뇌를 가리고 있던 베일을 벗겨, 연구되기를 기다리던 방대한 유망분야를 보여 준다.

제4장

뇌 손상을 입은 사례에서 배우기

뇌에 대해 알아 가는 초기의 방법론 중 하나는 뇌 손상을 입은 사람들을 연구하는 것이었다. 연구자들은 그 환자가 할 수 없는 것에 대해 기록하였다. 그런 다음, 부재하는 기능을 연구함으로써, 건강한 뇌의 특정 영역이 아마도 어떤 일을 하는지 비교 추론할 수 있었다.

연구자들이 알려진 유형의 손상을 입은 환자들이나, 의도적으로 특정 뇌 부분을 절제한 환자들을 연구할 때, 뇌가 기능에 어떻게 영향을 미치는가에 관한 최상의 임상적 증거를 발견할 수 있었다. 뇌 손상은 다양한 방식으로, 특정한 기능에만 또는 전반적인 기능에 영향을 줄 수 있다. 뇌 손상의 영향은 어떤 뇌 부위가 행동과 경험에 영향을 미치는지 조심스럽게 상관관계를 추측할 수 있게 해 준다. 즉, 불가능에서 가능한 것을 배운다.

💡 Phineas Gage의 사례

밝혀진 뇌 부위의 손상으로부터 어떠한 기능의 상실을 직접적으로 가져오는지에 대해 잘 알려 준, 초기에 기록된 사례 중 하나는 그 유명한 Phineas Gage의 사례이다. 사고 이후 Gage가 겪은 드라마틱한 변화는 뇌가 얼마나 성격에 중추적인지 탐구하는 데에 매우 중요한 사례이다. 25세의 Gage는 철도 회사의 선로 건설 작업의 감독관이었다. 그는 호감형에 유능했으며 잘 적응하였다. 1848년 Gage는 열심히 일하고 있었고, 몇 개의 암석을 폭파하는 일을 맡고 있었다. 그는 조심스럽게 폭파물을 설치했지만, 그날은 역화(backfire)가 일어났다. 그 폭발사고로 철제 봉이 날아와 그의 왼쪽 뺨에 박힌 뒤 뇌를 관통하여 정수리를 뚫고 나왔다. Gage는 즉시 병원으로 이송되었다. 하지만 주치의를 포함한 모든 사람이 크게 놀랄 정도로, 비교적 그는 별다른 영향을 받지 않은 것처럼 보였고 빨리 퇴원할 수 있었다.

처음에는 그는 완쾌한 것처럼 보였다. 그러나 시간이 지날수록 변화가 드러나기 시작했다. Gage는 더 이상 친구들과 가족들이 알던 책임감 있고 성실한 사람이 아니라, 직업을 유지하고 계획대로 행동하고 대인관계를 유지하기 어려울 정도로 입이 거칠고 무책임하며 고집이 센 사람으로 변해 버렸다. 그의 성격이 나쁘게 돌변한 것이었다. 그는 사고 후 13년밖에 더 살지 못하고 1861년 여러 차례의 발작 후 사망하였다(Damasio 1994).

그 철봉은 Gage의 전전두엽 피질을 관통했다. 전전두엽 피질은 전두엽에 위치하며, 고차원의 인지능력, 목표지향적인 행동, 계획과 순차적 처리에 관여한다. 전전두엽의 손상은, 이 유명한 사례가 보여 주는 것처럼, 성격에 방대한 영향을 미친다. Phineas Gage의 비극적인 이야기는 전두엽 손상의 극단적인 경우를 잘 보여 준다. 하지만 그가 나타낸 많은 문제는 전두엽 손상 문제를 겪는 사람들의 전형적인 특징이다. 비록 IQ는 크게 변하지 않았더라도, 이러한 환자들은 정서가 피상적이고, 고통에 대한 반응성이 감소하며, 계획적인 행동이 불가한 등의 특정 증상들을 경험한다. 한 환자는, 어떤 결정의 장단점을 모두 알기는 하는데, 실제로 어떤 결정을 선택하고 실행해야 할지 알 도리가 없다고 말하기도 했다(Damasio 1994).

💡 H. M.과 기억에 관한 새로운 이해

　Henry Gustav Molalson(1926-2008)은 이니셜, H. M.으로 더 잘 알려져 있다. 그는 악화되는 뇌전증을 치료하기 위해 수술을 받기로 선택했었다. 그의 수술 집도의, William Beecher Scoville는 좌측과 우측 내측두엽에서 뇌전증이 일어난다는 것을 발견하여, 뇌전증을 방지하기 위한 최선책은 해마, 해마방회(parahippocampal gyrus) 및 편도체의 3분의 2를 제거하는 것으로 판단하였다. 비록 해마 일부가 남아있기는 했지만, 내후각피질(entorhinal cortex)가 함께 파괴되었기 때문에 해마는 사실상 전혀 기능하지 못하게 되었다. 내후각피질은 측두엽에 위치하면서 감각 입력의 대부분을 해마로 보내 주는 역할을 한다. 또한 H. M.의 전측 외측두피질(anterior lateral temporal cortex)도 함께 제거되었다.

　1953년 당시에는 이 수술이 H. M.의 기억에 어떤 심각한 영향을 가져올지 아무도 몰랐다. 담당 의사는 수술 직후 기억 결손을 알아차리고 H. M.을 검사하기 시작했다. 그는 기억 손실을 일으키는 초래하는 것에 관해 발견한 사실들을 과학계에 공유하였다. H. M.은 여생을 기꺼이 연구에 참여했고, 그 덕에 뇌에 대한 더 많은 과학적 이해가 가능해졌다(Scoville and Milner 1957). 수년간 H. M.을 연구한 결과, 우리는 기억의 일부 기능이 국소화되어 뇌의 특정 영역에서 수행된다는 강력한 증거를 얻었다.

　수술 후, H. M.은 새로운 영속적인 새로운 기억을 형성할 수 없었다. 다시 말해, 장기기억에 새로운 사건을 기억하지 못했으며, 순행성 기억상실증(anterograde amnesia)으로 알려진 증상을 겪었다. 더불어 그는 수술 바로 직전 시기의 사건들을 회상할 수 없는, 역행성 기억상실증(retrograde amnesia)도 보였다.

　당시까지는 사람들은 기억은 일종의 과정(process)이라 믿었다. H. M.은 뇌가 별개의 기억 체계를 지닌다는 것을 알게 해 주었다. H. M.은 별 모양을 따라 그리라는 실험 지시를 받았다. 그가 자신의 손을 볼 수 없게 시야가 가려져 있었고, 그는 단지 거울에 비친 손만을 볼 수 있었다. 매번 실험 과제가 주어질 때마다, 그는 한 번도 해 본 적 없는 실험이라 생각할 것이므로 실험 지시 또한 그가 처음 하는 것처럼 설명되었다. 정상인이라면 처음엔 과제 수행이 서툴지만, 연습을 통해 나아지게 된다. H. M.이 정상인과 유사한 수행 결과를 보였고, 기술 학습이 가능했다. 연구자들은 이 획기적인 연구를 통해 H. M.이 무언가를 학습했다는 사실 자체에 관해 기억이 없다고 할지라도 어떤 것을 하는 방법, 즉 새로운 기술 학습과 관련된 기억은 형성할 수 있다는 결론을 내리게 되었다. 이 기술 학습 기억은 현재 절차 기억(procedural memory)으로 알려져 있는데, 절차 기억은 사실을 암기하는 것(의미 기억)이나 어제 당신이 한 일을 기억하는 것(일화 기억)과는 다른 것이다. 이 분야의 다른 연구 업적과 함께, H. M.에게서 알게 된 이러한 사실들은 단기 · 장기 기억, 선언적 · 절차적 기억, 일화 · 의미 기억과 같은 다양한 기억 유형 간의 구분을 명확히 할 수 있도록 해 주었다. 최근의 연구들은 이러한 범주 내에서 더 많은 개선을 이루어 냈다. 예를 들어, H. M.을 더 심한 내측 및 외측 측두엽 병변을 가진 환자와 비교한한 연구에서, H. M.은 문법과 구문 규칙을 적용하는 능력이 손상되지 않았지만, 더 심각한 손상을 지닌 환자들은 이 능력마저도 상실되었음을 발견하였다(Schmolck et al. 2002). 다른 유형의 뇌 손상은 다른 기능의 손상을 가져오는 결과를 통해, 뇌와 기능 사이의 연결을 구분하기 위한 더 많은 증거를 얻게 되었다.

정확히 어떤 뇌 부위가 제거되었는지 알고, 반세기 이상 방대한 연구에 기꺼이 참여한 H. M.의 기여가 합쳐진 결과, 기억, 감정, 주의와 같은 중요한 기능에 대한 지식이 크게 성장할 수 있었다. 그는 죽고 나서도 과학의 발전을 위해 자신의 뇌를 기증했다.

샌디에이고의 캘리포니아 대학 내 연구원들은 뇌를 전 세계의 다른 연구원들과 학생들이 이용할 수 있도록, 뇌 표본을 만들어 이미지들을 디지털화하는 작업을 진행 중이다. 정말로, H. M.은 위대하고 역사에 길이 남을 공헌을 했다!

💡 분리뇌 환자

학습 연구에 풍부한 자료를 제공한 또 다른 사람들은 분리뇌 환자들(split-brain patients)이다. 인간의 뇌는 두 개의 반구로 나뉘는데, 양쪽 반구의 많은 구조물들이 동일해 보이기는 한다. 신경과학자들은 두 반구, 어느 한쪽 뇌에 손상을 입은 환자들과 더불어 뇌전증을 억제하기 위해 양쪽 반구를 연결해 주는 뇌량을 절제한 사람들을 연구해 왔다. 일부 기능은 양쪽이 아니라 어느 한쪽 뇌에만 국한된 것으로 밝혀졌다. 반구의 편재화는 고대 그리스 시대부터 관찰되어 온 현상이다. 히포크라테스(B.C. 460-377)는 머리의 한쪽에 부상을 입었을 때 종종 그 반대쪽 몸의 기능손상을 가져온다는 것을 알아차렸다. 그는 인간의 뇌가 두 개로 나뉜다고 결론지었다(Crivellato and Ribatti 2007).

그러나 이후 뇌를 현미경으로 보게 되자, 두 반구는 똑같은 구조를 지닌 것처럼 보였다. 그렇기에 의학 역사 중 대부분의 시간 동안 과학자들이 뇌의 두 반구가 기능도 비슷할 것이라 믿었던 것은 그리 놀라운 일은 아니다(Kimura 1996). 지난 100여 년간, 두 반구 간의 세밀한 기능 차이가 밝혀지기 시작했다.

Karl Lashley(1890-1958)의 연구실에서 이루어진 초기의 과학 연구는 비둘기의 반구-특정적 그리고 영역-특정적인 시각 학습에 대해 증명하였다(Levine 1945a, b, 1952). 반대쪽 반구에 활발하고 즉각적인 신호 전달 없이, 학습이 한쪽 반구에서만 이루어질 수 있다는 이 아이디어는 고등 동물에서 더 연구되었다(Sperry 1961). Meyers와 Sperry는 1950년대 초반에 시카고 대학교(University of Chicago)의 한 고양이 실험을 통해 두 반구의 차이점을 밝혀냈다.

난치성 뇌전증을 완화시키기 위해 뇌량과 전측 교련(anterior commissures)을 분리하는 신경외과적 절개술을 처음으로 성공시킨 Bogen과 Vogel(1962)의 업적에 따라, 인간 피험자들은 편재화를 이해하는 데 귀한 자료를 제공하였다. 이러한 수술은 두 반구가 분리된 상태에서 피실험자가 반응하는 방식을 관찰하는 것을 가능케 하였다. 초기에는 신경학자들은 언어와 복잡한 인지능력을 담당하는 왼쪽 뇌를 가장 중요한 영역으로 보았다.

> 한쪽 뇌만 가져야 한다면, 좌뇌를 가져야 한다. 실제로, 신경학자들은 우뇌 없이 태어났거나 사고나 수술을 통해 전체 오른쪽 반구를 잃었지만, 성공적으로 삶을 살아낸 사람들의 사례 보고를 인용하는 것을 좋아했다(Gardner 1976, p. 353).

점차 오른쪽 반구가 지적 기능에 중요할 수도 있다는 증거가 등장했다. 제2차 세계 대전 시기에 영국에서 이뤄진 연구에 따르면, 우뇌 손상 환자는 공간을 조직화하는 능력에 결함이 있는 것으로 나타났다. 병동에서 자신의 병실로 돌아가는 데 어려움을 겪었고, 옷을 입는 것에도 문제가 있었다. 우뇌는 시각적 기술, 깊이 지각, 게 슈탈트 형성뿐만 아니라, 촉각과 고유감각(proprioception), 내부 신체 감각을 담당 하였다. 좌뇌가 언어적 정보처리에서는 더 우위를 차지하지만, 우뇌는 시공간 과업 수행에서 더 우위에 있었다(Gazzaniga 1973).

Sperry(1974)는 행동적 검사들을 사용하여 각 반구가 개념화하고 자극에 대한 반 응하는 자체 방식을 가지고 있음을 입증했다. 좌뇌와 우뇌는 각기 기억 및 학습 경 험의 전용 연결고리(chain)를 가지고 있어 반대쪽 반구가 기억에 접근하기가 어렵 다. 많은 측면에서 단절된 각 반구는 독자적인 마음을 가지고 있는 것 같다(Sperry in Springer and Deutsch 1981, p. 52).

다트머스 대학에서 유사한 수술을 받은 환자 집단을 대상으로 또 다른 연구들이 수행되었다(Wilson et al. 1977). Gazzaniga는 그 환자들에 대해 광범위한 임상 기록 과 더불어 신중하게 행동실험을 수행함으로써 반구 기능에 대한 우리의 이해에 크 게 기여하게 되었다(Gazzaniga 2000). 이러한 연구들 모두 각 뇌반구가 어떻게 고유 한 인지적 특성을 갖는지를 기술하는 새로운 이론들의 기초를 다졌다.

뇌반구 통역기의 기능

오늘날 양쪽 뇌의 차이점은 잘 설명되어 있다. 새롭게 떠오르는 것은 정신적 과정 의 다면적인 직조물(tapestry)이다. 각 뇌반구는 그 자체의 강점이 있다. 즉, 좌뇌는 언어, 발화 그리고 문제해결에, 우뇌는 시공간 처리 및 주의의 모니터링에 특화되어 있다. 비슷한 맥락에서, 각 뇌는 그 자체로는 한계를 갖는다. 즉, 좌뇌는 지각 기능 에, 우뇌는 인지 기능에 한계가 있다(Gazzaniga 2000). 현재, 좌우 대뇌 반구가 감각 정보에 대해 특정적으로 그리고 구별되게 개념화 및 반응한다는 가설이 수용되고 있다(Novelly 1992, p. 1128).

Gazzaniga는 우리가 고도로 진화하여 각 뇌반구의 특화된 체계를 가지고 있음 에도 불구하고 좌뇌 통역기(interpreter) 덕에 하나의 의식을 갖는다고 제안했다. Gazzaniga에게, 좌뇌 통역기는 "우리의 이야기를 통일성 있게 모으고, 우리 자신이 일관되고 합리적인 주체라고 느끼도록 하는 접착제"(Gazzaniga 2000, p. 1320)이다.

또 다른 연구자인 Corballis(2003)는 우측 반구에도 통역기가 있다고 제안한다. 그의 연구는 시각 처리의 일부 측면이 더 고차원 수준에서 발생할 수 있음을 보여 준다. 이러한 맥락에서 우뇌가 시각적으로 좌뇌보다 더 지능적이라 여겨지고, 그렇기에 Corballis는 시각적 세계의 표현을 구축하는 데에 공헌하는 '우뇌 통역기'를 상정하였다. 이러한 다양한 설명을 볼 때, 인간의 지적 능력은 뇌 내에서 하나 이상의 원천(source)을 가지고 있음이 분명하다.

반구 우세

Bogen과 Bogen(1983)은 개인이 한 반구와 그 사고방식을 반대쪽보다 더 많이 사용하는 경향이 있다고 가정했다. 사람들이 반응하는 방식에 관한 개인차는 반구 우세(hemisphere preference)와 관련이 있을 수 있다. 반구 테스트(Harris 1947, 1974)는 개인이 다른 반구보다 한 반구를 더 많이 사용하는 경향이 있음을 보여 주며, 어떤 자원들이 다른 것들보다 쉽게 접근 가능하도록 만든다. 반구 선호는 사람들이 어떻게 기능하는 경향이 있는지를 특징짓는 방법으로 사용되었다. 종합해 보면, 우뇌와 좌뇌 모두의 기능에 관한 연구는 각각이 강점과 약점을 가지고 있음을 보여 주므로, 한쪽에 더 의지하는 것은 특정한 심리적 경향을 낳을 수 있다. 따라서 이러한 반구 비대칭을 고려하여 치료 기술이 사용할 때 내담자가 가장 도움을 얻을 수 있을 것이다.

🔆 하나의 기능이 상실되었을 때

뇌 손상으로 인한 피해는 Phineas Gage, H. M. 그리고 분리뇌 환자의 경우만큼 극적이지 않은 경우가 많다. 많은 경우, 환자가 피해를 입었을 때, 광범위한 둔화 또는 전반적인 성격의 변화로 이어지지 않는다. 대신에, 이 환자들은 특정한 기능이 손실된다. 연구자들은 뇌의 특정 부위와 특정한 기능 간의 상관관계를 자신 있게 밝힐 수 있게 되었다.

양쪽의 측두엽이 모두 손상되면 안면인식장애 또는 얼굴실인증(prosopagnosia)으로 알려진, 얼굴을 인식하지 못하는 장애가 생길 수 있다. 이 단어는 그리스어의

prosopon(얼굴)과 agnosia(지식의 부족)에서 유래했다. 이 용어는 1947년에 머리에 총상을 입은 24세 여성의 사례를 설명하기 위해 처음 도입되었다. 그녀는 가족과 친구들의 얼굴을 알아볼 수 있는 능력을 상실했다. 그녀는 거울을 들여다볼 때 자신의 얼굴조차 알아볼 수 없었다. 얼굴실인증 환자들은 색깔 인식이나 독서에는 문제가 없을뿐더러 눈에도 문제가 없다. 하지만 그들은 여자친구나 남자친구, 아들이나 딸, 남편 또는 아내를 인식할 수 없다. 그들이 거울 속을 보더라도 그들은 자신처럼 보이지 않는다고 말할 것이다. 이 문제를 들키지 않는 방법은 거울에 있을 존재가 자신일 수밖에 없다는 사실을 생각하는 것이다. 이 환자들은 목소리, 걸음걸이나 버릇은 알아볼 수 있다. 이 이상하고 매우 구체적인 결손은 측두엽의 아래 내측 부위를 얼굴 인식을 담당하는 곳으로 집어 주었다.

그러나 뇌에 관한 한 전문화는 결코 간단한 문제가 아니다. 최근 한 연구에 따르면, 얼굴실인증에는 한 가지 이상의 형태가 있는 것으로 나타났다. 이 연구자들은 얼굴 인식 문제의 유형이 연합 문제 여부와 지각 곤란 여부로 범주를 만들어 구분하였다. 예를 들어, 사람들은 다른 사진 속 사람을 얼마나 잘 짝지을 수 있는지, 혹은 얼굴 사진을 이름과 맞추거나 두 장의 동일한 사진에서 얼굴의 유사한 특성을 인식할 수 있는지에 따라 구분한다. 이 저자들은 임상가에게 도움이 될 수 있는 상세하게 기술해 주는 분류체계로, 통각형(apperceptive), 차이지각(discriminative) 유형, 신원확인(identifying) 유형을 제안했다(Garcia and Cacho 2006).

머리 부상과 혼수상태의 결과로 때때로 생기는 또 다른 증후군은 카그라스 증후군(Capgras syndrome)이다. 환자들은 완쾌한 것처럼 보인다. 그들은 명료하고 명쾌한 사고를 하는 것 같다. 그들은 읽고, 쓰고, 말할 수 있다. 이들은 어머니나 아버지, 누나, 형제, 남편, 아내 등의 가까운 지인이 똑같이 생긴 가짜라는 망상을 갖고 있다는 점만 제외하면 모든 면에서 평범해 보인다. 왜 이 사람이 위장하려 하는가 질문하면, 환자는 어머니가 중국에 갔는데 한 여자에게 나를 지켜보라고 지시하였다는 등의 이유를 꾸며 냈다. 과거에는 이런 장애들을 프로이트식으로 설명을 했지만, 근래의 신경과학적인 발견들은 이를 뇌 소통의 문제로 설명한다. 메시지는 시각적인 영역을 거쳐, 측두엽, 하측두 피질(inferior temporal cortex)에 전달된다. 정상적인 경우 메시지는 편도체로 가는데, 편도체는 우리가 보는 것의 정서적 의미가 두드러지는 것에 관여하는 변연계의 한 부분이다. 메시지는 적절한 감정적 반응을 위해 편도체와 변연계에서 처리된다. 그러나 카그라스 증후군 환자들의 경우, 메시지가 편도체에 전혀 도달하지 못하며, 따라서 감정이 두드러지는 경험은 결코 할 수 없다. 이러한 반응은 교감신경계의 피부 반응 변화에 의해 측정될 수 있다. 우리가 아끼는 사람을 보면, 교감신경계가 활성화된다. 그러나 이 환자들에게는 이런 반응이 일어나지 않는다. 이것은 편도체와 피질 사이의 결손이 어떻게 정상적인 자율 신경계 반응을 방해하는지 보여 주는 놀라운 사례이다.

🔅 신경과학이 우리에게 의식과 무의식에 관하여 알려 주는 것

치료사들은 인식의 다양한 수준과 유형을 가지고 작업하는 것에 익숙하다. 프로이트 이론과 Erickson 이론은 의식과 무의식이라는 별개의 의식의 유형을 제안했다. 둘 다 동시에 작동하며, 사람들이 생각하고, 느끼고, 행동하는 방식에 영향을 미친다. 신경학적 증후군은 우리가 수행하는 많은 활동에서 인식의 질에 있어서 그러한 미묘한 차이가 존재한다는 사실에 대해 강력한 증거를 제시하였다. 우리가 삶에서 행하는 어떤 일들은 의도적이고, 의식적이고, 선언적이거나, 혹은 어떤 이들은 의식적인 형태라고 부르는 것을 포함한다. 그러나 자동적이고, 자각하지 못하며, 비선언적이거나, 어떤 이들이 무의식적인 형태라고 부르는 것들도 있다. 이러한 구분은 미묘하게 보일 수 있지만, 구체적인 사례를 생각해 보면 그 차이는 명확하다. 신경과학자들은 무의식적 상태를 의식이 없거나 자각하지 못하는 상태로 개념화할지도 모른다.

걷기, 달리기, 미소 짓기, 하품하기 등은 의도적으로도 자동적으로도 행해질 수 있는 활동의 몇 가지 예들이다. 미소 짓는 간단한 행위를 생각해 보라. 우리는 사진작가가 "웃어라."라고 말할 때 일부러 웃을 수 있지만, 종종 무언가가 우리를 웃게 할 때 자연스럽게 미소를 짓게 된다는 것을 발견한다. 이 두 종류의 웃음은 뇌의 다른 부분에 의해 조절된다. 즉, 피질은 의도적인 미소를 조절하는 데 관여하는 반면, 자연스러운 미소를 위해서는 기저핵이 필요하다. 그렇다면 과학자들은 어떻게 이런 구분을 하게 되었는가?

임상적 사례가 답을 찾는 데 도움이 되었다. 한 환자는 오른쪽 반구가 손상되어 왼쪽 신체가 마비되는 뇌졸중을 앓았다. 이 환자는 명령에 따라 미소를 지을 수 있었지만, 오직 오른쪽에서만 미소를 지을 수 있었다. 이 환자는 자발적 반응의 일부로서 이러한 움직임을 수행하는 능력은 유지하면서, 학습하였거나 의도적으로 움직일 수 있는 능력을 상실한 것을 특징으로 하는 신경학적 장애인 실행증(apraxia)을 앓았다. 환자의 아내가 방으로 걸어 들어가면, 그는 입을 다문 채 활짝 웃곤 했다. 이것은 그의 기저핵이 정상적으로 기능했기 때문이다. 미소 반사를 비롯한 자동적인 움직임을 조절하는 기저핵은 뇌졸중으로 인한 손상이 없었다. 그러나 의도적인 행동에 관여하는 피질은 손상되었다(Ramachandran 1997).

이 사례는 미소를 지을 때 기저핵의 역할을 확립할 충분한 증거가 되지 못할 수도 있다. 그러나 다른 지점이 손상된 환자와 종합하면 상관관계가 더 명확해진다. 이 환자는 불평하지 않았고 모든 면에서 괜찮아 보였다. 웃자고 하면 그녀는 입가 양쪽에 평범한 미소를 지을 수 있었다. 하지만 자동적인 미소를 지을 때는 한쪽 입꼬리만 웃을 수 있었다. 이 환자는 기저핵 한쪽이 손상됐지만 양쪽의 피질은 정상이었다(Ramachandran 1997).

다른 유형의 문제들을 연구함으로써 증거가 쌓였다. 비슷한 예로, 행진하는 것과 걷는 것의 차이가 있다. 우리가 호루라기 신호의 명령에 따라 행진할 때, 그 움직임은 걷는 것과 비슷하지만, 뇌에서는 상당히 다른 종류의 활동이다. 행진하는 명령은 좀 더 고차원적인 학습 과정으로, 행진 명령은 피질에 전달된다. 우리는 행진을 하기 위해 진화되지 않았기 때문에 실수를 하게 된다. 그러나 단순히 정상적으로 걸을 때, 기저핵이 관여한다. 기저핵이 손상되면 파킨슨병과 같이 정상적으로 걷는 것에 문제가 생긴다.

이러한 예들은 의도적이고 고차원적인 피질 활동과, 자동적 움직임과 관련된 기저핵과 같이 뇌 구조 속 깊은 곳에서 이루어지는 자동적인 처리 간의 차이를 보여준다.

어떤 것을 의도적으로 혹은 자동적으로 해내는 타고난 능력을 숙련하는 것은 어려움을 겪는 내담자를 돕는 방법이다. 예를 들어, 최면은 자동적인 움직임을 이끌어낼 수 있다. 최면 트랜스(hypnotic trance)에 속한 사람들은 종종 의도적인 통제 밖에서 자연스럽게 일어나는 움직임과 경험을 경험한다. 손이 저절로 올라가는 것처럼 보이는, 손 공중부양(hand levitation)을 비롯한 트랜스 현상은 최면 중에 전형적으로 나타나는 현상이다. 최면 상태인 사람의 뇌 활성화를 살펴보면, 피질은 비활성화되어 있지만 운동과 관련된 하부 영역은 자극받았다는 것을 확인할 수 있다(Rainville et al. 2002). 치료사들은 이 최면 효과를 이용하여 환자들이 다른 영역의 잠재력을 활성화하기 위해 한 영역의 한계를 우회해 가도록 도울 수 있다.

🔅 결론

종합하면, 앞서 제시한 모든 사례, 그리고 그와 유사한 사례들을 통해 신경과학은 퍼즐의 조각들을 한데 모아, 무엇이 그렇고 무엇이 그렇지 않은지를 알고, 전체 뇌를 더 깊이 이해할 수 있도록 도와준다.

제5장

뇌 영상 기법

영상 기술의 발전으로 뇌를 더 잘 이해할 수 있게 되었다. 아마도 대부분의 사람들에게 뇌의 영상들을 보여주면 사진과 같은 무엇을 보고 있다고 생각할지 모르겠지만, 불행하게도 말 그대로 뇌 사진을 찍을 수 있는 경지까지는 도달하지 못했다. 그 대신 고차원의 통계기법으로 결합된 간접적인 측정법을 사용해, 뇌의 구조와 기능에 근접하는 추정치를 보여주고 있다. 이 장에서는 영상 기술의 개발에 관한 흥미로운 세부 내용, 그리고 오늘날 사용되는 주요 기술들이 실제로 어떻게 사용되는지를 다룬다.

초견: 염색 기법

Camillo Golgi가 처음에 만든 초기의 염색 기법은 뉴런과 세밀한 세포 과정을 볼 수 있는 혁명을 일으켰다. Golgi의 기술은 현미경으로 뉴런을 볼 때 사용되었다. 검은 반응(black reaction)으로 알려진 세포에 염색을 입히는 이 방법은 현미경으로 뉴

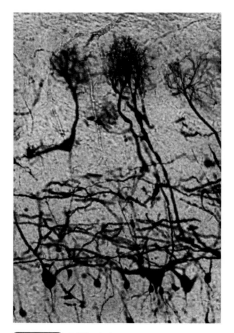

그림 5-1 염색 기법

런의 수상돌기와 축색을 볼 수 있게 한다. 염색 기법은 뇌의 세포상의 기반을 연구하는 유용한 방법으로 계속 쓰이고 있다([그림 5-1]).

역사가 긴 다른 기법은 뉴런의 전기적 활동을 측정하는 EEG인데, EEG 방법으로 뇌에서 일어나는 일반적인 활동을 측정한다. 물론 1970년대에 뇌를 시각화하는 새로운 기법들도 개발되었다. 첫 번째 방법 중 하나는 컴퓨터 단층 촬영의 CT였다. 이후 1980년대에는 자기공명영상(MRI)의 발전과 함께 시각화 기법이 더욱 진화하였다. 이들 각각의 시각화 기법은 뇌의 이해라는 퍼즐 중 하나의 조각이라 할 수 있다. 비록 시각화 영상이 카메라 사진과 똑같은 정보를 제공하진 못하지만, 전산화 모델링 방법과 결합하여 상당한 해상도로 뇌의 공간적 정보를 밝혀 준다. 이런 모든 영상 방법들은 뇌의 구조와 기능이라는 두 측면에서 내부 작용을 알 수 있게 해 준다.

💡 초기의 엑스레이에서 CAT와 CT 기법까지

Wilhelm Conrad Rontgen(1845-1923)의 엑스레이 기술 발견은 1901년 그에게 노벨상을 안겨 주는 데 크게 기여했다. 이 초기의 뇌 영상법이 현대의 CT 또는 CAT 스캔으로 진화했다. 먼저 영상의 대비적 효과를 증가시키기 위해 염색 물질을 혈액에 주입된다. 참가자가 머리를 스캔하는 기계에 들어간 다음 엑스레이가 지나가면서 반대편 검출기에 기록된다. CT 스캐너는 180도 전후로 천천히 회전하며 다각도로 참가자를 측정한 후, 마지막으로 컴퓨터가 그 이미지를 생성해 낸다([그림 5-2]).

CT는 뇌 구조물에 한정된 데이터를 제공하지만, 뉴런들은 뇌혈류(Cerebral Blood Flow: CBF)라는 혈액의 흐름에 따라 활발한 대사활동을 한다. CBF를 측정하는 방법으로 신경과학자들은 뇌 활동의 역동적인 특징들을 연구할 수 있다. 방사성 동위원소인 제논 1.33(^{133}Xe)을 투여하는 방법이 개발되었다. 혈액은 동위원소를 뇌로 운반하고, 혈류에 남아 방출하는 감소비율로 동위원소 rCBF를 정량화한다. 이러한 rCBF 영상을 위한 특수 기법을 단일광자 단층촬영(Single-Photon Emission Computed Tomography: SPECT)이라고 한다. SPECT는 방사선 라벨로 표시된 조영제로 3차원적 영상을 만들 수 있다. SPECT는 최근에 PET를 대체할 수 있는 상대적으로 저렴한 대안법이 되지만, 동위원소가 뇌에서 최대 2일 동안 머무르기 때문에 이 방법은 일회성 노출만 가능하다는 단점이 있다.

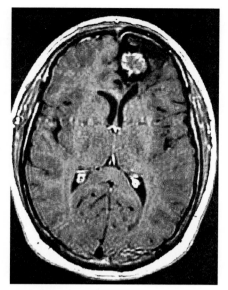

그림 5-2　종양의 CT 스캔

🔆 PET

양전자 단층촬영(Positron Emission Tomography: PET)은 좀 더 최신의 시각화 방법이다. SPECT와 비슷하게, PET는 정맥 안에 주입된 방사선 표지의 추적자를 이용한다. 이 방사성 동위원소들은 뇌에서 짧은 반감기를 가지고 있고 특정 목표물로 향할 수 있다. 각각의 방사성핵종(radionuclide)은 혈류, 포도당, 산소 대사 또는 특정의 관심 영역에 있는 신경전달물질의 수용체 밀도와 같은 특수한 생리적 매개변수에 민감하다([그림 5-3]).

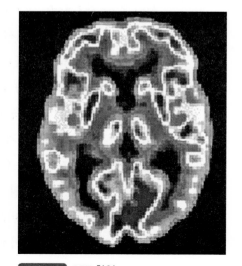

뇌 혈액에는 포도당이 들어 있는데, 뇌 활동이 활발할수록 더 많은 포도당이 필요하다. 따라서 포도당은 뇌 활동의 동적 특징을 나타내는 좋은 지표가 될 수 있다. 연구자들은 CBF보다 포도당 신진대사를 측정하는 것이 뉴런 활동을 더 잘 측정한다는 것을 발견했다. 최근에 사용되는 O^{15}라는 표지는 정신 활동을 측정하는 더 좋은 지표일 수 있다(Zillmer et al. 2008).

그림 5-3　PET 촬영

동위원소 주입 후, 레이저가 두피를 투과하면 적외선에 가까운 빛을 낸다. 동위원소의 산란과 흡수는 뇌의 활동에 따라 달라지는데, 더 활동적인 부분이 방사능 추적자를 더 많이 획득한다. 이후 추적자가 소멸하면서, 전자와 충돌할 때까지 짧은 거리를 이동하는 양전자를 방출한다. 이 충돌로 광자 두 개가 반대 방향으로 이동하게 된다. 동시에 두피 주변의 모든 탐지기는 이동하는 전자에서 에너지를 기록한다. 여러 개의 탐지기들이 동시에 에너지를 감지할 때 컴퓨터는 동일한 원점에 에너지를 할당하고 활동 위치를 신경핫스팟(neural hotspot)으로 계산한다. PET 스캔에서는 탐지기들에서 받은 근원점을 추정하기 위하여 수백만 건의 계산이 이루어진다. 대조군의 스캔과 비교하면서, 수학적 감산법을 동원하여 정신 작업과 관련되는 혈류 패턴들을 변별한다.

PET는 종양, 뇌졸중 또는 뇌 부상으로 뇌에 어떤 형태로든 손상을 당한 사람들의 활동 수준을 탐지하는 데 사용되어 왔을 뿐만 아니라, 정신적 일을 하는 동안에 일어나는 뇌 활동을 탐지하고, 남성과 여성을 비교하며, 정신질환을 가진 사람들을 위한 연구 도구로도 사용된다.

🔅 MRI와 fMRI

MRI 또는 자기공명 영상은 엑스레이나 PET와는 다른 원리로 작동하는 또 다른 형태의 스캐너이다. PET에서처럼 신체에 주입되는 것은 없으며, 머리를 통과하는 엑스레이도 없다. MRI는 물리적·화학적인 몇 가지 원칙을 기반으로 한다. 원자는 그 안의 전자의 수와 원자량에 따라서 회전을 한다. 대부분의 사람들은 아마도 물리 교사가 자석을 몇 개의 금속 조각들 주변에 두었던 간단한 시범을 본 적이 있을 것이다. 모든 금속 조각들은 자기장과 일직선으로 놓인다. 금속 조각을 이용하는 대신 MRI 기계는 자기장을 수소 원자에 적용한다. 수소 원자는 하나의 전자를 가지고 있으며, 고유의 회전축과 원자 중량을 제공한다. MRI 기계는 이들 수소 원자에 강력한 자성을 적용한다. 초전도 전자석을 통한 이 전자석의 힘은 지구의 자기장보다 6만 배 더 크며, 이 자기장이 하나의 방향으로 수소 원자들은 끌어당긴다([그림 5-4]와 [그림 5-5]).

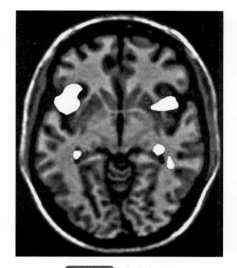 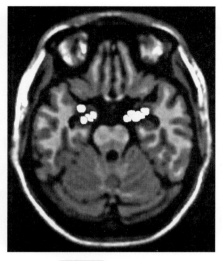

그림 5-4 사랑의 MRI   **그림 5-5** 공포의 MRI

물 분자 H$_2$O는 수소와 산소 원자들로 구성되어 있는데, 사실상 우리의 몸과 뇌의 모든 영역은 물을 포함하고 있어서 MRI를 통해 뇌 전체의 조직을 측정할 수 있다. MRI 기계는 실제로 수소 원자의 양성자와 핵의 스핀을 측정한다. 자기장이 없는 일반적인 상황에서는 수소 양성자가 축을 중심으로 무작위로 회전하며, 모든 양성자의 총합은 0이다. 이 수소 양성자에 강한 자기장이 적용될 때, 양성자의 스핀들은 모두 수직 방향으로 일정하게 당겨진다.

자기장 벡터(magnetization vector)는 사진 찍는 것과 같이 있는 그대로를 측정할 수 없다. 따라서 MRI 기계는 강한 무선주파수(RF) 신호를 사용하여 가로(transverse, 수평) 평면으로 자기장 벡터를 회전시켜서 변화량을 측정한다. RF는 수직 방향에 직각으로 있는 양성자에 적용되며, 이로 인해 한쪽으로 정렬된 수소 양성자만이 수평면으로 휙 젖혀지게 된다. RF를 끄면 영향을 받았던 양성자는 자기장에 의해 제어된 원래 수직 방향으로 되돌아온다. 이 '스핀백'이 전류를 유발하고, 수신기 코일에 의해 증폭되어 측정된다. 컴퓨터 시각화는 뇌를 에워싼 모든 영역에서 스핀백을 만들어 낸 수소 양성자의 밀도를 보여 준다. 그 결과, 측정되고 있는 뇌나 신체의 다른 부분이 사진처럼 시각화된다.

이 자료로부터 두 가지의 중요한 측정치가 도출된다. 첫째, 측정 대상 조직의 서로 다른 부분에서 RF 신호 스핀백을 반환하는 양성자 수의 차이에 따라 조직의 밀도가 결정될 수 있다. 둘째, T1 및 T2로 알려진 측정치로, 자기장 방출 시간이다. T1은 양성자가 수직 방향으로 전자기화되는 데 필요한 시간이다. T2는 RF에 의해 왔다 갔다 한 후 처음 자성을 띤 위치로 돌아가는 데 드는 시간이다. T1 값이 더 짧은 양성자, 고체 물질들은, MRI 스캔에 흰색으로 나타나고, 더 강한 신호를 보낸다. T1 값이 더 긴 오래 걸리는, 액체류 등은 어둡게 표시된다. 이미지상에서 T2 값은 명암도의 차이로 나타난다. 이로써 밝게 나타나는 병변과 종양과 더 큰 대비가 이루어지게 된다. 더불어 T2는 더 많은 산소가 있는 부위를 나타낸다.

최근에는 MRI 데이터 슬라이스를 3차원 형태로 정렬하는 수학 알고리즘을 사용하여 MRI를 토대로 한 3차원 영상이 만들어지고 있다. MRI는 임상적으로 진단에 도움을 주기 위해 사용되어 왔고, MRI 기술이 더 보편화되면서 더 자주 활용되고 있다.

fMRI

뇌 영상 기법의 새로운 발전으로 포도당 신진대사 그리고 혈액 안의 산소 변화와 같이 여러 분자들에 의해 방출되는 주파수들이 생성해 낸 다양한 영상을 볼 수 있게 되었다. fMRI는 MRI와 유사한 아이디어를 활용하지만, BOLD(blood oxygenation level-dependent) 신호를 관찰한다. 뇌가 처리 과정 중일 때 더 많은 산소가 관련된 뇌 영역으로 보내진다. 이때 산소가 있는 영역이 T2 영상에 나타난다. 그리고 통계적 방법이 적용되어, 뇌는 좌표공간[1]으로 분할되고, 각각의 고유한 특색(signature)을 지닌 슬롯으로 구성된다. 이 과정에서 측정된 신호를 여러 주파수에서 크기와 단계로 분해하는 푸리에 변환(Fourier transform)을 사용하여 각각의 반응을 색깔로 코딩하고 활성화시킨 3차원 영상을 생성할 수 있다([그림 5-6]).

이 영상들을 중첩시켜서 MRI와 비교하면, fMRI를 통해 뇌의 구조와 기능의 지도를 얻을 수 있다. 이러

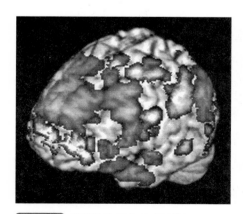

그림 5-6 음악청취 시 fMRI 합성본

---

[1] [역자 주] 복셀(voxel)이라 불리기도 한다.

한 데이터는 뇌 활동의 변화 과정을 보여 줄 수 있기 때문에 유용하다. 실험 참여자는 fMRI가 측정되는 동안 실험 과제를 수행하고 있고, 이런 과정을 통해 실제 활동 중인 인지 및 감정 처리의 뇌 영상이 제공된다. fMRI는 한 번에 전체 뇌 수준에서 신호가 어디에서 오는지를 정확히 찾아내는 작업을 하며, 높은 공간 해상도를 가진 신호를 보낸다. 하지만 fMRI는 시간 해상도가 떨어져서 뇌 활동에 대한 정확한 실시간 시간정보를 제공하는 것은 부족하다. fMRI 연구는, 상대적으로 공간 해상도는 떨어지지만 시간 해상도가 매우 좋은 EEG 연구와 함께 상호 보완적으로 결합될 수 있다.

🔅 EEG 뇌파검사

EEG(Electroencephalogram)는 뇌 활동을 측정하는 가장 오래된 방법 중 하나이며, 뉴런이 발화할 때 생기는 전기 신호를 기록한다. Hanse Berger(1873-1941)는 처음으로 인간을 대상으로 EEG를 기록한 오스트리아의 정신과 의사이다. 그는 동물들에게 사용되었던 EEG 기법의 장치를 사용하였다. Berger 박사 역시 알파파를 발견한 사람으로 유명하다. 그는 스위스 정신과 의사이며, 신경학자 Otto Binswanger(1852-1929)의 조수였다. Otto Binswanger는 실존주의 정신의학자 Ludwig Binswanger(1881-1966)의 삼촌이었다. Hanse Berger는 Vogt(1870-1959) 그리고 Brodmann(1868-1918)과 함께 실험실에서 뇌 행동의 편재화에 관해 연구하였다.

EEG는 정확한 실시간 데이터를 제공할 수 있기 때문에 유용한 연구 도구로 사용되었다. 비록 출력 자료가 특정 영역들을 정확히 집어내진 못했으나 그 타이밍은 정확하였다. 따라서 영상 기법과 EEG를 같이 하면 활동 중인 뇌를 이해하는 데 많은 도움이 된다.

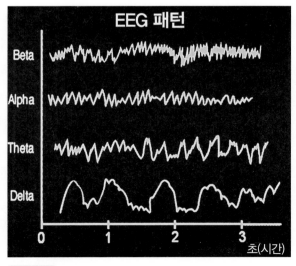

그림 5-7　EEG

EEG 측정에서는, 비니 모자를 쓰듯이 약 256개의 전극을 두피에 부착한다. 이 전극은 두피에서 흘러나오는 작은 전압 차이를 기록한다. 기저선으로 잡은 귓불 또는 코끝에 붙인 전극이 참조치가 되어 전압 차이를 측정한다. 전압 차이는 시냅스 후(post-synaptic) 신호들의 평균적인 값이자 요약값이다. 파형의 주파수가 그래프로 나오며, 그래프는 다음 그림과 같다([그림 5-7]).

베타파는 참가자들이 깨어 있거나 흥분 상태에서 기록된다. 이 파장은 사람들이 분석적 문제 해결, 의사결정, 즉 정보 처리에 관여할 때 나타난다. 베타파의 수준과 종류는 다양하다. SMR(Sensory Motor Response, 감각적 운동 반응)의 파형(12~15Hz)은 주의의 초점이 이완된 상태에서 나타난다. 베타 1(15~20Hz)은 주의가 강화될 때 나타난다. 베타 2(20~38Hz)는 불안감과 높은 각성 상태가 함께 또는 그중 하나일 때 나타난다. 베타 활동 패턴에도 역시 몇 가지 변이가 있다. 예를 들어, 사람들이 활동적이거나 바쁘거나 심지어 불안해할 때 빈도가 다양하게 변하는 낮은 베타의 진폭이 보일 때도 있다. 주파수 집합의 리드미컬한 베타 파형은 약물 효과나 특정의 병리학적 연구에서 발생할 수 있다. 감마파(26~70Hz)는 베타파의 위에 있다. 이 파형은 지각과 의식에 관련된 뇌파의 빠른 패턴이므로 때론 베타파의 일부로 본다. 감마파는 렘(REM) 수면 중에도 발견된다. 또한 명상의 이중 효과(dual effect)로 발견되었는데, 명상을 하는 연구 참여자들은 매우 깊은 이완 상태인 동시에 매우 각성되어 있었다.

알파파(8~12Hz)는 이완되고 차분한 느낌으로 깨어 있을 때 나타난다. 알파파 상태는 의식과 무의식 사이의 가교 역할일 수 있다. 알파파 상태의 사람들은 무언가를 하도록 요구받으면, 더 효율적으로, 침착하게 행동할 수 있다.

세타파(4~8Hz)는 가벼운 수면에서 그리고 깨어 있는 상태와 수면 사이의 변환과정에서 발견된다. 이러한 파형들은 종종 창조성, 직관, 백일몽, 명상 그리고 주의의 초점이 내부로 향해 있을 때 기록된다. 이 파형은 변연계의 활동을 반영하는 경향이 있다.

델타파(0~4Hz)는 가장 느린 파형이며, 깊은 잠에 들어 있을 때 나타난다. 이 파형은 공감을 경험하는 동안 발견되고 종종 무의식적인 활동을 반영한다.

사건 관련 전위(ERPs)

연구자들은 EEG에서 출발한 다른 도구들인 유도전위 EP(Evoked Potential)와 사건 관련 전위라고 하는 ERP(Event-Related Potential)를 개발하였다. 사람들에게 자극을 제시하면, 뇌는 독특한 전기적 반응을 가진다. ERP는 뇌가 자극에 반응하는 복잡한 심리적 과정을 측정할 수 있다. 그러나 이러한 반응은 일반화된 EEG 활동 때문에 덮어지는 경향이 있다. 컴퓨터 기술은 짧은 500ms의 ERP 흔적을 남겨 놓고, 평균적인 EEG 반응들은 모두 제거한다. ERP는 시각, 청각 및 감각 자극의 실험에 유용하며, 이러한 정보가 처리되는 두개골의 특정 영역에서 전기 신호가 측정된다.

전형적인 ERP 실험으로 '오드볼(oddball)' 과제가 있다. 참가자들에게 유사한 자극과 가끔 다른 자극을 혼합하여 제시한다. 참가자들은 나타나는 자극 중 뭔가 다른 것을 발견할 때마다 버튼을 누르도록 지시받는다. ERP는 양성과 음성의 요소들로 구성된다. 오드볼 자극이 발견될 때 반응이 없는 짧은 구간이 생기는데, 이 구간을 N2라고 한다. N2 요소는 사람이 오드볼 자극을 인지했을 때 나타나는 요소로 보는데, 인지가 되면 그 반응을 보여 주는 스파이크가 나타난다. 젊은 성인들은 약 300ms 시간대, 즉 P300이라고 하는 스파이크를 보여 줄 것이다. 자극이 관찰되지 않으면 ERP 신호에는 변화가 거의 없다([그림 5-8]).

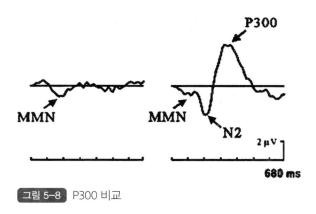

반응이 없을 때와 P300 반응

그림 5-8 P300 비교

반응 시간대는 연령에 따라 더 길어진다. ERPs의 특징은 뇌가 종류가 다른 자극들에 반응한다는 데 있다. 예를 들어, P200은 시각적 자극과 연합되어 있고, 또한 P600은 말을 듣거나 아니면 문법적 오류가 있는 언어를 읽는 것과 관련된다.

🔆 기타 시각화 방법들

MEG(magnetoencephalography, 뇌자도 측정기)는 액체 헬륨으로 냉각된 초전도 전선을 활용하여 두피에서 자기장(magnetic field)을 측정한다. 이 측정은 뉴런의 전류를 감지할 수 있다. EEG처럼 MEG는 자극에 대한 시간적 반응을 정확하게 판독한 높은 시간적 해상도를 제공한다. 물론 EEG보다 공간 해상도가 좋지만 fMRI만큼 정확하지는 않다. MEG는 크고 비싼 장치이므로 일반적으로 사용하기가 어렵다.

TMS(Transcranial Magnetic Stimulation, 경두개 자기 자극술)는 또 다른 차원의 측정이 된다. 급변하는 자기장을 이용해 일시적으로 뇌의 한 부분을 비활성화하거나 활성화시킬 수 있다. 이때의 펄스가 피질에 있는 뉴런 집단의 활동 전위를 탈분극하거나 방출하도록 만들고, 이러한 활성화가 PET 또는 fMRI로 나타나는 뇌 활동에 일시적으로 변화를 일으킨다. 때로 피험자들은 펄스가 운동 영역에 있을 때 그에 상응하는 특별한 변화를 느낀다고 한다. 이런 방식으로, 연구자들은 특정의 뇌 영역을 바꿀 때 어떤 일이 일어나는지를 연구한다.

rTMS라고 불리는 반복적인 TMS는 더 긴 지속 효과가 있어서 피질 활동을 증가 또는 감소시키는 실험에 사용되어 왔다. 아직 정확한 기전이 명확하게 이해되지는 않았지만, 연구자들은 시냅스 수준에서 학습에 관여하는 과정인 장기 상승작용(Long-Term Potentiation: LTP) 그리고 만성화된 우울증인 LTD(Long-Term Depression)를 개선할 것으로 믿고 있다(Fitzgerald et al. 2006). rTMS는 주요 우울증(Gershon et al. 2003)과 파킨슨병(Strafella et al. 2006)에서 일종의 실험적 처치로도 활용되고 있다.

🔆 결론

뇌 영상 기법은 우리에게 뇌의 구조와 기능에 대한 정보를 준다. 우리는 이제 뇌해부학이 어떻게 사고, 느낌, 동작의 결함들과 관계가 있는지를 더 잘 이해하기 위하여 뇌가 손상되었던 곳을 시각화할 수 있다. fMRI와 EEG가 결합된 더 정교한 실험들은 사람들이 인지, 정서 그리고 행동적 행위를 수행할 때 뇌가 무엇을 하고 있는지를 아는 데 도움을 주고 있다. 그리고 TMS 같은 부류의 기법들은 우리에게 뇌를 일시적으로 달라지게 하고 행동 중의 변화를 관찰할 수 있도록 해 준다. 이들 기법이 밝혀내는 어떤 것을 이해하게 되면, 뇌 구조와 기능을 향상시킬 수 있는 기법을 고안할 수 있는 유용한 정보를 얻게 될 것이다.

제6장

뇌를 모델링하기

인간은 항상 사물의 본질에 대해 고민해 왔다. 이러한 고민은 모델의 형식을 취한다. 비록 우리가 직접적으로 뇌를 알 수는 없지만, 모델을 통해 우리는 실제 뇌에 가까워질 수 있다. 따라서 신경과학은 뇌에 관한 모델들을 개발한다.

💡 모델링에 대한 일반적인 접근법

사람들은 문명의 시작부터 현실을 설명하기 위해 모델을 구축해 왔다. 일반적으로 상징체계는 경험한 것을 표상하기 위해 사용된다. 의례와 의식과 같은 방법은 고대 문화에서 인간의 내면과 더 큰 세계를 연결시키는 표상적인 모델로서 발전되었다. 만다라는 일종의 고대 상징체계의 한 예로, 그림과 형태를 통해 더 큰 세계와 개인의 상호 관계를 표현한다.

역사 속에서 상징체계의 또 다른 역할은 세상을 통제하고 예측하는 것을 돕는 방식이다. 상징은 자연이 어떤 규칙을 갖는지에 관한 기호이다. 사람들은 이러한 기호를 읽는 법을 배우고 예측을 시도한다. 그런 다음, 이러한 예측들과 행동지침을 결부시키면, 특정 행동은 현실 세계에서 원하는 결과를 얻는 데 더 이로운 것이다. 이와 같은 상징의 두 가지 기능은 신경과학 모델에도 반영된다. 즉, 뇌를 표상하는 것, 그리고 뇌를 이해하고 예측하며, 건강한 삶을 위해 훈련하는 것이다.

🔆 하향식 및 상향식 모델

신경과학에서 모델을 만드는 방법에는 두 가지 일반적인 범주가 있다. 기초적인 단계에서부터 시작하여 쌓아 올리는 것(상향식)과 우리가 관찰한 것을 공식화한 다음에 가장 작은 요소(하향식)으로 분석하는 것이다. 뇌의 하향식 이론을 지지하는 사람들은, 먼저 우리가 마음/뇌가 하는 일을 개념화할 필요가 있고 그 다음 나중에 어떻게 구현할 것인지를 생각할 수 있다고 주장한다. 이러한 이론들은 그 과정이 표상들과 고차원적 처리에서 시작한다고 개념화한다. 따라서 우리가 공을 잡으려고 하는 상황에서, 하향식 이론가라면 우리에게 공을 잡고자 그 공 쪽으로 이동하기 원한다는 것을 인식하는 과정이 먼저 일어난다고 말할 것이다. 그런 다음에야 우리는 공을 잡으려고 시도한다.

상향식 개념들은 기본 신경 단위에서 시작하여 단순한 연결로, 그리고 좀 더 복잡한 연결로 옮겨 가서 모든 연결이 통합되고 창발적인(emergent) 활동으로 설명될 때까지 이어진다. 다시 공 받기 예시에 적용하면, 눈을 통해 감각 입력이 들어오면서, 망막에 닿은 빛은 시각 체계를 거치면서 그 시각 정보가 처리된다. 그런 후에 어떠한 방식으로 정보가 운동 체계로 전달될 것이며, 운동 체계에서 그 정보는 움직임으로 변환되어, 팔을 뻗고 손을 벌려 공을 잡는다.

신경과학자들은 보통 하향식 이론화를 꺼리고, 대신 가능한 한 많은 데이터를 먼저 수집하는 것을 선호한다. 상향식으로 작업함으로써 경험적 사실이 지지할 만한 결론을 도출할 수 있도록 한다(과학의 전통적인 연역적 방법론). 그러나 과학자가 여러 실험 중 하나의 실험을 하기로, 차선적 가설보다 그 가설을 선택하기로 결정할 때마다, 암묵적인 이론으로 인해 편향적으로 결정하게 된다(Popper 1965).

많은 신경과학자들은 명시적으로 지침을 주는 모델이 의미 있는 결과를 내도록 연구 방향을 제시하는 데 도움이 된다고 인식하게 되었다(Churchland 1986). 궁극적으로, 신경과학은 가장 고차원적인 사유(reasoning)부터 식욕, 성욕, 수면욕과 같은 기본 욕구에 이르는, 뇌 체계에 관한 연구 데이터를 종합하고, 연구 방향을 인도해 주는 것을 도와줄 단일한 뇌 이론을 발견하길 희망한다.

오늘날의 전산적(computational) 이론들은 이 두 가지 접근을 다양한 방식으로 결합하는 추세이다. 뇌의 복잡성을 인식하면서 최근의 모델들은 정교화되었다. 양방향의 접근이 문제없이 조화롭게 공존할 수 있도록 통합시키고자 하는데, 그 방식은 다양하다. 때에 따라 추세를 명확히 파악하는 데 도움을 얻고자 하향식 및 상향식 모델은 여전히 사용되지만, 필드, 행렬 및 복잡한 상호 연결의 관점을 취하는 경우가 더 많다.

🔅 정의된 수학적 모델링

수학은 뇌가 보여 주는 복잡하고 다중적 요소의 동적 데이터를 다루는 데 유용한 도구이다. 전형적으로, 서양의 사회과학에서, 특히 심리치료 분야에서, 인간을 개인적·대인관계적·집단적 행동을 설명하기 위해 언어적 설명모델이 발전되어 왔다. 근래에는 과학이 언어적 개념의 대안으로 수학을 사용하여 모델링하는 정교한 방법을 개발했다.

수학적 설명모델은 전산화된 시뮬레이션으로, 흔히 컴퓨터를 사용하며, 생리적 현상 및 기능 또는 뇌, 기관 또는 행동 등의 역기능을 연구하는 데 활용된다. 수학적 설명모델들은 다양한 분석 수준을 기술하기 위해 수립될 수 있으며, 그 수준은, 예를 들어 뉴런의 미시적 모델부터, 거시적-맥락적인 사례로서 중독성 행동을 설명하는 거시적 모델에 이른다. 하나의 수학적 설명모델은 특정 조건하에서의 행동, 또는 뇌, 기관 차원의 실제 행동을 근사하는 해(solution)를 가지고 방정식을 산출한다.

'수학적'이란 단어가 '모델'이란 단어와 결합될 때, 사람들은 광범위한 스펙트럼의 반응을 보인다. 어떤 사람들은 두 단어의 조합에 진실성과 정확성의 아우라가 있다고 생각하는 것 같다. 반면, 정신건강 직종의 많은 사람들에게는, 이론을 정립할 때 개념을 구성요소로 사용하는 것이 더 익숙하고, 수학적 모델이란 익숙하지 않은 어휘에 막연한 불편감을 느낄지 모른다. 수학적 모델링이 낯선 사람들에게 우리는 열린 마음을 갖기를 권장한다. 수학적 표상은 잘 사용하면 아직 밝혀지지 않은 영역에 빛을 비출 수 있다. 그리고 먼저 수치부터 따지는 경향이 있는 사람들은, 모든 과학적 모델이 그렇듯이, 수학적 모델은 언제나 현실의 근사치로 간주되어야 하며, 현실 그 자체가 아니라는 것을 유의해야 한다.

과학 연구의 한 가지 한계는 일반적으로 종속변수와 독립변수를 지정해야 한다는 것에 있다. 전형적으로, 연구 프로젝트를 설계하는 과정에서, 관심변수를 밝히기 위해 모든 종속변수는 불변량(invariant)으로 설정된다. 수학적 모델은 일부 변수를 불변량으로 두거나 마치 존재하지 않는 것처럼 통째로 무시해야 하기도 한다. 특정 모수(parameter)에 대한 이러한 가정(assumption)과 단순화는 방정식을 계산 가능하도록 만들기 위해 종종 필요하다. 그래서 이런 식으로, 대다수의 전통적인 연구들처럼, 수학적 모델들은 언제나 실제 현실 그 자체가 아니라 어떤 근사치이다. 하지만 수학적 모델링의 이점은 다룰 수 있는 복잡도에 있다. 선형 대수학과 같이, 미분 방정식 및 특정 수학 체계의 새로운 출현으로, 더 많은 요소들이 한꺼번에 변량화될 수 있어서, 미묘하고 다층적인 현실세계에 유사하도록 더 복잡하고 현실적인 실험을 가능하게 된다.

지도는 지도가 묘사하는 실제 땅 자체가 아니듯, 수학적 모델도 표상일 뿐, 현실 자체가 아니다. 하지만 과학 이론, 기술 및 수학을 지능적으로 응용하는 것에 인간 마음에 관한 통찰력과 지식이 더해지면, 우리는 더 좋고 더 유용한 근사 모형을 찾을 것이다.

💡 베이지안 추론: 모델의 가능성 추정

과학에서의 한 가지 문제는 계속해서 확증을 확인하는 것이다. 이론을 확증하는 것으로 보이는 관찰을 할 때, 우리는 이 관찰이 신뢰할 만하고 타당하다는 것을 어떻게 알 수 있을까? 이 딜레마에 관한 고전적인 예는 까마귀이다. 모든 까마귀가 까맣다는 이론이 있다고 가정해 보자. 우리는 야생으로 나가서 많은 까마귀를 관찰했다. 우리가 본 모든 까마귀는 검은색이었다. 비록 '모든 까마귀는 까맣다.'는 이론을 만들 수 있겠지만, 검은색이 까마귀의 진실한 특성인지 얼마나 확신할 수 있을까? 관찰에서 이론을 도출하는 귀납적 추론법은, 하얀 까마귀를 발견하는 것과 같이 이론을 반증하는 증거를 아직 보지 못한 것일 수 있다는 위험이 항상 따른다. 그렇지만 우리는 흰 까마귀가 바로 다음 관찰에 나타나지 않을 것이라고 얼마나 확신할 수 있을까? 그리고 그 다음으로, 우리가 우리의 가설을 뒷받침할 충분한 증거를 가지고 있다는 것을 언제 알 수 있을까?

베이지안 추론(Bayesian inference)은 확증과 증거에 관한 이러한 질문에 대답할 수 있는 새로운 방법을 제공한다. 베이지안 추론의 기본적인 아이디어는 과학은 우리가 관심 분야에 대한 새로운 정보를 수집하고 지속적으로 그에 대한 지식을 업데이트하는 반복적 과정이라는 것이다. 과거 데이터는 새 데이터와 통합된다. 베이지안 추론은 가설의 가능성을 높이거나 낮추는지 우리에게 알려 주는 확률 공식을 제공한다. 따라서 우리는 새로운 증거가 우리의 이론을 업데이트하게 하도록 조정하는 방법을 갖는다.

Thomas Bayes(1702-1761)는 장로교 목사였다. 하지만 그는 확률에 대한 연구를 하는 수학자이기도 하였다. 그 당시 역사에서는, 사람들은 확률을 미래 예측으로, 특정한 수의 검은색과 흰색 공을 가진 두 개의 상자에서 하얀 공을 선택하는 것이 얼마나 가능한지를 아는 것으로 개념화하였다. Bayes는 문제를 다르게 접근해서 역확률 해법을 제시하였다. Bayes가 해결한 것은 다음과 같다. 당신이 이미 하얀 공을 뽑았다면, 당신은 상자에 있는 흰색과 검은색 공에 대해 무엇을 아는가?

Bayes의 아이디어는 확률이 단순히 빈도를 결정하는 것이라기보단, 불완전한 믿음에 가깝다는 것이다. 베이지안 추론의 기본 원리 중 하나는 어떤 가설이든 초기 확률 P_i에서 시작한다는 것이다. 가설의 초기 확률을 h의 $P_{initial}$ 또는 $P_i(h)$로 부르겠다. 그리고 나서, 당신이 새로운 증거 e를 얻으면, e에 따라 초기 확률을 최종 확률로 업데이트한다. 이 아이디어는 다음 방정식으로 표현될 수 있다.

$$P(h|e) = P(e|h)P(h)/P(e)$$

여기서 P는 확률이고, h는 가설이며, e는 증거이다. 공식은 다음과 같이 읽는다.

가설의 확률은 가설에 주어진 증거와 주어진 가설의 확률을 가설 확률로 나눈 증거와 같다. 아이디어는 증거가 나오면 우리의 신념을 업데이트하는 경향이 있다는 것이다. 따라서 가설에 대한 더 많은 증거를 얻을 때 가설이 사실일 확률에 대한 우리의 믿음을 업데이트할 것이다.

일반적으로 신경과학자들은 뇌가 어떻게 작용하는지에 대한 인과적 메커니즘을 밝힐 수 있고, 신경과학의 목표는 숨겨진 구조를 밝히는 것이라고 믿는 과학적 현실주의자(realist) 관점을 취한다. 베이지안 추론 및 기타 수학적 모델링 방법을 통해 우리는 뇌파, PET 및 fMRI와 같은 촬영법을 통해 얻은 증거를 바탕으로 이러한 구조에 대한 가설이 맞는지 확률을 추정할 수 있다. 과학자들이 뇌 구조와 우리의 인지, 감정 및 행동 과정 사이의 연결에 대해 가설을 세운 뒤 후속 추론이 이루어졌다. 이러한 종류의 문제를 더 현실적으로 다루는 한 가지 방법은 새로운 증거가 나올 때 계속해서 갱신되는 확률처럼 생각하는 것이다. 베이지안 추론이 그러한 한 가지 방법이다.

💡 확률론적 존재로서 인간: 앞으로 일어날 일을 가늠하는 것

인간은 확률론적으로 행동한다. 이것은 무슨 의미일까? 확률론적(stochastic)이라는 단어는 '유추하다, 추측하다'라는 뜻의 그리스어에서 기원하였다. 확률론적 시스템은 비결정론적(non-deterministic)이다. 인간 행동의 경우, 이는 대부분의 사람이 동의할 명제를 함축한다. 즉, 우리는 누군가 앞으로 어떻게 행동할 것인지를 항상 100% 확신할 수는 없다. 단지 인간 행동의 일부만을 예측할 수 있다. 언제나 무작위적(random) 요소가 있기 때문이다. 그러므로 이러한 의미에서, 인간의 행동은 확률론적이라고 볼 수 있다. 심리학 이론은 사람들이 특정 상황에서 나타낼 가능성이 큰 행동을 예측한다. 그러나 항상 무작위적이고 예측할 수 없는 요소가 있으므로 정확한 예측이 불가능하다.

뇌 기능의 많은 부분이 확률론적 시스템으로 모델링되고 있다. 예를 들어, 확률론적 시스템으로 다루는 경우, 비체계적이고 무작위적 측면을 없애는 한편, 시스템의 결정론적 구성요소를 분별하려고 한다. 확률론적 처리의 무작위적 특성을 기술하는 한 가지 방법은 확률 분포를 사용하는 것이다. 이러한 방식으로, 시스템의 미래가 불확정적이라도, 이미 알고 있는 초기 조건에서 시작할 수 있다. 그런 다음, 비록 발생 가능한 행동이 다양하지만, 주어진 초깃값을 고려하여 어떤 방향으로 행동할 가능성이 다른 것에 비해 좀 더 높음을 알 수 있다.

Andrey Markov(1856-1922)는 확률론적 과정이 어떻게 작용하는지에 대한 설명을 만든 러시아 수학자였다. 이 작용은 마르코프 성질(Markov property)로 알려져 있다. 한 시스템이 마르코프 성질을 갖는다면, 과거로부터 현재에 이르는 전체 기록과 현재 상태 및 미래 상태가 독립적이라는 것을 의미한다. 미래의 상태는 결정론적인 과정이 아니라 확률론적 과정에서 나온다. 이 과정이 일어나는 방식을 따라 움직이는 것을 마르코프 체인(Markov chain)이라 부른다. 마르코프 체인을 이해하기 위해, 고전적인 예인 랜덤워크(random walk)를 상상해 보자. 어쩌면 당신은 들판에 있는 풀밭 위를 가로질러 걷고 있었을 것이다. 매번 다음 발걸음은 어느 방향으로든 나아갈 수 있다. 직전의 발걸음은 이후의 발걸음에 영향을 미치지 않는다. 가능한 어떤 방향으로든 나아갈 확률이 동일하다.

이 과정은 수학적으로 나타낼 수 있다. 무작위 변수 x_1, x_2, x_3의 연속(sequence)으로 마르코프 체인은 표현한 방정식은 미래 및 과거 상태가 서로 독립적인 마르코프 성질을 갖고, 이는 다음의 수학 공식으로 표현된다.

$$P\left(X_{n+1} = x \mid X_n = x_n, \ldots, X_1 = x_1\right) = P\left(X_{n+1} = x \mid X_n = x_n\right).$$

따라서 마르코프 체인을 사용하여 독립적이고 동일한 분포를 따르는 확률(independent and identically distributed possibilities)의 수열을 가지고 어떤 일이 일어날지 예측하면, 다음 n+1번째에 상태에 대한 확률은 오로지 현재 상태에 달려 있다. 시스템이 다음에 무엇을 할 것인지를 예측하기 위해서는 전체 기록(history)을 알 필요가 없다는 아이디어이다. 당신은 당신이 어디에 있는지만 알면 된다.

현대의 단기치료는 현재 여기에서 내담자가 어떤 상태인지에서 시작함으로써 좀 더 확률론적인 마르코프식 접근 방식으로 변모했다. 이전의 심리학적 모델은 행동을 결정론적으로 보았다. 그렇기에 치료는 질병에 대한 인과관계를 분석하고 질병에 이르는 경로를 찾는 방식으로 사람들을 돕는 방법으로 진행된다. 확률론적 견해는 단순히 원인과 결과의 결정론을 가정하지 않는다. 과거가 비록 장애물로 가득 차 있더라도 내담자가 앞으로 갈 길을 결정짓지 않으므로, 과거를 살펴보는 것 대신 미래지향적인 시각을 강조한다. 과거 혼란스러운 일을 겪었으나 자신의 상황을 초월하여 위대한 일을 이뤄 낸 저명한 사람들을 누구나 알고 있다. 이 관점에 따르면, 과거력은 당신의 현재 위치만을 결정할 뿐이지 어디로 가게 될지를 결정짓지 않는다. 여기에서부터 어디로 갈지, 당신의 미래는 선택의 여지가 완전히 열려 있다.

💡 자기조절: 최적 경로 찾기

우리의 미래가 결정되어 있지 않다면, 우리는 어떻게 삶을 순조롭게 살아갈 수 있는가? 하나의 기관, 즉 뇌가 다음에 어디로 갈지 미리 결정하지 않은 채 어떻게 우리의 행동을 지시하는 데 도움이 될 수 있는가? 우리는 쉽게 걸을 수 있고 계단을 올라가거나 우리 길에 있는 돌을 피해 걷도록 즉각적으로 조정할 수 있다. 우리는 어두운 영화관에서 영화를 보면서 팝콘 한 개를 정확하게 잡을 수 있다. 우리는 군중 속에서 사랑하는 사람을 딱 찾아내고, 친구를 목소리로 알아낼 수 있다. 겉으로 보기에 이렇게 간단한 과업은 불확실성과 여러 가지 가능성으로 가득한 어려운 도전들을 수반한다. 그렇지만 훈련이나 지도해 주는 사람 없이도 우리의 뇌는 최적의 방법으로 간단한 과업들을 어떻게 하는지 알려 준다. 단순 걷기 활동은, 사소해 보여도 로봇에게는 매우 어려운 일이다. 나아가, 한 종류의 부드럽고 일정한 지형을 걷는 것도 로봇에게는 매우 어려울뿐더러 변화하는 지형, 움직임 패턴 및 장애물에 역동적으로 적응하는 것(인간은 쉽게 하는 것)은 로봇에게 훨씬 더 어려운 문제이다. 어떤 물건을 알아보거나 새로운 상황에서 어떻게 행동해야 할지 추론하는 것을 어린아이가 할 수 있는 것보다 훨씬 더 초보적인 수준에서 기계에 구현하기 위해서는 가장 뛰어난 인재들이 필요했다.

신경과학은 이러한 문제에 도전하여, 뇌가 어떻게 이러한 기술을 그렇게 쉽게 갖출 수 있는지 이해하려 노력 중이다. 가능성 있는 답을 제시하는 최신 이론 중 하나는 최적 제어 이론(optimal control theory)이다. 신경과학자들은 뇌가 최적으로 작동한다는 아이디어를 기반으로 한 뇌 모델을 개발하고 있다(Simpkins, de Callafon and Todorov 2008; Simpkins and Todorov 2009).

최적성(optimality)은 간단하면서도 매우 유용한 개념, 즉 "동태적 시스템을 제어하기 위한 최상의 전략 결정"(Stengel 1994, p. vii)을 기반으로 한다. 많은 신경과학 모델은 뇌가 이 최적성 개념에 따라 작동한다는 아이디어에 기초한다. 치료의 정서조절 방법은 이 핵심 아이디어를 차용한다. 즉, 내담자가 자신의 정서와 행복감을 통제하는 최선의 전략을 개발하도록 안내하는 것이다.

벨먼 방정식 및 동적 계획법

Richard Bellman(1920-1984)은 응용 수학자로서 최적성 및 현대 제어 이론의 아버지로 여겨진다. 그는 1953년에 벨먼 방정식으로 알려진 동적 계획법(dynamic programming) 방정식을 고안했다. 이 방정식은 가치함수(value function)라는 계량법을 찾는 방법을 제공하여 문제의 최적 가치값을 시스템의 상태 변수 x의 함수로 제공한다. 가치함수 V(x)는 특정 결정의 누적 또는 즉각적으로 최적화 값을 나타낸다. 최적 선택의 상태의존적 집합을 정책함수(policy function)라 부른다. Bellman은 최적성의 원리를 공식화했다. 즉, 정책함수가 최적이라면, 초기 상태 및 이어진 결정들과 상관없이, 앞으로의 남은 결정은 해당 상태의 최적 정책일 것이다.

다음은 Bellman이 함수 V(x)에 대한 최적 정책을 기술하기 위해 만든 방정식이다.

$$V(x) = \max_{u \in C(x)} [F(x, u) + \beta V(u)], \quad \forall x \in X.$$

여기서 $\beta(0 < \beta \leq 1)$는 할인인자(discount factor), x는 상태 벡터, u는 최적 정책함수, $C(x)$는 정책의 제약(에너지 또는 힘 등)이며, $F(x, u)$는 즉각 보상함수를 의미한다.

이 방정식이 심리치료와 어떻게 관련되는지 궁금할 것이다. 벨먼 방정식은 최적의 행동을 예측하는 데 사용할 수 있는 강화 학습(reinforcement learning)에 적용됐다. 보상은 가장 높은 이득이 기대되는 방향으로 취한 행동에 부여된다. 특정한 상태에 있는 우리의 내담자에게 환경이나 성격, 삶에서 추구하는 보상 등 다양한 제약 조건하에서 다른 요소들이 작용하는 것을 안다. 이러한 함수의 측면에서 생각하면,

당신은 내담자가 더 나은 선택을 할 수 있도록 문제해결을 할 수 있다.[1]

최적성은 의사결정에 기반을 두며, 의사결정은 비용의 최소화 아니면 보상의 최대화이다. 문제 정의에 필수적이라는 점에서 비용과 보상은 연관된다. 예를 들어, 집과 직장과 같은 두 지점 사이의 최적 경로를 생각해 보라. 어떤 사람은 가장 좋은 경로가 가장 단거리 경로라고 생각할 수도 있다. 그러나 당신은 교통량이 적다는 것을 알고 있는, 약간 더 긴 거리의 경로로 최적 선택을 할 수 있다. 즉, 거리를 최소화하는 대신, 시간을 최소화하고 편함을 극대화하는 결정을 한다. 그러므로 비용은 좀 더 길어진 거리이고, 편익은 더 빠른 시간과 더 편한 운전이다. 비용과 편익을 재 보면, 집으로 운전하는 길이 기쁘길 바라는 경우, 쾌적한 운전을 원한다는 당신의 '상태'에 맞는 최적의 해결책을 찾을 수 있다. 뇌는 항상 최적성을 계산한다(Todorov 2006). 뇌는 상황에 가장 최적의 해결책에 맞춰 조정할 값을 신속하게 계산한다.

확률적 최적 제어

Bellman의 공식은 결정론적이어서, 특히 기계와 같이 시스템이 정의될 수 있을 때, 계속해서 많이 응용되고 있다. 그러나 인간의 존재와 뇌에는 정의되지 않은 요소들이 있다. 인생은 무작위적인 장해물로 가득 차 있어서, 모든 요소를 확실하게 최적화하기는 어렵다. 불확실한 시스템을 다루기 위해 확률적 최적 제어(stochastic optimal control)라고 알려진, 새로운 형태의 최적 제어가 개발됐다. 이는 인간에게도 역시 적용할 수 있다. 앞서 논의하였듯이, 확률 시스템은 비결정론적 시스템이다. 따라서 최적성을 추구하는 확률론적 제어자(controller)는 확률과 통계를 사용하여 시스템의 동적 상태를 추정한다.

이 방법에는 정책(방법)의 개량(refining)이 포함되어서, 각 단계 또는 반복(iteration)

---

[1] [역자 주] 이해를 돕기 위해 부연하자면, 심리치료적 관점에서는 행동 조성(shaping)을 가장 효율적으로 하기 위한 의사결정 함수처럼 생각해 볼 수 있다. 내담자가 목표행동에 가까워질 때 강화를 제공하는데, 치료의 단계에 따라 치료자는 다른 결정을 해야 할 것이다. 가령, 목표행동 C를 A, 다음 B 행동을 거쳐 도달할 수 있을 때, 처음에는 A만 도달하여도 강화를 제공하지만, 어느 시점부터는 A를 더 이상 강화하지 않고 B를 강화해야 할 수 있다. 이렇듯 내담자가 목표행동에 가장 쉽게 또는 빠르게 도달하기 위해, 어떤 행동을 얼마나 강화할지 매 상황에 따라 변화하는 함속 속에서 치료자의 의사결정이 이루어진다 하겠다.

마다 더욱 최적의 조치를 실행하도록 한다. 따라서 피드백은 필수적이다. 결국, 당신이 취하는 모든 행동은 초기 조건하에서 목표의 최적 궤적을 따라가게 될 것이다. 생각은 현재의 상태와 상관없이, 상태들의 특정한 집합이 행동으로 이어지는 경로에 관한 지도를 만드는 것이다. 이 지도는 그 후에 기대하는 보상을 얻기 위해 적합한 조치를 하도록 행동을 유도할 수 있다. 이 프로그램은 단계별로, 반복적으로, 아무것도 없는 시작점에서부터 오류를 줄이고 성공을 증가시키는 방식으로 최적화를 가능한 한 모든 결정에 대해 지속해서 실행하며, 이는 최적의 지도가 발견될 때까지 이루어진다. 치료는 반복적인 방식으로 이루어지며, 행복하고 건강한 삶의 길을 찾을 때까지 매주 내담자들이 방문하여 피드백을 받으면서 적응법(adjustment)을 새롭게 개선한다.

🔆 뇌 모델링을 위한 전산화 프로그램

뇌는 수십억 개의 뉴런과 세포를 지원하는, 놀라울 정도로 복잡한 시스템이며, 상호작용의 복잡한 시스템을 서로 연계시킨다. 베이지안 추론, 확률론적 시스템, 마르코프 과정 그리고 최적 제어 이론 등이 뇌 모델링에 사용됐다. 심리적 문제와 관련된 뇌 시스템의 이해에 적용될 수 있는 전산화 모델의 몇 가지 단순화된 예로 연결주의 이론과 동역학계 이론을 살펴본다.

연결주의 모델

연결주의 이론은 뉴런이 입력을 받아 출력을 보내면 연결이 이루어진다고 주장한다. 입력과 출력 간의 연결은 다양하고 독특하다. 그리고 이러한 연결은 다양한 방법으로 상호 연결된다. 많은 상호 연결이 동시에, 병렬적으로 발생한다. 연결주의 이론들은 이러한 복잡한 여러 입력들과 출력들 간의 연결 관계를 연구한다.

텐서 이론

텐서 이론(tensor theory)으로 알려진 하나의 연결주의 이론은 이러한 연결이 수학적 텐서와 매우 흡사하다는 것을 발견했다(Pellionisz and Llinas 1982). 텐서는 다차원 배열 또는 공간으로 표현될 수 있는 무언가를 기술하는 방법이며, 정의된 특정 공간에 대한 기초(basis)의 선택과 관련된다. 이 공간은 스칼라(scalar, 공간의 단일한 지점), 벡터(특정 방향으로 움직이는 선) 및 행렬(3차원 공간을 설명하는 벡터들의 그룹)로 구성된다. 텐서 이론은 소뇌를 기초로 처음 만들어졌다. 소뇌의 구조에 대해서는 많이 알고 있는데, 뉴런의 종류는 한정적이고 소뇌에서는 단순한 입출력 처리가 이루어진다. 우리는 또한 소뇌의 기능에 대해서도 알고 있다. 모델이 설명하고자 하는 것은 소뇌의 구성요소가 소뇌가 수행하는 기능을 어떻게 작동시키는가이다. 3차원 공간으로 시각화된 하나의 뇌 시스템을 또 다른 3차원 공간으로 변환하는 모델링 방법은 뇌 구조를 기능과 연결 짓고자 하는 목표를 이루어 준다. 이 두 3차원 공간 간의 관계는 선형 대수학의 수학적 조작을 통해 처리된다. 행렬의 곱셈과 전치행렬은 한 공간을 완전히 다른 공간으로 표상한 지도들 간의 직접적인 관계를 나타내는 연산의 하나이다. 분리된 뇌 시스템의 표상은 이러한 공간에서의 위치이며, 뇌 모형은 한 공간에서 다른 공간으로의 좌표 변환이다. 일반적으로 말하자면, 텐서 네트워크 가설은 신경망은 어떤 기능이든 결국 입력 벡터를 출력 벡터로 변환하는 연결성(connectivity) 행렬로 이루어진다고 본다. 이 이론에는 다음의 두 가지 측면이 있다. 각 신경망 시스템이 공간에서 자체 기초(basis)를 가짐에도 불구하고, 다른 신경망은 서로 직접적인 관계를 맺는다. 두 번째 아이디어는 이 시스템이 병렬로 작동한다는 것이다.

다음의 도표에 나타난 전치행렬은 일종의 변환 방법으로서 선형 대수의 수치의 열이 행이 되고 행이 열이 되는 것이다. 배열이 변경되었지만, 숫자 간의 관계는 보존되어 있음을 알 수 있다. 전치행렬은 새로운 위치 정보를 더 쉽게 이해하거나 위치 정보를 가지고 더 쉽게 작업하는 데 유용하다.

```
0 1 2 3        0 4
4 5 6 7        1 5
               2 6
               3 7
```

이러한 뇌의 전산 이론은 병렬 분배 처리(Parallel Distributed Processing: PDP)로 발전해 왔으며, PDP는 하나의 패턴을 시냅스 연결의 큰 구성을 통과시켜 다른 패턴으로 변환하는 전산화 방법이다(Churchland 1988).

동역학계 이론

동역학계 이론(van Gelder 1995)은 또 다른 전산화 모델을 제시한다. 이 이론은 인지 체계는 실체적 체계로 구현된다는 아이디어에 기초를 두고 있는데, 이는 연결주의 견해와 어느 정도 유사하다. 하지만 시간과 장소 등 몇 가지 다른 요소가 추가된다. 인지 시스템은 현실 세계에서 실시간으로 행하는 것으로 이해해야 한다.

이 상황은 진화에서 비롯된다. 비록 뇌의 연산 잠재력은 광대하지만, 그래도 유한하다. 수억 년의 시간을 거쳐서 뇌의 자원을 최대한 활용하기 위해 특정 과업 능력은 신체나 환경과 분담되었다. 이 이론은 위대한 철학자 Martin Heidegger(1889-1976)의 저작과 일맥상통한다. Heidegger는 우리가 세계에 어떻게 존재하는지에 대해 절대 이해하지 못한다고 생각했다. 우리는 언제나 세계-내-존재이다(Heidegger 1962). 동역학계 이론은 뇌 처리 과정의 진리를 설명할 수 있는, 정확한 신경계의 전산화 모형은 실시간으로 일어나는 뇌가 외부 세계와 우리의 신체와 상호작용하는 것을 반드시 포함해야 한다고 본다. 이 이론에 따르면, 비록 신경 세포를 뇌 내부로 들여다보는 것이 도움이 되지만, 신경과학은 외부의 신체와 환경에서 오는 제약과 자원을 무시해서는 안 된다(Clark 1997). 경험에 기반한 신경가소성은 이러한 이론에 의해 설명될 수 있다. 공간 내 움직임과 시간의 흐름은 매 순간 필연적으로 발생하기에 순간순간의 변화를 간과해서는 안 된다.

동역학계 이론은 계차방정식(difference equation)을 사용하여 이산 시간(discrete time)상 인간 행동을 모델링하고 미분 방정식을 사용하여 연속 시간을 모델링한다.

인지를 모든 가능한 생각, 감정 및 행동들의 다차원적 공간으로 생각해 볼 수 있다. 특정한 생각, 느낌 또는 행동은 미분 방정식의 집합으로 표현된, 특정 상황의 확률, 뇌의 확률 속에서 나타날 수 있는 경로(또는 함수)이다. 이 방정식들은 매우 높은 차원의 상태 공간을 통해 사람의 인지적 궤적을 표상하기 위해 사용된다. 이 이론은 상태 공간, 점, 주기적 및 혼돈적 끌개(cyclic and chaotic attractors), 궤적 그리고 카오스(결정적 혼돈, deterministic chaos)와 같은 용어를 사용한다.

🔅 결론: 미래를 내다보며

우리의 모델, 기술 및 통계 방법이 향상되면, 뇌를 깊숙이 파헤쳐 숨겨져 있던 뇌의 비밀을 밝히고, 밝혀지기를 기다리고 있는, 가려져 있는 방대한 잠재력을 일깨울 것이다. 그러한 과정에서 우리는 과학적 모델들을 임상 실제(practice)에 쓰일 실용적인 기술로 변모시킬 방법을 찾는다.

3

단일뉴런에서 복잡한
네트워크에 이르는 신경생물학

제7장 뉴런과 신경전달물질
제8장 뇌 구조
제9장 뇌 경로
제10장 신경망: 어떻게 뉴런이 생각하고 학습하는가

신기술의 도움으로 뇌를 탐구하면서 현대 신경과학자들은 개별 단위, 구조, 시스템 작업이 하나의 네트워크로 작동하여 언어와 기억, 주의, 정서 조절, 대인관계와 같은 기능을 하는 여러 가지 방식을 발견하였다. 신경계 조직은 모든 요소들이 모여서 하나의 걸작을 만들어 낸다는 점에서 정교한 화음을 내는 하나의 심포니 오케스트라로 볼 수 있다. 형태와 기능은 서로 얽혀 있다. 단순한 합 이상의 것을 만들어 내기 위하여 많은 부분들이 정교하게 조율되며 상호 연관되어 있다. 뇌를 구조와 기능이라는 측면에서 이해하는 것은 경직된 패턴을 바꾸기 위한 치료작업을 하는 데에 도움이 될 것이다.

제3부의 제7장에서는 신경세포라는 빌딩블록으로 시작해서 신경전달물질까지 다루며, 제8장에서는 뇌의 구조를 다루며, 제9장에서는 많은 구조물과 신경전달물질을 조합하는 경로들에 대해 논의한다. 제10장에서는 이 모두를 신경망으로 종합하여 설명한다. 뇌의 인지와 정서 및 사회 시스템은 상호작용하며 서로 연관된 기능을 가지고 있다. 이런 다층적인 상호작용은 이어지는 장들에서 설명할 치료적 변화를 촉진하는 데에 유용하게 쓰일 수 있다.

제**7**장

뉴런과 신경전달물질

치료자들은 행동, 생각, 느낌과 함께 작업한다. 어떤 의미에서 우리는 개인이 치료에 가져온 더 큰 환경, 인간관계의 어려움, 골칫거리인 내적 경험, 그리고 신경계의 오작동 등과 같은 서로 종류가 다른 많은 영향들이 정점을 찍은 개인을 본다. 우리는 우리가 경험하는 것이 신경계와 연결되어 있고 환경에서 경험한 것이 신경계에 영향을 준다는 것도 알고 있다. 또한 우리는 신경계가 신경전달물질과 신경세포의 상호작용에 의해 조절된다는 것도 이해하고 있다. 따라서 미시적 수준에서 무슨 일이 일어나는지 안다면 내담자에게 무슨 일이 일어나고 있는지에 대해 더 깊이 알 수 있게 된다.

이 장은 정상적인 상황에서 뉴런들이 어떻게 반응하는지, 그리고 무언가가 잘못되었을 때 뉴런이 무엇을 하는지를 알려 준다. 우리는 뉴런의 구조에 대한 개관과 뉴런이 신호를 보내고 시냅스에서 다른 뉴런들과 어떻게 소통하는지를 제공한다. 신경전달물질은 이런 신호들을 활성화하거나 억제한다. 치료 방법은 신경전달물질의 작용에 영향을 미치며, 정신약리학적 약물 또한 그러하다. 뉴런 수준에서 일어나는 일은 치료자에게 내담자와 함께 하는 치료 여행에 새로운 지도를 제공한다.

🔅 행위의 충동은 뉴런에서 시작된다

신경계는 뉴런들로 구성되어 있고, 신경세포들은 몸 전체로 구석구석 확장된다. 뉴런들은 뉴런을 지지하는 역할을 하는 교세포(glia)에 의해 지지된다. 뉴런들은 서로 연결되어 있으며, 우리가 행동하고, 생각하고, 느끼는 모든 것의 기본에 깔려 있는 요소와 관련이 있는 전기적 활동의 네트워크를 형성한다.

뉴런들은 의사소통을 위한 기능적 단위이다. 현재 900억에서 1,000억의 뉴런이 있는 것으로 알려져 있고, 적어도 800억의 뉴런이 인지적 처리 과정에 관여하고 있다. 각각의 뉴런은 수백 개의 다른 뉴런들과 상호 연결된다. 만약 여러분이 뉴런을 나란히 정렬시킨다면, 그 길이는 600마일에 이를 것이다!

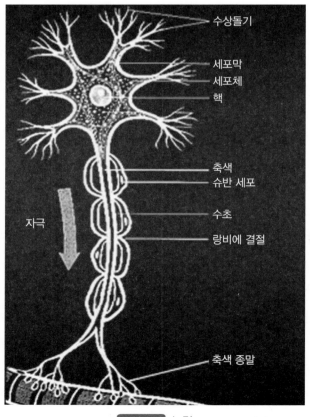

그림 7-1 뉴런

뉴런들은 특별한 정보 처리를 위해 만들어진다. 뉴런은 수상돌기(dendrites), 세포체(cell bodies), 축색(axons), 시냅스(synapses) 등 네 개의 뚜렷한 부분들로 구성된다. 개개 부위마다 처리 과정에서 수행하는 특별한 역할이 있다. 마치 한 네트워크에서 상호작용 망의 한 일원으로 각자의 역할과 행위를 하도록 촉발된다. 제10장에서 설명할 신경망(neural network)에서는 학습이 일어나는 방법, 성향이 형성되는 것, 그리고 습관이 확립되는 방법에 대한 모델을 제시한다. 이렇듯 뉴런은 거대한 신경망 시스템의 기초 단계에서 그 역할을 도맡고 있다([그림 7-1]).

각 뉴런의 역할: 수상돌기, 세포체, 축색, 시냅스

수상돌기[어원은 그리스어의 가지(branches)]는 다른 뉴런으로부터 정보를 받는 입력 정보 영역으로 사용된다. 수상돌기는 세포체 한쪽에서 나온다. 나무의 가지처럼, 세포로부터 멀어질수록, 그 끝은 더 작아진다. 수상돌기 가지의 끝은 흥분 또는 억제 입력을 받을 수 있다. 막대사탕 모양을 닮은 작은 가시는 끝에서 확장되어 흥분 입력을 받아들인다. 가시(spine)의 목 부분에서는 억제 입력이 수신된다. 수상돌기 가시는 스스로를 변화시키는 능력 때문에 연구의 초점이 되었다. 수상돌기의 가시들은 신경가소성(neuroplasticity)에 의존하는 경험의 근원이 된다(Grutzendler et al. 2002; Trachtenberg et al. 2002). 치료적 개입은 뉴런들 간의 접속 부위에서 이러한 신경가소성의 변화를 일으키는 흥분이나 억제를 조성할 수 있다.

세포체는 핵과 세포질 조직(cytoplasmic organelles)으로 구성된 통합 영역이다. 이곳에서 일어나는 통합을 간단히 설명하면 다음과 같다. DNA는 핵 안에 있다. 핵에는 DNA를 단백질로 변환시키는 리보솜이 있는 말단 소립체가 붙어 있다. 미토콘드리아는 세포가 에너지로 사용하는 아데노신 3인산(ATP)을 생산함으로써 처리 과정을 가속화하는 에너지 생산자이다. 골지체(Golgi apparatus)는 신경전달물질과 단백질을 함께 포장해, 골지체가 만들어 낸 소낭 속에 담아 보낸다. 포장된 분자들은 세포 골격(cytoskeleton)에 있는 미세소관(microtubules)으로 굴러 내려가 운송된다. 따라서 이런 처리를 통해, 수상돌기로부터의 입력 신호들이 결합·변경·포장되어 다른 뉴런들과의 통신을 위해 축색으로 보내진다.

축색은 세포체의 다른 끝에서 출발한다. 축색은 하나의 전선처럼, 한 뉴런에서 다른 뉴런으로 전기 신호를 운반하는 역할을 한다. 축색의 많은 부분들은 교세포(glia cell)로 만들어진 수초(myelin sheath)로 절연된다. 절연된 전선과 유사하게, 축색의 수초 부위는 에너지가 빠져나가지 않도록 절약하는 역할을 한다. 축색을 덮고 있는 절연 부위는 약간 떨어져 결절이 있는 작은 조각처럼 보인다. 이러한 결절은 축색의 직경을 늘리지 않고도 전기 충동을 신속히 전달하며 신호 재생에 중요하다. 절연을 가능하게 하는 두 가지 유형의 세포가 있는데, 핍(乏)돌기교세포(oligodendrocytes)는 중추신경계(CNS)에 있고, 슈반 세포(Schwann cells)는 말초신경계(PNS)에 있다.

마지막으로, 축색의 종말에는 출력 구역이 있다. 이곳은 세포들 사이의 중요한 통신이 일어나는 시냅스 연접 영역이다. '시냅스(synapse)'는 그리스어로 서로 달라붙는다는 뜻이다. 한 축색 종말 끝은 다음 뉴런의 수상돌기 가지와 접속된다. 동적 분극 법칙(the law of dynamic polarization)에서는 수상돌기는 보통 시냅스 입력을 수신하고, 축색은 출력을 보낼 것이라 예측한다. 입력, 통합 그리고 출력의 동적 분극 과정은 신경가소성의 발생 방식을 설명하는 데 도움이 되는 일종의 계산 절차를 포함한다. 제13장에서는 신경가소성의 매력적인 과정을 자세히 설명한다.

두 뉴런 사이의 시냅스 간극이 충분히 가까울 때, 전기 신호는 간단히 그 간극을 넘어가 계속 전달될 수 있다. 그러나 더 많은 경우, 간극이 너무 크면 이런 일이 일어날 수 없다. 간극이 더 넓어지면, 전기 신호는 신경전달물질이라는 화학물질로 전환되고, 이 화학물질이 접합부의 간극을 가로질러 헤엄쳐 간 다음 다시 전기충격으로 전환된다.

여러 종류의 뉴런

우리는 뉴런의 다양한 크기, 모양 그리고 구조에서 자연의 창조적인 다양성을 알수 있다. 이런 차이점들은 뉴런들이 다양한 기능을 수행하기 위한 것으로 보인다. 큰 뉴런은 정교한 수상돌기와 축색을 가지고 있고 더 긴 거리를 포괄하는 반면에, 작은 뉴런은 단순히 하나의 축색과 적은 수의 수상돌기를 가지고 있다([그림 7-2]).

근육의 움직임을 조절하는 근육 뉴런은 다극성으로 가장 흔한 유형이고, 수상돌기는 많은 단일 축색 형태이다. 근육 뉴런은 중추신경계에서 근육 쪽으로 신호를 보낸다. 감각 뉴런은 단극성으로 한쪽 끝은 하나의 수상돌기만을, 그리고 다른 쪽 끝

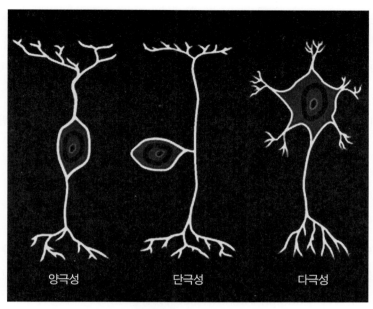

그림 7-2 뉴런의 유형

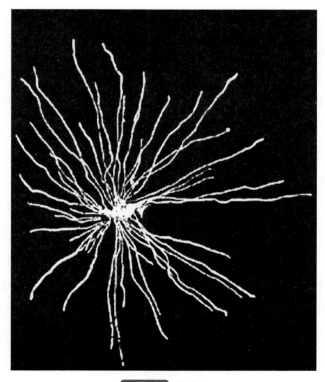

그림 7-3 교세포

은 하나의 긴 축색을 가지고 있으며, 신체의 말초 부위에서 오는 감각 입력을 받아 신경계로 정보를 보낸다. 감각 뉴런의 단극성 구조는 연구자들이 발견한 감각 정보의 특이성을 설명한다. 예를 들어, 온도 감각은 촉감 정보와 구분된다. 연합뉴런 (associative neurons)으로 알려진 개재뉴런(interneuron)은 뉴런 간 신호를 연결하며 양극성이다. 개재뉴런은 운동 뉴런과 감각 뉴런 사이에 신호를 보낸다([그림 7-3]).

🔆 교세포

뉴런만이 뇌에서 발견되는 유일한 세포 유형은 아니다. 두 번째 유형의 뇌 세포는 교세포(glial)이다. 교세포는 본래 이름이 신경교세포(neuroglia)인데 뉴런보다 그 숫자가 10배 더 많다. Rudolph Virchow(1821-1902)는 1859년 이런 특별한 뉴런들에다 neuroglia, 즉 'nerve glue(신경풀)'라는 이름을 붙였다. 그는 병리학에 관한 많은 것을 창의적으로 발견한 독일의 박사이며, 세포 이론도 제시하였다(Hoe et al. 2003, p. 61). 교세포는 쓰레기 줍기, 먹을 것 가져오기, 신경 성장시키기 등 뉴런을 보호하는 기능을 수행하는데, 우리 교수들 중 한 명은 이들 뉴런을 장소에 붙잡아 두는 "꼭 붙어 있기(cuddling)"(Pineda 2007)라고 불렀다. 교세포는 또한 축색 수초의 절연체를 구성하는 세포이며, 신호가 더 빠르고 효율적으로 움직이도록 도와준다.

교세포는 우리의 예상보다 훨씬 더 중요한 역할을 하는 것 같다. 아인슈타인과 일반인 11명의 대뇌 샘플을 비교한 연구에서, 아인슈타인의 뇌는 전반적으로 더 많은 교세포를 가지고 있고, 특히 측두엽에 더 많은 교세포가 있는 것으로 밝혀졌다(Diamond et al. 1985). 이는 아인슈타인의 뇌가 다른 일반인의 뇌보다 더 효율적으로 기능한다는 점을 시사한다. 점점 더 많은 연구자들이 교세포 역시 많은 중요한 신경학적 기능들에 관여되고 있다는 것을 인식하기 시작하고 있다(Swaminathan 2011). 교세포는 축색을 덮고 있는 수초의 발달, 보수 그리고 가소성에 매우 필수적이다. 또한 뉴런의 환경을 잘 조절하고 유지하는 데 주요한 역할을 하고 있어서 질병 예방의 열쇠로 연구되고 있다(Butt and Bay 2012).

🔦 뉴런들은 어떻게 소통하나

뇌를 독특하게 만드는 것은 바로 뉴런들이 서로 의사소통 하는 방법이다. 모든 뉴런은 서로 의사소통할 때 영향을 주는 전기적 특성을 갖고 있다. 어떤 의미에서, 전기신호들은 정보를 전달하는 언어 기능 같다.

각 세포는 쉬고 있을 때 안정전위(resting potential)라고 부르는 독특한 전하를 지니고 있다. 뉴런의 경우, 안정전위에서는 양극보다 음극이 더 많다. 그 의미는 뉴런이 활동하지 않을 때, 뉴런의 내부는 음전하를 띤 이온인 양이온의 농도가 높은 반면에, 뉴런의 외부는 양전하를 띤 음이온의 농도가 높다는 것이다. 과학자들은 이 균형이 진화의 결과라고 믿고 있으며, 우리가 원래 소금(Na^+Cl^-)으로 된 물의 환경에서 진화했다는 이론을 제시한다.

나트륨-칼륨 펌프 작용은 이온의 이동을 돕는다

세포 안에는 세포 밖으로 나가기 어려운 단백질과 같이 크고 음전하를 띠는 분자들이 있다. 또한 세포 안에는 바깥보다 칼륨 이온(K^+)이 더 많고, 세포 바깥에는 나트륨 이온(Na^+)이 더 많이 있다. 특정의 이온들(Na^+, K^+, Cl^-)이 세포 안팎으로 들고나는 것은 세포의 특수한 통로를 통해서만 가능하다. 보통 이 통로는 닫혀 있고, 어떤 소동이 있을 때만 열린다. 하지만 물이 새는 집처럼, 통로가 닫혀 있어도 나트륨이 세포 안으로 스며든다. 이렇게 스며드는 현상을 그냥 놔두면, 세포의 음극 균형이 감소되어 세포가 전기 신호를 발생시킬 가능성이 줄어든다. 이러한 현상을 막기 위해 뉴런은 나트륨-칼륨 펌프라고 부르는 기전을 가지고 있다. 펌프 작용은 약 3개의 나트륨 이온을 재빨리 세포 밖으로 내보내고 칼륨 이온 2개를 세포 안으로 회수함으로써 세포 내부의 음극 균형을 유지한다. 이 펌프 작용은 특정의 물리적 힘과 화학적 힘 사이에서 균형을 유지하기 위한 에너지를 필요로 한다. 여기서 우리는 더 많은 양으로 충전된 양이온을 내보내고 양이온의 유입을 적게 해서 세포 안의 음전하를 유지하는, 음양(陰陽, Yin-Yang)의 조화를 위한 반대 작용 원리를 볼 수 있다.

전기적 균형을 바꾸는 힘

이온의 농도가 다르면 특정의 힘이 발생한다. 첫 번째 유형은 삼투압이다. 분자들은 한 지역에 고르게 분포하기를 원하는 경향이 있다. 끓는 물에서 나오는 증기가 방으로 올라와 확산될 때 이런 경향을 보았을 것이다. 마찬가지로, 더 높은 밀도에 있는 이온은 더 낮은 밀도의 영역으로 유입되기를 원한다. 나트륨에 대한 삼투압은 세포 밖으로 이동하는 반면, 칼륨은 세포 안으로 이동한다.

두 번째 유형은 전압이다. 서로 다른 극끼리 당기는 것이 분자 수준에서 적용된다. 반대 전하의 입자는 끌어당기고 유사 전하의 입자는 반발한다. 삼투압과 전압의 조합은 평형전위(equilibrium potential)를 생성한다. 이 두 힘이 균형을 이루었을 때 세포는 쉬고 있다. 뇌 피질에 있는 대부분의 세포들은 −70mv의 안정막전위(resting membrane potential) 상태에 있다. 뇌의 각각 영역들의 안정전위값(resting potential values)은 약간씩 다르다. 어떤 변화가 생기면, 전위가 바뀌어서 더 음극이나 더 양극으로 변하기 시작한다.

의사소통의 출처: 활동전위

뉴런이 다른 세포와 구별되는 부분은 분극화(polarization)의 변화 때문에 양극 또는 음극이 일어나는 현상이다. 전기 균형이 바뀔 때, 전기는 신호가 된다. 이것이 뉴런 간 의사소통이 일어나는 근원이 된다.

이런 전기적 변화는 느리고 점진적일 수 있고(등급전위, graded potentials) 또는 크거나 갑작스러울 수 있다(활동전위, action potentials). 등급전위는 연속적으로 작은 단계들로 뉴런을 분극하고, 점점 발화점으로 향하도록 한다. 탈분극화가 음성에서 더 약한 음성으로 진행되는 것을 흥분성이라고 한다. 일단 흥분이 되면, 뉴런은 −70mv에서 −60mv로 변할 수 있다. 반대로, 과분극화는 −70mv에서 −80mv로 더 음극이 되도록 하며, 이를 억제성이라고 한다. 세포는 더 많은 입력을 받지 않는 한 흥분과 억제의 등급전위의 영향으로 결국 평형 상태로 돌아간다.

나트륨 이온이 세포 안으로 이동하면 활동전위가 활성화된다. 보통 −40mv 정도의 특정한 탈분극화의 역치에 도달하면 축색둔덕(axon hillock), 즉 세포체에서 뻗어 나오는 축색의 작은 구릉에서 활동전위의 신경자극이 시작된다. 활동전위는 세포 내부에서 양전하가 갑자기 짧은 시간 동안 바뀔 때의 양성 스파이크(가장 높은 지점)를 말한다. 활동전위는 실무율(all or none)의 특징이 있다. 즉, 최대로 발화하거나 아니면 아예 발화되지 않는다. 후전위(after potential)에서는 세포 내부의 전위가 일단 안정전위보다 더 낮은 음극 수준으로 떨어진다. 그 다음에 세포는 정상의 −70mv 평형 상태로 되돌아간다.

많은 유형의 채널들이 이온을 통과 또는 배출시킨다. 신경전달물질 분자는 신경전달물질의 화학물질에 반응하여 열리거나 닫히는 리간드 개폐형(ligand-gated) 채널을 작동시킨다. 다른 채널인 전압개폐형(vortagegated)은 채널 주변의 전압에 민감하다. 또한 세포막은 신축형(stretch-gated) 채널을 만들기 위해 확장될 수 있다. 일부 문(gate)은 나트륨(Na$^+$)에 채널을 일시적으로만 개방할 수 있으며, 또 다른 문은 칼륨(K$^+$)에 지속적으로 개방하기도 한다. 매우 민감한 것도 있고 그렇지 않은 것도 있다.

뉴런 간 전기 신호로부터 화학 신호로 소통하기

전기 신호가 시냅스에 도달할 때, 뉴런 사이의 거리가 가깝고 여러 조건이 최적이면 전기 신호가 바로 통과될 수 있다. 그러나 대부분은, 거리가 너무 멀어서 시냅스 간극을 가로질러 통신하기 위해선 다른 무언가가 필요하다. 이때 전기 신호를 화학 신호로 전환하여 신호를 전달하는 방법을 쓴다. 신경전달물질 분자를 이용하면 그렇게 된다.

축색의 끝부분은 방출되기를 기다리고 있는 신경전달물질 분자로 가득 차 있다. 신경전달물질 분자에는 단백질 분자가 결합되어 있다. 앞서 언급했듯이, 세포들 사이에는 많은 다른 종류의 채널들이 있다. 다음의 설명은 그중 한 종류인 전압개폐형 채널이 작동하는 방법이다. Ca^{++}가 내려오면 전압개폐형 채널이 열리고 신경전달물질에 닻을 내린 단백질을 제거하는 적극적인 분자수송(electrocytosis)이 시작된다. 그리고 신경전달물질은 종말단추의 끝으로 이동하고, 종말단추 끝에 단백질을 고정시킨다. 가능한 한 빨리 고정이 되면, 시냅스 전 채널(presynaptic channels)이 열리고 고농도의 신경전달물질이 농도가 낮은 시냅스로 흘러들어 간다. 신경전달물질은 이웃 뉴런의 축색 수용기에 결합되는데, 이 수용기는 특정 신경전달물질에만 반응한다. 일단 시냅스를 통과하면 신호는 다시 전기적 활동이 된다. 즉, 신호는 전기에서 화학으로, 그리고 다시 전기로 되돌아간다.

신경전달물질은 메시지를 전달한다

신경전달물질은 한 뉴런에서 다른 뉴런으로 메시지를 전달하는 화학물질이다. 신경전달물질이 무엇이고 무엇을 하는지 이해하려고 할 때, 신경전달물질이 전달자라는 점을 기억해야 한다. 신경전달물질은 시냅스를 가로질러 신호를 전달하여 다른 뉴런의 발화 여부를 알려 준다. 다른 뉴런들과 접속하는 이런 신호는 단순한 일원화된 전기 신호 이상의 의미를 전달한다. 흥분 또는 억제된 패턴 방식의 뉴런 네트워크를 통해, 중요한 의미의 신호를 유기체에게 전달하여 도망을 가거나, 얼어붙거나, 기쁨을 느끼거나, 울거나, 잠자거나, 음식을 소화하는 등의 지시를 한다. 살아 있는 활동의 많은 부분은 시냅스를 통해 전송되는 신호의 결과이다.

기타 화학적 전달체

신경전달물질만이 몸 안에 있는 유일한 화학적 전달체(chemical messenger)는 아니다. 화학적 전달체의 주요 종류는 네 가지이다. 신경전달물질 외에 호르몬, 신경호르몬, 파라크린 신호(paracrine signaling, 측분비: 정상 표적세포가 아닌 한 종류의 내분비세포의 분비에 영향을 주는 것)도 있다. 호르몬들은 내분비세포에서 혈액으로 분비되는 화학물질이며, 몸 여기저기 다양한 영역들에 있는 세포들에게 영향을 주고 혈액을 통해 빠르게 작용하는 경향이 있다. 신경호르몬은 뉴런에 의해 혈액 속에 분비되는 화학물질이다. 이 신경호르몬은 몸의 다른 세포들을 변화시킨다. 파라크린 신호는 근처에 있는 세포들에 국부적인 영향을 미치는 화학적 조절제(chemical regulator)를 분비하는 것이 포함되어 있다.

신경전달물질은 뉴런 간 시냅스 연결을 통해 작용하기 때문에 다른 화학적 전달체와는 다른 방식으로 작용한다. 화학물질을 신경전달물질로 분류시킬 수 있는 몇 가지 기준들이 확립되었다. 신경전달물질은 반드시 뉴런에서 합성과 방출이 일어

나야 하며, 시냅스 전 뉴런 안에 생화학적 장치를 가지고 있어야 한다. 화학물질은
전기 신호에 반응하여 방출되어야 하며, 시냅스 후(postsynaptic) 표적에 생리적 반
응을 일으켜야 한다. 전달물질의 길항제는 시냅스 후에서 나타나는 효과를 차단할
수 있다. 또한 화학적 비활성화, 재포획, 재흡수 또는 확산과 같은 신경전달물질의
작용을 종료하는 기전이 있어야 한다.

💡 신경전달물질

　뇌의 신경전달물질의 불균형은 많은 정신장애와 연결되어 있다. 정신약리적 약
물은 조현병, 기분장애, 불안을 도와주는 것으로 입증되었다. 또한 심리치료도 신경
전달물질의 균형을 바꾸며, 약물과 치료의 조합이 심각한 장애에 가장 잘 작용함을
보여 준 증거들도 있다. 제4부에서 심리적 문제를 다루고 특정의 신경전달물질이
어떻게 관련되어 있는지를 다루고 있다. 여기서는 심리치료와 가장 관련이 있는 신
경전달물질의 작용을 이해하며 알고 있어야 할 것이다. 치료 방법을 고안할 때 이러
한 처치를 유념해야 하며, 이어지는 장들은 구체적인 방법과 기술을 제공한다.
　신경전달물질은 뉴런이 생성한다. 약물치료는 뇌/몸 시스템 내에서 기존에 사용
할 수 없는 물질을 첨가해서는 안 된다. 오히려, 약물치료는 신경전달물질의 활동을
자극 또는 억제하여 더 좋은 균형의 유지를 지향한다. 심리치료 역시 신경전달물질
의 균형을 바꾼다. 일부 치료법은 억제제의 활성화를 잠재워 자극의 순수 효과에 관
여하거나 아니면 억제제의 활성화를 키워 더 차분해지게 한다(심리치료가 뇌를 변화
시키는 방법은 제19장 참조). 이러한 상반되는 요소와 힘 간의 상호작용을 재조정함
으로써 문제를 보다 균형 있게 해결하기 위한 새로운 패턴이 형성된다.

다양한 유형의 신경전달물질

　수백 개의 다른 종류의 신경전달물질들이 연구를 통해 발견됐다. 하지만 어떤 것
들은 뇌 전역에 나타나는 반면, 다른 것들은 국지적이다. 신경전달물질은 치료자
의 특별한 관심거리이므로 여기서는 관심대상인 전달물질들에 초점을 맞춘다. 일

반적으로 신경전달물질은 분자 크기에 따라 종류별로 구분된다. 가장 작은 두 종류는 아미노산계와 생체아민계(biogenic amines)이다. 다른 계열의 신경펩타이드(neuropeptides)는 더 큰 분자가 되는 경향이 있다. 신경과학자들은 아미노산과 생체아민에 대해 많은 것을 알고 있지만, 최근의 연구 결과는 더 많은 신경펩타이드가 있다는 것을 보여 준다.

신경전달물질들은 각각 열쇠와 같은 독특한 형태이고, 수용기들은 각각 자물쇠와 같은 모양이다. 이런 장치를 통해 특정의 신경전달물질이 특정 수용기에 부착되는, 자물쇠와 열쇠의 궁합이 된다. 어떤 때는 하나의 신경전달물질만이 하나의 수용기의 열쇠가 될 수 있다. 다른 때에는 여러 가지 다른 신경전달물질들이 동일한 수용기에서 경쟁하기도 한다. 비록 특수성은 있지만, 전달 과정에서는 유연성이라는 여유도 있다. 신경전달물질 중에는 도파민 보상 경로와 같이 구체적이고 식별할 수 있는 경로를 따라 이동하는 것도 있는 반면, 글루타메이트 같은 것들은 뇌에 더 광범위하게 분포되어 있다.

아미노산계에 속하는 글루타메이트는 흥분성, 그리고 GABA는 억제성인데, 이들은 뇌 전역에 흥분과 억제를 일으킨다. 또 다른 그룹인 생체아민계에는 아세틸콜린(acetylcholine: ACh), 도파민, 노르에피네프린과 세로토닌이 있다. 이들은 느리고, 조절자 역할을 한다. 신경펩타이드계에는 엔돌핀과 오피오이드(opiodes)가 있다. 그리고 지방과 기체로 구성된 다른 유형의 신경전달물질계도 있다.

■ 아미노산계: 글루타메이트와 GABA

글루타메이트(glutamate)와 감마아미노뷰티르산(GABA)은 신체의 모든 세포에서 발견된다. 아미노산은 뉴런 간 빠른 의사소통에 관여한다고 한다. 20개 이상의 아미노산이 있지만, 글루타메이트와 GABA가 가장 일반적인 아미노산으로 알려져 있다. 글루타메이트는 1차 흥분성 신경전달물질이며, 뇌 역에 널리 분포되어 있다. 흥분성 신경전달물질이기 때문에 글루타메이트는 신경세포를 더 활동적으로 만드는 경향이 있다. 이것은 크레브스 회로(Krebs cycle; 유기물의 대사회로)에서 포도당 신진대사의 부산물로 합성되고 뉴런과 교세포에 의해 제거된다.

GABA는 뇌의 1차 억제성 신경전달물질이다. 모든 시냅스 수용기의 최대 1/3이 GABA를 흡수할 만큼 매우 흔한 신경전달물질이다(Zillmer et al. 2008). 가장 중요한

GABA 시스템 중 하나는 소뇌로 확장되는 푸르킨예(Purkinje) 세포로 만들어진다. GABA는 또한 뇌 영역에서 움직임의 제어에 관여하는 기저핵(basal ganglia)의 일부까지 확장된다. 헌팅턴병(Huntington's disease)을 앓고 있는 사람들은 기저핵에서 억제성 GABA를 상실한 것으로 보며, 그들은 움직임의 통제에서 크게 어려움을 겪는다.

▪ː 아세틸콜린(ACh)

ACh는 부교감 신경계를 자극하는 역할을 한다. ACh는 조절 기능의 생리적 영향력은 물론이고 행동의 규제에도 널리 관여하고 있다. 그러한 까닭에 감각 처리, 학습, 기억, 기분, 주의, 수면, 각성, 생체리듬 그리고 공격적 행동 등 모두에 ACh 시스템이 작용한다. 이런 신경전달물질의 효과들은 종종 콜린성으로 불린다. 콜린성은 ACh라는 용어의 형용사 형태이다.

ACh의 화학 구조는 단순하다. 네 개의 메틸 그룹이 부착된 질소 원자를 가지고 있는데, 질소 및 메틸 그룹의 구성 때문에 ACh 신경전달물질은 4차 아민으로 분류된다.

$$CH_3 \qquad\qquad O$$
$$|\qquad\qquad\quad \|$$
$$H_3C - N^+ -- CH_2 - CH_2 - O - C - CH_3$$
$$|$$
$$CH_3$$

아세틸콜린 구조
Acetylcholine Structure

이 신경전달물질은 아세틸코엔자임 A(acetyl CoA)와 콜린이 합성된 것이다. 콜린은 채소, 계란 노른자, 신장, 간, 씨앗 그리고 콩과 같은 음식에서 발견되고, 간에서도 생산된다. 콜린은 혈액-뇌 장벽을 넘어 ACh 생성에 사용될 수 있다. 이런 반응은 반대 방향으로 진행될 수도 있지만, 주로 ACh가 형성되는 방향으로 진행된다.

ACh에 민감한 수용기에는 두 가지 유형이 있다. 즉, 그들은 무스카린(muscarinic) 수용기와 니코틴 수용기이다. 무스카린 수용기는 천천히 오래 활동하며, 심장과 평활근 주변에서 발견되는 부교감 신경계에 있다. 니코틴 수용기는 수의적인 근육 통제를 촉진하게 하는 신경전달물질 활동에 신속하고 빠르게 작용한다. 니코틴 수용기는 골격근과 말초신경을 활성화시키는 운동 신경의 끝에서 발견되며, 피질 전역에서도 역시 발견된다. 니코틴 수용기의 결핍이 알츠하이머병의 원인임을 보여 주었다.

ACh는 콜린성 뇌 영역으로 알려진 세 개의 주요 뇌 시스템에 있다. 격막투사(septal projections)는 해마 리듬(hippocampal rhythms)과 기억력에 관련된 변연계 부위에서 나온다. 뇌교 투사(pons projections)는 REM 수면과 관련되어 있다. 기저전뇌 투사(basal forebrain projections)는 피질 활성화와 학습을 중재한다. 또한 개재뉴런을 통해 ACh를 방출하는 다른 영역도 있다.

ACh는 신체에서 뇌로 가는 마음을 포함한 많은 기능에서 가장 중요한 역할을 한다. 수년간의 연구 결과, ACh는 수면, 깨어 있는 상태, 망상체의 활성화 시스템에서 각성 및 경계와 관련이 있는 것으로 나타났다(Vanderwolf 1992). 콜린성 뉴런은 피질의 흥분성 및 감각 처리과정의 조절에 중요한 역할을 한다(Feldman et al. 1997). 또한 콜린성 뉴런은 학습, 기억, 주의에서 인지 기능에도 영향을 미친다. 예를 들어, 무스카린 수용기가 차단되면, 많은 종류의 학습이 획득·유지되는 데 방해가 생긴다. 콜린성 계열은 알츠하이머병은 물론이고 노년기의 기억력 저하에서도 한 역할을 한다.

■ 모노아민계: 도파민(DA), 노르에피네프린(NE), 에피네프린(EPI)

또 다른 신경전달물질 그룹은 단일 아민 그룹을 가지고 있기 때문에 모노아민이라고 불린다. 가장 흔한 것은 도파민, 노르에피네프린 그리고 에피네프린이다.

도파민

도파민(Dopamine: DA)은 행동과 감정의 많은 이질적인 시스템들에서 중요한 역할을 한다. DA의 활동은 동기 부여 및 학습과 직접 관련이 있다. 또한 도파민은 운동 조절에 관여하고 있다. 비록 두 경로는 분리되어 있지만, DA는 감각, 동기 및 모터 기능을 함께 통합하는 데 도움이 될 수 있다(Feldman et al. 1997).

도파민의 합성, 그리고 모노아민계의 합성은 몇 단계에 걸쳐 발생한다. 전구체(precursor)는 L−타이로신(L−Tyrosine)인데, 식이 단백질에서 나와 간에서 합성되는 아미노산이다. 그 다음 L−도파(L−DOPA)에서 도파민이 형성된다. 도파민은 별도의 신경전달물질로서 중요한 역할을 할 뿐만 아니라 노르에피네프린과 에피네프린의 선행 물질이기도 하다. 이런 까닭에 DA의 합성 순서는 다음과 같이 진행된다. 즉, L-타이로신에서 L-도파, 도파민, 마지막으로 노르에피네프린과 에피네프린의 순서로 진행된다.

DA의 수용기 유형은 다섯 가지로 D1, D2, D3, D4 및 D5로 지정되어 있다. 이들은 모두 G-단백결합수용기(G-protein-coupled receptor) 계통의 일부이다.

도파민은 심리적 기능을 바꿀 수 있는 세 가지 주요 경로에 관여한다. 중변연계(mesolimbic) 또는 보상경로는 뇌간(brainstem)에서 시작되어 기저핵, 변연계(limbic system), 전전두엽 피질(prefrontal cortex)까지 투사된다. 성관계, 수면, 음식과 같은 생명 유지 활동을 즐기도록 연결되어 있다. 행복, 즐거움, 만족감을 주는 행동을 할 때 보상 경로를 통해 도파민이 방출되는 것은 곧 생명 유지와 관련된 필수적인 활동을 강화시키는 메커니즘 중 하나이다. 자세한 내용은 제9장을 참조하라.

두 번째 경로인 신피질의 도파민 경로(neocortical dopamine pathway)는 뇌간에서 시작하여 전뇌피질과 변연계로 이동한다. 이 경로는 학습, 주의 통제 및 사회적 행동을 포함한 인지 기능과 관련이 있다(Stahl 2000).

세 번째 경로는 뇌간의 흑질(substantia nigra)에서 기저핵으로 이동하며, 수의적 운동 조절에 관여한다. 도파민의 감소는 운동력의 상실을 초래하는 반면, 도파민이 너무 많으면 순조로운 운동 움직임이 무너진다. 파킨슨병은 도파민이 충분하지 않은 결과이며, 헌팅턴병은 이 경로에서 도파민이 너무 많아 생기는 병이다. 헌팅턴병의 치료는 도파민을 통제하는 것이 포함되며, 특히 병변 초기 단계에서는 치료가 어느 정도 성공을 거둔다(Breedlove et al. 2007).

노르에피네프린

신경전달물질 노르에피네프린(Norepinephrine: NE)은 정서의 캐논-바드 이론(Cannon-Bard theory)이라는 초기 정서이론을 만든 심리학자 Walter Cannon이 처음으로 발견하였다(Simpkins and Simpkins 2009). 그는 '심파틴(sympathin)'이라는 물질을 발견했는데, 교감신경(sympathetic nerves)이 자극될 때 심파틴 물질이 방출되었기 때문이다. 심파틴은 훗날 NE로 확인되었다.

에피네프린(Epinephrine: EPI)은 종종 아드레날린이라고 부르며, NE는 종종 노르아드레날린이라고 부른다. NE와 EPI는 둘 다 교감신경계의 일부로서 스트레스에 반응하는 부신에서 분비되는 투쟁-도피 호르몬(fight or flight hormones)이다. 하지만 이 둘은 중요한 신경전달물질 기능이 있고 뇌에서도 발견된다.

노르에피네프린은 기분, 전반적인 각성, 주의, 경계, 성 행동을 조절하는 데 도움이 된다. 또한 배고픔, 포만감 그리고 체중 조절에도 관여한다. 낮은 수준의 NE는 우울증 및 불안 증상과 관련이 있다. 노르에피네프린은 뇌간에 있는 세 개의 구분이 되는 상대적으로 작은 군집들로부터 방출된다. 관련된 영역들은 뇌교의 청반(Locus Coeruleus: LC), 중뇌의 외측피개 시스템(lateral tegmental system) 그리고 연수의 배측 부위이다. LC는 가장 중요한 노르아드레날린성 핵(noradrenergic nucleus)으로 가장 큰 투사를 한다. 대뇌피질, 해마 및 편도체를 포함한 변연계, 그리고 시상과 시상하부까지 뻗어나간다. 따라서 이러한 영역들 중 어느 한곳에 있는 소수의 뉴런들에서의 변화는 광범위하게 뇌의 더 넓은 영역들에 영향을 미칠 수 있다.

세로토닌

세로토닌(Serotonin)의 화학명은 5-수소산크립타민(5-hydroxytryptamine: 5-HT)이며, 뇌 주변의 넓은 지역에서 발견된다. 세로토닌은 뇌간과 중뇌에 있는 봉선핵(raphe nuclei)이라는 중앙선을 따라 밀집된 영역에서 생산된다. 경로는 소뇌, 척수, 그리고 전뇌와 변연계로 뻗어나간다.

시냅스 속으로 방출된 세로토닌의 효과는 재흡수 과정을 통해 종료되며, 이 과정에서 세로토닌은 나중에 사용되기 위해 이전 뉴런으로 다시 옮겨진다. 세로토닌의 재흡수를 억제하는 것은 우울증의 증상들을 완화시키는 것으로 밝혀졌고, 그래서 세로토닌은 임상적 우울증에 주요 역할을 한다고 믿어지고 있다.

또한 세로토닌은 식습관과 체중 조절에도 뚜렷한 역할을 한다. 낮은 수준의 세로토닌은 공격성과 연관되는데, 특히 충동적인 공격성과 연관된다(Brown 1994). 1990년대의 많은 연구들은 품행장애를 가진 남자 청소년들에게서 세로토닌 조절장애와 공격 행동 및 적대감 간의 관련성을 발견했다(Unis et al. 1997). 또 다른 연구에서 건강한 남성의 적개심 및 공격성과 유사한 상관관계가 있음을 발견했다(Cleare and Bond 1997). 공격성이 자기를 향한 것으로 볼 수 있는 자살행동도 또한 낮은 수준의 세로토닌과 관련이 있다(New et al. 1997). 세로토닌과 연결되었던 또 다른 장애는 강박장애(OCD)이다. 하지만 우리는 OCD인 경우 DA 같은 다른 신경전달물질도 관여되기 때문에, 세로토닌의 비정상성을 병인으로 결론을 내리기는 어렵다(Feldman et al. 1997). 그러나 세로토닌을 증가시키는 약물치료의 성공은 세로토닌이 강박장애 환자들에게 중요한 역할을 한다는 증거가 된다.

신경펩타이드(neuropeptides)

펩타이드(peptides)는 60개 이상의 다른 종류의 아미노산이 결합된 짧은 사슬의 화합물이다. 그들은 단백질을 구성하는 많은 부분들 중 하나이다. 오피오이드(Opioids)는 그것의 요구가 점점 더 증가될 때 서서히 방출되도록 mRNA에서 합성된 신경펩타이드이다. 오피오이드는 모노아민을 비롯한 다른 신경전달물질과 동일한 영역에 국지화되는(co-localized) 경향이 있고, 신경조절자의 역할을 한다. 오피오이드는 반복적인 자극이나 발화 작용으로 방출되며, 조효소가 그것을 분해시킨다. 오피오이드의 종류는 여러 가지이다. 즉, B-엔도르핀은 뇌하수체, 시상하부 그리고 뇌간에서 생성되고, 엔케팔린(enkephalin)과 다이노르핀(dynorphin)은 뇌와 척수 전역에서 생성된다. 오피오이드 수용기는 특히 변연계 영역의 뇌와 척수 전역에 분포되어 있다.

　오피오이드는 모르핀의 흉내를 내는 아편유사제로 행복감을 주고 고통을 줄여 준다. 그러나 이 신경전달물질의 작용이 항상 단순하지는 않다. 신경펩타이드는 종종 도파민, 노르에피네프린, 세로토닌과 같은 다른 신경전달물질의 시냅스 전후의 반응성을 활성화하는 공동 전달자의 역할을 맡는다.

🔬 결론

　뇌의 능력은 화학적 및 신경 단위 수준까지 모든 방식으로 반응하고 대응할 수 있다. 뉴런이 메시지를 전달하기 위해 정교한 신경전달물질 시스템들을 통해 전기 신호를 전달할 때, 우리는 뇌가 어떻게 학습하고 우리의 요구에 반응하는지를 이해하는 새로운 방법을 발견한다. 매우 반응적이면서도 동시에 안정된 시스템인 뉴런 수준은 복잡성과 단순성의 조합을 보여 준다.

제8장

뇌 구조

뉴런은 단독으로 작동하지 않으며, 구조(structures)를 이루어 함께 행동하는 경향이 있다. 뇌 속에는 특정한 기능을 하는 다양한 구조가 있다. 이 장에서 설명하는 구조는 단독으로 작동하지 않는다는 점을 기억해야 한다. 뇌에는 많은 역설적 특성이 있다. 독립적으로 구성된 많은 부분들이 하나의 단일체(unity)로 기능하기도 한다. 뇌가 어떻게 인간의 인지, 정서, 행동과 같은 심리적 기능에 영향을 미치는지 정확히 이해하기 위해서는 뇌의 전체와 일부, 둘 다를 생각할 필요가 있다. 이를 통해 정신장애를 치료하기 위한 유용한 방법을 더 잘 이해할 수 있을 것이다.

이 장에서는 뇌의 주요한 구조와 기능에 대해 설명한다. 인간의 생각, 감정, 행동을 위해 활성화되는 뇌의 영역들에 익숙해진다면, 치료적 개입을 위한 자원을 풍부하게 얻을 수 있다.

🔆 전체론과 국재화

우리는 뇌를 두 가지의 관점, 즉 전체 혹은 시스템, 부분 혹은 국재화(localization)를 통해 볼 수 있다(Ramachandran 1997). 앞서 언급했던 Golgi의 망상 활성화 체계(reticular activating system) 이론은 전체론적인 관점을 보여 준다. 전체론적 관점에서는 부분들로 이루어진 하위집단이 항상 단일체로 함께 작용한다고 가정한다. Ramon y Cajal이 대표하는 부분적 관점에서는, 뇌는 독립된 기능을 가지고 국재화된 많은 부분으로 이루어졌다고 본다. 어떤 부분은 한 기능에는 중요한데 다른 기능에는 그렇지 않다. 역사를 통해 보면, 전체론과 국재화 관점 모두 유용한 패러다임을 제공하면서 뇌를 잘 이해하도록 도왔다. 모두 뇌를 이해하는 데 중요하다. 수년간, 국재화와 포괄주의(globalization) 중 하나가 우세하는 것이 지배적이었다. 그러나 뇌에는 국재화와 일반화(generalization)가 모두 관계되기에, 보다 성숙한 관점은 둘 다를 포함시키는 것이다. 우리는 두 모델 모두에게서 배울 수 있다.

이 장에서 뇌는 두 개의 반구로 나뉘어 생각될 것이며, 대부분의 기관은 양쪽 모두에 있다. 뇌는 하부뇌(lower brain), 기저핵과 변연계를 포함하는 내부, 가장 바깥쪽 영역인 피질, 이 세 개의 영역으로 가장 잘 이해될 수 있다.

🔆 하부 뇌 체계

뇌의 하부는 호흡, 심박률, 기타 자율신경기능(autonomic function)과 같은 기본적인 기능을 조절한다. 뇌 하부 영역과 상부 뇌(higher brain) 영역은 많은 상호작용을 한다([그림 8-1]).

뇌의 아랫부분은 뇌간(brainstem)으로, 후뇌(hindbrain)와 중뇌(midbrain)로 구성되어 있다. 후뇌는 뇌교(pons), 연수(medulla), 망상체(reticular formation)로 구성되어 있다. 이 부분에서는 척수와 뇌 사이의 이행이 일어난다. 뇌와 척수 사이를 통과하는 모든 축색은 뇌간을 통과한다. 또한 하부 뇌 체계는 11번과 12번 뇌신경의 핵을 포함하고 있으며, 호흡과 심박률 같은 필수적인 신체 기능을 조절하는 데 중요한 역

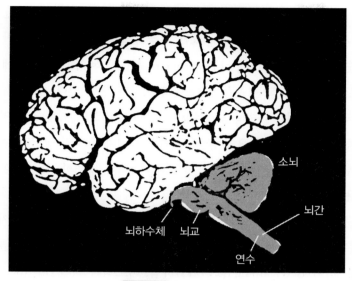

그림 8-1 하부 뇌 영역

할을 한다.

연수는 뇌간의 아랫부분 및 척수의 제일 윗부분에 위치해 있으며, 호흡, 혈압, 심박률, 각성을 조절한다. 연수에서 위로 올라가면 뇌교가 있다. 뇌교는 소뇌의 양쪽을 연결하고, 이를 대뇌 반구의 반대편에 연결하며, 소뇌와 연수를 연결한다. 뇌 하부 체계의 마지막 영역은 망상체이다. 이 영역은 정보를 시상에 보내기 전에 빠르게 필터링한다. 망상체는 순환, 수면, 호흡, 소화, 주의, 각성과 관련되어 있다.

소뇌

소뇌(cerebellum; 라틴어로 '작은 뇌')에는 뇌의 다른 모든 영역보다 많은 뉴런이 있지만, 전체 뇌 무게의 10%만 차지한다. 소뇌는 매우 구불구불하다. 소뇌를 펼친다면 피질보다 클 것이다. 소뇌는 뇌간, 시상하부, 시상과 연결되어 있다.

대뇌피질처럼, 소뇌는 연결된 두 개의 반구와 엽(lobes)을 가지고 있다. 또한 대뇌피질의 6개의 층에 비해 적은 3개 층이긴 하지만, 피질과 비슷하게 층을 이루고 있다. 3개의 층은 과립층(a granule level of tiny cells), 두 번째 층인 푸르킨예세포(purkinje cells) 그리고 분자층(molecular layer)으로 구성되어 있다. 푸르킨예세포는 매우 아름다운 2차원의 세포로 예술적으로 디자인되어 있으며, 정교한 나무 같은 구조로, 각 세포가 20만 개의 가시(spine)로부터 입력 신호를 받도록 되어 있다!

소뇌는 순환적 상호작용(loops of interaction)을 통해 뇌의 다른 부분에서 오는 뉴런 신호를 조절한다. 소뇌는 운동 학습 및 인지와 관련이 있다. 따라서 운동 계획, 인지, 자율적(비자발적) 기능 및 고차적인 문제해결 과정의 조절 등 다양한 기능을 한다. 소뇌는 운동 학습에 중요할 뿐만 아니라, 자세와 움직임 명령과 같은 몇 가지의 운동 기술도 조절한다. 또한 학습, 단어 처리, 계획 세우기, 시간에 기반한 판단하기와 같은 인지에도 중요하다.

소뇌는 운동 학습 및 협응을 조절하는 데 있어, 피아노나 자전거 타기를 배우는 것과 같이, 빠르고 숙련된 동작을 결합하는 것을 도와준다. 시행과 오류 수정이나 지도학습망(supervised learning networks)처럼, 피드백과 시간 조절(timing)을 통해 움직임의 조합들을 조절하고 수정해 나간다. 소뇌는 학습 기간 동안 활성이 매우 높다. 시간을 들인 연습을 반복하면, 소뇌가 조절하는 운동은 더 이상 노력이 필요하지 않는 것으로 점차 변해 간다. 이때 소뇌의 활동성이 줄어든다.

💡 기저핵 체계

뇌의 안쪽에서 위로 올라가다 보면 기저핵(basal ganglia)을 찾을 수 있다. 피질의 모든 운동 영역들은 기저핵으로 정보를 보낸다. 기저핵은 C형으로 된 구조물 세트이며, 뇌간에서부터 피질에 이르는 4개의 서로 연결된 핵으로 이루어져 있다. 흑질(substantia nigra)은 중뇌에 있는 뇌간의 구조이다. 미상핵(caudate nucleus), 조가비핵(putamen) 및 담창구(globus pallidus)는 대뇌피질의 아래에 있다([그림 8-2]).

기저핵은 자발적인 운동행동 및 운동협응의 기능을 한다. 기저핵은 직접 움직임을 발생시키지는 않지만, 피질에서 오는 입력을 받아 이를 수정하고, 시상을 통해 대뇌피질로 다시 전달한다. 또한 운동 계획, 순서(sequencing) 및 학습 유지와 같이, 움직임과 관련된 고차 인지와 관련이 있다. 또한 예측 제어(predictive control), 주의 및 작업 기억과도 관련되어 있다.

걷기나 웃기와 같이 기저핵에서 나오는 움직임은 자동적이다. 한 환자가 운동피

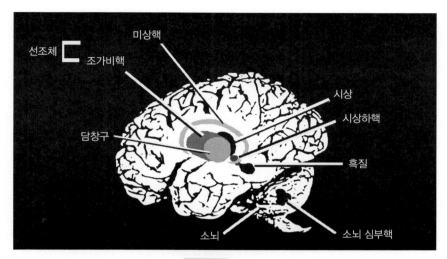

선조체
미상핵
조가비핵
담창구
시상
시상하핵
흑질
소뇌
소뇌 심부핵

그림 8-2 기저핵

질의 왼쪽 부분에 손상을 입었다. 그 환자는 미소를 지으라는 요청을 받고 의도적으로 반쯤 미소를 지을 수 있었는데, 입의 왼쪽은 웃는 위치로 움직였지만 오른쪽은 그렇지 않았다. 그러나 아내가 방으로 들어왔을 때, 입의 양쪽에서 활짝 웃었다. 기저핵이 손상되지 않았기 때문에 자연스럽고 쉽게 웃을 수 있었던 것이다. 그러나 의도적인 운동을 할 수 있는 능력은 상실됐다. 이와 반대되는 종류의 손상은 파킨슨병 환자들에게 나타난다. 파킨슨병 환자의 기저핵은 운동을 활성화시킬 수 있는 도파민의 분비 수준이 낮은 것에 영향을 받는다. 그러나 예를 들어 고의적으로 행진함으로써, 일시적으로 걸을 수 있다. 행진하기(marching)는 운동피질에 의해 활성화되는 정교한 의식적인 운동 기술인 반면, 걷기(walking)는 기저핵에 의해 통제되는 무의식적인 기술이다.

변연계

뇌의 안쪽에 위치한 변연계(limbic system)는 학습과 기억뿐만 아니라 정서, 공포 조건 형성, 투쟁 혹은 도피 반응과 밀접한 관련이 있기 때문에, 치료자들의 많은 관심을 받아 왔다. James Papez는 파페츠 회로(Papez Circuit)라 불리는 정서에 대한 초기

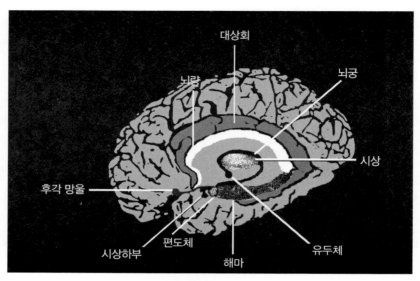

대상회

뇌량

뇌궁

시상

후각 망울

시상하부   편도체   해마   유두체

그림 8-3 변연계

해부학적 모델을 만들었지만, 이에는 포함된 부분이 적었다. Paul MacLean(1952)은 모델을 확장하여 구조를 추가하고 현재에도 사용되는 변연계라는 이름을 붙였다. 오늘날 많은 구조가 변연계의 일부로 여겨지지만, 정확히 어떤 구조물이 포함될 것인지는 각기 다를 수 있다([그림 8-3]).

대부분의 사람들은 특정한 구조가 변연계에서 중심적인 역할을 한다는 것에 동의한다. 이러한 변연계의 구조에는 전형적으로 편도체(amygdala), 해마(hippocampus), 대상회(cingulate gyrus), 뇌궁(fornix), 시상하부(hypothalamus), 시상(thalamus)이 포함된다. 그러나 어떠한 구조가 포함될 것인지는 다양하다. 몇 개의 다른 부분들도 때로는 정서에 중요한 것으로 여겨져 변연계의 일부로 포함되기도 한다. 그런 것들로는 냄새 감각과 관련된 후각피질(olfactory cortex), 호르몬을 조절하는 뇌하수체(pituitary gland), 유두체(mammillary body), 전전두피질의 일부인 안와전두피질(orbitofrontal cortex), 보상, 웃음, 쾌락, 중독, 플라시보 효과에 중요한 측좌핵(nucleus accumbens)이 있다. 어떤 구조는 어떤 기능에 더 크게 기여하는 경우도 있지만, 모든 구조들은 상호 연결되어 있고 상호작용한다는 것을 명심하라. 많은 다양한 구조들이 서로 그리고 더욱 고차원의 피질 기능과 밀접하게 상호작용하고 있다. 따라서 정서적인 부분이 삶의 모든 측면에서 왜 그렇게 중요한 역할을 하는지 알 수 있다.

편도체

편도체는 정서를 조절한다. 각 반구에 하나씩, 두 개 있으며 측두엽의 깊숙한 곳에 위치해 있다. 편도체는 해마, 전전두엽, 시상 등 많은 구조들을 연결한다. 이러한 많은 연관성은 편도체가 사랑, 행복, 애정부터 공포, 불안, 분노, 공격에 이르는 다양한 범위의 정서를 매개하고 통제하는 데 중요한 역할을 하게 한다. 편도체는 정서적 사건 및 경험과 연합된 기억을 형성하고 저장하는 데 주요한 역할을 한다. 편도체에 손상을 입으면, 어떤 사람이 누구인지는 알지만 그 사람을 좋아했는지 싫어했는지는 알지 못하는 것과 같이, 다른 사람이나 상황에 대한 감정을 상실한다.

해마

내측두엽에서 편도체 가까이에 있는 해마는 학습과 기억에서 중요하다. 해마는 좌우반구에 하나씩 있으며, 해마(sea horse)처럼 생겼다. 해마는 기억에 대한 많은 역할을 하며, 단기기억 및 장기기억으로의 응고화(consolidation)와 연관되어 있다. 또한 일화기억(episodic memory)과 서술기억(declarative memory) 및 새로운 자극 탐지와도 연관되어 있다.

해마에는 세 개의 층으로 된 회로(three-layer circuit)가 있다. 해마는 감각 버퍼(sensation buffer)로 들어가는 다양한 감각으로부터 병렬 입력(parallel input)을 수신한다. 그 후 신호가 암호화되어 작업기억과 단기기억으로 보내진다. 이때 적극적인 주의를 기울이면 기억이 응고화된다. 응고화된 기억은 장기기억으로 이동한다. 장기기억은 나중에 인출(retrieval)되기 위해 다시 내보내질 수 있다. 해마의 손상은 기억상실(amnesia)을 유발하는 것으로 알려져 있다. 치료를 통해 고통스러운 기억을 상기시키고 치유적인 방법으로 그 기억들을 재응고화(reconsolidate)하는 것을 도울 수 있다(어떻게 그렇게 되는지를 알고 싶다면 제17장 참조).

해마의 또 다른 중요한 기능은 거실의 지도(map)를 아는 것과 같은 공간 학습(spatial learning)과 관련되어 있다. 동물과 인간에 대한 많은 연구는 해마가 공간정향

(spatial orientation) 및 공간기억(spatial learning)에 얼마나 중요한지를 보여 주었다.

최근에 밝혀진 흥미로운 사실은, 해마가 평생 동안 신경발생(neurogenesis)을 한다는 것이다. 연구에 따르면, 학습과 기억에 긍정적이거나 부정적 영향을 미치도록 설계된 실험에서 해마는 커지거나 작아질 수 있다. 임상적 수준의 우울증이나 PTSD로 고통받는 사람들은 해마가 줄어드는 반면, 공간탐색(spatial navigation)이나 새로운 경험을 한 사람들은 해마가 커진다.

시상

시상은 뇌의 중심에 위치해 있다. 시상은 피질로 가는 주요 관문이며, 몸의 밖에서 일어나는 일을 왔다 갔다 하면서 조절하는 체계가 있다. 시상뉴런의 75%가 중계 세포(relay cell)이기 때문에, 시상 세포는 정보를 중계하기 위해 만들어졌다. 사실, 후각을 제외한 모든 감각적 입력은 시상을 통과한다.

각각의 감각 체계마다 특정한 시상핵(thalamic nuclei)이 존재한다. 각각의 시상핵 안에는 촉각과 같이 특정한 감각적 입력에 특화된 뉴런들이 있다. 촉각뉴런(touch neuron)은 더 전문화되어 있으며, 그중 어떤 것들은 고통스러운 촉각을 중계하고, 다른 것들은 촉각을 통해 온도를 중계한다. 이들 각 영역은 정보를 피질의 해당 영역으로 빠르게 전달한다. 시상으로부터 온 정보 조각들은 적절한 피질 영역에 매핑되어 조직화되고, 동기화되고, 통합된다. 신경가소성은 피질에 있는 이러한 지도상에서 일어난다(Hendry et al. 2003).

시상하부

시상의 바로 아래에 위치한 시상하부는 신체 내부의 상태를 조절하는 데 필수적이다. 이곳은 수면과 각성을 위한 일주기 리듬인 생체 시계, 호르몬 리듬, 성행동을 위한 곳이다. 안정적인 체온을 유지하는 것과 같은 항상성 또한 시상하부에 의해 유지된다.

시상하부는 갈증과 식욕의 조절에도 중요하다. 식욕 조절에 대한 초기의 이중 중추 가설(dual-center hypothesis)에 따르면, 식욕에는 배고픔과 포만감이라는 두 가지 중추가 있다. 복내측 시상하부(ventromedial hypothalamus: VMH)는 포만감 중추로 생각되었다(Hetherington and Ranson 1940). 외측 시상하부(lateral hypothalamus: LH)의 손상은 급격한 체중 저하를 유발하는 것으로 보였다(Anand and Brobeck 1951). 그러나 이 이론은 너무 단순하다. 오늘날의 시상하부 식욕 조절 이론은 호르몬과 신호체계를 하나로 통합한다. 시상하부에 위치해 있는 궁상핵(arcuate nucleus)은 호르몬 순환에 의해 조절되는 식욕 조절 중추가 있는 곳이다. 인슐린, 렙틴, 그렐린, 오베스타틴, $PYYY_{3-36}$의 다섯 가지의 펩타이드가 혈류로 분비된다. 궁상핵에 있는 두 종류의 뉴런은 이러한 펩타이드 및 음식 섭취를 증가 혹은 감소시키라는 신호에 민감하다. 이러한 신호는 VMH와 LH에 있는 2차 뉴런(second-order neurons)에 영향을 미치며, 식욕을 자극하거나 억제하는 다른 호르몬의 방출로 이어진다.

시상하부는 또한 뇌하수체로 가는 신호를 모니터링하여 스트레스 호르몬의 방출을 지시한다. 이는 시상하부-뇌하수체-부신 축(hypothalamus-pituitary-adrenal-axis: HPA축)으로, 스트레스 반응을 조절한다고 알려져 있다. 따라서 시상하부는 정서적인 측면에 기능을 하며, 이것은 때로 섭식장애, 수면장애, 성문제와 같은 다른 조절 기능과 연관되어 있다.

뇌섬엽

뇌섬엽(insula)은 측두엽과 두정엽을 나누는 외측구(lateral sulcus)의 깊숙한 곳에 위치해 있다. 뇌섬엽은 정서에 중요한 역할을 하기 때문에 종종 변연계로 분류된다. 뇌섬엽은 분노, 공포, 혐오, 행복, 슬픔과 같은 많은 기본 정서들과 연관되어 있다. 뇌섬엽은 시상 및 편도체와 밀접하게 상호작용 한다. 뇌섬엽은 시상으로부터 정보를 받고, 안와전두피질뿐만 아니라 편도체로 출력을 보낸다. 뇌섬엽은 또한 중독과 관련한 역할을 한다고 알려져 있다(Naqvi et al. 2007). 거울 뉴런에 대한 연구자들은 뇌섬엽이 혐오의 재인과 경험, 둘 다에 관련되어 있다는 것을 밝혀냈다(Wicker et al. 2003). 뇌섬엽과 다른 영역들 사이의 기능적인 상호 연관성이 이를 알아내는데 도움을 주었다.

뇌궁

뇌의 양쪽 해마에서 시작되는 C자 모양의 섬유인 뇌궁(fornix)은 뇌의 정중선(midline) 및 시상의 아치 부분에 있는 섬유묶음으로 합쳐지며, 시상하부의 유두체(mammillary bodies)와 연결된다. 정확한 기능은 불분명하지만, 뇌궁은 이러한 영역들 사이의 연결고리 역할을 하는 것 같다.

🔦 대뇌피질

라틴어로 나무껍질을 뜻하는 대뇌피질은 반구의 바깥층을 일컫는다. 대뇌피질은 때때로 뇌의 상위 영역(higher part of the brain)으로 언급된다. 여기서 우리는 인지, 언어, 담화(speech), 기억, 시각 처리와 같은 상위 차원의 기능의 근원을 찾을 수 있다. 대뇌피질에는 많은 뇌회(convolution) 및 회(gyri)와 접힌 부분(folds) 및 구(sulci)가 있다. 뇌의 접힘은 피질의 표면적을 증가시켜 표면의 3분의 2 이상이 눈에 보이지 않는다.

대뇌피질에는 흥분성(excitatory)과 억제성(inhibitory)의 주요한 두 가지 형태의 신경세포가 있다. 피질의 구조는 단일한 경향이 있으며, 서로 다른 세포 유형과 신경연접에 의해 구분되는 6개의 수평층이 있다. 그러나 4번째 층(layer IV)이 없는 운동피질과 같은 몇 가지 예외가 있다.

각 반구는 기능적인 부분이나 엽(lobes)으로 나누어져 있는데, 전두엽, 두정엽, 측두엽, 후두엽 등 4개의 엽이 있다. 뇌엽은 구의 움푹 들어간 부분(sulci grooves)을 따라 연결되어 있으며, 어떤 영역은 이것이 보다 분명하다. 중심구(central sulcus)는 전두엽과 두정엽을 나눈다. 수평으로 있는 실비우스열(sylvian fissure)은 아래쪽에 있는 측두엽을 전두엽 및 두정엽과 나눈다. 피질 뒤쪽에 있는 후두엽을 측두엽 및 두정엽과 나누는 경계는 시각적으로 덜 뚜렷하다. 각각의 엽은 상호 연관되어 있고 함께 상호작용하지만, 각기 다른 기능을 한다(그림 8-4).

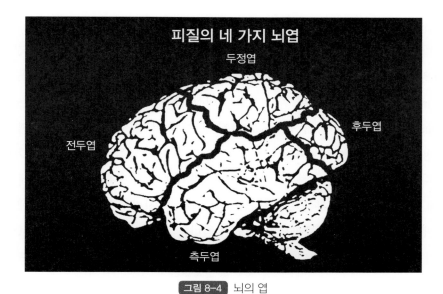

그림 8-4 뇌의 엽

전두엽

전두엽은 대뇌피질의 약 3분의 1을 차지한다. 전두엽은 중심구의 앞쪽에서부터 뇌의 (앞쪽) 부분인 전측(anterior)에까지 이른다([그림 8-5]).

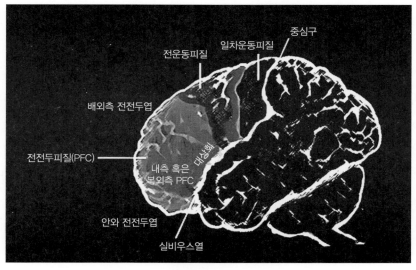

그림 8-5 전두엽

전전두엽

이마 바로 뒤쪽에 있는 뇌의 앞부분이 전전두피질(prefrontal cortex)이다. 전전두피질은 전형적으로 안와전두(orbitofrontal)라고도 불리는 안와(orbital) 영역, 배외측(dorsolateral) 영역, 깊숙이 위치해 있는 대상회(cingulate gyrus)를 포함하는 내측(medial) 영역의 3개의 하위 영역으로 나뉜다. 이제 이 영역들은 다른 뇌 영역과 상호작용하는 회로로 이해된다. 세 전전두피질은 하위 영역들을 연결시키는 회로를 따른다. 연결부는 시상의 하부(subthalamic) 영역에서 기저핵을 지나 시상에 이르고, 전전두피질의 다른 부분으로까지 위로 이어진다. 전전두 영역이 뇌 전체에 광범위하게 연결되어 있다는 사실은 뇌 기능이 얼마나 서로 연관되어 있는지를 보여 준다. 이는 또한 전문화되어 있으면서 일반화되어 있고, 국재화되어 있으면서 포괄적인 부분이 함께 있는지를 보여 준다.

배외측(dorsolateral) 영역은 집행기능을 한다. 집행기능은 계획, 상위 수준의 의사결정, 순서 배열 및 목표 지향적 행동을 포함한다. 환경에 기초하지 않은 독립적인 사고는 이 영역에서 처리된다. 배외측 영역이 뇌졸중, 알츠하이머병, 종양 또는 사고로 인해 기능을 상실하면 체계화가 잘 되지 않고, 기억 탐색 전략이 부족해지며, 환경에 의존하게 된다.

안와전두 영역은 공감, 적절한 사회적 행동, 정서 통제와 같은 성격 특성과 관련되어 있다. 이 영역에 손상을 입은 Phineas Gage와 같은 환자들로 인해 전전두 영역의 기능에 대한 많은 것이 알려지게 되었다(제4장 참조).

운동피질

전두피질의 일차운동 영역은 중심구(central sulcus)의 바로 앞에, 두정엽 가장 가까이에 위치해 있다. 이 영역은 운동 조절에 중요하다. 감각피질이 두정엽에 매핑되는 것과 비슷하게, 체성감각적으로(somatotopically) 일차운동피질도 신체에 매핑된다. 많은 피질 부위가 손이나 얼굴 같이 많이 사용하는 부위에 사용되고, 발이나 등에는 더 적은 부분이 할당되어 있다. 호문쿨루스(Homunculus; [그림 8-6])는 신체의 다른 부위에 비해 손과 얼굴에 운동피질의 상대적으로 많은 부분이 할당되어 있음을 보여 준다.

또한 일차운동피질의 앞쪽에는 일차가 아닌 운동피질이 위치해 있다. 비(非)일차운동피질(non-primary motor cortex)에는 보조운동영역(supplementary motor area)과 전운동 영역(pre-motor area)이 있다. 일차운동피질의 손상은 미세한 손가락 운동을 할 수 없게 하는 반면, 비일차운동피질은 자세, 걸음걸이, 수의적 운동의 시작과 같이 더 큰 운동을 하는 데 문제를 일으킨다.

다른 사람의 의도와 행동을 이해하고 공감하는 데 관여하는 거울 뉴런은 전두엽의 운동피질에 위치해 있다. 이 시스템은 제18장에서 설명하고 있는데, 사회 인지와 공감에서 점점 더 중요해지고 있다.

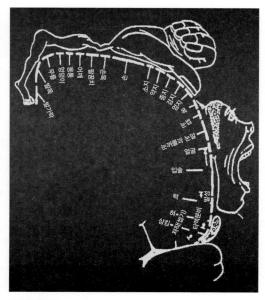

그림 8-6 호문쿨루스

대상회

내측 전두회 또는 대상피질(cingulate cortex), 가끔은 대상회 또는 피질(cingulated gyrus or cortex)로도 불리는 대상회(medial or cingulate gyrus)는 전전두피질의 안쪽이자 두 반구를 연결하는 섬유인 뇌량(corpus callosum)의 위쪽에 위치해 있다. 이 영역은 동기화된 행동, 자발성, 창의성과 관련되어 있다. 복잡한 행동 및 주의 대상에 초점을 두는 것 또한 대상회에서 처리된다. 이 영역은 고통에 대한 정서반응과 공격행동의 통제에 가장 중요하다. 또한 동물의 양육(nursing) 및 둥지 만들기(nest building)와 같은 행동을 통해 드러나는 모성 애착(maternal attachment)에도 중요한 역할을 하는 것으로 나타났다(MacLean 1985).

두정엽

두정엽은 촉각, 압력, 온도, 통증의 감각 및 인식과 관련되어 있다. 또한 신체에서 오는 감각정보를 통합하여 감각에 대한 지각이나 인지를 만들어 낸다. 두정엽의

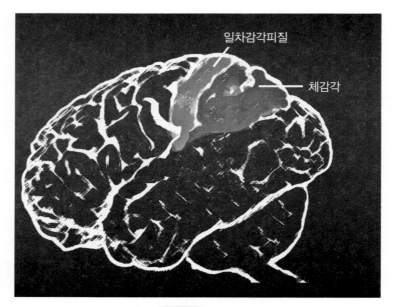

일차감각피질

체감각

그림 8-7 두정엽

또 다른 기능은 공간 속에서 물체를 찾아내고 신체를 세계와 연관 지어 보여 준 것이다. 두정엽의 앞쪽 끝은 전두엽의 운동피질 옆에 있는 감각피질이다. 감각피질은 일차운동피질이 신체에 매핑되는 방식과 유사하게, 체성감각적으로 매핑되어 있다([그림 8-7]).

좌반구 두정엽의 손상은 구어(spoken language) 또는 문어(written language)를 이해하는 능력을 방해한다. 우반구 두정엽이 손상되면 익숙한 곳에서조차 방향 찾기가 어려워지는 등 시공간적 결손이 발생한다.

측두엽

측두엽은 뇌의 양 반구의 관자놀이 근처에 있다. 주로 청각 정보와 관련되며, 여기에는 일차청각피질이 위치해 있다. 좌반구 측두엽은 구어 이해에 더 큰 역할을 한다. 몇몇의 시각적 처리는 측두엽 하단 부근에서 발생하지만, 일차 시각 영역은 후두엽에 위치한다. 측두엽에서 일어나는 시각 처리에는 순간지각 및 얼굴 인식이 포함된다([그림 8-8]).

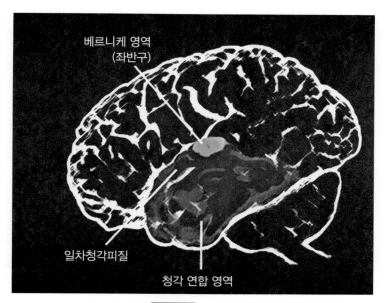

베르니케 영역
(좌반구)

일차청각피질

청각 연합 영역

그림 8-8 측두엽

불안장애가 있는 사람들은 심지어 쉴 때에도 측두엽과 오른쪽 편도체에서 대사 이상이 발견된다(Boshuisen et al. 2002). 공황장애는 측두엽의 구조적·기능적 변화를 모두 동반한다. 공황장애를 앓고 있는 환자는 측두엽의 크기가 정상 집단보다 작았다(Vythilingam et al. 2000). 양쪽 측두엽의 손상되면 안면실인증 혹은 얼굴맹으로 알려진 얼굴 인식 불능을 초래할 수 있다. (측두엽 손상의 자세한 내용은 제4장 참조)

후두엽

후두엽은 뇌의 뒷부분에 있다. 눈에서의 시각 입력에서 나오는 축색은 시상을 통과하여 후두엽에 있는 일차시각피질로 향한다. 시각피질에는 줄무늬가 있어서 선조피질(striate cortex)로도 불린다. 후두엽에는 색깔, 질감, 움직임 같은 다양한 측면을 포함하여 보는 시각 처리가 일어나는 32개 이상의 구역이 있다. 사람들은 흔히 눈에 손상을 입어서 앞이 보이지 않을 거라 생각하지만, 피질성 맹(cortical blindness)이라 불리는 시각장애는 눈의 손상 없이도 후두엽의 일부가 손상되었을 때 발생할 수 있다([그림 8-9]).

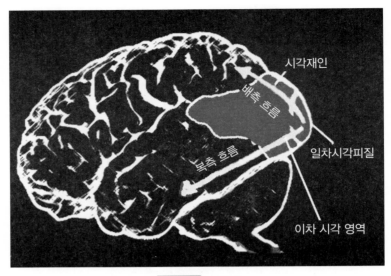

시각재인

배측 흐름

일차시각피질

복측 흐름

이차 시각 영역

그림 8-9 후두엽

시각 정보는 일차시각피질을 떠나 두 개의 다른 경로를 따른다. 복측 흐름(ventral stream), 즉 무엇 경로(what pathway)는 측두엽으로 향하고, 배측 흐름(dorsal stream), 즉 어디 경로(where pathway)는 두정엽으로 향한다. 복측 흐름은 물체의 형태와 표상(representation)을 인식하는 반면, 배측 흐름은 운동 및 물체의 위치를 파악한다. 이 두 경로에 대해서는 논란이 있으며, 아마 더 복잡할 것으로 보이지만, 이 두 경로의 차이는 뇌가 종종 기능적으로는 상호작용하지만 독립되어 있음을 보여 준다.

결론

뇌의 각기 다른 부분을 연구함으로써 뇌가 어떻게 전문화되어 있는 한편 일반화되어 있는지 알 수 있다. 뇌는 특정한 기능을 수행하기 위해 서로 다른 부분들이 함께 작용하지만, 특정 부분의 손상은 특정 부분에만 영향을 미칠 수 있다. 이어지는 장들에서는 치료자들이 흔히 작업하는 주의, 정서, 기억과 같은 분야와의 상호 연관성 및 기능적 체계(functional system)를 계속하여 다룰 것이다.

제9장

뇌 경로

생각, 감정, 행동은 구조, 에너지, 흐름, 화학물질들이 상 호작용하는 역동적인 체계인 뇌의 신경경로의 흐름과 밀접하게 연관되어 있다. 이러한 경로들을 통해, 이전 장에서 설명한 뉴런의 복잡한 집합체를 표현할 수 있다. 신경계에 대하여 잘 이해할수록 심리적 과정에 대해 새 로운 통찰을 할 수 있다. 사람들이 자신이 가진 능력을 충분히 발휘하지 못할 때, 신 경계에 내재된 선천적인 경로(natural pathways)를 사용해 신경계를 변화시킴으로써 자연이 의도했던 대로 최적의 기능을 재건시킬 수 있다.

☀ 신경계

신경계의 기본적인 구성요소들은 현미경 없이도 관찰할 수 있다. [그림 9-1]의 도해를 보면, 온몸에 퍼져 있는 뇌와 척수 사이의 연결을 확인할 수 있을 것이다. 이 러한 연결들은 신호들이 패턴화된 경로를 통하여 전달될 수 있게 해 준다. 패턴화된 경로는 안정적이며, 신경과학에서 경로(pathway)로 공식화한, 역동적인 체계를 형성하고, 주기적인 흐름이 있다. 사람들이 문제를 경험할 때, 하나 혹은 여러 개의 자연적인 경로에서 기능장애를 경험하게 된다. 치료는 내담자의 문제와 관련 있는 경로가 다시 건강하게 기능할 수 있도록 안내하는 것을 도울 수 있다.

중추신경계와 말초신경계

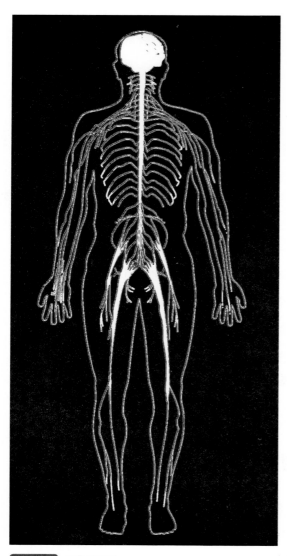

그림 9-1 중추신경계

신경계는 두 주요 요소로 구성되어 있는데, 이는 뇌와 척수로 구성되어 있는 중추신경계(Central Nervous System: CNS), 그리고 뇌와 척수 바깥에 있는 모든 신경계를 포함하는 말초신경계이다. 말초신경계는 뇌신경(cranial nerves), 척수신경, 자율신경계, 이렇게 총 세 가지의 주요 요소로 구성되어 있다. 구성요소들은 중추신경계로부터 혹은 중추신경계로 정보를 전달한다.

뇌신경

12쌍의 뇌신경들은 뇌와 직접적으로 연결되어 있다. 12쌍 중 셋은 감각경로, 다섯은 운동경로이며, 나머지 넷은 감각 및 운동 기능을 모두 갖고 있다. 뇌신경들은 후신경(I), 시신경(II), 혀의 신경들인 혀밑신경(XII)과 같이 이름과 로마숫자의 결합으로 불려진다. 미주신경(X)은 부교감신경계와 각 개인이 스트레스에 어떻게 잘 반응하는지를 알아보는 지표로 사용된다(Porges 1992). 이러한 지표는 새로운 정신

역동 및 정신생물학적 치료에 도움이 되는 보조 도구로 사용된다. 다중미주신경이론(Polyvagal Theory)은 심장, 폐 그리고 신경계가 어떻게 서로 연결되어 있고, 어떻게 감정, 인지 그리고 타인과의 교류에 반응하는지 설명하는 데 도움이 된다. 이 이론의 치료적 적용은 제18장에 설명되어 있다.

척수 신경

척수에 연결되어 있는 척수 신경(spinal nerve)은 그들이 연결되어 있는 척수 부위에 해당하는 이름을 가지며, 규칙적인 간격을 유지한 채 배열되어 있다. 따라서 경추(cervical) 척수 신경은 목에 연결되어 있고, 요추(lumbar) 척수 신경은 등 아랫부분에 연결되어 있다. 각각의 척수 신경은 기능을 달리하는 두 개의 구분되는 뿌리를 가지고 있다. 배근(dorsal root)은 몸에서 척수로 뻗어 있고, 복근(ventral root)은 척수에서 근육으로 뻗어 있다.

뇌실을 통하는 지지 체계

뇌와 척수는 '뇌막'이라고 불리는 막에 의해 뼈와 근육들과의 마찰로부터 보호된다. 뇌척수액(Cerebro-Spinal Fluid: CSF)을 통해 추가적인 쿠션이 제공된다. 뇌실 체계는 뇌척수액을 만들어 낸다. 뇌실은 기관 안의 작은 공간을 의미한다. 뇌실 체계는 뇌 내의 4개의 서로 연결된 공간으로 구성되어 있다. 이 4개의 뇌실들은 뇌척수액을 분비하는 수많은 작은 혈관들을 가지고 있는 막인 맥락총(choroid plexus)을 포함하고 있다. 뇌척수액은 시간당 20ml의 속도로 뇌실 체계에 채워지고 또 순환한다([그림 9-2]).

뇌척수액은 두 가지 핵심 기능이 있다. 뇌척수액은 빠른 움직임과 외상으로부터 뇌와 척수를 보호해 준다. 뇌척수액은 호르몬과 신경전달물질의 전달 체계를 제공해 준다. 또한 혈관과 뇌 조직 사이의 영양소와 노폐물이 교환될 수 있는 매체 역할을 한다.

뇌실은 총 4개가 존재한다. 각 반구에 위치하는 측뇌실이 있다. 나머지 체계는 소뇌의 앞에 위치하고 있다. 세 번째 뇌실에는 중심수로(central aqueduct)가 있다. 뇌

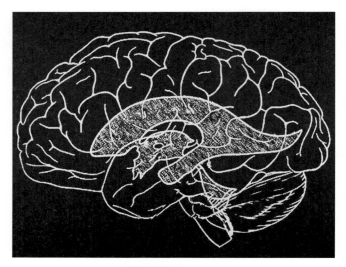

그림 9-2 뇌실 체계

척수액은 뇌와 척수의 표면을 순환하는 도중에 네 번째 뇌실을 통과한다. 마침내 뇌
척수액은 두개골 꼭대기의 바로 아래에 있는 큰 정맥을 통해 순환계로 재흡수된다.

자율신경계

치료는 자율신경계에 직접적인 영향을 준다. 치료적 개입은 자율신경계가 과활
성화되었을 때는 가라앉혀 주고, 저활성화되었을 때는 자극시켜 줄 수 있다. 이어지
는 장에서 자율신경계를 조절할 수 있게 도와주는 방법에 대해 설명할 것이다. 신경
생물학적 수준에서 어떤 일이 일어나는지 이해하는 것이 적절한 개입을 선택하는
것을 수월하게 만들어 줄 것이다.

자율신경계는 자율신경절로 알려진 신경세포들의 집단으로 구성되어 있다. '자
율(autonomic)'의 의미는 독립적이라는 뜻이며, 이는 이 신경들은 뇌로부터 독립적
이라는 이전으로부터 믿음이 있었다는 것을 반영한다. 현재는 자율신경절들이 중
추신경계에 의해 조절된다는 것, 그리고 이들이 중추 및 말초 신경계에 걸쳐 있다는
것이 밝혀졌다. 그러나 이들은 의식적·자발적 조절이 안 된다는 점에서 자율적이
다. 최면과 같은 치료 방법은 비자발, 무의식을 활성화시킴으로써 자율신경계에 다
가갈 수 있다.

　자율신경계의 신경세포들은 중추신경계 밖과 몸 전체의 다양한 장소들에 산재되어 있다. 이 체계는 세 개의 하부 체계인 교감신경계, 부교감신경계, 그리고 소화를 조절하는 감각 및 운동 신경세포들의 국소적인 연결망인 장신경계로 구성된다.

　교감 및 부교감 신경계　교감신경계는 가슴, 허리 부위의 척수에 있다. 일반적으로, 교감신경계는 활성화 체계로 생각된다. 교감신경계는 격렬한 행동에 몸을 준비시킨다. 교감신경계는 척수의 왼쪽과 오른쪽에 위치한 두 쌍의 신경절 띠로 구성된다. 교감신경계는 혈압의 상승, 심박의 증가, 동공의 확대를 조절한다.

　부교감신경계는 교감신경계의 위와 아래에 위치한다. '부(para)'라는 용어는 그리스어로 주변을 뜻하며, 이는 부교감신경계가 작동하는 방식이다. 부교감신경계의 뉴런들은 교감신경계의 뉴런들의 위와 아래에 존재하나 이들은 띠 형태로 모여 있지 않다. 대신, 이 신경절들은 적절한 순환이 가능하도록 기관과 가까운 곳에 위치하며 온몸에 퍼져 있다. 예를 들어, 운동을 할 때 교감신경계의 활성은 혈관을 수축시키고 소화를 멈추게 한다. 운동이 끝나게 되면, 부교감신경계가 활성화되어 혈관을 이완시키고 소화를 촉진한다.

　여러 형태의 치료들은 교감신경계 혹은 부교감신경계를 활성화 또는 억제시키는데, 이는 부분적으로는 두 체계가 각기 다른 신경전달물질을 사용하기 때문이다. 비록 침샘은 아세틸콜린을 사용하지만, 대부분의 경우 교감신경계는 노르에피네프린을 분비한다. 말초 시스템은 아세틸콜린을 분비한다. 두 시스템은 적절한 반응을 조절·보호·조성하기 위해 함께 작동한다. 시스템의 활성 및 비활성은 공포, 화와 같은 감정뿐만 아니라 스트레스 반응과 관련이 있다. 두 체계는 함께 몸이 항상성을 유지할 수 있게 조절해 준다.

🔆 조절 경로

　뇌는 혼자 일하지 않는다. 우리는 중추신경계가 환경과 우리가 균형을 맞출 수 있게 도와준다는 것을 알고 있다. 복잡한 기제를 통하여 유기체가 내적·외적으로 세계와의 항상성을 조절할 수 있게 해 준다. 감정은 우리가 균형을 잡을 수 있도록 해 주는 조절 체계 중의 하나이다.

쾌감과 고통감은 특정 시점에 동반되는 상호작용 패턴으로부터 발생된다. 이러한 과정들은 자주 자동적으로 발생하며 우리의 통제를 벗어난 것처럼 보이지만, 조절할 몇 가지 방법들이 있다. 우리가 알아차릴 수 있는 큰 원칙은 고통감과 쾌감의 과정이 구별되는 경로를 통해 발생한다는 것이다. 자극에 의해 유발된 신호들의 양상은 쾌감 혹은 고통감과 연관이 있다. 그리고 양상은 역동적인 체계의 일부이기 때문에, 적절한 조치가 취해질 수 있다. 이러한 양상들이 어떻게 나오는지를 이해하고, 어떻게 조절되는지를 배우면서, 우리는 긍정적인 변화를 위해 필요한 단계를 시작할 수 있다.

뇌는 많은 역동적인 조절 체계를 가지고 있다. 우리는 생리학적 과정에 가장 큰 영향을 주고 심리치료에 의해 영향을 받을 수 있는 체계에 대해 기술하였다. 보상경로라고 알려진 경로는 긍정적 감정을 조절하고 성취감, 만족감 및 행복감을 유발한다. '공포/스트레스 경로'는 위협과 항상성 균형으로 돌아오는 것을 다루는 것을 돕기 위해 위협에 투쟁, 도피, 또는 필요하다면 동결로 반응할 수 있는 능력을 제공해 준다. 우리는 식욕과 수면을 통제하는 조절 체계도 갖고 있다. 이러한 체계가 균형을 잃게 되면, 질병들과 문제들을 겪게 된다. 따라서 이러한 모든 체계들은 심리치료에 중요하다. 치료 방법을 창안할 때 이러한 기제들을 고려한다면 치료의 효과를 강화하는 데 도움을 줄 수 있는 또 다른 측면을 추가할 수 있을 것이다.

감각 처리

감각은 세계를 향한 창을 제공한다. 수용 기관은 특정 감촉, 온도, 소리, 미각 및 시각 자극을 감지한다. 모든 동물은 자극을 감지하는 신체의 특화된 부분들을 가지고 있지만, 다양한 동물은 엄청나게 다양한 감각 기관의 종류들이 있다. 각각의 수용기는 특정 종류의 자극에 적용된다. 그리하여 우리는 다양한 반응성을 각각 가지는 다양한 종류의 자극을 위한 다양한 종류의 수용기를 가지고 있다. 이러한 자극의 특성 및 강도에 의존하여 우리의 경험은 어느 정도 쾌락이 있거나 고통스럽다([그림 9-3]).

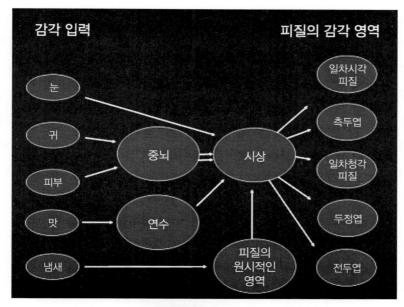

그림 9-3 감각 처리

감각 처리는 특정 에너지 또는 화학물질을 감지하도록 특화된 수용기 세포로 시작한다. 수용기 세포가 적합한 자극으로 자극될 때, 수용기 세포는 그 에너지를 세포막에 걸쳐 전기 전위의 변화로 전환한다. 이 과정을 감각 전달(sensory transduction)이라 부른다. 감각과 관련한 사건은 활동전위에 의해 표현되고, 전기적 활동의 양상으로 부호화된다. 자극의 강도와 위치는 수신되는 신호에 영향을 준다. 감각 신호는 감각 경로의 특정 양상(modality)을 거쳐 뇌의 최고위 수준까지 이동한다. 신호는 사지로부터, 척수를 통해 위로, 그리고 나서 뇌간을 통해 대뇌피질로 전달되는 시상으로 이동한다. 각각의 감각체계는 각자의 경로가 있다. 대뇌피질 내에서 특정 감각 양상을 위한 피질 지도의 수용체 장을 찾는다. 주의는 일부 자극을 인지하고 다른 자극은 인지하지 않도록 돕는 것이다. 피질 지도 내에 신경가소성이 있다.

통증 경로

통증은 중추신경계 내에 고유 경로가 있다. 통증 신호는 수초 섬유(myelinated fibers)를 따라서는 빠르게, 그리고 무수초 C 섬유(unmyelinated C-fibers)를 따라서는 느리게 전달된다. 축색돌기는 척수로 상승하고, 신호는 통증 관련 발성을 제어하는 연수와 뇌교를 통해 뇌간으로 전달된다. 그 후 통증 신호는 다양한 시상 영역으로 퍼져 대뇌피질까지 분배된다. 대상피질(cingulate cortex)은 특히 사람들이 자극이 고통스러울 것이라고 믿을 때 통증에 의해 활성화된다(Rainville et al. 1997). 대상피질의 다양한 하위 영역들과 연관이 있어 보이는 통증의 감정적·감각적 요소들은 통증의 경험 강도의 차이를 만들어 낼 수 있다(Vogt 2005). 그러므로 통증과 관계된 기대 및 정서적 요소에 영향을 미치는 심리적 접근은 뇌의 반응 방식에 영향을 줄 것이

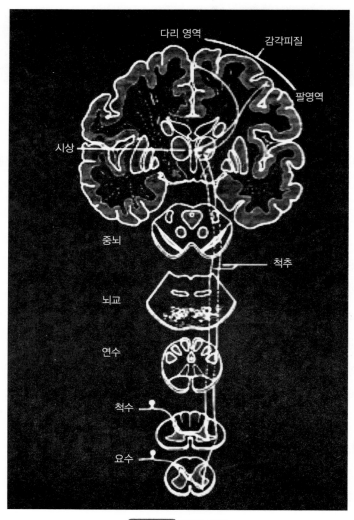

그림 9-4 통증 경로

다. 우리는 뇌에서 고통 반응의 하향 조절을 문자 그대로 장려하는 심리학적 방식을 이용하여, 생각하는 것보다 훨씬 더 통증 감각에 영향을 줄 수 있다([그림 9-4]).

통증 제어는 여러 신경전달물질과 관련이 있다. 뇌는 오피오이드로 불리는 아편과 같은 천연 물질을 함유하고 있다. 뇌는 3개의 오피오이드인 엔도르핀, 엔케팔린 및 다이노르핀뿐만 아니라 특정 오피오이드 수용기를 이용하여 아편 제제가 작용하는 방식과 유사하게 통증을 조절한다. 그러므로 상승 통증 경로를 통해 이동하는 통증 신호는 대응하는 하강 경로에 의해 제어되고 억제될 수 있다. 흥미롭게도, 위약은 오피오이드가 작용하는 동일한 뇌 영역을 자극하는 것으로 보인다. 위약 및 아편제는 모두 대상피질에서의 고통 영역을 비활성화한다. 오피오이드 차단제를 준 연구에서, 위약은 대상피질의 활성도를 감소시키지 않아서 효과적이지 않았다(Wager et al. 2004). 그러나 다른 연구들은 오피오이드 수용기가 전체 위약 효과의 이유가 되지는 않았다. 이러한 연구들은 위약이 어떻게 작용하는지에 영향을 주는 추가적인 요인들이 있다는 것을 시사한다(Grevert et al. 1983).

보상 경로 및 쾌락 경험

쾌락을 경험하고자 하는 동기는 신경화학 수준으로부터 변연계 및 대뇌피질과 같은 고등 뇌 영역으로 여러 시점에서 제어된다. 시상하부 역시 동기에 중요한 역할을 한다([그림 9-5]).

식사 및 성관계와 같은 삶의 질을 높여 주는 주요 행동에서 기인하거나 행복 및 사랑과 같은 근본적인 감정들에서 기인하는 쾌락 경험을 가질 때, 도파민이 방출되고 쾌감을 느낀다. 도파민 체계가 쾌락 및 보상과 연루된 행동에 중요하기 때문에 이 경로가 보상 경로라고 불리는 이유이다.

보상 경로는 2개의 다른 경로인 흑질 선조체 경로(nigrostriatal pathway) 및 중변연 경로(mesolimbic pathway)로 나뉠 수 있다. 두 경로 모두 보상 및 쾌락과 연관이 있다. 먹고 마시기, 성관계와 같이 생존에 필요한 행동을 하기 위한 일반적인 쾌감은 중변연 경로를 이동한다. 좋아하는 음식과 같은 보상적인 감각 자극을 수용하고 처리할 때, 대뇌피질은 도파민이 생성되는 복측 피개영역(ventral tegmental area)으로 알려져 있는 중뇌의 일부의 활성화를 위한 신호를 보낸다. 그리고 나서, 복측 피개

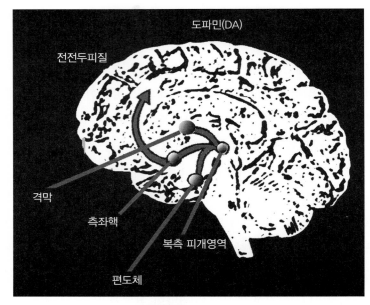

그림 9-5 보상 경로

영역은 측좌핵(nucleus accumbens), 격막(septum), 편도체 및 전전두피질로 도파민을 방출한다. 도파민은 쾌락을 전달한다. 결국, 도파민의 방출은 움직임을 포함하여, 성관계, 식사 또는 다른 쾌락 경험으로부터 보상 및 행복 느낌과 관련이 있다. 측좌핵은 전전두엽 피질이 주의 초점을 맞추는 동안 운동 기능을 활성화시켜 쾌락 경험을 확보하는 것과 연관된 두 과정이 일어난다. 내분비계 및 자율신경계도 관련된다. 이들은 시상하부 및 뇌하수체를 통해 보상 경로를 조절하고, 이는 각각의 사람이 갖는 행복 및 활력의 개별적인 수준을 자가 조절하는 경향이 있다(Squire et al. 2003).

흑질 선조체 경로는 기저핵으로 도파민을 방출하며, 이는 운동과 관련이 있다. 보상은 이러한 경로를 통해 경험된다. 이 영역에서 도파민의 손실은 많이 연구되어 왔고(Zillmer et al. 2008), 운동 제어가 손실되는 파킨슨병의 증상이 그 결과로 나타난다.

약물(drug)이 가지는 보상효과는 뇌 체계 내의 다양한 단계에서 도파민의 생산과 방출에 영향을 주는 보상경로를 통해 매개된다. 도파민이 삶에서 즐거움을 느끼는데 주요한 역할을 하기에, 약물의 효과와 도파민의 생산, 방출, 재흡수 사이의 이러한 연결은 약물중독을 극복하기 어려운 이유를 설명해 준다.

공포 및 스트레스(HPA 축) 경로

신경계는 뇌−신체 반응과 같은 위협을 감지하는 내재 능력이 있다. 일부 뇌 체계는 인지 및 감정과 연관되어 있다. 위협을 인지할 때, 편도체는 시상하부−뇌하수체−부신(Hypothalamus-Pituitary-Adrenal: HPA) 경로로 알려져 있는 시상하부, 뇌하수체 및 부신을 통해 내분비계에 신호를 보낸다. 기억이 저장되는 해마는 편도체에 밀접하게 연결되고 감정을 처리하기 위한 관문이다. 그러므로 HPA 경로는 즉각적인 위협에 의해 활성화될 뿐만 아니라 과거로부터의 위협을 기억함으로써 활성화된다([그림 9-6]).

공포/스트레스 경로(HPA축)는 신체의 균형을 유지시키는 것을 돕는 호르몬 및 신경전달물질의 분비를 조절함으로써 신체가 위협에 반응하는 방식을 조절한다. 공포 경로 그 자체에 병적인 것은 없다. 그러나 사람들은 때로 위협이 존재하지 않을 때조차도 여전히 위험이 있는 것처럼 공포반응을 지속한다. 휴식 상태로 자연스럽게 회복하는 능력 없이 이러한 경로에 갇힌 채 공포반응이 지속되면, 정상적이고 건

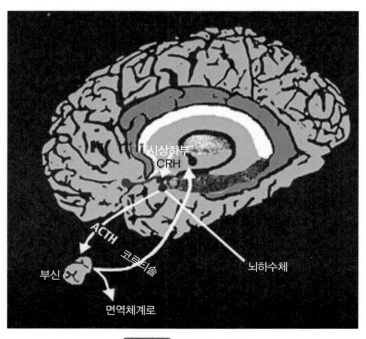

그림 9-6 스트레스 경로

강한 반응이 스트레스 반응으로 변환한다. 그러므로 위협이 반복되거나 유지될 때, 공포 경로는 스트레스를 생성하고, 이에 따라 경로는 스트레스 경로로 변환된다.

■ 공포/스트레스 경로는 어떻게 반응하는가

공포/스트레스 경로의 세 가지 핵심 영역은 시상하부, 뇌하수체, 부신으로 이루어진 HPA 축이다. 뇌하수체는 주변 환경에 대해 항상성을 유지하는 주요 기관이다. 시상하부는 내부와 외부 환경과 연관된 감각 기관 및 자율신경계에서 신호를 받아들인다. 그런 다음 시상하부는 빠르게 반응한다. 일반적으로 뇌의 신경세포에서 인접한 시냅스에 신경전달물질을 전달하게 되는데, 이 과정은 시간이 어느 정도 걸린다.

시상하부는 중추신경계(CNS) 내의 특정 목표 부위로 신경전달물질 및 신경펩타이드를 방출할 뿐만 아니라, 빠른 반응을 개시하여 신호 역할을 하는 화학물질을 뇌하수체 전엽에 위치한 문맥 모세혈관(portal capillaries)으로 보내고, 이 화학물질은 순환계로 직접 이동한다. 그래서 시상하부가 입력을 수신할 때, 시상하부는 순환계로 빠르게 전달되는 호르몬 및 신경전달물질을 방출하고, 빠른 반응을 가능하게 하는 위험에 대해 즉각적이고 기민한 반응을 제공한다.

스트레스가 유지되는 상태에 있을 때 위험에 대한 투쟁 혹은 도피 반응을 활성화하도록 일부 호르몬이 생성되고 방출된다. 시상하부로부터의 부신피질자극호르몬방출호르몬(Corticotrophin-Releasing Hormone: CRH), 뇌하수체로부터의 부신피질자극호르몬(Adrenocorticotropic Hormone: ACTH) 및 부신으로부터의 코르티솔은 심장이 쿵쾅거리고, 손바닥에 땀이 나도록 하며, 호흡이 얕아지도록 신호를 보낸다. 코르티솔은 신체 내 저장된 혈당을 방출시키고, 행동을 취하는 데 필요한 에너지를 촉발한다.

정상적인 체계에서는 위험이 지나갔을 때 스트레스 반응을 감소시키도록 호르몬 및 신경전달물질의 균형을 맞추는 것이 수반된다. 당질코르티코이드 생성 및 방출은 CRH 및 ACTH의 합성을 감소시키도록 뇌와 뇌하수체로 피드백 작용을 한다.

그러므로 공포를 느낄 때 자율신경계가 연루된다. 교감신경계는 신체가 왕성한 활동을 하도록 준비시키고, 부교감신경계는 행동을 억제한다. 이러한 두 체계는 두려움, 위험 또는 스트레스를 경험하는 상황에 의해 도전받는 느낌을 받을 때 함께 작용한다. 심장은 빠르게 뛰어서 싸움으로부터 달아나거나 싸우게 한다. 동시에, 소화가 느려져서 배고픔에 의해 주의가 분산되지 않게 한다.

이러한 활성 및 비활성 순환 과정은 통상 균형적으로 유지된다. 우리의 체계는 HPA 경로를 따라 활성도가 크게 증가함과 함께 정신적 외상의 사건, 위협적인 사건 또는 위험한 사건에 빠르게 반응하도록 잘 구비되어 있다. 그리고 위협이 지나가고 균형을 되찾으면 신경계가 진정되도록 동등하게 잘 구비되어 있다.

💡 생물학적 리듬

오래전부터 동양철학은 주기적인 변화를 반복한다는 이론 속에서 리듬의 중요성을 인식하고 있었다. 변화의 주기는 자연 어디서든 볼 수 있다. 우리는 계절의 변화와 낮과 밤의 변화 속에서 산다. 우리의 주의력 역시 순환하는데, 각성의 시기 뒤의 휴식의 시기로 이루어져 있다. 우리에게는 내적인 생물학적 리듬이 있어서 외부 환경과 이러한 내부의 리듬을 동기화하고 조절할 수 있게 도와준다.

24시간 일주기 리듬은 단세포생물로부터 인간에 이르기까지 지구상의 모든 생물에게서 발견된다. 식물은 낮 동안 광합성을 하고 밤에는 세포분열을 하는 리듬이 있다. 빵곰팡이조차도 24시간마다 포자를 만드는 매일의 리듬이 있다.

우리는 다양한 주기를 가지고 있다. 인프라디안(infradian) 리듬은 24시간보다 길다. 여성의 생리주기가 한 예이다. 울트라디안(ultradian) 리듬처럼 더 짧은 리듬도 갖고 있다. 내분비-행동 수준에서, 우리에게는 수면 주기 내에 내재된 90~120분 길이의 울트라디안 주기가 있다. 울트라디안 리듬은 또한 각성 시간 동안의 휴식-활동 주기와도 관련이 있다. 세포 수준에서, 생장과 복제 역시 주기 방식으로 이루어진다(Rossi 2002).

수면/각성 양상을 통제하는 일주기 리듬은 삶의 모든 방면에 광범위한 영향을 미친다. 인류는 복잡한 일주기를 겪으며, 이 주기는 우리의 행동, 수면/각성 양상, 호르몬 생성, 체온, 식욕 그리고 소화, 주의집중, 각성에도 영향을 미친다.

일주기 체계에 관련된 뇌 영역들

내적인 일주기 시계(endogenous circadian clock)가 있다면, 그 위치는 어디일까? Curt Richter(1894-1988)는 뇌 안에 생체시계가 있다는 생각을 도입한 것으로 유명하다. Richter의 동물 연구는 이러한 시계가 하나의 주기 메커니즘으로서, 동물의 먹고, 달리고, 마시는 그리고 성적인 행동을 지배한다는 것을 밝혔다(Richter 1927). 이 시계의 정확한 위치는 시상하부의 작은 부위인 시교차상핵(Suprachiasmatic Nucleus: SCN)으로, 시교차 뒤에 있다.

수면-각성 패턴을 조절하는 SCN은 송과선으로 신호를 보내고, 송과선은 멜라토닌을 분비하며, 이는 잘 시간보다 두세 시간 전에 시작된다. 멜라토닌이 분비되면 졸리게 된다. 이 시계와 외부 세계의 연결은 밝음과 어둠의 신호를 통해 이루어진다. 망막에는 시각에 관여하는 원추세포와 간상세포와는 다른 망막신경절세포 군집이 있다. 이 특별한 망막신경절세포가 SCN으로 직접 신호를 보낸다(Hannibal et al. 2001). 낮의 햇빛은 몸이 각성되고 깨어 있도록 명령하며, 어둠은 잠을 자라는 메시지를 보낸다.

SCN의 시계와 유사한 메커니즘은 SCN 조직의 개별 신경세포에 위치해 있다. 각각의 신경세포는 단백질 합성의 분자 수준에서 진동하는 유전적인 메커니즘을 갖고 있다. 전사와 번역의 과정을 통틀어 음성 피드백/양성 피드포워드 시스템이 있어서 각 세포의 시계 유전자를 켜거나 끈다. 모든 세포가 어떻게 동기화하는지는 잘 알려져 있지 않지만, 세포들이 함께 동기화되어 흥분하는 양상이 실마리를 제공하는 것 같다. 각 세포는 리듬을 가지고 있으며, 많은 세포가 한꺼번에 흥분할 때 시계와 유사한 기능들이 활성화된다. 세포 간의 의사소통에 신경전달물질들이 관여할 수도 있다(Evans 2009).

일주기 리듬은 내적인가, 외적인가

연구자들은 이러한 리듬이 우리 몸속에서 프로그램되어 있는 내적인 것인지, 아니면 환경에 의해 유도되는 외적인 것인지 궁금해했다. 연구들을 통해 24시간 주기에는 내적인 원천이 있다는 증거를 얻을 수 있었다. 우주왕복선 컬럼비아호에 실린

빵곰팡이는 우주여행을 하면서도 매일의 리듬을 유지했다(Evans 2005)! 그러나 다른 연구들은 내적인 시계가 일주기 리듬을 생성할지라도, 이러한 리듬은 환경과 동기화하는 방식에 있어 외적이기도 하다는 것을 알려 준다(Breedlove et al. 2007). 예를 들어, 햄스터들에게 정상적인 24시간 낮밤 조명을 주었을 때는 햄스터들의 활동/수면 패턴이 24시간 주기를 따랐다. 그러나 계속적으로 희미한 빛이 주어지는 우리에 햄스터를 넣었을 때는 활동이 매일 몇 분 정도 늦춰졌다. 햄스터의 내적 시계가 24시간 낮밤 주기보다 조금 긴 것으로 보이지만, 햄스터들은 더 짧은 외적 환경 주기에도 동기화해서 적응했다(Rusak and Zucker 1979). 게다가, 매일 조명을 한 시간씩 바꾸자 햄스터들은 자신들의 패턴을 수정하여 맞췄다. 그러므로 몸의 자연스러운 주기는 24시간보다 길지만, 스스로 교정하여 24시간 환경 조명에 맞출 수 있다. 인간 역시 24시간 수면-각성 주기에서 멀어져 가는 양상을 보여 준다. 한 피험자는 낮밤에 대한 모든 정보로부터 차단되어 지내면서, 77일 동안 완전한 밤잠을 74번밖에 자지 않았다(Weitzman 1981).

우리 모두 24시간 빛/어둠 주기에 동기화하지만, 개인에 따라서 큰 차이가 있다. 어떤 사람은 천성적으로 늦게까지 깨어 있는 것을 좋아하며 올빼미족이라고 불린다. 반면, 일찍 일어나는 것을 선호하는 사람은 종달새족이라고 불린다. 사람들은 보통 내적 시계에 대한 감각이 있으며, 쉽게 자신이 야행성인지 주행성인지 말할 수 있다.

수면-각성 주기

수면-각성 주기는 뇌와 몸을 조절하는 잘 조율된 일주기 패턴들이 정교하게 조화된 모임이다. 일주기 리듬은 C-과정(C-process)이라고 불리며, 그 다음의 S-과정(S-process)이라고 불리는 화학적 과정과 동기화된다. S-과정은 항상성 균형을 찾는다. 길게 깨어 있을수록 일종의 수면부채(sleep debt)가 생긴다. 낮 동안, 뇌의 집중 및 각성 중추에서 아데노신이 증가한다. 아데노신 농도가 충분히 높아지면 우리는 잠에 빠진다. 잠을 자면서 아데노신 농도가 다시 낮아지면 매일 새로운 과정이 시작된다([그림 9-7]).

잠은 각성과는 다른 뇌 활동을 수반한다. 우리는 뇌 활동을 측정하는 뇌파를 통

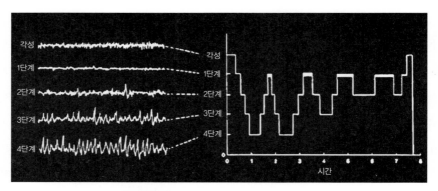

그림 9-7 수면의 단계, 시점 그리고 뇌파

해 이러한 차이의 증거를 얻었다. 첫 번째 발견은 두 가지 종류의 수면이 있다는 것이다. 이는 서파수면(Slow-Wave Sleep: SWS)과 렘수면(Rapid Eye-Movement sleep: REM)이다(Asernisky and Kletiman 1953). SWS는 네 개의 서로 다른 단계로 일어나는데, 각각은 특정한 뇌파 양상을 보이며 이는 각 단계에서 뇌의 상태와 몸의 반응이 다름을 알려 준다. 이후에는 REM 주기가 온다. 각 단계의 주기를 거치는 것은 약 90분이 걸리는 울트라디안 주기이며, 사람들은 보통 이러한 울트라디안 주기를 밤마다 대여섯 번 겪는다.

정상 각성에서 뇌는 베타파와 알파파의 조합을 보여 주며, 이는 각성 수준에 따라 다르다(제3장의 뇌파와 뇌의 파동에 대한 설명 참조). 1단계는 얕은 수면으로, 근육이 이완되며 가끔 연축(twitching)한다. 이 단계는 수면 시간의 약 5%를 차지하며 짧은 베타파에서 느린 알파파로 전환시켜 준다. 2단계에서는 환경에 대해 반응하지 않게 된다. 호흡과 심박이 느려지며 체온이 떨어진다. 이 단계는 수면 주기의 반 정도를 차지한다. 2단계에서 뇌파 수면방추(작은 군집)와 K 복합(큰 첨파 군집)을 볼 수 있다. 3단계와 4단계는 깊은 수면 단계로, 느리고 리듬 있는 델타파 활동을 보인다. 뇌 전체는 고도로 동기화되며, 이는 방 전체의 사람들이 계속해서 한 구호를 맞추어 외치는 것과 비슷하다(Massimini et al. 2005). 이 단계들은 깨어나기가 가장 어려우며, 수면 시간의 12~15%를 차지한다. 이때는 제한된 근육 활동만 발견된다.

네 개의 단계가 끝나면, REM 수면에서 완전히 다른 현상이 일어난다. REM은 수면 시간의 20~25%를 차지한다. REM이 시작되면, 뇌파는 갑자기 빠르고 무질서해지며, 각성상태와 비슷해진다. 그러나 이러한 뇌 상태는 깨어 있는 것과는 다르다.

뇌간 부위는 운동을 활성적으로 억제하여 몸을 완전히 이완되고 늘어지게 한다. 눈꺼풀은 닫혀 있으나 눈은 앞뒤로 빠르게 움직인다. 빠른 눈 움직임은 얇고 빠른 호흡과 동반된다. 이 수면 시기가 활동적인 뇌파와 비활성화된 근육을 수반하기 때문에 종종 역설적 수면(paradoxical sleep)이라고 불린다(Breedlove et al. 2007).

REM은 꿈을 꾸는 수면 단계이다. REM에는 비REM(Non REM: NREM)과 REM의 두 가지 종류가 있다. 우리는 REMs 동안 꿈을 꾸지만, NREM 꿈들은 별로 내용이 없다. 이들은 번쩍 지나가는 시각적 이미지인 경우가 많다. 야경증은 악몽과 구분되는데, NREM 시기에 일어날 수 있는 공포스러운 이미지의 연속으로 나타난다. REM 꿈들은 훨씬 더 자세하고 감정적 요소와 이야기 플롯이 있다.

REM 수면과 관련된 한 그룹의 뇌파 양상은 PGO파라고 불린다. PGO는 뇌교, (LGN-시상에 있는) 슬상체 그리고 후두엽을 지칭하며, 이들은 REM 수면과 관련되어 있다. PGO파는 눈의 움직임과 직접 대응된다(Nelson et al. 1983). 각 시기는 고유한 높은 진폭 양상을 가지고 있다. 첫째, 뇌파가 뇌교에서 발생한 뒤 시상의 외측 슬상핵으로 이동하여 느려지며, 그리고 나서 후두엽으로 가서 안정된 패턴이 된다(Brooks and Bizzi 1963). 우리가 수면을 박탈당할 때 PGO파는 수면의 이른 단계에서 나타난다. 수면박탈이 지속되면, PGO파는 각성 시간으로 침투하여 환각을 유발한다(Kalat 2007). 그러므로 꿈은 현실과 환상의 균형이 제자리를 유지하는 데 중요하다.

REM 수면과 기억의 응고화

REM 수면은 또 다른 중요한 기능이 있다. 이는 기억 응고화에 기여한다. 연구자들은 기억 저장이 해마의 글루타메이트 신경전달물질 수용체의 장기 강화작용(Long-Term Potentiation: LTP)을 통해 일어난다는 것을 발견했다. 이 과정은 세타파가 만들어질 때 일어난다. 상기해 보면, 세타파는 깊은 내적 주의 집중을 하고 있을 때 종종 기록되며, 이는 REM 수면의 특성이다. 그러므로 기억이 응고화하는 것을 돕기 위해 수면을 필요로 한다(Larson and Lynch 1986). 이러한 사실은 왜 학생들이 공부하느라 밤을 새고 시험을 망치게 되어 실망하는지 설명하는 데 도움을 준다. 이 학생들이 기억 과정을 시작하는 작업을 하였음에도, 그들은 학습 내용을 단기기억에서 장기 응고화로 옮기기 위한 수면 시간을 가지지 못한 것이다.

수면은 삶을 유지하는 데 명확히 중요하고 많은 중요한 기능을 한다. 수면 클리닉에서 정신심리치료는 자연스러운 내적인 수면 메커니즘이 균형을 되찾도록 도와주어 사람들이 수면 문제를 극복하는 데 같이 사용될 수 있다.

🔖 결론

신경계는 활성화와 억제의 균형을 통해 기능을 하며, 이는 뇌의 다양한 경로들을 통해 이루어진다. 우리는 다양한 기능을 하는 여러 경로들을 갖고 있어서, 우리 주변에서 무슨 일이 일어나는지 느끼고, 통증을 경험하고 조절하고, 위협에 반응하고, 쾌락을 경험하고, 리듬 있는 양상에 따라 깨어나고 잠든다. 사람들이 심리적인 문제를 갖고 있을 때, 이러한 체계들은 균형에서 벗어난다. 치료적 기법들이 이러한 경로들을 균형과 부드러운 조절의 자연스러운 경향으로 돌려놓을 수 있다.

제10장

신경망: 어떻게 뉴런이 생각하고 학습하는가

뇌 연결망 안에서 뇌가 뇌의 다른 부분과 함께 상호작용하는 여러 경로가 있다. 이러한 상호작용하는 경로는 신경가소성이나 변화 혹은 학습에 대한 설명을 제시한다. 이 장에서는 뇌가 신경망으로서 어떻게 이해될 수 있는가에 대한 멋진 이야기를 나누고자 한다.

심리학은 많은 연구와 긴 시간의 시험을 버텨 온 오랜 역사의 학습 이론을 가지고 있다. 우리는 인간이 새로운 지식과 이해를 습득한다는 사실을 알고 있다. 뇌에서 학습은 어떻게 일어날까? 뉴런 수준에서 어떤 일이 발생할까? 신경망은 특정한 방법으로 뉴런들을 통합하는 단순화된 방식을 사용한다.

하나의 간단한 입력, 즉 뉴런과 상관 관계가 있는 출력 단위로 시작하는 신호를 입력하면 뇌가 실제로 사고와 학습에 참여하는 방법을 이해할 수 있다. 신경망은 뇌의 좋은 모형이라서, 뇌의 구조와 기능이 어떻게 조화되어 놀라운 뇌-마음의 능력을 만들어 내는지 엿보게 해 준다.

연결망 이론은 또한 심리치료에서도 발견된다. 1950년대의 가족 체계 치료(family system therapy)의 출현과 함께 문제와 해결책은 더 크고 포괄적인 가족 연결망에서 종종 확인할 수 있다. 상호작용의 연결망에 초점을 맞춤으로써 치료 전략의 새로운 가능성이 드러난다. 치료는 연결망에서 새로운 학습과 변화를 이끌어 낼 수 있으며, 이는 이 장 및 이어지는 장들에서 다룰 것이다.

🔆 뉴런은 네트워크로 상호작용

신경망 모형에 따르면, 뇌는 상호 의존적인 신경 연결의 망(web)이다. 뉴런 사이의 상호 연결을 통해 신호들이 패턴화된 방식으로 전송된다. 패턴의 다양성은 인지적 현상의 다양성을 만들어 낸다.

신경망은 뇌의 기본 신경 요소가 어떻게 상호작용하는지 시뮬레이션한다. 신경망은 신경 활동과 정신 과정 간의 관계를 모델링한 것이다. 신경망의 구조와 메커니즘을 이해하게 되면, 뇌가 어떻게 사고와 학습을 촉진하는가를 명확히 할 수 있다. 이 장에서는 신경망의 발달, 기본적인 원리 및 치료에 적용하는 것에 관해서 제시한다.

🔆 신경망이란 무엇인가

신경망은 뇌의 뉴런을 본따 구성되었다. 신경망은, 비록 뇌는 복잡하지만, 뉴런이라는 단순한 단위 요소로 구성되는데, 개별 뉴런은 단순한 작용만을 할 뿐이라는 점에서 착안한 것이다. 뉴런들은 다 비슷비슷하게 작동한다. 뇌의 모든 복잡한 기능은 이러한 단순한 요소들이 서로 연결로부터 발생한다. 그렇기에, 신경망 모델이 어떤 대상을 재인하거나 또는 새로운 것을 학습하는 것과 같은 인지적인 성취를 이루어 낼 수 있다면, 이 모델은 뇌가 어떻게 그러한 과정을 해내는지에 관해서 하나의 설명을 제공할 수 있다. 우리는 또한 뇌의 구조 및 기능이 어떻게 상호 연관이 되는지에 대해서 좀 더 알 수 있을 것이다.

때때로 사람들은 신경망이 아주 정교한 컴퓨터와 같다고 생각한다. 그러나 컴퓨터와 신경망은 아주 중요한 면에서 다르다. 컴퓨터는 문제를 풀기 위해서 구체적이고 엄격한 절차를 따라야 한다. 그러나 유기체의 뇌를 모델로 하는 신경망은 새로운 방법을 만들어 낼 줄 안다. 이러한 이유로, 신경망은 인간이 어떻게 학습하는가를 이해하는 데 기본적인 도구가 된다.

신경망의 관점에 따르면, 뇌는 서론에서 설명한, 사방으로 무한하게 뻗어나가는 그물망으로 각 연접점에는 크리스탈처럼 아주 맑은 보석이 다른 보석의 반짝임을 반영하는, 인드라망(Indra's net)처럼 생긴 신경망이다. 마찬가지로 뇌의 뉴런은 다른 뉴런과 의존적으로 상호작용한다. 뉴런 간의 상호 연결을 통해, 패턴화된 방식으로 신호들이 내보내진다. 패턴의 변형이 다양한 인지 과정으로 이어진다. 신경망은 인지적인 활동을 만들어 내는 뇌의 기본 뉴런의 요소들이 어떻게 상호작용하는지를 시뮬레이션을 한다. 그들은 새로운 것을 배울 수 있다. 그리고 우리는 신경망들로부터 새로운 것을 배울 수 있다.

🔆 신경망의 형성

학습은 뉴런의 수준에서 이루어진다. 입력값이 원하는 결괏값으로 이어지면, 뇌는 원하는 결과를 생산해 내는 방법을 학습한다. 신경망은 인공적으로 이와 같은 학습 과정을 시뮬레이션할 수 있다. 이렇게 되면, 신경망은 뇌가 학습할 때 일어나는 작용, 예를 들면 패턴을 인식하고 예시를 통해서 학습하고, 이전에 알지 못하는 것을 아는 것과 같은 것을 할 수 있다. 예컨대, 얼굴은 스크린의 화소(pixels)나, 이목구비의 그림, 또는 사진 등 다양한 방식으로 표상될 수 있다. 신경망이 얼굴을 인식하도록 훈련을 받아서 특정한 화소의 어떤 패턴의 입력이 이루어지면 그것이 얼굴인지 아닌지를 산출할 수 있다. 훈련이 더 이루어지면, 신경망은 얼굴에 대응하는 사람의 이름을 산출할 수 있다. 어떤 면에서 보면, 마치 뇌처럼 신경망이 정신적 속성을 보여 주는 것이다.

🔆 초기 발달

E. L. Thorndike는 연결주의 이론의 아버지로 여겨지기도 한다. 그는 신경망 이론의 기본적인 개념을 가장 먼저 주장한 사람 중의 하나이다. 그는 1931년에 쓴 『인간학습(Human Learning)』에서 학습은 뉴런 사이에서 발생하는 연결의 강도라는 핵심적인 연결주의 개념을 소개했다.

> 학습하고 기억하는 능력은 신경적인 과정의 활동이라는 생리학적인 근거에서 발견할 수 있다. 가정이기는 하지만, 신경세포는 인접해 있는 신경세포와의 새로운 공간적인 관계를 유지하려는 움직인다. 연결의 강도 또는 약함은 시냅스의 조건에 달려 있다. 이와 같이 상황과 반응 사이의 연결의 강도와 상응하는 정의되지 않은 조건을 시냅스의 친밀감이라고 부르자. 그러므로 어떤 친밀감은 강화되기도 하고, 어떤 것은 약화되기도 한다. 결과적으로, 우리가 학습이라고 부르는 전체로서 동물의 변화 가능성을 만들어 낸다. 동물의 학습은 이러한 신경세포들의 본능이라고 할 수 있다(Thorndike 1931, pp. 57-59).

Thorndike는 인간의 학습과 동물의 학습을 구별하는 것은 신경세포 연결의 숫자라고 믿었다. "이 이론에 따르면, 연합 학습에서 양적인 차이는 우리가 사고, 분석, 추상적이고 일반적인 개념, 추론, 이성 등의 힘이라고 말하는 질적인 차이를 생산해 낸다."(Thorndike 1931, p. 168) 인간은 신경세포의 연결에 대한 가능성이 동물보다 훨씬 더 많다. 신경세포들의 연결은 아동이 발달하는 과정에서 시행착오를 거쳐서 강화된다. Thorndike는 조심스럽게 유아 연구를 실행한 결과, 신경세포 연결의 다양성이 개인 간의 인지 능력 발달의 차이를 설명해 준다고 밝혔다(Thorndike 1931). 그가 주장하는 아이디어는 아직 예비적인 단계라며 신중한 태도를 보이면서도, 그는 후일에 실험을 통해서 자신의 이론이 증명될 것이라고 자신하였다. Thorndike의 이론은 신경망을 통해서 경험적으로 증명되었고, 크게 확장되었다.

신경망 이론의 진화

　첫 번째 신경망 이론의 원조격은 「신경세포의 활동에 내재한 합리적인 아이디어의 계산(A logical calculus of the ideas immanent in nervous activity)」이라는 유명한 논문을 발표한 Warren S. McCulloch와 Walter Pitts이다. 그들은 수학적인 알고리즘을 이용해서 신경망을 구축하는 아이디어를 처음 도입했다. 알고리즘은 계산 또는 문제해결에 사용되는 과정 또는 일련의 규칙들이다. 그들의 알고리즘은 신경망을 창조하는 데 기본적인 단계를 개시하였다. 그들은 연결망이 역치 로직 단위(Threshold Logic Units: TLU)라고 불리는 단순한 뉴런에 기반을 둔다고 가정했다. TLU들은 고정된 역치에 따라 바이너리 디바이스(binary device, 온오프 장치)처럼 모델링되었다.

　Rosenblatt(1958)은 '퍼셉트론(perceptron: 학습 능력을 갖는 패턴분류 장치)'이라고 명명한 것을 고안해서 더욱 발전시켰다. 퍼셉트론은 TLU보다 좀 더 일반화된 것이었다. 그것은 세 가지 요소로 구성되었는데, 두 입력들의 단일한 단위, 연합 영역 그리고 출력 단위이다. 연합 영역은 무작위 출력 단위와 연합 또는 연결되도록 학습할 수 있다. 하지만 연합적 상호작용은 이차원적이다.

문제와 그 해결책

　Minsky와 Papert(1969)가 심각한 한계점을 지적한 『퍼셉트론: 계산기하학 입문(Perceptrons: An Introduction to computational geometry)』이 발표되자, 이 분야에 관한 열의는 식게 되었다. 신경망으로서 작동하고 있는 단순한 퍼셉트론은 '예 그리고 아니요' 또는 '예 또는 아니요'의 두 상황에서는 잘 작용하지만, Exclusive Or(XOR, 배타적 논리합)로 알려진, '이것 또는 저것이지만 둘 다는 아니다.'의 논리를 다룰 수 없었다. 간단히 말하면, 퍼셉트론은 '둘 다 맞음'과 '둘 다 아님'을 구별할 능력을 가지고 있지 않았다.

　예컨대, 축구 게임에서 심판이 축구공을 공중으로 던진다는 것을 연상해 보라. 각 팀의 선수들은 그 공을 차려고 달려들 것이다. 만일에 한 팀의 선수가 먼저 그 공을 찼다면, 그 공은 앞으로 나갈 것이다. 다른 선수가 그 공을 먼저 찼다면 그 공은 다른 방향으로 갔을 것이다. 그러나 양쪽 선수가 그 공을 동시에 찼다면 그 공은 그 어느 쪽 팀 쪽으로 나가지 않을 것이다. 아마도 그 공은 옆으로 비껴갈 수도 있다. 그러나 두 가지 상황은 공을 찼을 때 가능한 결과이다. 최종적으로 심판이 공을 던지지 않은 상황을 연상해 보라. 그러면 양쪽 선수들이 공을 차려고 시도하지 않을 것이다. 단순한 퍼셉트론은 그 차이를 설명해 줄 수 없다. 공을 찼을 때는 구별을 할 수 있지만, 양쪽 선수들이 그 공을 차려고 시도하는지 결정하려고 할 때 공이 움직이지 않거나, 또는 양쪽 선수들이 공을 차려고 시도하지 않는 상황에서는 혼란스럽다. 다시 말해, 공은 움직이지 않고 그것은 거기에 있지 않기 때문이다. 그렇기에 두 가지 경우에 공을 찼다고 생각한다. 이 상황에서 가능한 두 가지 사건을 단순한 퍼셉트론으로 구별하는 것은 불가능하다. 이러한 경우 퍼셉트론은 제대로 작동하지 못한다.

[그림 10-1]에서 보이는 것과 같이, 예를 들어 입력이 둘 다 0이면 심판은 공을 던지지 않았거나, 선수들이 공을 차지 않았다. 또는 0과 1, 심판이 공을 던지고, 한 선수가 공을 찼다면 결과는 의미가 있고, 퍼셉트론은 그 차이를 구별할 수 있다. 그러나 두 가지 입력이 1이면, 즉 공을 던졌는데 양쪽 선수들이 동시에 공을 찼다면, 이 상황은 입력이 없는 것처럼 여겨진다. 왜냐하면 퍼셉트론은 한 가지 경우만 인식할 수 있기 때문이다. 반대 경우도 0이 된다. 퍼셉트론은 그 논리상 두 가지 결과를 도출할 수 없다. 그것은 입력이 있지만, 처리할 수 없다. 그것은 출력값 0을 산출할 뿐이다. 이러한 퍼셉트론 모델은 XOR 케이스에서는 실패한다([그림 10-1]).

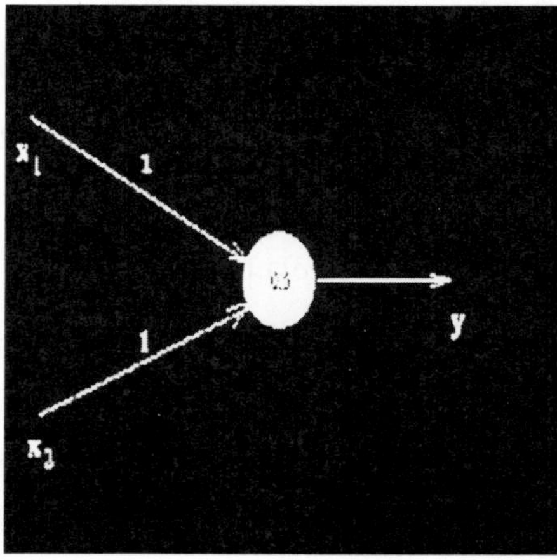

입력값	입력값	원하는 출력
0	0	0
0	1	1
1	0	1
1	1	0

그림 10-1 풀리지 않는 XOR 케이스

결론적으로, 퍼셉트론은 신경망의 주요한 초기 응용 문제들 중 하나인, 특정 종류의 패턴을 인식할 수 없었다. 1980년대가 되어서야 문제의 원인이 발견되었는데, 단층(single-layer)의 처리 구조가 한계가 있다는 것이다. 앞서 언급한 종류의 패턴 인식 기능을 수행하기 위해서는 새로운 처리 과정 구조가 필요했다. 기능과 구조는 서로 연관이 되어 있기에, 구조의 변화는 기능을 향상시키기 위해서 필요하며, 아니면 아마도 처리 구조의 기능상 변화가 필요할 수 있었다.

다른 차원, 깊이(depth)를 추가한 것은 처리 구조를 개선시켰다. 신경망은 두 번째 층에 설계되었다. 다층의 연결망은 입출력의 외부 세계와 직접적으로 연결되지 않은 다른 층이 있다는 것을 의미한다. 다만, 한 층의 출력은 다른 층의 입력을 제공해 준다([그림 10-2]).

연결망은 숨겨진 계층을 통해 구분할 수 있다. 2계층 연결망에서 여러 TLU를 함께 연결하면 XOR 문제를 해결할 수 있다.

우리의 예에서 축구 선수가 주의해야 할 다른 차원이 있을 수 있다. 선수들은 성공적으로 수행하기 위해 심판에게 주의를 기울여야 한다. 심판이 공을 던지고 선수 중 한 명이 관심을 기울이지 않는다면, 주의를 기울이는 다른 선수가 공을 차며 앞

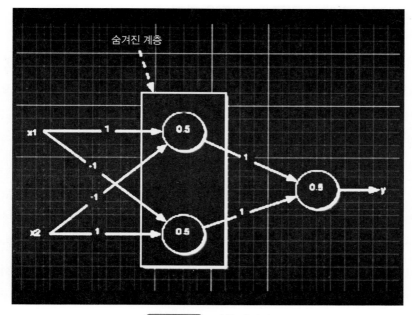

그림 10-2 2계층 연결망

으로 움직인다. 그러나 심판이 공을 던지면서도 관심을 기울이지 않는다면 그들은 걷어차지 않을 것이다. 그래서 공은 앞으로 나아가지 않을 것이다. 그리고 둘 다 주의를 기울이고 둘 다 걷어차는 경우, 공은 앞의 예시처럼 앞쪽으로도 움직이지 않을 것이다. 그러나 눈에 띄는 차이가 있다. 한 경우, 그들은 걷어차지 않고 공은 움직이지 않는다. 다른 경우에는, 그들은 걷어차고 공은 움직이지 않는다. 차이는 차별을 허용한다. 두 번째 수준은 가능하다.

이 발견은 퍼셉트론을 유용하게 만들었다. 이러한 원칙은 치료 변화에도 적용 가능하다. 지적인 변화는 단지 이차원일 수 없다. 그것에는 또 다른 처리 수준이 요구된다. 따라서 XOR과 같은 적응 중인 내담자는 추가된 수준이 없이는 자신의 행동이 실제, 외부의 상황에 대한 반응인지 내적 갈등에 따른 것인지의 여부를 알 수 없다. 추가된 수준은 다양한 방식으로 도출될 수 있다. 그렇게 되면 내담자는 다음의 두 가지 상태, 즉 외부적인 요구에 반응한 것이 아니라 내적 갈등에 따른 반응인 것인지 내적 갈등에 주의를 기울이지 않으면서 외부의 요구에 반응한 것인지 변별할 수 있다. 내담자는 두 가지를 동시에 처리하지 못한다. 그러나 그 차이를 알기 위해서는 퍼셉트론 이론처럼 또 다른 수준의 처리 수준이 요구된다.

생물학적 뉴런에서 인공 뉴런 단위까지

뉴런은 뇌 구조의 전산화된 구성요소이다. 실제로, 각 뉴런은 크기, 모양 및 특성이 다양한 다양한 전기 및 화학 활성 시스템이다. 생물학적 뉴런과 유사한 모형인 단층 TLU는 신경망의 기본 요소이다.

신경망 모델은 뉴런의 공통점을 보여 줌으로써 뇌의 뉴런의 복잡성과 다양성을 단순화한다. 일반적으로, 모든 뉴런은 수상돌기를 통해 입력을 받아 어떤 방식으로 입력을 처리한 다음, 많은 가지를 가진 축색으로 출력을 보낸다. 각 가지의 끝에는 시냅스가 있다. 신호는 시냅스에서 다른 뉴런으로 전송된다. 신호는 시냅스에서 연결된 다른 뉴런을 자극하거나 억제한다. 일정 시간 내에 전기 신호가 충분히 전달되면, 뉴런이 발화하여 자신의 수상돌기에 새로운 전기 신호를 전달한다. 학습은 시냅스에서 뉴런 사이에서 발생하는 흥분성 및 억제성 변화의 결과이다.

신경망에서의 단위신경 모델은 꽤 간단하다. 단위신경은 이웃 뉴런이나 외부 근원으로부터 입력을 받아 이를 출력 신호로 환산한다. 이 출력 신호는 다른 뉴런으로 전송 또는 '전파(propagated)'된다. 그 다음 과업은 앞으로 설명할 것인데, 가중치를 조정하는 것이다. [그림 10-3]은 생물학적 뉴런이 어떻게 TLU로 모델링되는지를 보여 준다.

단위 간의 연결

뇌의 연결 단위 간의 연결은 신경망에서 모델링될 수 있다. 뉴런 간의 연결 고리는 편차 또는 가중치(W)로 알려진 시냅스 강도의 측면에서 특징지어진다. 상이한 방식으로 신경망의 시냅스 요소를 연결함으로써, 상이한 가중치를 통해 활성화의 강도가 명확해진다. 따라서 다음 뉴런에 약한 연결을 가진 뉴런에 전송된 입력은 다음 뉴런에 대한 강한 연결을 가진 뉴런에 전송된 입력보다 활성도가 적다([그림 10-3]).

입력의 가중치는 가중 입력을 제공하기 위해 입력에 곱해지는 계수이다. 이 계수는 흥분 또는 억제 중 하나인 입력을 야기하는 양수 또는 음수의 특정값이 된다. 그런 다음 이러한 가중치가 적용된 입력을 함께 추가하여 신경세포가 발화할지 여부를 결정한다. 공을 걷어차는 예에서 축구선수가 신발을 신고 차는 것을 상상해 보라. 공을 차는 사람이 공을 차서 공이 나아가게 하려면 충분히 단단하게 차야 한다.

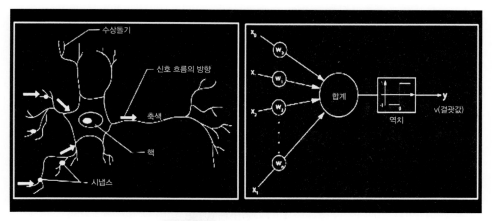

그림 10-3 뉴런에서 퍼셉트론까지

만약 신발이 뽁뽁이(에어캡) 같은 것처럼 너무 부드럽고 가벼운 경우, 차 봐야 많이 나가지 않을 것이다. 반면에 단단한 신발이라면 공이 더 멀리 움직일 것이다. 따라서 가중치는 연결의 결과에 영향을 미친다. 정식 용어로 표현하자면, 연결에는 신경망에서 활성 규칙이라고 하는 일정 규칙이 필요하다.

활성 규칙: 역치

활성 규칙은 가중치 적용 입력 자료를 내포하고 있고, 뉴런이 이미 가지고 있는 활성도와 연결된다. 가장 간단한 활성 규칙은 역치이다. 신호의 양이 사전 설정된 역치보다 크면 뉴런이 작동한다. 그렇지 않으면, 뉴런이 활성화되지 않는다. 다시 예를 들면, 킥(kick)은 적어도 일정 정도의 힘, 즉, 임계점 이상으로 부가해져서 공을 충분히 세게 움직일 수 있도록 해야 작동한다. 현대 심리학의 태동기에 Wundt의 실험실에서 역치 개념의 발견이 경험적 실험의 기초가 되었던 것처럼, 역치의 개념은 신경망 모델에 기초적이다(Rieber and Robinson 2001).

활성 계산은 다음 수식으로 표현될 수 있다.

$$활성 = \sum_{i=1}^{n} w_i x_i = w^T x$$

신경 단위는 모든 입력(x) 곱하기 가중치의 추정값(w)으로 수행한다. $\sum$는 합의 상징이며, x는 입력을, w_i는 모두 목록화하지 않은 가중치 집단을 약칭하는 표기이다. 그래서 w_i라는 용어는 모든 가중치(가중치 a, 가중치 b, i번째 입력)를 표현한다.

만약 x의 가중치 합이 역치값보다 크면 뉴런은 발화한다. 다시 말해, 뉴런이 활성화된다. 만일 그 합이 역치값보다 작으면 뉴런의 출력은 0이어서 아무 일도 없다. 이 수식은 뉴런이 발화하는지 그렇지 않은지를 보여 준다.

$$y(x) = \begin{cases} 1 & \text{if } \sum_{i=1}^{n} w_i x_i \geq \theta, \\ 0 & \text{otherwise} \end{cases}$$

기타 활성 개념

역치는 뉴런의 활성을 결정하는 유일한 값이 아니다. 때때로 뉴런이 점화할 때와 점화하지 않을 때의 차이는 단순히 실무율적인 문제가 아니며, 대신에 더욱 미묘한 관계가 있다. 그러한 상황은 수학적 함수에 의해 가장 잘 표현이 된다. 함수를 사용하는 것의 이점은 그것이 실수치(real-valued)의 입력들을 사용할 수 있고, 실수치의 출력을 발생시킬 수 있다는 것이다.

역치 활성과 함수 활성 사이의 차이를 이해하는 한 가지 방법은 이산과 연속 변화 사이의 차이를 고려하는 것이다. 이산적인 변화는 한 가지의 값에서 다른 값으로 도약을 하는 것인 반면, 함수는 시간에 따라 연속적으로 변화한다. 예를 들어, 시그모이드 함수(sigmoid function)의 점진적인 곡선은 어떻게 시간에 따라 변화가 발생하는지를 보여 준다. 또한 곡선의 첨도와 모양은 다양할 수가 있고, 이것은 얼마나 빠르게, 그리고 어떤 점에서 변화가 발생하는지를 가시화하는 것을 도와준다. 심리학자들은 아마도 모델 상관관계에 사용되는 선형 함수에 친숙하며, 거기에서 가장 강력한 상관은 선형적 상관관계이다([그림 10-4]).

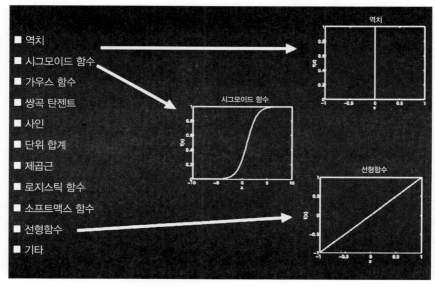

그림 10-4 기타 활성 함수의 개념들

활성 함수를 본뜨는 많은 방법들이 있다. 이러한 목록들은 전형적으로 사용된 활성 함수의 일부를 보여 주고 있지만, 다른 방법들도 많이 있다. 이것들은 뉴런이 역치에서 어떻게 활성화되는지를 보여 준다.

다층의 신경망

상호 소통하는 각각의 뉴런은 느린 과정이지만, 뉴런은 큰 연결망 속에서 함께 작동한다. 일단 뉴런이 이 단순한 방법 속에서 특징화된 후에는, 뉴런 간의 상호작용이 체계를 구축하는 관심의 초점이 된다. 인공 신경망(Artificial Neural Networks: ANNs)은 이 단순한 뉴런의 개념을 사용하고, 뉴런 단위들을 모아 상호 연결의 시스템이 만들어진다. 생물학적 뉴런의 개념을 단순한 TLU 혹은 지각으로서 단순화함으로써 더욱 복잡한 상호작용의 조합이 탐구될 수 있다. 다층의 신경망은 하나의 지각 네트워크의 변이이자 조합이다. 어떠한 전형적인 층의 연결망 위상은 아래에 나타나 있다([그림 10-5]).

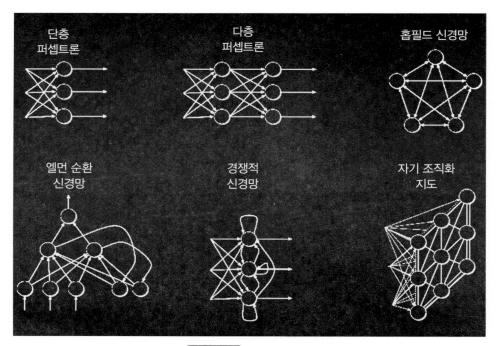

그림 10-5   다층의 신경망

피드포워드와 피드백 시스템

연결망에서 단위 사이의 연결의 특성은 피드포워드(feedforward)와 피드백 (feedback)라는 두 가지의 광범위한 범주로 분류한다. 피드포워드 시스템에서는 신호 혹은 자료는 입력에서 출력까지 일방통행으로 움직인다. 입력 과정은 다층 단위로 확산될 수 있지만, 피드백은 받지 않는다. 입력은 결코 이전의 층 혹은 뉴런으로 다시 보내지지 않으며, 그것은 단순히 앞으로만 이동한다. 피드포워드 시스템은 형태 인식(pattern recognition)에 사용되며, 상향식과 하향식으로 처리된다. 이 단순한 피드포워드 시스템의 예시는 앞서 언급했던 지각 모델이다([그림 10-6]).

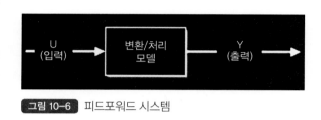

그림 10-6 피드포워드 시스템

다른 차원을 연결망에 추가한다. 신호는 또한 고리를 추가함으로써 양방향으로 움직인다. 그러면 정보가 다음 뉴런으로 가기 전에 시스템을 통하여 피드백되고, 시스템에 더 많은 정보를 주게 된다. 피드백은 시스템에 통제자(controller)로서 영향을 끼치며, 그 결과 그것을 통해 조정을 한다. 피드백 시스템의 고전적인 예시는 홉필드 신경망(Hopfield network)이며, 이것은 종종 연합기억을 본뜨는 데 사용이 된다. 뉴로피드백과 바이오피드백은 피드백 모델에 따라 불수의적 기능의 자발적인 통제를 확립한다([그림 10-7]).

피드백 시스템은 역동적이며, 평형점에 도달할 때까지 연속적으로 변화한다. 그들은 이러한 평형 상태에 새로운 입력이 올 때까지 머무를 것이며, 다양

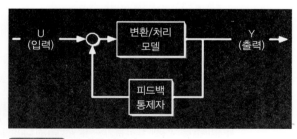

그림 10-7 피드백 신경망

한 평형점이 발견되기를 요구한다. 독자들은 어떻게 이러한 연결망이 때때로 상호적이거나, 반복적이거나, 또는 피드백 시스템으로 지칭되는지를 볼 수 있다.

피드포워드와 피드백 모두 장점과 단점이 있다. 피드포워드 방법은 단순한 계산과 쉬운 감지 요건을 제공한다. 그러나 예상할 수 있듯이, 어떠한 피드백도 받지 않고서는 이러한 모델은 스스로 오류를 수정할 수 있는 능력 없이 표류할 수 있다. 또

한 어떤 장애가 발생하면 시스템이 제대로 작동하지 못하게 되어 버릴 수 있다. 피드백 시스템은 오류가 바로 될 수 있도록 수정한다. 이러한 시스템은 또한 견고한 경향이 있는데, 이는 그들이 더욱 안정적이고 발생한 문제를 더 잘 처리하게 된다는 것을 의미한다.

학습 모형

일단 신경망 구조가 세워지면, 뉴런 체계는 학습을 할 수 있도록 훈련될 수 있다. 일반적으로, 학습 과정은 어떻게 출력이 시냅스에서 처리되는지가 동반된다. 이곳이 학습이 발생하는 곳이다. 시냅스 간의 연결 가중치의 강도는 알려져 있지 않다. 학습은 가중치의 값을 계산하는 것을 수반한다. 학습은 시도와 오류로부터 발생한다. 신경망은 오류를 만들고, 가중치를 조정하고, 다시 시도한다. 과정은 올바른 값에 도달할 때까지 반복된다.

역 전파

역 전파(back propagation)는 오류를 수정함으로써 경험으로부터 학습을 하는 신경망의 인공적인 방법이다. 어떻게 이것이 작동하는지는 다음과 같다. 학습 상황에서, 교정되어야 하는 출력물은 생산된다. 학습 체계는 입력값을 얻고, 그것들을 신경망을 통해 전송한다. 시스템은 출력물과 기대되는 특정 출력값 사이의 오류를 계산함으로써 교정을 하기 시작한다(델타값). 이러한 델타값은 역으로 전파되거나 체계의 층을 통해 다시 거꾸로 보내진다. 그러면 가중치는 정방향으로 업데이트될 수 있을 것이며, 오류는 수정될 수 있다.

헵의 학습 규칙

일반적으로, 학습 방법은 연결의 가중치를 조정하는 것을 수반한다. Hebb(1949)은 신경망 회로의 학습 모델의 토대가 된 학습 규칙에 대한 원칙을 제시하였다. 그의 원칙은 헵의 학습 규칙(Hebbian learning rule)으로 알려져 있다. 단순히 말하면, 함께 점화하는 뉴런들은 함께 묶여 있다. 그 결과는 헵이 세포군(Cell Assembly)이라고 지칭했던 것이다. 이러한 원칙을 신경망에 적용하기 위해, 동시에 활성화된 단위들 간의 상호 연결성을 강화하고, 또한 동시에 비활성화되는 단위들 간의 상호 연결성을 약화한다. 가중치의 값을 증가시키는 것은 상호 연결성을 강화한다. 증가 혹은 감소의 양은 학습 속도이다.

학습의 형태

학습에는 여러 방법이 있는데, 몇 개의 기본 범주로 나눌 수 있으며 이는 비지도 학습(unsupervised learning), 지도 학습(supervised learning), 강화 학습(reinforcement learning)이다.

비지도 학습   비지도 학습에서는 연결망의 관계가 맞는지 틀리든지를 나타내는 피드백이 주어지지 않는다. 출력 단위는 입력 신호 내의 패턴의 군집(clusters of patterns)에 따라 반응하도록 훈련된다. 이런 시스템은 입력의 특정한 특성들을 발견한다. 지도 학습과 다른 점은 비지도 학습에는 패턴들을 분류하기 위해 주어진 범주가 없다는 것이다. 연결망은 자료 패턴들 간의 유사성을 스스로 발견해야만 한다. 비지도식 학습은 단순한 입력 자료에서 패턴을 추론할 수 있는 능력을 가진 자기조직화 신경망(self-organizing network)을 연구 대상으로 한다. 무오류 학습(errorless learning)은 비지도 학습 중 하나인데, 이는 뇌손상 환자나 조현병 환자들이 일상생활 상황에 대처할 때 사용된다.

지도 학습   지도 학습은 연합 학습으로도 알려져 있는데, 아프리오리(a priori, 이미 주어진) 지식을 가지고 명확하게 가중치를 설정한다. 지도 학습의 두 번째 방법은 학습 규칙에 따라 가중치를 변화시킬 수 있도록 연결망 패턴을 가르친다.
학습은 기존에 알고 있는 입력/출력 쌍의 정보가 연결망에 산입되면 아프리오리 지식을 사용하여 학습 집합과 함께 시작한다. 연결망은 원하는 출력을 얻어 내기 위해 가중치를 변화시킨다. 연결망은 실제의 반응과 원했던 반응을 비교하고 둘 간의 차이점을 바탕으로 오류값을 구한다. 이에 따라 가중치는 점차 오류를 줄이는 방향으로 수정된다.

요약하면, 퍼셉트론은 가중치에 대한 추론을 바탕으로 시작하여, 시스템에 입력을 넣고 출력이 생성되는 과정을 통해 '훈련'된다. 출력값은 0 또는 1이다. 이 출력은 퍼셉트론 학습 알고리즘 방정식을 통해서 원하는 출력값과 비교된다. 만약 출력이 너무 크다면 가중치는 감소되고 출력이 너무 작다면 가중치는 증가된다. 점진적으로 시스템의 출력은 원하는 출력값에 근사하게 된다. 이런 관점에서, 사람처럼 시스템은 자신의 학습을 최적화하게 된다.

강화 학습　　강화 학습의 아이디어는 대부분의 독자들에게 매우 친숙하다. 지도학습에서처럼 훈련한다. 하지만 지도 학습과는 다르게, 강화 학습을 시키는 것은 오차의 크기를 고려하지 않는다. 대신에 교육은 출력이 옳은지, 틀린지, 또는 옳은 방향으로 가고 있는지 아닌지를 알 수 있도록 해 준다. 옳은 출력은 강화되고, 그렇지 않은 출력은 강화되지 않는다.

신경망의 활용

신경망은 여러 분야에서 넓은 범위로 활용된다. 규율의 다양한 요구에 맞는 매우 다양한 형태의 신경망이 존재한다. 신경망은 기억, 감각 체계, 운동 능력을 탐구하는 데 활용된다. 또한 신경망은 자폐증, 여러 형태의 치매, 물질 의존증, 수면장애, 우울증, 조현병, 파킨슨병 등 광범위한 분야의 연구에 적용된다.

신경망은 치료자들에게 새로운 연구 패러다임을 제공한다. 신경망은 전형적인 장애에 대해서 더 알기 위해서뿐 아니라 심리치료의 모델을 탐구하기 위해서 사용된다. 다수의, 드러나지 않은 변수들을 연관시킬 수 있다면, 신경망은 이전 연구자들이 그동안 알아내지 못했던 내부 역학의 복잡성을 더욱 잘 이해하게 해 줄 것이다.

심리치료, 뇌, 성격 그리고 다양한 치료 방법들

Levine과 Aleksandrowicz(2005)는 여러 자세한 심리치료의 질이나 내담자의 성격을 알아내기 위해 신경망 이론을 개발하였다. 그들은 신경망을 어떻게 심리치료가 고객을 덜 최적화된 상태에서 최적화된 상태로 변화시키는지를 보여 주기 위해서 이용하였다. 신경망은 이런 변화를 모델링하는 데 효과적인 방법이었다. 연결망이 한 개인을 고정적인 상태에서 보다 최적화된 상태로 움직이게 한다면, 이는 내담자에게 보다 적절한 감정적인 경험이 될 것이다.

신경망 모델은 자율성, 연대감, 자기초월[1]이라는 세 가지 영역을 중심으로 한 성격 차원과 관련된 뇌의 부위와 신경전달물질을 바탕으로 한 자료를 통합한다(Cloninger et al. 1993). 각각의 차원은 낮은 것에서부터 높은 것까지 다양하며, 전통적인 질병 범주들을 강조하지 않고 행복과 지혜의 정도에서 보이듯이 정신건강을 포괄하는 광범위하고 서술적인 성격적 특징을 포함한다. 전형적으로, 치료자들은 내담자들에게 하나의 치료적인 방법을 이용하여 다가가는데, 여기에는 인간중심치료, 정신분석, 인지행동치료 등이 있다. 치료의 각각의 형태들은 다른 것보다 특정 특성의 영역에 집중한다. 이 신경망 모델은 여러 개의 치료적인 모델에서 이끌어진 다양한 영역의 조합을 통해 각 개인을 덜 최적화된 상태에서 최적화된 상태로 이동하게 한다(Levin and Aleksandrowicz 2005). 다른 치료 모델들의 좋은 특성들을 통합하는 능력은 치료를 개선시킬 것이며, 신경망 연구가 이를 가능하게 할 것이다.

알코올 중독의 신경망

신경망은 특정 문제에도 적용될 수 있다. Ownby(1998)는 알코올 의존에 영향을 미치는 여러 다양한 요소들의 신경망 모델을 만들었다. 그의 신경망 모델은, 실제 사람에게 시험하는 것은 병인론과 치료에 관련된 그의 가설을 검증하는, 일반적으로는 실현 가능하지 않았던 것을 가능하게 하였다. 전산화 모델은 문제를 보다 충분

---

[1] [역자 주] 한국판 기질 및 성격 검사(Temperament and Character Index)의 성격 차원 용어와 통일하여 번역하였다.

히 이해하기 위해서 신경 구조와 알코올 의존에서 가장 우선으로 여겨지는 다양한 이론들의 상관 관계를 시험할 수 있는 방법을 제안하였다.

Ownby는 정상적인 욕구를 자극하는 신경망에서부터 시작하여 음주를 향한 병적인 욕구 모델을 만들었다. 그 다음에 연결망은 낮은 수준의 감각, 욕구적인 제시 자극과 낮은 수준의 알코올에 대한 욕구를 연관시키기 위해 제공된다. 제시 자극이 점차 강해질수록 알코올에 대한 욕구 역시 강해졌다. 또한 일반적으로 알코올 의존과 관련이 있다고 알려진 뇌 부위의 반응과 신경전달물질 체계의 연결망 및 유전적인 취약성에 관한 정보가 연결망에 제시되었다. 예를 들어, 변연계 체계 입력의 감소 및 전전두엽 피질의 활동의 증가는 심리사회적 치료의 효과를 촉진하며, 이는 이성적 이해를 많이 사용하게끔 하는 한편 감정을 진정시키는 효과와 관련된다.

신경망 모델은 알코올 의존 증상을 자극할 수도 있다. 연결망이 알코올에 대한 작은 욕구를 자극한다면 강한 자극은 욕구를 증가시킬 수 있다. 연결망이 강한 욕구가 있다면 작은 자극조차도 알코올에 대한 큰 욕구를 끌어낼 수 있다. 연결망은 또한 환경 및 내부 단서들에 대응하여 알코올 의존에 관련된 동적 과정을 촉진한다. 연결망은 실제 알코올 의존과 관련이 있다. 신경망 모델로 심리사회적 치료와 약리학적 치료 각각의 효과를 검증하는 모의 실험을 해 보니, 두 가지의 동시 결합 치료가 가장 효과적일 것이라고 예측되었다(Ownby 1998).

우울과 학습된 무기력

신경망 모델링 방법은 특히 신경화학적·신경전기적 분야와 관련된 우울증의 모델에 적합하다. 그것들은 또한 정신과정과 신경화학의 연관관계에 대한 답을 찾는 데 이용될 수 있다. 신경망 체계는 여러 이론들을 비교할 때 다른 것과는 비견할 수 없을 정도로 유용한 방법을 제공한다. 예를 들어, Seligman(1975)의 학습된 무기력(learned helplessness)에 대한 이론은 여러 가지 방법으로 모델링되었고, 생화학, 운동, 인지, 행동, 숙련성, 통제력, 정서 등과 같은 수많은 차원을 따라 분석되었다(Leven 1998).

기억 및 스트레스

스트레스하에서의 기억을 이해하기 위해 신경망 모델이 개발되었다. Cernuschi-Frias, Garcia와 Zanutto는 스트레스가 주어졌을 때와 주어지지 않았을 때의 두 가지 유형의 기억을 조사하였고, 이를 같은 신경망에 적용하여 보았다. 그들은 기억의 인출이 인출 시점에 개인이 스트레스를 받은 정도의 연속 함수(continuous function)에 따라 발생한다는 것을 알아내었다. 스트레스가 낮을 때에는 스트레스가 없는 기억을 인출하였고, 스트레스가 높을 때에는 스트레스를 받은 기억을 인출해 내었다(Cernuschi-Frias et al. 1997).

🔆 결론

신경망은 뇌가 어떻게 인지적 과정을 수행하는지에 대한 모델을 제공한다. 단순한 뉴런 단위에서부터 학습하고 차이를 만들고, 그리고 사물을 인식할 수 있는 것과 같은 복잡한 과정에 이르기까지, 신경망 모델은 우리가 뇌와 마음 사이의 간극을 이해하도록 도와준다. 이 모델은 인간이 할 수 있는 모든 행위를 이루어 내기 위하여 뇌와 마음이 어떻게 상호작용하는지를 이해할 수 있다는 큰 희망을 준다.

더불어, 신경망은 치료적인 변화의 유용한 패러다임이 된다. 치료적인 모델들은 신경망을 사용함으로써 연구될 수 있다. 그것들은 예비 검증을 하는 치료자들에게 도움이 될 수 있다.

4

오랜 시간에 걸친
뇌의 변화 과정

제11장   수억 년에 걸친 뇌의 진화
제12장   평생에 걸친 뇌 발달
제13장   신경가소성과 신경발생: 시시각각의 변화

치료자는 사람들의 변화를 돕기 위해 늘 노력하고 있다. 인간은 어떻게 변화를 만들어 내는가? 환경은 시간이 지남에 따라 어떻게 변하는가? 변화 그 자체의 본질적인 특성은 무엇인가? 뇌가 변화를 어떻게 겪는지를 이해하면 이러한 긴 질문에 대한 해답을 얻을 수 있다.

뇌의 변화는 시간의 세 가지 축에 걸쳐 일어난다고 볼 수 있다. 각 시간 축은 뇌가 시간이 지나면서 물질적인 부분들과 기능들이 어떻게 서로 연결되는지에 대해 다른 관점에서 보게 한다. 이를 가장 명백하게 보여 주는 것이 진화적 시간 축이다. 연구자들은 생존 본능과 더불어 각 생명체의 생태적 지위(ecological niche), 또는 각자의 환경에서 하는 일들이 뇌의 구조가 어떻게 진화되도록 영향을 미쳤는지에 대해 밝혀 온 사실에 관해 제11장에서 다룰 것이다. 상대적으로 짧은 시간 축은 한 개인의 발달 주기 내에서 나타나는데, 전 생애에 걸쳐 환경과 유전의 상호작용이 뇌의 구조와 기능을 유의미하게 변화시킨다. 세 번째 시간 축은 최근에 알려진 것으로, 경험에 기반을 둔 신경가소성(neuroplasticity)이다. 실시간(real-time)은 즉각적이고 현재에 일어나고 있는 시간 축이다. 최근 연구는 실시간의 경험이 성인에게서도, 뇌 구조를 말 그대로 '조각(sculpt)'할 수 있다는 사실을 발견했다.

제4부는 이 세 가지의 시간 축에서 뇌의 변화를 소개한다. 먼저 제11장에서 진화적 이론들을 살펴보는데, 새롭게 전개된 연구들을 통해 확증된 오래된 이론들과 더불어 최신 연구 결과들이 포함하고 있다. 제12장은 유아기와 아동기를 포함한 초기의 뇌 발달 단계에서부터 시작하여 개인의 발달 과정을 설명한다. 뇌가 커다란 변화를 겪는 또 다른 두 시기가 있는데, 바로 사춘기와 노년기이다. 제13장은 뇌 가소성에 관해, 성인기의 뇌는 변하지 않는다는 관점을 수정하게끔 한 중요한 연구들을 인용한다. 뇌는 평생 변화할 수 있으며, 정말로 변화한다. 우리가 취하는 행동, 생각 그리고 느끼는 감정을 통해 의도적으로 변화를 만들어 낼 수 있다.

누군가를 돕는 직업을 가진 사람들은 다른 사람들의 변화를 촉진하는 일을 한다. 대부분의 치료자와 교사들은 사람들에게 급격히, 실시간으로 변화가 일어난다는 것을 알고 있으며, 또한 보아 왔고, 변화는 때로는 극적이고, 때로는 미묘하기도 하다. 그렇기에 이러한 새로운 연구 결과들을 이미 잘 되어 오던 치료와 교육의 잠재력에 대한 과학적 확증으로 이해할 수 있겠다. 더불어, 개입을 가능한 한 최선의 것으로 만들기 위한 구체적인 지침을 찾을 수 있을 것이다.

제11장

수억 년에 걸친 뇌의 진화

단기 치료가 현대적이고 바쁜 시대에 점차 보편화되고 있다. 실제로, 단일 회기 치료의 등장과 함께 치료는 점점 더 짧아지고 있다. 내담자는 자신에게 변화가 빨리 일어나기를 원한다. 이러한 시류를 고려할 때, 여러분은 수천 년 동안 일어난 진화적인 변화가 어떻게 단기 치료와 관련이 있는지 의아할 것이다.

우리의 스승 중 한 분인 Milton Erickson은 "당신의 무의식이 당신보다 훨씬 더 똑똑하다."라고 말하는 것을 좋아했다. 뇌의 진화 과정을 보면 이와 같은 법칙을 찾을 수 있다. 뇌의 진화 과정에서 새로운 요구에 맞추어 기발한 해결책을 마련하고자 많은 변화들이 일어났다. 치료자로서, 우리는 항상 내담자들이 그들의 삶의 상황에 적응할 수 있는 새로운 방법을 발견하도록 돕고 있다. 진화는 불가능한 상황에 대한 기발한 해결책의 보고이다. 지구상 다양하고 아름다운 종들의 컬렉션을 만들어 낸, 과연 으뜸이라 할 자연에서 배우자. 당신이 자연이 시간을 들여 창조한 걸작의 하나이듯, 새롭고 창조적인 견해를 즐기기를 바란다.

🔆 뇌에 관한 하향식 접근

우리는 기본적인 구성 단위인 뉴런부터 시작하여 상호작용의 시스템에 이르기까지 신경과학이 상향식 접근법에서 뇌를 어떻게 탐구하는지에 대해 이야기했다. 하지만 대안적인 방법으로 하향식으로부터 뇌를 탐구하는 것이다. 진화신경과학은 발전된 기능을 하는 뇌에서부터 점차 하위 수준으로 내려가면서 뇌의 개별 단위 수준까지 살펴봄으로써 진화 과정을 추론한다.

이런 종류의 하향식 연구는 현재의 뇌를 연구하는 것만으로 이해할 수 없는, 변화의 더 넓은 맥락을 이해하는 데 도움을 준다. 이는 또한 뇌-마음 관계를 밝혀내는 데 도움이 된다. 우리는 인간 뇌가 다른 동물의 뇌와 무엇이 다른지를 대조하면서 탐구한다. 진화론적 연구가 밝히는 것은 오늘날 인간의 뇌가 진화 과정을 통해 긴 시간 동안 발전해 왔다는 것이다. 뇌의 특정 구조는 긴 세월 동안 모든 종에 있었다. 더 복잡한 종들은 나뭇가지가 뻗어 나가는 것과 사다리를 오르는 것과 같은 방식을 혼합한 듯한 과정으로 발전했다.

그러므로 진화는 우리의 뇌가 오늘날의 방식으로 형성된 과정을 설명하는 데 도움을 준다. 다양한 종의 진화에 관한 연구는 현대의 과학기술을 이용하여 뇌의 숨겨진 본질적 특성의 상당 부분을 밝혀냈고, 이론의 깊이를 더해 주었다. 비록 우리는 치료 효과가 진화에 필요한 수억 년의 시간보다 빠르게 나타나기를 희망하기는 하지만, 우리는 오랫동안 이루어진 변화로부터 많은 것을 배울 수 있다!

🔆 세 가지 진화적 연구 방법

우리는 세 가지 주요 조사 방법을 통해 뇌의 진화에 대해 알게 되었다. 즉, 화석, 비교법 및 뇌의 메커니즘이다([그림 11-1]).

대부분의 사람들은 진화에 관해 우리가 알고 있는 사실의 많은 부분이 화석 연구에서 나온다는 것을 알게 될 것이다. 우리는 고대 두개골을 관찰할 수 있는데, 이는 뼈가 화석으로 되어 보존된 것이다. 과학자들은 화석 연구가 이루어진 동물의 뇌 용

그림 11-1　화석화된 뇌

적을 알 수 있었다. 뇌 조직은 남아 있지 않더라도 일반적으로 두개골 내부에 꽉 차 있으므로 두개골만으로 연한 조직의 비율에 대해 많은 것을 추론할 수 있다. 예를 들어, 초기 영장류는 포유동물보다 신피질의 비율이 더 높다. 두개골 화석은 주요 뇌 고랑들의 패턴을 보여 주는데, 이는 신피질의 기능적 조직화의 하위 영역에 관한 단서를 준다. Van Essen(2007)은 빽빽하게 상호 연결된 영역이 뇌 성장 시 분열 (separation)되지 않는 경향이 있는 반면, 느슨하고 잘 연결되지 않은 부위에서 주름이 접힌다는 경향이 있다는 이론을 만들었다.

　뇌 발달을 탐구하는 두 번째 방법은 비교법을 통해 이루어졌다. 현재 알려진 바로는, 지구상의 복합 생명(complex life)[1]은 성체가 되는 속도에 1배 비례하여 진화한다. 한 세대에서 다음 세대로 전달되는 분자 템플릿을 수정할 수 있다. 계통발생학적(선조전래의) 분류는 공통 조상에서 분화된 지점을 파악할 수 있도록 만들어졌다. 세대 간 유사성은 기존의 유전 코드가 보존됨을 나타내는 반면, 세대 간 차이는 코드의 변경을 반영한다. 이러한 분화는 우리 세계의 종 다양성을 낳았다.

　계통발생학적 관계는 비교 증거로부터 도출된다. 이러한 조상 관계를 추적하는 최신 방법은 Willi Hennig(1913-1976)이 창시한 분기학(Cladistics)이다. Hennig은 공통 조상을 공유하는 생물군, 클레이드(clade)가 더 많은 생물학적 특징을 공유할 것

---

[1] [역자 주] 성체가 된 시기와 성체가 되기 전 재생산이 불가능한 시기를 갖는 종

으로 생각했다. 분기학은 조상(계통발생) 관계를 재구성하는 수단으로서 Hennig이 '특성 분석(characteristic analysis)'이라 부르는, 유기체의 관찰 가능한 특징을 이용한다. 예를 들어, 신피질과 같은 뇌의 특징을 조사하고, 특성이 더 두드러지거나 작거나, 존재하거나 존재하지 않는 종을 알아본다. 그러고 나서 생물군들이 서로 어떠한 연관성을 갖는지에 관한 가설을 세울 수 있다.

공통적으로 공유되는 특성은 공통 조상에서 유래한 것이며, 동질적이다. 동질성(homolohy)은 동일한 구조 또는 기능을 의미하지는 않는다. 예를 들어, 모든 포유류는 뇌에 체감각 조직(신체의 다른 영역을 담당하는 피질의 특정 영역)을 가지고 있지만, 이러한 영역은 다른 기능을 수행하기 위해 발달된다. 때로는 공통 조상을 공유하지 않는 종 간에 비슷한 특징을 가지고 있는 경우도 있다. 별개로 진화되어 온 이러한 특성은 유사성(analogous)이라고 한다. 유사성은 비슷한 적응 및 비슷한 기능에서 생겨난다.

뇌 진화에 대한 세 번째 정보원은 뇌의 메커니즘이다. 예를 들어, 작은 뇌와 더 큰 뇌의 비교를 통해 보면, 신경 연결의 메커니즘이 다르게 진화했다. 큰 뇌는 더 원거리를 연결해 주는 뉴런이 더 많다. 더 큰 뇌는 뉴런 간의 의사소통을 위해 신경 전달에 있어서 다른 메커니즘을 발전시켜야 했다.

🔆 단일 조상 가정

오늘날 존재하는 종의 다양성은, 다윈주의 견해에 따르면, 하나의 공통 조상으로부터 진화했다. 인간 뇌의 진화 또한 하나의 공통 조상에서 진화된 것이라 생각된다. 강력한 증거가 하나 있는데, 포유류의 뇌를 비교해 보면 알 수 있다. 인간 뇌의 각 주요 구조는 다른 포유류 뇌에 있는 대응하는 구조물이다. 그 차이는 질적인 것이 아니라 양적인 경향이 있다(Breedlove et al. 2007). 이러한 의미에서, 모든 종이 기초적이고 근원적인 수준에서는 우리 모두 상호 연결되고 관계가 있다.

모든 종은 특정한 공통된 특징을 공유한다. 뇌와 척수 및 말초신경계로 구성된 중추신경계가 있다. 뉴런은 신경절 구조와 신경의 전기 신호가 통하는 축색을 가지고 있다. 이러한 척추동물의 신경계의 구조는 유사하고 무척추동물과는 다름에도, 모

그림 11-2 고대 척추동물 화석

든 동물의 공통 조상이 있다는 것은 분명하다([그림 11-2]).

　척추동물은 훨씬 더 많은 신경계의 유사점을 갖는다. 그들은 모두 구멍이 있는 배측 신경관(제12장 참조)에서 발생하며, 척수의 각 층(level)에서 뻗어 나온 척수신경 쌍으로 분화된다. 대뇌 반구는 척수의 활동을 위계적으로 제어한다. 중추신경계는 말초신경계와 분리되어 있으며, 기능들은 중추신경계에 구획화되어 있다.

🔆 지적 설계 vs. 자기 조직화 체계

　힘은 정보가 있는 곳에 존재한다(Warren McCulloch 1965, p. 229).

　종과 뇌의 발전을 위한 동기(motivation)로서 진화 개념은 지적 설계(intelligent design)와 자기 조직화 체계(self-organizing system) 사이의 논쟁을 불러일으켰다. 이러한 개념들은 오래되었고 시대를 초월한 것이다. 두 이론적인 입장 모두 우리에게 주는 시사점이 있다.

시계공 논쟁(watchmaker argument)이라 불리기도 하는 지적 설계는 조물주로서 신이나 초월자를 믿는 신념에 뿌리를 둔다. 당신이 우연히 발견한 복잡한 메커니즘의 시계, 사실상 자연에서 발견되는 모든 것을 볼 수 있는 것은 어떤 형태의 지식, 영감(guiding idea) 또는 그것을 만든 목적에 의해 생겼을 것이다. 가장 복잡한 시스템 내 가장 작은 실체(entity)는 조물주, 즉 처음 어찌하여 시발점을 만든 지적 설계자를 필요로 한다.

대조적으로, 진화론에 대한 자기 조직화 체계 관점은 다른 근거를 가지고 있다. 자기 조직화 체계에 대한 아이디어는 오랜 역사를 가지고 있으며, 데카르트까지 거슬러 올라간다. 진화론자에게는 지적 설계자나 조물주가 없다. 자연의 법칙은 조직(organization)을 만드는 경향이 있다. 따라서 충분한 시간, 공간 및 물질이 주어진다면, 필연적으로 조직이 생겨난다. 그리고 시스템은 균형을 유지하거나 균형을 찾으려는 경향이 있다.

이 견해에 따르면, 우리가 세상에서 접하는 모든 것은 하나의 자기 조직화된 체계이다. 이러한 체계들은 단순한 수준에서 시작하는데, 신경망에 기본이 되는 학습 법칙처럼 어떠한 암묵적인 조직화 방식에 따라 서로 연결되어 있다. 그 결과는 체계적이고 안정적인 시스템이 된다. 감독이 이루어지지 않는 신경망이 기능하는 방식과 유사하게(제10장 참조), 신경망을 형성하게끔 하는 방식에는 필수적인 외부 원천(source)은 존재하지 않는다. 시스템은 단순할 수도 복잡할 수도 있지만, 공통적으로 외부 원천에 의해 유도되지 않는다. 속성(property)은 시스템으로부터 나온다. 알아서 출현하는(emergent) 뇌의 속성은 의식과 같은 것들, 즉 우리의 생각과 감정이다. 이러한 창발적(emergent), 집합적(collective) 속성들은 항상 부분의 합보다 크다. 이 아이디어는 물리학, 화학, 경제학, 생물학뿐 아니라 뇌 연구 등 많은 분야에 적용된다.

지적 설계와 자기 조직화 간의 논쟁은 어떤 수단으로도 해결되지 않는다. 자기 조직화 체계의 지지자들은 진화가 종의 수준에 상관없이 어떻게 복잡한 요소가 발생할 수 있는지를 설명한다고 주장한다. 그들은 개체 간 자연 선택 및 경쟁과 같은 자연의 특정한 경향성이 이 시스템이 작동하는 수단으로 본다. 다윈은 이를 다음과 같이 말했다.

> 처음에는 인간적인 이성과 적어도 유사하거나 더 우월한 수단을 통해서가 아니라, 개별
> 개체 차원에서 좋은, 무수한 미세한 변이가 축적됨으로써, 더 복잡한 기관과 본능이 개선되어
> 왔다는 것이 가장 믿기 어렵다(Darwin 1859/1999, p. 375).

그러나 지적 설계 지지자들은 이것이 시스템을 구성하는 단일한 개체들의 기원을 설명하지 못한다고 생각한다. 복잡한 체계로 자기 조직화하는 매우 작은 요소가 처음에는 어떻게 생겨났는가? 또한 이 조직들이 어떻게 여러 조직화 중에 한 가지를 선택하는지 설명하지도 못한다. 이 질문들의 답이 정해져 있지 않으며, 독자는 당연히 어떤 의견을 선택할 테다.

궁극적인 시작점에 대해 어떤 견해를 가지고 있든지 간에, 자기 조직화 체계에 대한 이해는 우리의 뇌가 어떻게 조직되고 기능을 하는지에 대해 더 많은 것을 배우는 데 도움이 될 수 있다. 우리 인체의 비교적 작은 부분인 뇌의 업적은 참으로 경이롭다. 복잡한 발전과 진화를 다층적으로 조사하는 것은 우리 머리(뇌)의 웅대함을 배우는 데 유용하다. 기원과 창시자에 관한 궁극적인 답은 열린 채로 말이다.

🔅 자기 조직화 체계

뇌 진화의 현대적 관점은 뇌가 자기 조직화 체계라는 진화론에 바탕을 두고 있다. 수십억 년 전 시작되고 오랜 세월이 지나, 원래의 분자 구조는 다양한 요인들에 반응하여 변화하였다. 자연은 진화적 변화가 일어날 때마다 새롭게 재탄생하지는 않은 것으로 보인다. 대신, 이미 존재했던 뇌 시스템에 일련의 추가 기능을 더하는 방식으로 변화가 이루어졌다. 그 변이로 인해 종들 간의 뇌의 차이가 광범위하게 일어났다. 일반적으로, "척추동물 뇌의 진화는 행동의 변화와 관련될 수 있다"(Breedlove et al. 2007, p. 165).

뇌의 자기 조직화 체계에서 생겨나는 창발적 특성은 행동, 감정, 생각, 우리의 의식 그 자체다(마음과 뇌의 관계는 제3장 참조). 이 이론의 기본적인 아이디어는 그 체

계가 가진 역학이, 그 자체로, 체계의 내재된 질서를 증진시키는 경향이 있다는 것이다.

자기 조직화 체계는 특정한 기본 요소들에 의존한다. 피드백이 기본이 된다. 양의(positive) 정보일 때는 피드포워드 시스템을 통해 전달되는 경향이 있다. 음의(negative) 정보는 조정을 하기 위한 피드백으로서 시스템에 입력된다.

자기 조직화 체계는 체계에 관한 여러 규칙과 특정한 공통 속성을 지닌다. 이들 체계는 역동적이고, 중앙집중식 제어가 없다. 또한 이 체계는 전반적인 질서를 가지고 있다. 게다가, 체계를 보호하는 데 도움이 되는 여분의 부품을 가지고 있으므로 손상이 잘 되지 않는다. 그리고 자가 유지 및 보수도 가능하다. 이 시스템은 복잡한데, 여러 모수들(parameters)을 포함하고, 경쟁 및 협력의 균형을 이루는 경향성을 가지는 여러 개의 자기 조직화 수준들로 구성된 계층 구조로 구축된다(Pineda 2007).

자기 조직화 체계의 진화 과정

자기 조직화 체계가 어떻게 진화했는지에 대해서 두 가지 이론, 즉 사다리 이론과 나무 이론이 있다. 각각은 다른 발견을 설명하는 데 도움이 되므로, 두 가지 이론을 결합하면 진화 과정을 가장 잘 이해할 수 있다.

▐▘ 사다리 이론

더 오래된 진화론은 뇌 진화를 점진적으로 복잡성이 증가해 가는 사다리와 비슷하다고 보았다. 이 견해는 종을 범주화하고 비교하는 데 유용한 방법들을 계속 제공한다. 이 이론은 양적 차이를 강조하는 경향이 있다. 예를 들어, 체중 대비 뇌의 무게를 비교하면서 사다리를 만들다 보면, 여러 가지 사실을 발견하게 된다. 뇌 무게가 증가할수록 복잡성도 증가한다. 가장 복잡한 뇌를 가진 인간은 사다리의 꼭대기에 있지만, 인간의 뇌가 가장 큰 것은 아니다. 대뇌화(encephalization)라는 용어는 체중과 뇌질량과의 관계에서 뇌의 상대적 비중이 얼마나 큰지로 정의된다. 몸의 크기에 비해 뇌가 클수록 더 지능적이라는 생각으로, 신체를 통제하는 데 필요한 것 이상으로 연합(association)을 위한 더 많은 처리가 이루어질 것이기 때문이다. 대뇌화를 수치화한 것은 비교 지능(comparative intelligence)의 지표로 사용되어 왔다. 지능을 정량화하기 위해 체중 대비 뇌질량 비율[대뇌화 지수(Encephalization Quotient: EQ)]이 사용되었다.

$$EQ = m(brain)/Em(brain).$$

돌고래는 고래류에서 가장 높은 EQ를 가지고 있다. 상어는 어류 중에서, 문어는 무척추 동물 중에서 가장 높다. 인간은 알려진 동물에 대해 가장 높은 EQ를 가지고 있다(Gregory 1988).

작은 뇌는 신경발생(neurogenesis, 뉴런의 탄생)에 걸리는 시간이 더 큰 뇌보다 짧다. 예를 들어, 쥐의 뇌는 발달하는 데 며칠이 걸리지만, 인간의 뇌는 완전한 발달을 위해 5~6개월이 필요하다. 큰 뇌는 작은 뇌보다 세포 수가 많고 유형이 다양하다. 또한 뇌의 크기가 커지면, 연합 영역이라고 불리는, 복잡한 계산을 수행하는 데 쓰이는 영역의 비율도 높아진다. 인간의 총 뇌의 80%는 연합 기능에 쓰이는 반면, 쥐의 뇌의 16%만이 그러한 작업을 수행한다.

나무 이론

두 번째 이론은 진화를 가지 많은 나무, 또는 심지어 넓은 폭의 덤불(bush)처럼 여긴다. 진화적 나무 이론은 오늘날 널리 받아들여지고 있다(Kaas and Preuss 2003). 이 견해에 따르면, 더 큰 규모나 복잡성과 같은 단일한 텔로스(telos, 목적인)나 목적을 향하여 진화가 이루어지는 것이 아니다. 비록 더 큰 뇌를 가질수록 더 지능적인 경향은 존재하지만, 종마다 필요한 것이 다르다. 다양한 필요에 따라 질적인 차이가 생겨났다. 뇌 구조는 유기체가 필요한 것에 맞추도록 진화했다. 예를 들어, 지하에 사는 동물은 작은 뇌와 축소된 시각 체계를 갖는 방향으로 진화하였을 것이다. 이러한 적응은 지하 환경에서 가장 효과적이고 효율적인 삶을 위해 대사기능을 보존할 수 있었을 것이다. 시각에 넓은 영역을 할당하는 동물은 뇌의 시각 영역이 작은 동물보다 지하에서 살아가는 것이 훨씬 어려울 것이다.

가장 큰 뇌는 반드시 가장 똑똑한 뇌인 것은 아니다. 대표적인 사례가 돌고래([그림 11-3])이다. 돌고래 뇌는 인간의 뇌보다 훨씬 크지만, 돌고래 뇌는 인간의 뇌만큼 많은 피질을 가지고 있지 않다. 더 많은 피질 또는 다양한 뉴런으로 이루어진 층들이 더 복잡한 행동과 역량을 만든다. 돌고래 뇌의 많은 부분이 수중 환경에 필요한

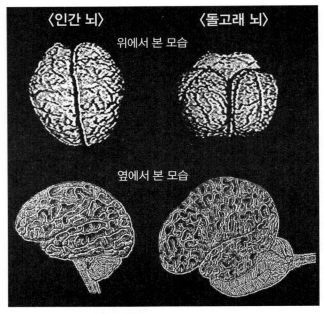

그림 11-3 인간 뇌/돌고래 뇌

기능인 체온 조절을 담당하는 반면, 돌고래의 삶에서 덜 필수적인 인지기능은 훨씬 작은 영역에서 통제한다.

다른 종에서 발견되는 많은 뇌의 변이는 환경의 지역적 조건에 대한 반응으로 나타난다. 예를 들어, 인간은 다른 감각보다 시각에 의존한다. 따라서 인간은 보다 복잡한 시각 회로를 필요로 하며, 당연히 시각에 더 큰 뇌 영역을 사용하고 있다. 다양한 기능을 위해 후각을 사용하는 쥐들은 신피질만큼 큰 뇌에 후각 영역을 가지고 있다.

연구자들은 처음에는 다층적 시각 영역과 같은, 뇌의 복잡한 부분이 더 나중에 진화했다고 생각했다. 그러나 더 많은 연구 결과에 따르면, 차별화된 피질 조직이 최초의 포유 동물의 일부에서, 아마도 훨씬 더 원시 시대의 종에서조차 나타났다고 밝혀졌다(Kaas and Preuss 2003, p. 1152).

더 커지거나 더 복잡해진 뇌의 필요에 맞춰 자연이 적응한 한 가지 방법은 전문화된 뇌 영역을 늘리는 것이다. 큰 뇌는 작은 뇌보다 전문화 영역이 더 넓다. 예를 들어, 쥐의 뇌는 3~5개의 시각 영역을 가지고 있는 반면, 인간은 32개의 시각 영역을 가지고 있다. 작은 뇌가 최적으로 기능하기 위해서는 신경 연결이 더 짧고 덜 복잡하기 때문에 전문화가 적게 요구된다. 부분 간의 직접적인 연결은 모든 활동에 함께 통합된다. 더 큰 뇌에서는 상호작용이 더욱 복잡한데, 더 멀리 떨어져 있고 상호 연결이 많이 얽혀 있기 때문이다.

작은 뇌는 뇌간에서 신피질로 신호를 보내고 받는 것이 매우 신속하게 이루어질 수 있다. 큰 뇌는 더 먼 거리를 통과해야만 하지만, 작은 뇌만큼 신호 전달이 빠르게 이루어진다. 이것이 어떻게 가능할까? 자연이 만든 기발한 해결책은 축색의 수초 형성(myelination)을 늘리는 것이다. 수초화는 축색을 피복 처리하는 것이다. 축색을 피복 처리함으로써, 전기 신호가 더 긴 거리를 효율적으로 이동하고 에너지가 절약된다.

이와 같은 모든 변이들은 인간의 뇌가 어떻게 그리고 왜 이렇게 기능하는지 설명할 수 있게 한다. 사다리와 나무 이론은 함께 통합될 수 있고, 뇌 크기와 복잡성이 최상의 적응을 위해 상호작용하는 방식을 이해함으로써 뇌 진화에 대한 그림을 좀 더 완성할 수 있게끔 한다.

💡 진화의 왕관: 동종피질(신피질)

뇌 진화의 가장 특별한 업적 중 하나는 동종피질(isocortex)로, 신피질(neo-cortex) 또는 피질(cortex)로만 부르기도 한다. 대뇌피질은 고등 포유류에서 발생했다. 'iso'는 라틴어로 '동일한(same)'으로 번역되고, 'cortex'는 나무의 껍데기를 의미한다. 동종피질은 특별하다. 이는 동물의 왕국의 다른 동물들을 포유동물을 구별 짓는다. 동종피질은 신피질로 알려져 있었는데, 뇌의 가장 새로이 진화된 부분으로 여겨졌기 때문이다 ([그림 11-4]).

포유류의 뇌의 해부학에 관한 하나의 진화적 패러다임은 삼중 뇌(triune brain)이다

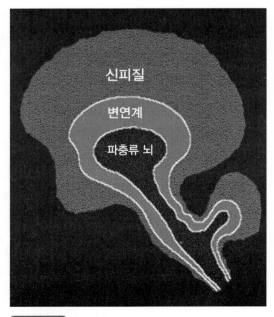

그림 11-4 삼중 뇌

(MacLean 1967). 진화 과정에서 별개의 뇌 세 개가 하나씩 차례로 생겨났고, 현재 인간의 뇌에 함께 존재한다. 첫 번째는 파충류의 뇌로, 뇌간 상부, 소뇌, 시상을 포함하고, 심박, 호흡, 체온 및 균형과 같은 기본적인 생명 기능과 본능을 관장한다. 첫 번째 포유류의 뇌간에서 원시 포유류의 뇌 구조와 함께 변연 뇌가 파생되었고, 해마와 편도체를 포함한다. 변연 뇌는 기억력과 경험에 관한 감정적인 평가를 할 수 있는데, 이는 종종 무의식적으로 이루어지기도 하고, 행동에 강력한 영향을 미칠 수 있다. 마지막으로, 피질이라고 알려진 신포유류의 뇌 구조는 변연계에서 진화했다. 그것은 영장류에서 가장 두드러지게 나타났고, 인간의 뇌에서 완전히 발달했다. 피질은 언어, 추상적 사고 및 학습 능력을 갖춘, 두 개의 대뇌 반구가 있다. 삼중 뇌는 모든 부분들 간 상호 연결을 통해 상호 의존적으로 기능한다.

대뇌피질은 적응적 요구를 보다 효과적으로 충족하므로 가장 중요한 구조가 되었다. 피질은 초식성 포유류보다 육식성 포유류에서 더 확장되었다. 한 진화적 이론은 인간 지능의 기원은 육류와 같은 영양가가 높은 음식을 찾고, 동료 집단 구성원들과 고기를 공유하는 것과 밀접하게 관련된다고 제안한다(Stanford 1999).

가장 작은 원숭이부터 인간에 이르는 영장류에서 피질의 크기가 현저하게 증가했다. 사회적 상호작용의 복잡성이 늘어난 것은 진화적으로 큰 이점을 얻게 되었다. 요컨대, 진화가 언어 능력과 같이, 사회적 상호작용을 용이하게 하는 피질 영역이 성장하는 방향을 밀어 주었다는 것이다.

피질 표면의 주름이 증가하면서 두개골 내 피질의 표면적을 더 넓힐 수 있었다. 또한 이로 인해 피질 영역에서 담당하는 많은 복잡한 행동과 인지 능력들이 더욱 효과적으로 조직화되었다.

전전두엽 피질은 인간의 뇌에서 가장 진화적인 진보를 이루었다. 이 영역은, 다른 종에서는 수의적인 운동 통제만을 담당하지만, 인간에게서는 과업을 수행하는 동안 정보를 보유하고 계획을 세우는 역할을 맡고 있다. 비록 몇몇 사람들은 동의하지 않겠지만(Sherwood et al. 2005), 연구자들은 인간이 다른 영장류보다 더 큰 부피의 백질을 가지고 있다는 것을 발견했다. 백질은 뇌의 다른 부분과 의사소통을 하는 유수 축색(myelin-covered axons)으로 이루어지며, 뇌의 나머지 부분들과 훨씬 더 연결이 잘 이루어지게 한다(Schoenemann et al. 2005).

결론

진화론 및 연구가 퍼즐의 중요한 조각들을 제공하였다. 가장 큰 뇌가 가장 똑똑한 뇌라는 것과 같이 간단해 보이는 생각은 뇌의 기능적 복잡성과 물질적 정교함을 포착하지 못한다. 우리가 인류의 과거에 대해 더 많이 알게 되면, 우리는 더 나은 미래를 만들 수 있을지도 모른다. 곤충, 동물, 식물 그리고 인간은 모두 공통의 본성을 가지고 있다. 모든 생명은 귀중하고 그 나름대로 완벽하며, 그러므로 모든 생명이 동등하게 존중받아야 한다.

제12장

평생에 걸친 뇌 발달

인간 발달의 과정은 신경발생(neurogenesis)과 신경가소성(neuroplasticity)의 가장 극적인 예 중 하나이다. 우리 모두가 하나의 단일 세포로 시작한다는 놀라운 사실을 생각해 보라. 수정된 난자는 90~100억 개로 추정되는 뉴런을 가진 성인 뇌로 성장하고 성숙한다. 뇌의 초기 발달은 평생 동안 일어나는 신경가소성과 신경발생의 주요 측면에 대한 템플릿(template)을 제공한다. 따라서 태아와 유아가 어떻게 발달하는지 이해하는 것이 뇌 구조와 기능을 더 잘 이해하도록 도울 것이다.

초기 발달은 순서에 따른 단계로 전개된다. 어떤 단계들은 자체적으로 조절되고 유전적으로 결정되어 있는 반면, 다른 단계들은 주변 환경에 반응한다. 선천적인 유전학(자연)과 환경적 영향(양육)의 상호작용은 뇌에서 유전(nature)과 양육(nurture)이 처음부터 상호작용 과정이 진행되고 있음을 보여 준다. 우리는 한평생 이러한 자연의 상호작용을 겪는다고 할 수 있다. 치료자로서 우리는 두 가지 영향을 모두 인식하고 내담자가 변화하도록 돕는다. 인생을 살아가면서 뇌 발달은 뇌가 어떻게 변하는지를 보여 주며, 발달 과정의 여러 단계에서 치료적 중재를 위한 잠재적인 원천을 제시한다.

💡 임신에서 유아기에 이르기까지 뇌 발달의 단계

임신부터 초기 유아기까지 뇌 발달 단계는 매우 많은 단계로 구분되어 왔다. 이러한 단계 중 일부는 아동기, 청소년기, 노년기와 같이 인간의 수명 동안 주요 시기에 재현된다. 이러한 발달 시기의 순서를 뇌 발달의 관점에서 시각화하는 것이 일생에 걸쳐 변화하는 뇌의 구조와 기능을 더 잘 이해하도록 도와줄 것이다([그림 12-1]).

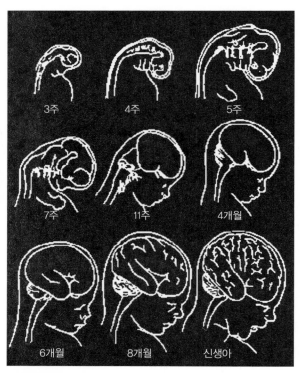

그림 12-1 임신부터 출생까지의 뇌 발달

1단계: 수정부터 신경 유도까지

수정된 난자는 발달을 안내하는 많은 정보를 담은 단일한 세포일 뿐이다. 수정란은 빠르게 분열되기 시작한다. 낭배 형성(gastrulation)이라고 불리는 이 과정은 비신경 세포의 분열이다. 가장 초기 단계들은 거의 유전적 특질에 의해 이루어진다. 그러나 세포 분열 과정이 이어지면서 점차 환경이 더 큰 역할을 하게 된다. 성장하는 세포들은 내배엽, 중배엽 및 외배엽의 세 가지 층을 형성한다. 외배엽 층이 최종적으로 신경계로 발전한다.

뇌는 18일째에 형태를 갖추기 시작한다. 신경유도(neural induction)라고 하는 이 과정은 세 단계로 이루어진다. 분화유도가 제일 먼저 일어난다. 내배엽과 중배엽의 상호작용으로 외배엽이 두꺼워지게 하는 펩타이드가 방출된다. 이 외배엽이 두꺼

초기 뇌 발달의 단계		
1. 신경 유도	E18–E24	유전적으로 결정됨
2. 증식기	E24–E125	
3. 이동	E40–E160	
4. 분화	E125–postnatal	
5. 시냅스 형성		환경의 영향에 민감함
6. 세포사/안정화		자기 조직화
7. 시냅스 재배열		

워지는 과정은 신경판(neural plate)의 발달로 이어진다. 두 번째 단계는 20일째 일
어나는 중화(neutralization)로, 신경판이 신경고랑(neural groove)으로 바뀌는 시기이
며, 이어서 신경관을 형성한다. 22일째, 신경관의 두 끝부분이 닫히고 뇌의 원시적
인 초기 형태를 이룬다. 마지막으로, 24일째에 신경 패터닝(neural patterning)이 시
작된다. 이 세 번째 단계는 뇌가 모양을 갖추기 시작하는 시기이다.

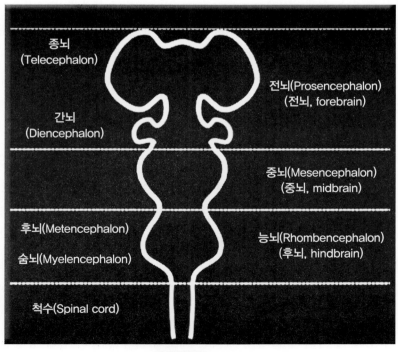

그림 12-2 신경관

세포들은 각자의 정체성과 크기로 분화한다. 신경관은 전뇌(forebrain), 중뇌(midbrain), 후뇌(hindbrain)의 세 가지 일차뇌소포들(primary brain vesicles)로 분열된다. 그리고 일차뇌소포들은 이차뇌소포들(secondary brain vesicles)을 형성하기 위해 분열 과정을 더 거친다. 이차뇌소포들은 위에서 아래 순서로, 양반구가 될 종뇌(telencephalon), 간뇌(diencephalon), 중뇌(mesencephalon), 후뇌(metencephalon), 숨뇌(myelencephalon) 그리고 척수(spinal cord)이다. 이 뇌소포들(vesicles) 모두가 나중에는 성인 신경계 구조로 발달할 것이다([그림 12-2]).

2단계: 증식기

증식기(proliferation)는 새로운 세포가 생성되는 단계다. 신경관의 폐쇄에 따라, 세포들은 매 분마다 25만 개의 세포를 만드는 매우 빠른 속도로 분열된다! 125일째 되는 날, 임신 중반 무렵, 태아는 모든 세포를 가지고 있다.

처음에는 모든 세포가 줄기세포이다. 그들은 어떤 종류의 세포도 될 수 있는 잠재력을 가지고 있다. 심실 영역(Ventricular Zone)이라 불리는 세포의 단층이 신경관 내부 표면을 따라 형성된다. 증식기 2주차에 이 세포들은 변화를 겪는다. 그들은 무엇이든 될 수 있는 능력을 잃고, 분열을 멈추고, 뉴런 세포가 된다.

3단계: 이동

뉴런은 심실 영역에 머무르지 않고 세포 이동(migration)이라 불리는 과정으로 이행하기 시작한다. 세포들은 신경관의 바닥층에서 상단으로 이동하기 시작한다. 이동은 세포들이 그들의 최종 목적지로 여행하는 단계이다. 그들은 특정한 유형의 세포, 방사 아교세포(radial glial cell)의 표면을 따라 이동하는데, 이것은 심실 구역에서 가장 먼저 분화되는 세포의 유형이다. 그들은 다른 세포들이 그들이 가야 할 곳으로 가도록 돕고자, 비계(scaffolding, 또는 고속도로)처럼 일차적인 지원 체계를 제공한다.

비계 구조의 세 가지 주요 유형이 다른 세포의 이동을 돕기 위해 형성된다. 안에서 밖으로 향하는 유형은 주로 방사형 이동 패턴을 가진 하나의 층 구조(layered structure)로 대뇌피질, 해마, 소구(colliculus), 소뇌를 구성하는 복잡한 회로의 형성에 필수적이다. 두 번째 유형의 층 구조는 망막과 척수의 형성 과정에서 방사형(radial)과 비스듬한(tangential) 방향이 혼합된 세포 이동으로 만들어진다. 층이 없는 구조물은 뇌간, 시상, 시상하부 그리고 중뇌(mesencephalon)와 간뇌(diencephalon)의 다른 부위를 구성한다. 어떤 세포들은 비계를 따라 이동하는 도중에 멈추는 반면, 다른 세포들은 꼭대기까지 올라간다. 무엇이 그들을 멈추게 하거나 옆으로 이동하게 하는지는 알려지지 않았다.

세포 이동 과정은 복잡한데, 면역글로불린(immunoglobulin)이라 불리는 많은 종류의 화학물질과 뉴런 움직임을 돕는 케모카인(chemokine)도 관여된다. 때때로 이러한 도움을 주는 화학물질이 결핍될 때, 이동 중에 문제가 발생한다. 이러한 결핍은 뇌 크기를 작게 하거나 지적장애와 같은 문제들을 초래할 수 있다(Berger-Sweeney and Hohmann 1997; Tran and Miller 2003). 병리는 불균형에서 비롯될 수 있다. 예를 들어, 정신분열증은 과도한 양의 화학물질과 관련이 있다(Crossin and Krushel 2000).

4단계: 분화

125일째부터 출산 전까지, 세포는 해마 세포나 소뇌 세포처럼 자신이 될 세포로 분화(differentiation)한다. 세포가 이동한 후에 스스로 찾은 환경은 세포가 특화되는 데 도움이 되는 것 같다. 예를 들어, 뇌간에서 어떤 세포를 채취해서, 가령 해마 세포에 넣으면, 해마 세포가 된다. 우리 환경의 영향을 받는 경향은 단일 뉴런에서까지 정말 근본적인 수준에서 일어난다!

말하자면, 일단 세포가 결정을 내리면, 세포는 특정 유전자를 사용하는, 유전자발현이 시작된다. 이것은 세포가 특정한 유형의 유전자를 세포가 필요로 하는 정확한 단백질을 만들도록 전사(transcribe)·변환시킨다는 의미이다.

세포들은 수상돌기분지(arborization)에 따라서 서로 구분된다. 또한 연결성, 신경전달물질 분자, 그들이 발현하는 단백질, 수용체 아형(receptor subtype)에서 차이가 난다. 분화된 세포는 이러한 특징을 만들어 내는 방법을 정확히 알고 있는 것 같다. 연구자들은 분화된 세포가 자신의 역할을 어떻게 알게 되었는지 실험했다. 절대적으로 결정되어 있는 것 같지는 않고 타이밍에 더 영향을 받을지도 모른다. 일례로,

한 실험에서, 미성숙한 뉴런을 피질의 한 부분에서 다른 부분으로 이식하면 새로운 영역의 뉴런의 특성이 나타났다(McConnell 1992). 하지만 더 성숙한 상태에서 이식된 뉴런은 이전 위치에서의 특성을 유지하면서 새로운 영역에서의 일부 특성만을 새롭게 보였다(Cohen-Tannoudji, Babinet and Wasserf 1994). 이 현상은 아주 어린 이민자 자녀가 억양이 거의 없거나 전혀 없는 상태에서 이주한 나라의 새로운 언어를 사용하는 것에 비유해 볼 수 있다. 그러나 더 늦은 나이에 이주하면, 아동은 외국어 억양이 섞인 채 새로운 언어를 말하는 경향이 있다(Kalat 2007).

5단계: 시냅스 형성

시냅스 형성(synaptogenesis)으로 알려진 과정에서, 어린 뉴런들은 축색과 수상돌기를 더 성장시키면서 시냅스를 더 만든다. 성장 원추(growth cone)들은 축색과 수상돌기의 양쪽 끝에 형성되며, 틈 사이 공간에 실 모양의 섬유를 뻗고 있다. 이 섬유들은 특정 방향으로 성장 원추들을 끌어당기고, 축색과 수상돌기가 그 방향으로 자라난다. 축색은 표적 뉴런이 표적 세포 쪽으로 또는 표적 세포로부터 멀어지도록 방출하는 화학물질에 의해 유도된다. 시냅스 전 세포(presynaptic cell)의 축색은 아래쪽으로 연장되고 표적 세포 방향으로 뻗어지는 쪽으로는 평평하게 된다. 단백질 비계는 시냅스 후(post-synaptic) 측에서 연결을 구축하도록 돕기 위하여 나타난다.

시냅스 연결은 수상돌기와 수상돌기 가시(spine)라고 불리는 작은 돌출된 부분에 빠르게 형성된다. 이러한 연결들은 아기가 태어난 후 환경의 영향을 받는다. 수상돌기가 계속 성장함에 따라 뉴런의 세포체도 크기가 커진다.

6단계 : 안정화를 이루는 세포사 및 세포 수명

초기의 급격한 시냅스 성장은 만 1세가 지나면 잠잠해지기 시작한 후 감소한다. 궁극적인 세포 사멸은 그리스어 apo(멀리 떨어져, away from)와 ptosis(떨어지다, fall)에서 유래한 아폽토시스(apoptosis, 세포자연사)로 알려진, 인간 발달의 불가결한 단계이다. 모든 살아 있는 세포는 그 유전자에 프로그램화된 죽음의 잠재력을 가지고 있다. 삶과 죽음 모두 윤회(cycle of existence)의 중요한 일부라는 동양적 사상과 유사하게, 세포가 죽어 가는 과정, 세포의 가지치기 과정은 딱 알맞은 균형을 이루도록 돕는 긍정적인 효과를 가지고 있다.

아폽토시스는 세포가 다른 세포의 사멸 수용체(death receptor)에 결합될 때, 외부 신호로부터 유발될 수 있다. 아폽토시스가 일어나는 두 번째 방식은 내부적으로 촉발되는데, 한 세포의 미토콘드리아가 침투될 수 있는 상태가 되어 내부 물질이 누출될 때이다. 스트레스는 그러한 과정을 유도할 수 있다. 세포는 또한 카스파제(caspase)를 가지고 있는데, 카스파제는 방출될 때 상처를 낼 위험이 있는 단백질이다. 다른 단백질은 대개 카스파제를 억제한다. 그러나 스트레스나 종양이 카스파제를 활성화시켜 세포의 죽음을 초래할 수 있다.

죽음을 향하는 힘(force)이 있는 것처럼 생명을 향한 힘도 있다. 신경영양 인자(neurotrophic factor)는 세포가 자라고 성장하는 데 영향을 준다. 그러한 요인 중 하나인 신경 성장 인자(Nerve Growth Factor: NGF)는 알려진 지 40년이 되었다(Levi-Montalcini 1982). NGF는 세포가 죽어 가는 것을 견제한다. 다른 신경영양 인자들도 있는데, NGF와 비슷한 세포 군은 각기 다른 유형의 세포들에 영향을 미친다. 그리고 NGF 계열과는 다른 유형의 신경영양 인자들도 있고, 역시나 세포의 사멸을 방지한다.

7단계: 시냅스 재배열

발달 과정을 거쳐 시냅스 재배열(synaptic rearrangement)에 따라 구조들 또한 개선된다. 이것은 종종 세포 사후에 일어난다. 따라서 우리는 세포의 탄생과 죽음이 어떻게 뇌의 발달과 성장을 위해 상호작용하는지를 알 수 있다.

처음에는 축색이 인접한 뉴런에 접촉할 수 있는 정확도가 그다지 높지 않은 채로 뻗어 나가기 때문에 매우 무성하다. 뉴런이 어느 표적이 맞는 표적인지 파악함에 따라 정렬 및 조정이 이루어진다. 이것은 여러 가지 방식으로 이루어진다. 뉴런들은 공간, 성장 인자 및 표적 등을 놓고 경쟁한다. 후발 주자들은 계속해서 살지 못한다. 왜냐하면 그들이 연결되고 번성할 수 있는 자리가 없기 때문이다.

시냅스가 유지될 것인지 또는 소실될지에 가장 중요한 영향을 미치는 부분 중 하나는 신경 활동인 듯하다. 헵의 학습 규칙은 가능성 있는 설명을 제공한다. 시냅스가 생긴 후, 하나의 축색이 활성화되고 반응을 얻게 되면 시냅스 결합이 강화된다. 그러나 반응이 없다면, 시냅스 결합이 약해진다. 상관관계가 있는 활동은 동적 연결로 이어진다. 연결들은 바뀔 수 있다.

시냅스가 어떻게 배열되는지에 대한 또 다른 관점은 수상돌기의 성장을 살펴보는 것이다. 신경발생 중 수상돌기의 성장은 3단계로 진행된다. 첫 단계는 배아 발생(embryogenesis) 시기이다. 여기서 우리는 신경전달물질에 의해 유도된 신경망의 초기 형성을 발견한다. 출생 후 결정적 시기 동안, 시냅스 연결은 감각과 운동 경험에 의해 정리된다. 평생 동안, 신경 발생은 활동 의존적 기억(activity-dependent memory)과 학습에서 발생한다(Matus 2000)

🔆 발달에서 유전과 경험 간의 상호작용

유전자는 뇌 발달 과정의 핵심이다. 모든 신경 구조와 행동은 해당하는 유전자의 변화에 영향을 받을 수 있다. 이러한 유전자의 영향은 세포 내에서 자체적으로 발생하므로 내재적 요인으로 간주된다. 그러나 외부 또는 외재적 요인도 발달 세포에 영향을 미칠 수 있으며, 이러한 외재적 요인은 유전자에도 영향을 미친다. 외재적 요인은 발달을 증진하거나 방해할 수 있는 영양소 또는 화학물질과 같은 것들로, 자궁 속에서부터도 영향을 미칠 수 있다(Breedlove, Rosenzweig, and Watson 2007). 시냅스에서의 세포 대 세포(cell-to-cell) 상호작용은 유전 정보가 변경될 수 있는 또 다른 외재적인 방법으로, 제7장에서 더 자세하게 다루었다.

모든 사람은 게놈(genome, 유전체) 또는 유전자형(genotype)이라고도 하는 유전적 구성을 갖고 태어난다. 유전자형은 개체의 유전적 구성이다. 유전자형은 표현형(phenotype)과 구별된다. 표현형은 유전자형과 환경의 상호작용(interplay)에서 기인한다. 따라서 표현형은 특정 환경 조건하에서 개체의 모든 물리적 특성을 포함한다. 유전자형은 수정 시에 결정되지만, 표현형은 평생 동안 변화한다. 유전자형과 경험 간의 지속적인 상호작용은 이러한 변화를 일으킨다(Rossi 2002). 쌍둥이 연구는 동일한 유전자형을 가진 두 개체가 서로 다른 외부 영향으로 인해 매우 다른 표현형을 생성한다는 것을 보여 주었다. 동일한 유전자의 발달이 동일한 개체로 이어지지 않는다는 가장 명백한 증표 중 하나는 일란성 쌍둥이가 항상 다른 지문을 가지고 있다는 사실이다(Breedlove, Rosenzweig, and Watson 2007). 또한 동일한 뉴런을 공유하는 복제동물로 진행한, 예컨대 동일한 복제 돼지를 사용한 연구는 보통의 형제자매처럼 행동과 성격의 다양성을 나타냈다(Archer et al. 2003). 다른 양모(different mothers)에 의해 자란 유전적으로 동일한 생쥐에 대한 연구는 행동에 있어서, 특히 학습하고 스트레스에 대해 반응할 수 있는 능력에서 유의한 차이를 보였다(Francis et al. 2003). 이러한 모든 연구는 내담자가 새로운 경험을 하도록 장려할 때 심리치료가 갖는 큰 잠재력에 대한 희망의 등대가 될 것이다.

결정적 시기와 민감한 시기

시냅스 패턴은 평생 동안 바뀔 수 있지만, 특정한 초기 발달 시기에는 신경계가 경험을 반영하여 더욱 변화할 수 있는 역량이 있는 기간이 있다. 결정적 시기는 시간 제한이 있는 절호의 기회이다. 발달 주기상 결정적 시점에 뇌는 특정 자극에 반응할 수 있는데, 이는 기술을 발달시키는 데 필수적이다. 이런 시기에 신경 경로는 정상적인 발달을 진행하기 위해 경험으로부터 얻는 특수한 정보를 기다리고 있다. 시기 적절한 경험은 유전성을 발휘시키는 중요한 요소이다. 만약 뇌가 적절한 자극을 받지 못하면, 특정 기술을 습득하는 것이 더 어렵거나 심지어 불가능해진다. 필요한 정보를 받지 못하면, 이 기술과 관련된 뇌 영역을 대신 다른 기능을 수행하는 데 사용하게 될 수 있다. 민감한 시기는 결정적 시기보다 오래 지속된다. 이 시간 동안, 신경계는 학습을 위한 특정 환경 자극을 더 잘 받아들인다.

결정적 시기는 여러 가지 면에서 성인의 학습과 다르다. 결정적 시기의 변화는 짧은 기간 동안에만 가능한 반면, 성인의 가소성은 어느 시점에서든 일어날 수 있다(제13장 참조). 성인 학습에 비해, 결정적 시기 동안 뉴런은 더 넓은 범위에서 선택 가능한 정보 중에서 더 오래 갈 자극들을 선택할 수 있다. 또한 결정적인 시기에 일어난 변화는 평생 지속될 것이다.

결정적 시기에 관한 흥미로운 예로, 명금(songbird)을 가지고 한 연구가 있다. 새들의 노래는 결정적 시기에 노래를 듣는 경험을 통해 한 세대에서 다음 세대로 이어진다. 결정적 시기에 그러한 경험을 가질 수 없던 명금은 나중에 노래를 듣더라도 익힐 수 없었다. 대신, 이 새들은 연구자가 '고립의 노래(isolate song)'라고 이름을 붙인, 더 간단하고 일반적인 버전의 노래를 할 수는 있었다(Konishi 1985).

아동기의 결정적 시기 및 민감한 시기

아동기는 뇌가 평생 동안 활용할 핵심적인 기술들을 개발하는 시기이다. 어린 아이들을 만나 본 사람이라면 아장아장 걸어다니는 유아(toddler)가 얼마나 호기심이 많고 개방적인지 알 것이다. 실제로, 유아의 뇌는 성인의 뇌보다 2배 더 활동적이다! 영아(infant)의 뇌는 출생 전에 대부분의 세포가 형성되어 있지만, 그 연결은 아동기 내내 계속 생겨나고 변한다. 유전(자연)과 환경적 영향(양육)의 상호작용은 아동 발달에 지속적인 영향을 미친다.

특정 기술은 아동기의 결정적 시기에 달성된다. 생후 첫 1년은 시각과 청각 발달의 기회가 무궁무진하다. 영아는 소리를 구별하고 모양, 색상 및 사물을 인식하는 법을 익힌다. 양쪽 눈을 함께 사용할 수 있는 능력, 양안 시력은 3~8개월에 발달하는 결정적 시기가 있다. 그와 관련된 뉴런은 그 이후에도 계속 민감한 시기에 있기에, 3세가 될 때까지 손상되기 쉽다. 운동 능력의 경우, 생후 1년간이 결정적 시기이기는 하나, 앉기, 기기, 걷기 등의 운동 기술을 습득하는 시기에는 상당한 개인차가 있다.

언어 발달은 생후 10년 동안 계속되는 과정이다. 그러나 언어 능력의 기초를 닦는 결정적 시기는 초기 몇 년에 불과하다. 그러므로 부모가 말 못하는 아기에게 말을 거는 것은 영유아의 뇌에서 언어 센터가 발달하는 데 필요한 자극을 제공하는 것이다.

초기 대인 경험의 결정적 시기

건강한 심리적 발달에 중요한 결정적 시기들 중 하나는 초기 양육자와 애착을 형성하는 것이다. 사회적 상호작용, 특히 인생 초기에 가장 가까운 사람들과의 관계는 뇌 발달에 오래도록 영향을 미친다. 부모의 각인은 첫 18개월 동안 발생하며, 그 이

후에도 계속해서 감정, 생각 및 행동에 영향을 줄 수 있다. 영유아기에 스트레스를 받았거나 양육자와 떨어져 지낸 경우, 아이는 나중에 불안 수준이 높은 경향이 있다(Meaney 2001). 반면, 임신기에 스트레스를 적게 받고 아기에게 애정을 쏟으면서 양육하는 경우, 아이가 커서 불안을 겪는 것을 예방해 줄 수 있다(Vallée et al. 1997). 가족치료 및 부부치료는 생애 초기 경험에서 유래했을지도 모르는 애착 문제를 다루며, 이를 해결하기 위해 기존의 애착 관계를 활용하고 수정 경험을 할 수 있도록 작업한다.

초기 발달의 결정적 시기 동안, 부모와 튼튼한 관계를 맺어 나가는 일은 건강한 관계를 형성하는 개인의 능력에 평생 동안 영향을 미친다. 어머니와 아이의 초기 애착관계는 건강한 방식으로 살아갈 수 있게끔 뇌의 뉴런이 연결되도록 하는 자극이 된다. 이러한 이론의 창시자 중 한 사람인 John Bowlby(1907-1990)는 중요한 타인(significant other)과의 건강한 관계는 우리의 생체에 이미 내재되어 있는 기본적인 욕구로 본다. 이 초기 관계를 애착이라고 부른다. 애착 이론 및 치료에서 애착 문제를 치료하는 방법에 대한 자세한 내용은 제18장과 제19장에서 다루고 있다.

🧠 뇌가 재정비되는 청소년기

청소년기는 충동적인 행동을 보이고, 위험을 감수하는 경향이 증가하며, 또래와의 사회적 유대를 강하게 추구하는 시기이다. 청소년기에 뇌가 어떤 변화를 겪는지를 새로 알게 되면, 청소년이 전형적으로 이러한 패턴을 보이는 이유를 이해하는 데 도움이 될 것이다.

뇌의 무게는 10~12세쯤 최고치에 이르지만, 성인이 되기 전 상당한 변화를 겪는다. 초기 발달 시기에 가지치기(pruning)가 이루어진다는 것을 앞에서 다루었다. 뇌의 가지치기 과정에서 사용되지 않는 시냅스 연결 및 세포는 새로운 세포와 연결이 생길 공간을 내주기 위해 죽는다. 가지치기 과정은 사춘기에 일어나고, 시냅스 연결의 절반 가까이가 없어진다(Spear 2010). 일반적으로, 우리는 신경가소성은 새로운 연결이 추가되는 것을 의미한다고 생각하고, 많은 경우 그렇다. 하지만 어떤 종류의 지적장애는 정상보다 더 많은 시냅스 연결을 특징으로 한다(Goldman-Rakic et al.

1982). 연구자들은 청소년기의 시냅스 연결을 다듬으면서 성숙한 패턴이 형성될 공간을 만드는 것이라 여긴다(Zehr et al. 2006). 이러한 조각(sculpting) 과정은 주어진 환경에서 경험한 것의 영향을 받는다.

또 다른 중요한 변화는 축색 경로의 일부에서 정보의 흐름을 빠르게 하는 수초화(myelination)가 이루어진다는 것이다. 두 반구를 연결하는 뇌량(corpus callosum) 내 축색은 이 시기에도 계속 더 수초화된다. 수상돌기에서의 시냅스 연결(회색질)의 감소와 축색 수초화(백색질)의 증가는 청소년기 전보다 회색질 대비 백색질의 비율이 더 높아지는 결과를 낳는다. 일반적으로, 청소년의 뇌는 더 효율적으로 간추려지고, 성인의 뇌를 아동기의 뇌와 비교해도 마찬가지로 능률적이다. 각 부위가 제대로 기능하기 위해 필요로 하는 에너지와 혈류가 줄어든다(Spear 2010).

그렇지만 청소년이 충동적인 이유에 관한 설명을 얻기 위해 이러한 변화가 이루어지는 순서를 살펴볼 필요가 있다. 뇌의 변화는 감각 및 운동 피질인 뇌의 후측(posterior) 영역에서 먼저 발생한다. 그 결과 청년들은 종종 예술적 재능과 운동 능력으로 발현되는 감각 및 운동 능력을 발달시키게 된다. 그러나 전두엽 피질의 전측(anterior) 부분은 훨씬 나중에 발달하는데, 이곳이 우리의 판단과 집행 기능이 수행되는 부위이다.

가지치기, 축색의 수초화 증가, 뇌 효율성의 증대 등은 처리 속도와 인지 과정의 효율이 향상되는 것과 상관관계가 있다. 청소년기에 작업기억도 향상된다. 중고등학생들이 심화 과목을 붙들고 공부하는 것처럼, 청소년은 복잡한 사고를 할 수 있는 능력이 현저하게 향상되는 모습을 보여 준다.

특정 인지 기능은 향상되는데도 불구하고, 청소년은 위험을 감수하는 행동을 보이고 또래 관계에 심하게 의존하는 것으로 알려져 있다. 이는 전두 영역의 발달이 상대적으로 느린 것 외에도 몇 가지 뇌의 변화 과정으로 설명할 수 있다.

사춘기는 옥시토신이 증가하는데, 이는 청소년이 사회적 관계와 연애 관계를 깊이 있게 만드는 것과 연관된다. 옥시토신은 사회 상황에서 증가하기 때문에 친사회적(prosocial) 호르몬이라고도 불린다(Taylor et al. 2006).

게다가 청소년은 성인보다 자신의 감정을 더 강렬하게 느끼는 경향이 있으며, 청소년기에 일어나는 호르몬의 변화는 이를 설명하는 데 유용하다. 청소년의 스트레스 호르몬의 수준이 더 높아진 상태에서, 학업 및 사회적 압박과 같은 스트레스를 받는 사건은 HPA 공포/스트레스 경로를 더 활성화시킨다. 사람이 스트레스를 얼마나 잘 조절하는지에 관한 측정치인 미주신경긴장도(vagal tone)가 청소년기 동안 증가한다.

청소년은 억제적 통제(inhibitory control) 및 의사 결정과 관련이 있는 뇌 영역인 PFC와 ACC의 활동이 감소하는 것으로 나타난다. 그들은 전두엽 피질과 정서적인 뇌 센터 사이의 연결성이 낮다. 청소년이 성숙하면서 전두 영역과 변연계 사이의 연결이 늘어나, 판단력이 향상되고 위험을 감수하는 행동이 적어지게 된다.

아마도, 정서적으로 흥분한 경우에도 감정을 조절하고 올바른 결정을 내리는 법을 배우는 것은 청소년기의 주요 과업이다. 성숙한 성인은 스트레스를 성공적으로 조절하고 신경계 신호에 더 잘 대응할 수 있다. 그러나 청소년에게 이는 진행 중인 과제이며, 실험과 학습을 위한 시기를 보내는 중이고, 최선의 경우라면 온전하게 기능하는 성인 뇌를 가지게 될 것이다.

🔦 나이 드는 뇌

성숙한 뇌에서 발생하는 발달적 변화는 초기 발달보다는 덜 극적이다. 그러나 어느 시점에서든 가소성이 나타날 수 있는데, 치료적 변화의 잠재력이 가득한 이 흥미로운 분야는 다음 장에서 다룬다. 뇌에서 극적인 변화가 일어나는 그 다음 시기는 노년기이다.

인지 기능이 급격히 떨어지고 기능 상실이 불가피하다는 소문은 무성하다. 그러나 실제로는, 정상 노화에는 광범위한 스펙트럼을 보이고, 노년기에도 매우 잘 기능하는 사람도 많다. 예를 들어, 늘그막에 그림을 시작한 Grandma Moses(1860-1961)와 같은 사람들을 존경하기도 한다. 그녀는 관절염 때문에 더 이상 자수를 할 수 없어서 그림으로 눈을 돌렸다. 그녀는 장수하는 동안 계속해서 다작했다. 그녀의 작품들 중 일부는 스미스 소니언 미술관에 있다. 그녀는 101세의 나이로 죽기 직전까지 마지막 작품을 그렸다. 그녀는 행복한 사람들이 소박한 농경 생활 속 부지런히 살아가는 모습을 담은, 미국적인 것의 향수를 불러일으키는 장면들을 그렸다. 그녀는 어릴 때 농장에서 일했던 자신의 기억을 가지고 작품을 만들었다. 그녀의 삶은 어떻게 사람들이, 심지어 고령에도, 여전히 낙관적이고 생산적으로 지낼 수 있는지를 보여 준다. 또한 그녀는 우리가 나중에 인생에서 새로운 기술을 배울 수 있는 방법을 보여 주며, 심지어 그 기술이 뛰어나다는 것을 보여 주는 사례이다.

우리 중 대부분은 계속해서 일을 잘하고 유능하고 지혜롭게 노년을 행복하게 사는 사람들을 알고 있다. 이것은 소위 결정화된 지능(crystallised intelligence)이라 불리는 것의 도움을 받을 수 있다. 이는 오랜 시간에 걸쳐 축적된 기술과 지식이 축적된 것으로, 보통 일이나 직업과 관련이 있다. 이런 형태의 지능은 나이가 들어도 안정적으로 유지되는 경향이 있다(Kaufman, Reynolds, and McLean 1989).

인지적 변화

안타깝게도, 많은 사람들이 나이가 들수록 기억력과 기능이 저하된다. 어느 정도의 저하는 정상적인 노화의 한 부분으로 간주된다. 노화에 수반되는 경미한 기억 손상은 해마 크기의 감소와 관련이 있다(Golomb et al. 1994). 일반적으로 가장 많이 쇠퇴하는 것 같은 인지 기능의 유형은 유동 지능(fluid intelligence)이다. 유동 지능은 정신적 유연성, 처리 속도, 추상적이고 복잡한 새로운 문제해결, 기억력, 새로운 학습 등을 의미한다. 유동 지능에 대한 두 가지 검사는 WAIS의 숫자(digit span)와 토막짜기(block design)이다(Zillmer, Spiers, and Culbertson 2008).

사람들이 나이가 들면서 인지 기능에 큰 변동이 있는 이유를 설명하기 위해 사용되는 두 가지 일반적인 이론이 있다. 이러한 이론들은 인지적 예비력(Cognitive Reserve)과 차등보존 가설(Differential Presentation Hypothesis)로 알려져 있다(Salthouse et al. 1990). 인지적 예비력은 연구가 초기 지능과 낮은 인지 능력 저하 간의 강한 연관성이 있다는 결과에 기초한다. 예를 들어, 수녀 연구(Snowdon et al. 1999)로 알려진 장기 프로젝트는 정기적으로 인지 및 의학적 검사를 받고, 사망한 후 뇌를 기증하여 추가 연구와 분석을 하기로 동의한 678명의 로마 가톨릭 수녀를 추적 연구한 것이다. 연구자들은 수녀원에 처음 들어왔을 때 개념의 복잡성과 정교함을 가리키는 '아이디어 밀도(idea density)'가 더 높은 사람들이 언어학적으로 덜 정교한 사람들보다 중년에 계속해서 더 높은 정신적 능력을 가지고 있다는 것을 발견했다. 그들은 또한 노년에 인지적 감소도 덜 보였다. 사후 뇌 부검 결과, 일부 수녀의 뇌에서 알츠하이머병의 특징인 플라크(plaques)가 검출됐으나, 생존 시 그들은 기능상 알츠하이머병 증상은 거의 나타나지 않았다.

차등보존 가설(Salthouse et al. 1990)은 정상 노화 중인 성인은 정신적인 활동을 계속함으로써 안정적인 인지 기능을 유지할 수 있다는 것이다. 우리가 신체적인 건강을 유지해야 하듯이, 정신적으로도 건강을 유지하는 것이 중요하다. 정신적으로 도전을 하면서 사는 것은 정신적인 기능이 계속 잘 작동하도록 할 수 있다.

어떤 이론이 더 정확한지에 관한 절대적인 답이 없고, 노화에 관해 확실하게 장담할 수 있는 것도 없지만, 우리는 삶의 모든 시기에 정신적 능력을 훈련하고 확장하는 것은 손해 볼 것이 거의 없다. 이 책에 포함된 많은 연습 훈련들은 건강한 노화를 돕는 뇌의 기능을 보존하고 연장하는 데 도움이 될 수 있다.

뇌의 변화

기능상에서 변동성이 있듯이, 뇌의 변화 또한 사람마다 크게 다르다(Johansson 1991). 그러나 몇 가지 구조적 변화의 추세는 존재한다. 무게와 부피 면에서 뇌의 크기는 시간이 지남에 따라 감소한다. 한 가지 통념은 우리가 나이가 들면서 많은 수의 뉴런들이 죽는다는 것이다. 그러나 새로운 영상 촬영법을 사용하여 분석한 후는, 과학자들은 정상적인 노화의 경우 뉴런 수가 비교적 일정하게 유지된다고 본다. 뇌 크기가 감소하는 이유는 개별 세포가 작아지기 때문이다. 따라서 대뇌피질이 얇아지는 것은 단순히 세포의 수축 때문이지 세포의 손실 때문이 아니다(Haugh 1985). 나이가 들면서 고생하는 것처럼 보이는 중요한 부분은 전전두피질인데, 이것은 유동 지능의 손실을 어느 정도 설명할 수 있다(Esiri 1994).

비록 뇌의 어떤 부분은 나이가 들면서 변하지만, 다른 부분들은 여전히 튼튼하다. 노인을 대상으로 한 PET 스캔 결과 대뇌의 대사(metabolism)가 비교적 일정하게 유지되는 것으로 나타났다(Breedlove, Rosenzweig, and Watson 2007).

환경적 요인은 뇌의 노화를 어느 정도 초래할 수 있다. 장기간의 스트레스는 뇌를 유의미하게 노화시키고(Epel et al. 2004), 해마를 수축시키는 것으로 나타났다(Lupien et al. 1998). 그러나 운동은 인지 과제에 대한 성과를 높이고 뇌 밀도를 증가시키는 것으로 나타났다(Colcombe et al. 2003). 명상은 또한 스트레스 감소뿐만 아니라 주의력 관련 부위에서 피질이 얇아지는 것을 늦추는 것으로 밝혀졌다.

노화성 장애

정상적인 노화는, 비록 우리가 설명한 몇몇 증상들과 뇌 변화를 가지고 있지만, 장애로 간주되지 않는다. 운동과 정신적인 도전을 하는 건강한 생활방식을 통해 정상적인 삶의 질을 유지할 수 있다. 그러나 정상적인 노화에서 쇠약해질 수 있는 기능을 더욱 악화시키는 특정한 행동 장애 및 뇌 질환이 생길 수 있다.

치매는 집행 기능과 언어를 포함한 인지, 기억력에 대한 광범위한 손상, 사회적 기술 및 업무 능력의 저하, 혼탁한 의식이 동반되는 일련의 행동 증상을 기술하는 용어이다.

또한 치매는 결함이 생긴 뇌 부위에 따라 분류된다. 크게 두 가지로 분류할 수 있는데, 피질치매와 피질하치매이다. 어떤 분류에 해당하는지 알면, 예상되는 행동, 인지, 감정적 변화의 특성을 상당히 잘 알 수 있다.

알츠하이머병(Alzheimer's Disease: AD)은 대뇌피질의 주요한 부위를 수축시키기 때문에 피질치매로 간주된다. 이러한 뇌 영역을 상실한 사람에게 예상되는 것처럼, 기억력이 심각하게 손상되어 의미 지식과 선언적 장기기억이 와해된다. 흥미롭게도, 단기기억력은 언어 능력과 함께 상대적으로 보존된다. AD는 또한 해마와 편도체와 같은 일부 피질 하부 구조를 공격한다. 대부분의 피질 손상들은 피질의 연합 영역과 연결된 경로에서 발생한다. 피질 손상은 시각-공간적 기능의 상실에 반영된다. AD 환자들은 종종 길을 잃거나 자신이 어디인지 모르기도 하는데, 심지어 익숙한 지역을 돌아다닐 때도 그렇다. AD는 또한 많은 신경전달물질 시스템에 영향을 미친다. 아세틸콜린(Ach), 카테콜라민, 글루타메이트, 신경펩타이드 등 널리 퍼져 있는 신경전달물질의 양적인 감소를 보인다. 신경전달물질 감소에 동반되는 뇌 손실은 지능의 전반적인 감소를 설명한다. AD 환자들은 자신의 기분을 조절하고, 목표에 주의를 기울이고, 집행 기능을 발휘하기 어렵다. 종종 좋은 특성이든 나쁜 특성이든 성격적 특성이 더 뚜렷해진다.

피질하치매는 파킨슨병(Parkinson's Disease: PD)과 헌팅턴병 등을 포함한다. PD는 기저핵의 흑질에서 도파민이 심하게 줄어든 결과이다. PD 환자들은 기저핵의 기능,

특히 시상(thalamus)과 관련된 기능에 결손이 생긴다. 증상은 어느 연령대에서든 환자가 도파민 수치 50~80% 이하로 떨어질 때 두드러지게 나타난다.

기저핵이 움직임을 통제하기 때문에, PD 환자들은 운동상의 문제가 있다. 환자들은 시간이 지남에 따라 점차 악화되는 통제되지 않는 작은 떨림 움직임과 함께 안정 시 떨림(resting tremor)을 보인다. 또한 근육과 관절에 불수의적인 강직이 진행된다.

PD는 시각–공간적 과제에도 어려움을 겪는데, 특히 운동과 관련된 경우 그렇다. 이러한 결손은 AD와 같은 피질치매와는 다르다. 질병으로 인한 것이 아니라 치료로 인하여 기분 문제를 겪을 수 있는데, PD 환자들이 다른 만성적인 문제를 가진 사람들보다 더 많은 우울증을 겪는 경향이 있다.

신경과학은 PD 환자를 위한 전망이 좋은 새로운 뇌 치료법을 발전시켰다. 도파민을 수용하는 세포들을 기저핵의 도파민 생산 영역으로 이식하는 것은 제약이 있기는 하나 성공을 거두었다(Lindvall et al. 1994).

최근의 혁신은 심부 뇌 자극(Deep Brain Stimulation: DBS)이다. DBS는 수술로 이식된 배터리로 작동되는 신경 자극기를 사용하여 기저핵의 표적 부위에 전기 자극을 전달하여 PD 증상을 유발하는 신호를 차단한다. DBS는 시상하부 핵을 표적으로 삼는다. 떨림을 극적으로 진정시키고 근육 경직을 완화시킬 수 있으며, 기분도 개선할 수 있다(Deuschl 2009).

🔆 결론

뇌 발달과 환경적 영향은 대립되면서 상호 영향을 주고받는 요인으로 함께 작용한다는 것은 분명하다. 반복적인 변화 과정과 반복되지 않는 변화 과정은 생애 주기를 거치면서 계속 진행된다. 치료적 노력은 성장기에서는 더욱 발전하도록 돕거나, 노화 시기를 편하게 지나도록 도움이 되는 변화를 가져오는 데 가장 필요한 성장을 촉진한다. 발달상 결함을 바로잡는 것도 성장을 촉진하는 중요한 한 방법이다. 다음 장에서는 신경가소성에 대해 훨씬 더 많은 가능성을 밝힐 것이다.

제13장

신경가소성과 신경발생: 시시각각의 변화

신경가소성(neuroplasticity)은 신경 경로, 연결 및 기능을 재구성하는 뇌와 신경계의 능력이다. 그것은 수정 시부터 생후 몇 년 동안, 뇌 발달 과정에서 급격히 일어난다. 앞서 제12장에서 십대 때와 노화와 같은 이후의 발달 단계에서 어떻게 신경가소성이 발생하는지 살펴보았다.

그러나 신경가소성이 경험에 반응하여 발생하는 경우, 심리치료에서도 중요하다. 경험에 기반한 신경가소성은 평생 그리고 다양한 상황에서 일어날 수 있다. 그것은 긍정적이고 확장하는 것일 수도 있고, 부정적이며 제약적인 것일 수 있다. 우리는 PTSD, 주요 우울 및 경계선 성격장애를 포함한 많은 심리적 장애에서 발견되는, 스트레스와 관련된 부정적인 신경가소성을 알고 있다(Sala et al. 2004). 이 문제로 고통받는 사람들은 해마에 위축을 보인다. 심리치료는 이러한 부정적 결과를 회복하게 도울 수 있다. 해마는 또한 정상적인 것보다 커지는 긍정적인 신경가소성 작용을 겪을 수 있다. 런던의 택시 운전사에 대한 흥미로운 연구에서, 보통의 버스 운전사와 비교했을 때 택시 운전사의 해마가 큰 것을 발견했다(Maguire et al. 2000). 택시 운전사가 새로운 위치로 이동하는 데 더 많은 시간을 소비한다는 것으로 설명할 수 있다. 해마의 기능 중 하나는 공간상 우리의 위치를 찾는 것과 관련이 있다.

다른 연구들에서는 해마의 성장이 기능의 증진으로 촉진될 수 있다는 것을 밝혔다. 노인들은 3개의 공을 저글링하는 훈련을 받았다. fMRI 측정 결과, 기술 획득과 관련된 회색질이 증가할 뿐만 아니라 측좌핵(nucleus accumbens: 도파민 시스템의 일부)과 해마가 커지는 것을 발견했다(Boyke et al. 2008). 성장은 종종 기능 향상과 상관관계가 있기 때문에 수축이 기능 감소와 관련이 있는 것처럼, 우리가 새로운 성장을 촉진할 때는 우리가 내담자들로 하여금 그들의 기능을 향상하도록 돕는 때일 가능성이 크다.

우리가 경험하는 것으로부터, 뇌가 변화할 수 있는 능력을 가지고 있다는 사실은 생각과 감정뿐 아니라 뇌의 구조와 기능에도 중요한 변화를 만들 수 있는 우리의 능력에 큰 희망을 준다. 우리는 우리가 하는 행위로 우리의 삶과 뇌를 더 좋게 만들 수 있다. 그리고 우리는 어떤 연령이라도 그렇게 할 수 있다!

> 사실, 지속적인 리모델링이 뇌의 중요한 특징 중 하나라는 것은 이제 분명하다. 뇌의 변화와 행동의 변화 사이의 관계가 양방향이라는 증거는 현재 풍부하다. 경험은 또한 신경 구조를 바꿀 수 있다. 이 가소성은 평생, 배아의 발생부터 노령까지 계속되는 신경계의 특징이다 (Breedlove et al. 2007, p. 605).

우리가 어떻게 뇌 변화를 촉진할 수 있는지에 대한 이러한 새로운 이해를 통해 신경과학이 타인을 돕는 직업과 밀접해진다. 우리가 내담자 및 환자들과 함께 하는 작업은 신체적인 것을 포함한, 다양한 수준에서 차이를 만들 수 있다. 그래서 이 장에서는 신경가소성을 어떻게 연구해 왔는지, 무엇을 발견했는지, 그리고 경험이 신경가소성을 유발하는 방식에 대한 세부 정보를 다룬다. 이어지는 장들에서는 뇌를 긍정적으로 변화하도록 촉진하기 위한 방법과 기법들을 제시할 것이다.

💡 신경가소성 연구 방법

　가소성 연구는 종종 세 가지 유형의 정보를 포함한다. 일부 연구자들은 어떠한 외부 자극이 없는 상태에서 주어진 시간 동안 뇌가 어떻게 기능하는지에 대한 그림을 얻으려고 노력해 왔다. 이 연구는 종종 생물화학 또는 전기적 상호작용으로 보이는 두 뉴런 사이의 상호작용에 대한 데이터를 관찰하는 방식으로, 단일 뉴런 수준에서 수행된다. 다른 사람들은 뇌에 대한 입력으로서 경험들이 특정한 뉴런 상호작용을 변화시킬 때 어떤 일이 일어나는지에 초점을 맞추었다. 예를 들어, 세포에서 특정한 활동을 하면, 경험이 어떻게 화학적인 채널, 시냅스, 뉴런 자체에서 오래 지속되는 변화를 야기하는가? 결국, 경험적 정보를 받아서 뇌의 기능이 이전과 어떻게 달라지는지, 과학자들은 질문하는 것이다.

신경가소성에 대한 미시적 관점

　신경가소성은 시냅스 사이의 연결이 변화할 수 있는 뇌의 능력으로 특징지어져 왔다. 분자 및 세포 수준에서 학습과 기억에 대한 연구들은 시냅스에서 어떻게 가소성이 발생하는지 밝혀냈다. 신경은 특정한 유형의 경험의 결과로 시냅스 연결의 강도와 구조를 변조하는 능력을 가지고 있는 것 같다. 이것이 바로 가소성에 관한 연구 중 많은 연구가 뉴런 수준에서 행해지는 이유이다.

　어떻게 이러한 변화가 일어나는가? 신경은 번식하지 않는다. 오히려 뇌에는 신경발생을 하는 신경줄기세포가 있다. 우리가 갖게 될 모든 뇌세포를 이미 가지고 태어났다는 식의 과거 패러다임은 그다지 정확하지 않다. 대부분의 신경발생은 발생 과정 중에 일어나지만, 그것은 일생 동안 어느 정도 계속 일어난다. 그리고 가지치기는 모든 시기에 일어난다. 즉, 뇌는 사용되지 않는 불필요한 연결과 세포를 죽게 한다. 따라서 우리는 가지치기하는 대상과 방식을 통해 언제든 신경발생을 증진한다.

　시냅스에서 일어나는 일을 연구하는 한 가지 방법은 가장 단순한 사례를 보는 것이다([그림 13-1]). 해양 연체 동물인 군소(Aplysia)와 같은 단순한 무척추 동물을 연구함으로써 많은 것을 알게 되었는데, 그 이유는 뉴런이 비교적 크고 개수가 적기

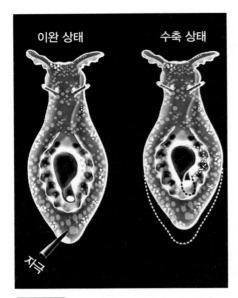

이완 상태   수축 상태

자극

그림 13-1 군소의 학습: 아가미 수축 반사

때문이다. 군소는 아가미 수축 반사작용을 통해 단순한 학습이 이루어진다. 진화론에서 관찰되었듯이, 단순한 유기체와 복잡한 유기체 모두 동일한 메커니즘을 이용하는 본성이 있으며, 군소에서 관찰된 시냅스 메커니즘의 많은 부분이 인간의 뇌에서도 작용하고 있다. 둘 간의 차이는 종류의 차이라기보다는 수적인 차이이다. 이 단순한 뇌 연구를 통해 과학자들은 기억과 학습을 조작하는 통제된 실험을 수행할 수 있었고, 시냅스에서 일어나는 가소성을 관찰할 수 있었다.

시냅스상에서 오래 지속되는 변화가 일어나기 위해서 유전자 발현이 필요하다는 것이 연구에서 나타난다. 사람들은 그 과정이 주로 세포 핵에서 일어난다고 생각하곤 했다. 처음에는, 사람들은 단백질이 세포에 합성되어 뉴런의 다른 부분으로 이동된다고 믿었다. 그러나 Steward와 Levy(1982)는 이 과정에 시냅스도 포함될 가능성을 인식하도록 이끌었다. 후속 연구 결과, 어떤 면에서는 세포들이 광범위하게 생각하면서도 국부적으로 행동한다는 것이 밝혀졌다(Shen 2003). 가소성의 메커니즘에는 시냅스상 단백질의 국부적 합성이 포함되어 있다. 이는 신호가 시냅스에서 생성된 뒤 핵으로 이동할 수 있다는 의미이다. 핵에 한번 들어가면, 그 신호는 유전자 발현 과정에 변화를 만든다. 그리고 그 신호는 새로운 유전자 정보와 함께 시냅스로 되돌아가 시냅스의 강도에 영구적인 변화를 일으킨다. 군소의 시냅스 가소성의 일부 메커니즘에는 새로운 시냅스 연결의 성장을 유도하는 전령 RNA(messenger RNA) 및 단백질의 합성이 포함된다(Martin et al. 2000). 시냅스에서 발생하는 가소성을 통해, 신경발생의 잠재성이 이전에 믿었던 것보다 훨씬 더 큰 이유를 더 명확하게 알게 되었다(Martin and Zukin 2006).

이 연구는 우리 모두에게 지식을 즉각 관찰할 수 없을 때에도 열린 마음을 유지하는 교훈이 될 수 있다. 연구자들이 그들의 관심을 시냅스로 돌렸듯이, 때로는, 남들보다 앞서 다른 분야를 찾아보는 것은 완전히 새로운 잠재력의 세계를 여는 것이다.

🧠 발견의 역사

Donald Hebb과 함께 이 용어를 다듬은 것으로 알려진 파블로프의 제자 Jerzy Konorski(1903-1973) 등 신경가소성의 아이디어를 생각해 낸 공로를 인정받은 사람들이 많다. 그렇지만 E. L. Thorndike와 William James와 같은 초기 심리학자들 또한 이 생각에 대해 언급했다. 따라서 그 개념에는 다른 배경의 많은 주창자들로 이루어진 풍부한 네트워크가 있고, 그들의 아이디어는 현재 뇌의 변화 잠재력에 대한 이해를 풍요롭게 할 비옥한 연구의 토대 위에 모였다.

William James는 우리가 가진 습관은 뇌의 가소적 특성 때문에 생겨난다고 믿었다. 우리가 형성하는 습관은 신경가소성의 결과물이다. 그는 다음과 같이 말했다.

> 그렇기에 가소성은 넓은 의미에서 영향력에 굴복할 만큼 약하지만, 동시에 쉽게 굴복하지 않을 만큼 강한 구조를 가졌다는 것을 의미한다. 그러한 구조에서 비교적 안정된 평형 단계는 우리가 새로운 습관이라고 부르는 것으로 특징지어진다. 유기물, 특히 신경조직은 매우 뛰어나게 높은 수준의 가소성을 지닌 것 같다(James 1896, p. 105).

James는 신경과학의 현대적 방향을 미리 구상했다. 그는 우리가 취하는 행동과 뇌 사이의 인터페이스를 인식하여, 제3장에서 설명한 Hebb의 견해로 이어졌고, 뉴런들이 함께 발화될 때 함께 묶이도록 배선된다는 것을 알았다. 그러나 James의 직관은 바로 받아들여지지 않았다. 신경가소성 개념이 수용되기까지 100여 년 전 James의 낙관적인 발언 이후 파란만장한 이력이 있다.

초기 발전

1861년 Paul Broca(1824-1880)가 처음으로 음성을 매핑시키기 위해 뇌의 특정 영역을 찾았을 때, 연구원들은 특정 기능과 관련이 있을 수 있는 다른 뇌 영역의 검색을 열렬히 찾았다. 이후 1876년 Carl Wernicke는 브로카 영역에서 언어 이해를 담당하는 영역을 발견했다.

Korbinian Brodmann은 뇌를 브로드만 영역(Brodmann Areas: BA)으로 알려진 52개 별개의 영역으로 나누었다. 이러한 초기 발견에 관해서는 제1장을 참조하라.

뇌의 영역을 지도화하는 작업을 하던 과학자들은 운동으로 방향을 틀었다. 움직임은 관찰될 수 있으므로 연구 가능한 분야였다. 20세기 초 연구자들은 동물의 뇌에서 뇌의 특정 부위를 시뮬레이션하고 동물이 어떻게 움직이는지를 관찰함으로써 움직임 지도를 그리기 시작했다. 그들이 개인차가 얼마나 큰지를 밝힌 것은 놀라운 발견이었다(Brown and Sherrington 1912).

Sherrington은 움직임의 신경 지도의 차이가 동물의 움직임의 역사를 반영하는 것이라는 가설을 세웠다. 반복되는 습관적인 움직임은 동물의 운동피질에 물리적 흔적을 남겼다. Sherrington은 그의 유명한 인용문에서, 뇌는 "매혹적인 방직기이고, 그 안에 수백만 개의 번쩍이는 북실통이 항상 의미 있는, 하지만 계속 변화하는, 패턴을 담아 엮어 낸다."(Sherrington 1906, p. 110)라고 하였다.

또 다른 신경학자인 S. Ivory Franz(1874-1933)는 짧은 꼬리 원숭이의 운동피질의 움직임 지도를 비교한 결과, 지도가 개인차가 있음을 발견했다. 그는 이러한 차이가 각자 다른 운동 습관의 결과라고 가정했다(Bagley 2007).

Karl Lashley(1890-1958)는 처음에는 각 뇌가 발달 초기에 치료되어야 한다고 기대하며, 개인 간의 차이가 선천적인지 여부를 시험하기 시작했다. 그러나 그의 연구 결과, 당연히 개인차들이 다양한 경험, 즉 신경기능상 가소성에 기인한다는 것을 밝혀냈다.

침체기

신경과학의 아버지이자 노벨상 수상자인 Santiago Ramon y Cajal(1852-1934)이 신경과학의 일반적인 기준을 세웠다. 그는 신경발생이 무엇을 할 수 있고 할 수 없는지에 대해 자세히 설명했다. 그는 초기 발달에서 뇌는 가소적이고 변화한다고 단언했다. 그러나 개인이 특정 연령에 도달하면 변화의 잠재력은 사라진다. "성인의 신경중추에서 신경 경로는 고정되고, 끝이 나고, 불변하는 것이다. 모든 것이 죽을 수도 있고, 어떤 것도 재생성되지 않을 수도 있다."(Zigova et al. 2003, p. 231) 이에 성인의 뇌에서 새로운 뉴런의 탄생은 불가능하다고 여겨졌다.

Thorndike와 Hebb(1904-1985) 등을 비롯한 심리학자들이 시냅스상 가소성에 관한 아이디어를 제시했지만, 신경과학자들은 기능이 고정되어 그다지 변하지 않는 뇌 조직의 명확한 그림을 만드는 과정을 계속했다. 따라서 가소성과 관련한 초기 발견의 대부분은 무시되었다.

1960년대와 1970년대까지만 해도, 뇌는 컴퓨터의 하드웨어와 유사하게 생각되었다. Hubel과 Wiesel(1962)은 일단 결정적 발달이 끝난 후에는 시각피질의 가장 아래 영역인 V1의 안구 우위 칼럼(ocular dominance columns[1])의 대부분이 변하지 않는다는 것을 증명함으로써 이 아이디어에 공헌했다. 이러한 환경에서 뉴런이 초기 형성 기간을 뛰어넘어 새로운 연결 고리를 형성할 수 있다는 가능성을 생각하기가 어려웠다. 불과 몇 십 년 전만 해도 발달 기간이 지나면 뇌 하부와 신피질이 변화하지 않는다는 게 일치된 의견이었다.

손상 이후 가소성

그러나 일부 과학자들은 이 한계를 받아들이려 하지 않았다. MIT 신경과학자인 Joseph Altman은 추적기를 주입한 뒤 쥐와 기니피그의 뇌를 촬영했다(Altman 1967). 그는 새로운 DNA를 발견했는데, 이것은 신경발생이 정말 일어난다는 것을 알려주었다.

움직임 연구가 가소성을 연구하기 위한 논리적인 초기의 선택이었지만, 또 다른 유형의 가소성 연구들은 체감각 시스템에 관해 이루어졌다. 체감각 연결은 관찰될 수 있다. 한 연구자들 집단은 손가락에서 오는 정보를 처리하는 뇌 영역을 변화시킬 수 있는지 알아보기 위해 원숭이들에게 새로운 감각 경험을 주었다(Jenkins et al. 1990). 그들은 우리 근처에 4인치 크기의 홈이 파인 디스크를 놓고 원숭이들이 디스크가 돌 때 손을 갖다대도록 훈련시켰다. 그 동물들은 딱 맞는 압력을 가하였을 때 디스크가 회전하고 바나나 조각의 보상을 받을 수 있다는 것을 알게 되었다. 피질 지도를 전후 비교해 변화를 발견하였는데, 손가락에서 신호를 받는 뇌 부위가 4배 더 커졌다. 이것은 행동이 뇌 구조상 유의미하고 측정 가능한 변화를 가져올 수 있

---

[1] [역자 주] 한쪽 눈에서의 시각정보가 우세하게 투사되는 기둥모양의 기능적 단위

다는 증거였다.

또 다른 기술은 구심로차단(deafferentation)이라 알려진 것으로, 성체 원숭이의 신체 일부, 즉 가운데 손가락과 같은 부위의 신경 연결을 차단시켰다. 처음에 연구원들은 일단 신경이 절단되면 피질 부위가 정지(shutdown)될 것이라고 예상했다. 하지만 실제로는, 세 번째 손가락에 집중된 피질 부위가 기능을 멈추지 않는다는 결과를 얻었다. 대신, 두 번째와 네 번째 손가락 영역은 이전에 세 번째 손가락에 반응하는 데 사용되었던 피질 영역으로 이동했다. 또한 성인 영장류에서 광범위한 장기 구심로차단 후 피질 지도가 예상했던 것보다 훨씬 더 많이 변화한 것을 발견했다(Pons et al. 1991). 손가락의 작은 구심로차단과 팔의 큰 구심로차단을 이용한 것과 같이 많은 유형의 실험들은 피질 가소성의 범위를 재평가할 필요성을 알려 주었다.

성인기 체감각 피질의 가소성을 해석하는 몇 가지 방법이 있다. 한 손가락에서 다른 손가락으로 넘어가는 것과 같은 소규모의 변화가 일어났을 때, 기존의 시냅스 연결은 재배치되었을 것이다. 이러한 변화가 불과 2~3mm의 작은 거리에 있었기 때문에, 연구자들은 아마도 실질적으로는 새로운 성장이 없었을 것이라고 추측했다. 대신에, 어떤 시냅스는 강화되고 다른 시냅스는 약화될 것으로 보았다. 그러나 대규모로 원숭이 팔의 신경을 차단한 연구에서, 훨씬 더 큰 피질 영역이 재편되었다. 이러한 변화는 새로운 축색 성장의 결과일 가능성이 더 높다. 또 다른 가능성 있는 설명은 시상 또는 척수에서 피질하 영역에 이르기까지, 피질하 부위의 변화가 결국 피질의 변화를 초래한다는 것이었다(Jain et al. 2000).

이 연구 결과는 뇌졸중을 겪는 인간 대상자들에 대한 연구에 영감을 주었다. 과거에는 뇌졸중 환자들은 손상된 뇌 부위가 회복될 수 없다고 가정했기 때문에 치유가 될 것이라는 희망을 거의 갖지 못한 채 영구적인 기능 상실이 되는 것을 체념할 수밖에 없었다.

동물들의 구심로차단 기법으로 실행된 연구와 손상된 뇌 영역에서 보인 상당한 가소성을 바탕으로, 연구자들은 제약요법(Contraint Therapy: CI)을 사용하여 한 팔이 마비된 증상을 가진 뇌졸중 환자들을 치료하는 방법을 개발했다. 연구에 참여한 뇌졸중 환자들은 54~76세였다. 그들의 치료는 하루에 3시간씩 연속 10일 동안 '괜찮은' 팔을 제약하여 증상이 있는 팔을 사용하도록 하는 것이다. 피실험자들이 일상생활에서도 효과를 볼 수 있도록 하기 위해 이것을 매일 30분씩 지속하는 '적응 패

키지(transfer package)'와도 결부시켰다. 이 연구는 환자들이 손상된 팔의 사용 능력
을 향상시켰을 뿐만 아니라, 아픈 팔에 해당하는 감각 및 운동 영역(1차 및 2차 피질
모두)에서 회색 물질의 측정 가능한 증가와 오른쪽과 왼쪽 해마의 증대도 보여 주었
다(Gothier et al. 2008).

풍요에서 오는 가소성

가소성을 이해하기 위한 또 다른 접근법은 그것을 유발하는 과정에 관한 연구에
기반한다. 풍요로운 환경은 발달하는 뇌에 긍정적인 영향을 미칠 수 있다. William
T. Greenough는 수많은 실험에서 탈 수 있는 사다리와 쳇바퀴가 있는 환경을 제공
받은 쥐는 그렇지 못한 쥐를 비교했을 때 빈약한 환경에 사는 동물들보다 뇌피질이
두꺼워졌다는 것을 보여 주었다. 이러한 차이점들은 동물들의 행동에도 반영되었
다. 그들은 부족한 환경에서 자란 쥐들보다 미로와 같은 학습 과제를 더 잘 수행할
수 있었다. 시냅스 연결은 더 촘촘해졌고, 수상돌기는 더 복잡하게 가지를 뻗어 나
갔다. 게다가 동물들이 결핍된 환경에서 더 풍요로운 환경으로 옮겨졌을 때 신경발
생이 급증하였으며, 특히 학습과 기억과 연관되는 해마의 치상회(dentate gyrus) 영
역에서 변화가 나타났다(Greenough et al. 1987; Briones et al. 2004). 과학자들은 심지
어 유전적인 유형의 지적장애를 가진 쥐들이 풍요로운 환경에 놓였을 때 행동과 신
경상 이상성(abnormalities)이 꽤 치유되는 것을 발견했다(Restivo et al. 2005).

Greenough의 동물 연구를 바탕으로, Fred Gage는 풍요로운 환경이 성체 쥐에게
미치는 영향을 실험했다. 그는 전형적인 실험실의 결핍된 환경에서 자란 성체 쥐를
45일 동안 풍요로운 환경으로 보냈다. 이 비교적 짧은 기간에 이 쥐들의 해마 속 뉴
런 수는 전형적인 실험실 우리에 남아 있던 대응 표본의 쥐들보다 훨씬 더 많았다
(Kuhn et al. 1996). 즉, 성체 뇌도 적절한 환경 자극을 받았을 때 신경생성을 보였다.

Gage는 또 다른 흥미로운 발견을 했다. 그는 자발적으로 쳇바퀴를 도는 쥐들이
물탱크에서 운동하도록 강요당한 쥐들보다 더 지능적으로 행동하는 것 같다는 것
을 발견했다. 그는 학습 실험들에서 더 나은 수행을 하는 것이 신체 활동 그 자체가
아니라, 의지를 가지고 하는 신체 활동과 관련된다고 가정했다(Bagley 2007).

인간 뇌의 신경가소성

많은 사람들은 여전히 동물의 가소성에 대한 발견이 인간의 뇌에 적용될 수 있을 지에 대해 회의적이었다. 회의론의 근거는 인간의 뉴런은 수천 가지의 상호 연결이 되어 있어서 어떤 유형의 세포 분화를 이루기에는 너무 복잡해 보인다는 것이다. 더 구나 해마와 같은 뇌 구조가 신경발생을 하면 기억이 불안정해지고 장기기억을 유 지하기가 어려워질 수 있다고 생각하는 사람도 있었다. 좀 더 설득력 있는 설명은 뇌가 컴퓨터, 즉 변화할 수 없는 일종의 고정된 배선 구조 같다는 것이었다.

따라서 인간에게 신경발생이 일어나는지 여부를 실험할 필요가 있었다. 물론 실 험용 동물에 쓰이는 방사성 표지자(marker)를 사람에게 주입해 뉴런의 변화를 관찰 할 수는 없었다. 그러나 Gage는 종양의학과 환자에게 암세포의 새로운 성장을 추 적하기 위해 표지자로 분자 BrdU가 이미 사용되고 있다는 것을 알게 되었다. 세포 분화가 일어나는 세포는 BrdU 분자를 합성하기 때문에 신경발생은 세포가 어디에 있든지 확인될 것이다.

Gage와 Eriksson은 BrdU로 종양을 관찰하던 말기 환자의 협력을 얻어냈다. 이 환자들은 사망 후 Gage의 연구소에 뇌 조직을 기증하기로 동의했다. 50대 후반에 서 70대 후반의 나이에 해당하는 이 환자들의 해마에서 신경발생이 일어났음을 확 인하였다. 이 연구 결과는 신경발생이 쥐, 생쥐, 원숭이의 뇌뿐만 아니라 인간, 심지 어는 노년기에서도 발생한다는 것을 보여 주었다(Gage et al. 1998).

재배치

가소성은 또한 무언가가 잘못될 때 어떤 일이 일어나는지 관찰함으로써 연 구되었다. 신경가소성 손상의 효과를 연구한 한 저명한 과학자는 Vilayanur S. Ramachandran이다. 그는 사람들이 왜 환지통(phantom limb pain), 즉 마치 절단되 어 없어진 사지 부위에서 느껴지는 듯한 고통을 겪는지에 궁금증이 생겼다. 이 불가 사의한 느낌은 다리가 절단되고 수술 치료가 성공적으로 이루어진 지 한참 후까지 계속해서 사람들을 괴롭혔다. Ramachandran은 이들이 계속해서 감각을 느끼는 이 유는 성인 뇌의 신경가소성 때문이라고 제안했다.

뇌는 체감각 영역에서 신체를 표상한다. 일차운동피질의 호문쿨루스(homunculus; [그림 8-6] 참조)를 기억해 보라. 두정엽에도 유사하게 감각 입력을 처리하기 위한 신체 지도가 있는 감각피질이 있다. 예상할 수 있듯, 뇌에서는 손으로부터의 입력이 팔로부터의 입력 바로 옆에서 처리된다. 하지만 이 바로 옆에는 얼굴이 표상된다. 절단 후, 환자들은 얼굴이 자극을 받았을 때 그들의 절단된 팔다리에서 감각을 경험했다. 이것이 Ramachandran으로 하여금 자신의 가설을 실험하게 만들었다. 그의 가정은 잃어버린 팔에 할당된 뇌 부위를 재배치하는 과정에서, 가장 가까운 영역인 얼굴을 표상하는 부위로 넘겨주었다는 것이다. 그의 연구는 실제로 팔과 손 영역이 얼굴 영역으로 넘어갔다는 것을 발견했다(Rmachandran et al. 1992).

재배치는 감각 체계에서도 발생한다. 태어날 때부터 귀머거리였던 사람들은 예상한 대로 청각피질 부위의 기능이 없는 것이 아니다. 비록 피질의 이 영역은 청각 자극에 반응하지 않지만, 그것은 뇌가 이 미사용 부분을 다른 무언가에 이용하기 위해 다시 연결되었음을 나타내며, 더 강하게 시각적 자극에 반응한다. 한 연구는 청각장애인 대상과 시각의 주변부에 전등이 깜박이는 동안 앞을 똑바로 바라보라는 요청을 받은 일반 대상자를 비교했다. 정상 피험자에 대한 EEG는 예상대로 시각피질에서 반응을 나타냈다. 청각장애인들은 청각피질에서 4배나 더 큰 반응을 보였다. 연구자는 청각피질이 시각적 반응을 민감하게 하기 위해 다시 연결되었다고 결론지었다(Bavelier et al. 2000). 흥미로운 점은, 주변 시각 경로(peripheral visual pathway)는 또한 어디 경로(where pathway)의 움직임과 위치를 담당한다. 청각장애를 갖고 태어난 피험자는 비청각장애인 피험자보다 운동에 더 민감했다. 그러나 두 피험자 모두 시야 중앙에 나타나는 시각적 자극에는 유사하게 반응했다. 빛이 망막의 중심에 제시된 신호는 앞선 경로와 다른 경로를 따라 이동한다. 이는 무엇 경로(what pathway)로 형태와 색에 민감하다.

새로움은 신경발생을 자극한다

Ernest Rossi는 유전자 발현 수준에서의 신경발생을 통해 신경가소성을 촉진하기 위해 새로움과 창의성을 활용해야 한다고 강력하게 주장한 사람이다. 유전자는 단독으로 존재하는 것이 아니다. 유전자는 환경, 그리고 유전자와 연관성이 더 큰, 뇌 기능과 역동적이고 비선형적인 관계를 맺는다. 그 유전자들은 인생 경험에서 얻는 정보에 능동적으로 반응한다. 이러한 변화들은 즉각적이고 순간적으로 일어날 수 있고, 수시간에서 수일에 걸쳐 일어날 수도 있고, 또는 수십억 년에 걸쳐 진화하며 천천히 효력을 발휘할 수도 있다.

생각, 감정, 행동이 유전자 발현에 영향을 미칠 수 있다. Rossi에 따르면, 의식은 새로이 생겨난 속성으로, "새로운 경험, 환경적 풍요 그리고 자발적인 육체적 운동 등의 의식적 경험이 유전자 발현을 조정하여 새로운 학습과 기억을 부호화할 수 있다"(Rossi 2002, p. 12). 활동 의존적인 유전자의 발현으로 알려진 이 과정은 문제를 극복하고 새로운 잠재력을 이끌어내기 위해 치료에 활용될 수 있다.

🔆 결론

뇌는 많은 면에서, 수차례 그리고 다양한 시점에 변화를 겪는다. 사실, 변화는 바로 뇌 본성의 핵심이다. 우리는 더 최적으로 기능을 개발하기 위해 모든 단계에서 새로운 경험을 계속해서 제공할 수 있다. 치료적 방법은 이 과정을 촉진할 수 있으며, 이어지는 장들에서 다룰 것이다. 그러므로 우리는 더 많은 것을 다루고, 더 나아질 것을 희망하면서, 치료자가 최선을 다할 수 있도록 할 것이다.

5

치료를 위해 뇌 기능 높이기

제14장   심리치료에 뇌를 통합시키기 위한 원칙

제15장   주의와 작업

제16장   정서의 조절

제17장   기억의 재응고화

제18장   사회적 뇌를 최대한 활용하기

지금까지 뇌의 구조와 기능, 뇌가 네트워크를 이루어 상호작용하는 방식, 시간에 따라 뇌에서 일어나는 변화 등 뇌에 대한 많은 것을 배웠기 때문에, 여러분은 이를 어떻게 사용할 수 있는지 알고 싶을 것이다.

심리적 문제는 상호작용하는 뇌-마음-몸-환경(brain-mind-body-environment) 네트워크의 문제라고 생각할 수 있다. 때로는 각각의 독특한 부분에서 단일성이 나타나기도 하지만, 부분들은 항상 더 큰 네트워크 속에 있다. 인드라망 안에 있는 보석을 생각해 보라. 그물의 이음새마다 보석이 있고 그 보석들은 서로 그리고 자신들이 만든 빛의 흐름과 상호작용한다. 각각의 개별적인 접근에서부터 나온 결과들이 있다. 이러한 관점을 유념하면, 적절한 기법을 선택하고, 특정한 기법이 전체 시스템에 어떤 영향을 미치는지 아는 데 도움이 된다.

제5부는 뇌에서 일어나는 과정을 치료에 통합하는 방법을 보여 준다. 제14장에서는 뇌 과학적 지식을 치료기법에 통합하도록 도와주는 핵심 원칙을 제시한다. 이후의 장들에서는 치료적 과정을 촉진하기 위해 내담자의 주의(15장), 정서(16장), 기억(17장), 대인관계(18장)를 향상시키는 방법을 안내한다. 주의, 정서, 기억은 모두 환경이나 다른 사람들과의 맥락 안에서 작용한다. 이들은 뇌 속에서 네트워크를 이루어 우리가 주의를 기울이고, 반응을 느끼고, 기억하고, 다른 사람들과 관계 맺을 수 있도록 함께 작동한다. 이 과정은 의식적 · 무의식적으로 일어날 수 있으며, 치료에는 두 방법을 모두 사용할 수 있다. 이후의 장들에서 설명할 내용처럼, 각각의 과정은 필요할 때 함께 작용하여, 뇌를 활성화 · 비활성화한다. 우리는 연습 형태로 된 예시된 기법들, 상세한 설명을 제공하는 사례들, 이를 적용하는 방법에 대한 아이디어를 보여 줄 것이다. 내담자의 개인적인 문제나 요구뿐만 아니라, 치료자로서 당신 자신의 접근 방식, 성격, 스타일에 맞출 수 있도록 이러한 기법들을 창조적으로 개별화할 것을 제안한다. 우리가 제시한 방법들이 당신의 작업을 혁신적으로 개선할 수 있는 영감을 줄 수 있기를 바란다.

제**14**장

심리치료에 뇌를 통합시키기 위한 원칙

신경과학은 심리치료에 중요한 영향을 미칠 수 있는 많은 새로운 발견들을 이루어 냈다. 신경계를 이해하고, 뇌가 어떻게 마음, 몸, 환경과 관계되는지를 이해한다면, 이를 치료기법에 응용할 수 있을 것이다.

새로운 뇌과학을 적용하여 치료기법을 확장할 수 있도록, 이 장에서는 몇몇 원칙들을 소개할 것이다. 여기서는 핵심 원칙의 개요만을 간단하게 살펴볼 것이며, 이후의 치료 부분에서는 심화 내용을 소개할 것이다. 각각의 내담자에게서 발생하는 모든 문제를 해결하는 데 도움이 되는 당신만의 기술을 만들어 낼 때, 다음의 원칙들을 명심하라.

☀ 치유 경향을 인지하기

I. 자연이 치유한다(natura sanat). 신경계도 그러할 것이다.

신경계는 마음, 뇌, 몸, 환경 사이에서 고도로 조직된 네트워크 내에서 정교하고 복잡하게 작용한다. 무언가가 잘 기능하고 있을 때에는, 필요로 한 것을 이미 모두 가지고 있다고 볼 수 있다. 유명한 선사인 임제스님은 제자들에게 종종 "잃어버린 것은 없다(Nothing is missing)."고 말했다. 많은 문제들은 신경계의 자기치유 능력을 이끌어 냄으로써 가장 잘 해결될 수 있다.

신경전달물질은 이 원칙의 좋은 예이다. 내담자들은 종종 우울이나 불안 때문에 정신약물치료를 받을 때, 자신의 몸에 부족한 신경전달물질을 먹는다고 생각한다. 실제로 신경계는 이미 신경전달물질을 만들어 내어 뇌 속 경로를 통해 신경전달물질을 전달하고 있다. 정서를 위한 세로토닌, 즐거움을 위한 도파민, 고통 감소를 위한 엔도르핀은 이미 뇌 안에 있다. 필요한 것을 우리는 가지고 있다. 이러한 과정이 중단되거나 막히면, 약물은 뇌를 자극해 다양한 방법으로 신경전달물질을 더 많이 만들어 내고, 신경전달물질이 시냅스 안에서 더 오래 머물러 충분히 공급되도록 한다. 그 결과, 신체 균형을 회복할 수 있도록 신경전달물질의 작용이 증가(필요하다면 감소)한다.

뇌에는 적절히 기능하고 균형을 찾을 수 있는 타고난 능력이 있음을 내담자에게 설명해 줌으로써 치료 과정을 원활히 할 수 있다. 신경계는 위협에 어떻게 반응할지, 위협 상황이 종결되면 어떻게 휴식으로 돌아올지를 알고 있다. 또한 신경계에는 좋아하는 것을 하며 즐거워하고, 좋은 음식을 누리고, 밤에 편안하게 자고, 가까운 관계에서 친밀감을 얻도록 하는 시스템이 구축되어 있다. 사람들은 종종 문제를 겪을 때 자신이 타고난 능력에 대한 믿음을 잃는다. 그리고 이러한 부정적인 예상은 변화하는 것을 방해한다. 우리는 신경계의 실제 능력에 기반하여 긍정적인 기대를 가질 수 있다. 마음을 진정하게 하는 명상이나 이완하게 하는 최면과 같은 간단한 훈련법을 내담자에게 가르쳐 줌으로써, 내담자가 변화를 체험할 실제적인 경험을 할 수 있다. 이후의 장들에서는 이러한 변화를 어떻게 가져올 것인지를 알려 줄 것이다.

🔅 다차원적으로 작업하기

2. 마음, 뇌, 신체는 2차원 이상의 네트워크로 함께 기능하기 때문에, 문제는 바로 그다음
지점이 아닌 다른 수준에서 다루어질 수 있다.

신경계는 몸 안의 내부 장기와 내분비계 및 사지의 바깥으로 확장된다. 이러한 상호 연결 또한 감정, 사고, 행동의 일부이다. 예를 들어, 두려움을 느낄 때에는 HPA 경로뿐만 아니라 변연계도 활성화된다. 쾌감을 느낄 때는 도파민이 분비되어 뇌의 보상 경로가 활성화된다. 생각할 때는 전전두피질이 더욱 활성화된다. 무언가를 할 때에는 운동피질과 기저핵이 관여된다. 제2장에서 논의하였듯이, 뇌와 마음 사이의 연결은 본질적으로 복잡하다. 그러나 상호 관계는 분명히 있기 때문에 이를 치료에 활용할 수 있다.

신경과학 연구는 마음, 뇌, 몸 사이의 상호 연관성을 알아내고자 한다. 한 영역에서 변화가 일어나면 시스템 전체에 파장이 일어난다. 예를 들어, 호흡을 바꾸면 만성적인 분노 패턴을 바꿀 수 있다. 또한 고요하고 느린 동작을 실행하는 것은 만성 우울증에 에너지를 가져올 수 있다. 과활성화된 변연계를 인지적인 방법으로 진정시킬 수 있다. 또한 정기적인 마음챙김 훈련을 통해, 몸과 마음에 스트레스를 가져오는 만성적으로 과활성화된 교감신경계를 진정시킬 수 있다.

많은 시스템이 함께 상호작용하기 때문에, 심리적인 문제에 대해 다양한 수준에서 접근할 수 있다. 한 영역에 저항이 있다면 다른 경로를 찾아보라. 예를 들어, 내담자가 생각을 바꾸는 데 어려움을 겪는다면 생각을 맑게 하는 명상이 도움이 될 수 있다. 또는 내담자에게 기분 저하가 계속된다면, 에너지를 높여 주는 요가 동작을 이용하라. 마음, 뇌, 몸은 서로 연결되어 있기 때문에 문제를 해결할 수 있는 방법은 항상 한 가지 이상이다.

☀ 신경가소성을 활성화하기

3. 뇌의 많은 구조와 기능은 가소적인 특성을 지니고 있어 변화할 수 있으므로, 뇌를 변화시킴
   으로써 겉으로는 견고해 보이는 패턴도 바꿀 수 있다.

최근의 가장 흥미로운 발견 중 하나는 뇌가 이전에 생각했던 것보다 훨씬 더 많이
변할 수 있다는 것이다. 제3부에서는 어떤 연령에서도 신경계의 많은 부분의 변화
가 일어날 수 있다는 것을 보여 주었다. 실제로 신경계를 구성하는 수십억 개의 뉴
런들이 서로 접촉하지 않고 있기 때문에 뉴런들 사이의 연결은 바뀔 수 있다. 뉴런
은 때로 예전에 했던 경험 때문에 함께 발화하도록 학습된다. 따라서 당신이 무엇을
하느냐에 따라 뇌를 변화시킬 수 있다.

우리는 치료를 통해 치유적인 방향으로 신경 발화를 촉진할 수 있다. 예를 들어
어떤 사람이 외상 경험을 하면, 새로운 기억이나 학습을 형성하고 공간에서 방향 탐
지를 하는 뇌 부위인 해마가 위축된다. 치료를 통해 외상을 해결하면, 해마는 다시
커질 것이다. 이러한 과정은 뉴런 간의 새로운 결합이 형성됨으로써 일어난다. 신
경가소성을 키울 수 있는 경험을 함으로써 이러한 과정을 촉진할 수 있다. 예를 들
면, 내담자가 새롭고 풍부한 경험을 할 수 있도록 하라. 명상은 알아차릴(awareness)
수 있게 하므로, 내담자는 집을 떠나지 않고도 예전에는 경험해 보지 못한 주변의
풍요로움을 발견할 것이다. 이는 또한 혼란스러운 생각에서 긍정적인 생각으로 주
의를 돌리는 훈련도 된다.

☀ 거기 있는 것을 사용하기

4. 뇌-마음-몸 네트워크는 중립적이며 다양한 기능을 갖고 있으므로, 내담자가 이미 가
   지고 있는 기능을 이용하여 작업을 시작하라.

내담자들은 보통 자신의 문제를 없애야 할 장애물로 본다. 신경계가 적응한 방식

이 내담자에게 효과가 없을지라도, 문제를 좀 더 중립적으로 볼 필요가 있다. 내담자가 이미 가지고 있는 뇌 과정을 이용하여, 거기에서부터 만들어 나가도록 돕는 것에서 시작할 수 있다. 내담자의 문제가 실제로는 내담자가 가진 잠재력의 씨앗이라는 것을 깨닫는 것이 필요하다.

신경계의 작용을 보면, 문제 상황은 오히려 더 나은 방향으로 변화할 기회를 주는 것일 수 있다. 대부분의 사람들은 스트레스를 문제로 여긴다. 하지만 스트레스를 받으면 신경계의 HPA 경로에서 위험을 다루기 위한 매우 적응적이고 유용한 반응이 생성된다. 신경계는 위협을 감지하면 즉시 안전과 생존에 어떤 반응이 가장 유리할지에 따라 투쟁, 도피 또는 동결(fight, flee or freeze)한다. 이 시스템이 구축되어 있지 않으면 우리는 위험 상황에서 다치거나 죽을 수도 있다. 이 시스템을 잘 활용함으로써 우리는 삶의 도전에 적절하게 대응할 수 있게 된다.

지속적인 위협이나 심리적인 문제 때문에 이러한 반응이 지속되면, 신경계가 계속 활성화되어 시스템에 스트레스를 줄 수 있다. 즉, 우리를 보호하는 바로 그 경로가 시스템에 스트레스를 주고 있을 수 있다. 하지만 스트레스가 항상 부정적인 것은 아니다. 때로는 높은 각성 상태를 유지하는 것이 저주가 아닌 축복인 때가 있다. 예를 들어, 전투에 임하는 군인이 높은 수준의 생리적 자극을 유지하는 것은 삶과 죽음 중에서 차이를 만들어 낼 수 있다.

비록 불쾌하고 귀찮은 것일 수 있으나, 정서와 습관은 중요한 목적을 제공할 수 있으며, 종종 치료의 씨앗을 가지고 있다. 우리는 폭넓은 정서를 느끼도록 연결돼 있다. 분노, 슬픔, 행복, 공포는 모든 문화의 사람들이 경험하는 보편적인 정서이다 (제16장 참조). 우리는 다른 사람들의 얼굴에서 정서를 인식할 수 있는데, 아마도 분노, 슬픔, 공포, 행복이 신경계 내에 구축돼 있기 때문일 것이다. 살아가면서 정서가 표현되고 느껴질 때, 정서는 우리가 더욱 잘 기능할 수 있게 해 준다. 감정을 인식하고 받아들임으로써 정서 반응은 더욱 건강한 균형을 이루게 된다.

신경계는 자연적인 반응을 차단하면 다른 경로를 택한다. 비슷하게, 우리가 정서 반응을 억제하면 다른 방식으로 나타난다. 종종 이러한 대체 경로는 정상적인 반응보다 더 문제가 된다. 거기에 있는 것에서 시작하라. 그리고 내담자가 처한 상황에서 마음과 뇌가 가장 좋은 균형점을 찾을 수 있도록, 자연스러운 기능으로 돌아가라.

Patricia는 20대의 젊은 여성이었다. 대학에 가고 싶었지만 등록하고 수업에 가는 데 필요한 과정을 밟아 갈 수 없었다. 근처 대학가에서 웨이트리스로 일했으나 불편감을 느꼈다. 그녀는 악몽 때문에 우리를 찾았다. 그녀는 괴물이 자신을 뒤쫓는 꿈을 꾸었고 두려움에 떨면서 깨어났다. 우리는 그녀에게 그 괴물을 거부하기보다는, 무언가를 말하려고 애쓰는 그녀 자신의 일부로 받아들이라고 권했다. 심리극 (psychodrama)에서 그녀는 괴물의 역할을 맡았고, 이를 통해 괴물들이 나타나는 이유와 필요를 알게 되었다. 그녀는 괴물이라 일컬어지는 것들이 사실은 그녀 자신의 분노를 표현하고 있음을 알게 되었다. 이것을 깨닫기 전에는 스스로에게 분노 감정이 있다는 것을 받아들이지 않았다. 그녀는 자신이 상냥하고 친절한 사람이라 분노가 자기 개념에 맞지 않다고 말했다. 우리는 그녀에게 분노조차 가르쳐 주는 것이 있다며 그녀가 느끼는 모든 감정을 경험할 수 있도록 격려했다. 분노 감정과 접촉하기 시작하면서, 그녀는 자신을 괴롭히는 어떤 것이 있다는 것을 깨달았다. 우리는 그녀가 느끼는 것을 표현하고 이야기해 보도록 격려했다. 이후 그녀는 남자친구와의 관계에서 변화를 겪었다. 남자친구는 Patricia와 함께 참여한 회기에서, 그녀가 화를 냈을 때 고마웠다고 말했다. 이제 어떤 것에 대해 의논하고 함께 해결할 수 있게 되었기 때문이다. 그리고 흥미롭게도, 그녀는 분노감에 접촉할수록 압박감을 덜 느꼈다. 더 이상 악몽을 꾸지 않았고, 더 나은 성격의 균형점을 찾았다.

시간이 흐르면서 Patricia에게는 대학에 다니고 싶어졌고, 대학에 입학하여 책을 사는 등 필요한 과정들을 밟기 시작했다. 그녀는 입학하자마자 좋은 성적을 거두었다. 자신의 모든 감정을 받아들임으로써, 인생에서 성공하기 위한 필수적인 자질인 동기(motivation)와 공격성을 되찾을 수 있었다.

마음, 뇌, 몸이 시스템 속에서 상호작용한다는 것을 내담자가 받아들이도록 돕는 것에서 시작하라. 어떠한 목적을 가지고 분노나 슬픔 같은 감정을 사용하는 경로가 구축돼 있음을 설명하라. 내담자는 공격성이나 동기 같은 유용한 자질을 갖고 있다. 내담자는 불편한 감정을 인식하고 받아들임으로써 자신의 힘을 발견할 것이다.

🔆 치료적 강화하기

5. 치료적 경로에는 연결에 가중치를 더하고, 건강에 좋지 않은 경로에는 가중치를 줄이기 위해, 피드백과 피드포워드를 사용하라.

심리치료는 전통적으로, 내담자가 자신을 더욱 이해할 수 있도록 자신의 불편한 정서를 경험하고 받아들여 통찰을 얻도록 한다. 그러나 신경과학은 피드백과 피드포워드라는 추가적인 패러다임을 제공한다. 함께 발화하는 뉴런들은 서로 연결돼 있기 때문에 더 많이 사용하면 더욱 활성화될 수 있다. 이러한 관점에서 뉴런 사이의 연결은 매우 중요하다. 피드포워드하기 위해 가중된 연결성이 시스템 내에서 피드백을 받아서 더욱 강해진다. 이 모델을 치료에 적용하면, 우리는 내담자가 지닌 강점과 자원이 피드포워드되어 더욱 강해질 수 있도록 내담자에게 피드백을 주어 내담자가 건강한 패턴을 형성하게 도울 수 있다. 그 문제에만 집중하는 것은 때때로 해당 신경 결합을 강화시킬 수 있다. 회기마다 내담자가 가지고 있는 긍정적인 능력을 촉진하는 데 시간을 보내는 것이 중요하다. 문제가 매우 많은 사람조차도, 거의 쓸모가 없을 수는 있지만, 약간의 긍정적인 자원은 가지고 있다. 직접적이든 간접적이든 신경의 발화를 촉진하기 위해 관련 부분을 작업하라. 뉴런 자체가 아닌 뉴런의 연결에 대해 연구하라. 학습이 일어나고 학습에서의 변화가 일어나는 곳은 시냅스이기 때문이다. 기능을 향상시키기 위해 사건, 대상, 사람, 물건 간의 관계를 분석하라.

Janice는 살을 빼고 싶어서 우리를 찾아왔다. 그녀는 자꾸만 과식을 하게 된다고 느꼈다. 폭식 후에는 죄책감을 느꼈다. 또한 건망증이 심하다고 호소했다. 그녀는 자동차 열쇠와 안경을 잃어버리고는 했다. 어떤 것을 찾느라 시간을 낭비하게 된다고 호소했다. 그녀는 자신의 패턴에 갇혀서 변할 수 없다고 느꼈다.

우리는 최면요법을 이용했다. 그녀가 최면 상태에 깊이 들도록 가르쳐 주었다. 문제가 때로는 어떻게 유용한 능력이 될 수도 있는지에 대해서도 이야기했다. 잊어버리는 것이 중요한 역할을 해 주는 경우가 있다. 만약 사람들이 모든 세세한 순간들을 기억한다면 혼란스러워질 것이다. 섭식문제를 해결하기 위해, 우리는 무언가를 자주 잊어버리는 그녀의 특성을 활용할 방법을 그녀의 무의식이 찾을 수 있을 것이라고 제안했다.

몇 주 후에, 그녀는 미소 지으며 상담에 왔다. 그녀는 하루 동안 과식하는 것을 잊은 자신을 발견하고 놀랐다고 말했다! 그런 일은 다음 날에도, 또 그 다음 날에도 일어났다. 그녀는 자기가 하고 있는 일에 몰두하는 것 같았고, 간식에 대한 모든 것을 잊어버렸다. 그와 동시에, 열쇠나 안경을 어디에 두었는지 더 이상 잊어버리지 않는다고 말했다.

이 예에서, 우리는 그 문제에 대해 직접적으로 작업하지 않았다. 대신, 그 사이의 연결에 대해 작업했다. 만약 변화가 필요한 부분이 있다면 당신은 다양한 종류의 상호 연결에 대해 제안할 수 있을 것이고, 한 걸음 물러나서 내담자가 그 변화를 고안해내도록 할 수 있을 것이다.

🔆 변화를 이끌어 내기

6. 작은 변화 하나를 만드는 것에서부터 시작하라.

천 리 길도 한 걸음부터. 이는 2000년도 더 전에, 도교의 현인 노자가 한 말이다. 뇌를 변화시키는 것으로 적용했을 때, 이 말은 오늘날에도 여전히 사실이다. 잠깐의 명상, 요가 자세, 주의력 훈련 연습과 같은 작은 변화부터 시작하라. 이 책에 나와 있는 어떤 연습을 통해서든 변화를 시작할 수 있다.

스트레스를 많이 받는 Norma라는 내담자가 있었다. 그녀는 결혼했고, 아들이 두 명 있었으며, 식료품 가게에서 일했다. 그녀는 먹는 행동을 조절할 수 없었고, 최근 몇 년 동안 23kg이 늘었다. 그녀는 셀 수 없이 많은 다이어트를 시도해 보았지만, 살이 다시 쪘다. 그녀는 자신이 항상 바쁘고 시간이 충분하지 않다고 느꼈다. 그녀는 삶이 통제되지 않는다고 느꼈다. 집에서는 따지기 좋아했고, 직장에서는 사람들과 잘 지내는 데 어려움을 겪었다. 그녀는 잠을 잘 자지 못했고, 거의 항상 피곤했다. "나는 회전목마에 타고 있고, 여기서 나갈 수가 없어요."라고 말했다.

Norma는 어떠한 분석 작업에도 방어적으로 반응했다. 그녀는 모든 사람을 비난했고, 자신의 삶에 대해서도 신랄한 불평을 늘어놓았다. 우리는 그녀에게 뭔가 다른 것이 필요하다는 것을 알게 되었다. 우리는 그녀에게 학습을 위한 과제를 해 보겠는 지 물었고, 동의했다. 우리는 "작은 변화를 하나 만들어 오세요."라고 말했다.

Norma는 다음 주에 눈에 띄게 평온한 모습으로 나타났다. 우리는 "무엇을 변화 시켰나요?"라고 물었다. 그녀는 처음에 다른 어떤 일을 하는 것도 상상할 수 없었지 만, 우리와 약속을 했기 때문에 노력해야만 했다고 대답했다. 그녀는 신중하게 생각 했고, 헤어스타일을 바꾸겠다고 결심했다. 미용실에 가서 머리를 짧게 잘랐다. 이 변화가 가져온 결과는 그녀를 놀라게 했다. 머리가 짧아져서 머리를 매우 빨리 감고 말릴 수 있었다. 이것으로 20분의 시간을 벌게 되었다. 그녀는 더 이상 서두르지 않 았고, 가족을 위해 아침을 준비할 시간이 있었고, 직장에 지각하지 않을 만큼 빨리 출근할 수 있었다. 그녀는 "뒤처지지 않았기 때문에 하루하루가 더 순조롭게 진행 되는 것 같았어요!"라고 말했다. 이 기분은 한 주 내내 이어졌고, 더욱 편안함을 느 꼈다. 스트레스가 완화되기 시작했고, 맡은 일을 점점 더 잘 해냈다.

그녀가 한 작은 변화는 대수롭지 않은 것처럼 보였다. 그러나 그것은 심리적 · 생 리적으로 영향을 미치는 변화를 시작하게 했다. 스트레스 수준이 낮아지자 기분도 좋아졌다. 이제 그녀는 자신의 문제를 해결할 수 있었다.

🔆 결론

우리는 내담자에 대한 당신의 작업에 신경과학을 적용할 수 있도록 하는 몇 가지 핵심 원칙을 안내하였다. 치료적으로 일어나는 변화의 모든 측면이 향상될 수 있도 록, 당신이 이 책의 다른 많은 다른 것들도 발견하고 사용하기를 바란다.

주의와 작업

주의(attention)는 세상으로 향하는 첫 번째 관문이다. 이 내재된 능력을 얼마나 사용하느냐에 따라 삶의 질이 달라진다. 많은 내담자가 주의에 어려움을 겪는다. 그들은 주의력을 조절하는 것이 불가능하다고 느끼거나 혹은 주의력을 과도하게 조절한다. 많은 심리적 문제들이 주의력이 어떻게 영향을 받는지에 대한 관점으로 해석되었다. 노화와 알츠하이머병, ADHD, 자폐증, 경계선 성격장애, 방임, 조현병 등은 모두 정상적인 주의력에 분명한 붕괴를 나타낸다. 우울증 등 전형적인 심리적 문제들에서도 생각을 반추하는 데에 주의가 매몰되어 실제 환경과 사건을 잘 인식하지 못하는 주의력의 문제가 나타난다. 불안한 사람들 또한 주의의 변화를 경험한다. 불안한 사람들은 특정 감각에 과도하게 집중하는 경향이 있으며, 다른 부분에서는 주의를 기울이지 않거나 심지어 회피해 버린다. 중독자들은 오로지 자신이 중독된 물질에만 주의를 기울인다.

내담자에게 감정, 생각, 행동으로 주의를 전환하라고 하겠지만, 이러한 부분에 문제를 겪는 내담자들에게는 그것이 쉽지 않을 것이다. 주의 훈련은 내담자가 자신들의 심리적 문제를 해결하는 데 도움을 줄 뿐만 아니라, 그들이 치료 과정 자체에 참여하는 것을 더 원활하게 해 줄 것이다.

주의를 가지고 작업하는 것은 또 다른 이점이 있다. 주의에 대해 통제력을 얻음에 따라 뇌의 구조와 기능이 변화한다. 갈등을 조절하는 부위인 전대상피질(anterior cingulate cortex), 집행 기능과 연관된 부위인 전전두엽 피질(prefrontal cortex)은 주의 훈련으로 활성화되는 것으로 밝혀졌다(Posner and Fan 2004). 분명히, 주의 훈련은 심리적 장애를 극복하는 데 도움이 되는 방식으로 뇌변화시킨다.

인지 재훈련(cognitive retraining)은 집중력을 향상시킬 수 있다. 최면술의 일부 과정은 주의력에 의존한다. 위대한 명상 전통도 주의를 다루는 것이다. 또한 뇌를 직접 자극하는 치료 기술로 주의력을 향상할 수 있다. 주의 훈련을 치료 방법으로 활용함으로써, 치료자는 치료 과정이 더 원활히 이루어진다고 느낄 것이고, 내담자는 특이적이건, 비특이적이건 간에 이득을 얻을 수 있을 것이다. 이 장에서는 주의력과 관련된 최근의 뇌과학 모형을 제시할 것이다.

🧠 주의에 대한 신경과학 모형

대부분의 이론가는 주의력이 다양한 행동, 많은 수의 뇌피질의 부분 집합들을 포괄하는 공통된 체계라는 것에 동의하고 있다(Zillmer et al. 2008, p. 241). 뇌 영상을 통해 핵심이 되는 뇌 영역과 신경전달경로를 알아냈다. 이러한 연구들의 결과는 심리학자들의 주의력에 관한 초기 이론을 지지하였고, 더 발달시켰다. 치료에 적용할 중재의 기초를 이러한 모형을 토대로 만들 수 있다.

💡 각성: 주의의 핵심

생리적 각성은 집중력 체계가 어떻게 활성화되는가를 알아내는 데 중요한 열쇠가 되어 왔다. 뇌간의 망상체는 각성을 생성하는 중심이 된다. 자율신경계와 내분비계 역시 활성화되며, 심장박동과 혈압을 상승시킨다. 각성이 될 때는 도파민, 세로토닌, 아세틸콜린, 노르에피네프린 등 신경전달물질의 분비 또한 증가한다

(Moruzzi and Magon 1959). 각성은 자극에 적절한 반응을 할 수 있도록 한다. 적합한 수행을 하는 데 필요한 생리적 각성의 수준을 찾아낸다. 내담자, 특히 불안이나 트라우마로 고통받고 있는 사람들이 과하게 각성하여 있다는 사실에 모두 동의할 것이다. 그들은 자극에 강하게 반응하고 쉽게 깜짝 놀라는데, 이러한 것들은 신경계가 과활성되어 있다는 징후이다. 이 스펙트럼의 반대편에는 우울증과 같이 각성이 낮아져 있는 사람들이 있다. 그들은 느리게 반응하고 반응의 정도가 작거나 아예 반응하지 않는다. 그들은 자신의 내부에서 혹은 주변에서 일어나는 일들을 받아들이지 못하고 놓친다. 치료는 내담자들이 유연하고 균형 잡힌 반응을 할 수 있도록 도와주는 것이다.

🔆 주의의 과정

주의를 생성하는 정신적 과정은 특정 경로를 통해 이루어진다. 여러 가지의 다른 모형이 이 경로를 설명하기 위해 제안되었다. 그러나 일반적으로, 심리치료의 목적을 고려하였을 때 이러한 경로들이 주의를 이끌어 낸다: (1) 활성화(activating), (2) 선택, (3) 정향(orientation), (4) 유지, (5) 행동. 역설적으로, 모든 길은 로마로 통하듯이, 모든 경로는 주의에 이른다.

주의 체계는 외부적·내부적 자극 모두에 의해 활성화된다. 내담자들은 흔히 환경에 반응하고, 이러한 반응이 내적 걱정을 자극한다. 그러므로 외부와 내부는 연결되어 있다. 일단 활성화되면, 주의 체계가 무엇에 집중하고 무엇을 무시할지 선별한다. 이것은 의식적인 주의 능력이 제한되어 있기 때문이다. 우리는 의식적 수준에서는 몇 가지 제한된 부분에만 주의를 기울일 수 있고(전통적으로 7±2개의 항목), 나머지는 무시한다. 우리는 주의를 할당하고 집중하기 위해 자동적으로 가장 중요하고 관련이 있는 입력만 선택한다. 이러한 일들은 마치 폭풍우 속에서 천둥소리를 듣는 것처럼 즉각적으로 일어난다. 혹은, 독자가 이 장을 읽고 있는 것처럼, 의도적으로 주의가 모일 수도 있다. 일단 어떤 것을 알아차리게 되면, 주의를 기울여야 하고, 종종 그 과정을 완수하기 위한 활동이 생길 때까지 주의는 계속된다.

🔆 주의는 상향식 또는 하향식으로 이루어진다

일반적으로, 주의의 다양한 요소들은 뇌의 하향식(의식적이고 숙고하는 과정) 처리와 상향식(무의식적이고 자동적인 과정) 처리의 조합으로 이루어진다. 다시 말해, 주의의 어떤 영역은 의도적으로 집중되고 의식적으로 이루어지는 데에 비해, 어떤 영역은 알아차리지도 못하는 사이에 자동적으로 일어난다. 하향식의 주의력은 의식적인 사고를 하는 데 활용되고, 의도적으로 조절할 수 있다. 그러나 상향식의 주의 용량(attentional capacities)이 더 크다. 우리는 의도적으로 주의를 기울일 수 있는 것보다 훨씬 더 많은 정보를 무의식적으로 입력할 수 있다.

정보를 의식적·무의식적으로 받아들이는 능력은 치료에 활용될 수 있다. 당신은 의식적인 주의에 대해 직접 작업할 수도 있지만 무의식인 주의력은 최면술, 명상, 신체요법 등에 더 잘 반응할 것이다. 치료자의 다양한 수준의 주의를 향상시키기 위해서는 치료는 하향식과 상향식을 모두 활용하여야 한다. 이 장의 마지막 부분과 이 책의 전반적인 내용이 하향식과 상향식을 모두 활용할 수 있는 방법을 제시한다.

🔆 관련된 뇌 영역

뇌의 관점에서, 주의집중을 할 때 많은 부분이 활성화된다. 어떤 것이 우리의 주의를 끌어내면, 상향식 선별을 거쳐 마치 반사작용(reflex)처럼 자동적으로 주의를 돌리게 된다. 주의는 사물 그 자체의 특성, 예를 들면 큰 소리나 밝은 빛에 반응을 한다. 뇌간은 이러한 상향식 방향으로 사물에 집중하는 데에 관여한다. 두정엽은 특정한 관련 위치, 보통은 어떤 시각적 공간에 집중을 할 때 활성화된다. 이 단계는 중요하지 않은 자극에서 더 관련 있거나 자극적인 자극으로 주의집중을 옮겨가게 된다. 만약 그 자극이 시각적이라면, 자동적으로 바라보게 된다. 시각 정향은 시각 경로의 상구(superior colliculus: 눈과 자극의 관문인 시상에서부터 정보를 받는)에서부터 활성화된다. 눈은 물체를 따라가게 되고, 망막에 상이 맺히고 결국 후두엽의 시각피질에 물체에 대한 공간적 지도를 만들어 낸다.

만약 소리나 촉각처럼, 자극이 또 다른 감각 입력으로 들어오게 된다면, 다른 영역의 뇌가 활성화될 것이다. 예를 들어, 소리 자극이라면 측두엽에 있는 청각피질이 귀를 통해 그 자극을 받아들일 것이다. 촉각 자극은 촉각에서부터 들어와서 시상을 거친 뒤 두정엽에서 받아들여진다.

그러므로 어떤 종류의 자극이냐에 따라 서로 다른 뇌의 영역이 활성화된다. 두정엽은 공간과 감각 입력을 생성하고, 측두엽은 청각과 일부 시각 입력에 관여하며, 후두엽은 시각 자극에 의해 활성화된다. 이러한 과정들은 상향식 과정이 즉각적이고 자동적으로 일어나듯이 의식적으로 인지하지 못하는 사이에 일어난다. 치료 방법은 하향식뿐만 아니라 이러한 상향식 과정을 통해서도 이루어질 수 있다.

일단 주의 체계가 활성화되면, 하향식 과정과 상향식 과정이 모두 동원되어 주의 체계는 한시도 방심하지 않는 상태를 유지한다. 주의의 유지는 문측 중뇌(rostral midbrain)와 뇌간에서부터 이루어지며, 유연성과 일관성을 지킬 수 있게 해 준다. 주의력의 유지는 운동신경을 활용하게 하는데, 운동신경은 주의를 명료하게 하고 선택된 자극에 집중할 수 있도록 한다. 주의를 원하는 곳에 섬세하게 집중시켜야 하기 때문에 이 과정들은 집행 능력과 연관이 된다. 운동과 관련된 기저핵은 시상과 함께 역할을 하여 주의를 전략적이고 신중하게 둘 수 있도록 도와준다. 이러한 과정에는 두정엽의 이마쪽 부위를 포함하여 뇌 앞쪽의 여러 부분(전측 대상회, 측두전두엽 피질, 안와전전두엽 피질)이 관여하게 된다. 이제, 주의는 의도적으로 특정 목표와 집행 능력에 반응할 수 있다. 만약 주의를 다른 곳으로 옮기는 것이 필요하다면, 전전두엽 피질이 활성화될 것이다. 해마와 편도체는 작업기억으로 전환하는 데에 관여한다. 이 같은 모든 뇌의 영역이 주의 체계가 활성화될 때 상호작용을 한다.

🔆 무의식적 주의

주의모델에 관해서 설명하는 것처럼, 우리는 의식적 주의로 등록될 수 있는 것보다 더 많은 정보를 받아들이고 있다. Larry Squire와 Eric Kandel은 감각 입력에 주의를 기울이지 않을 때도 감각 입력은 수용되고 있다는 것을 알아냈다(Squire and Kandel 2000). 이렇게 주의를 기울이지 않고 수용된 정보들은 비록 그것이 우리의 의식 밖에 있다 하더라도 우리의 행동에 영향을 미친다. 우리가 정보를 받아들이고 활용하는 모든 방법은 그것이 무의식적인 주의로 받아들인 것들이라고 하더라도 치료에 있어서 잠재력을 제공한다. 특히 사람들이 저항에 맞부딪혔거나 변화에 장애를 겪었던 적이 있었다면 더욱 그렇다. 의식적·무의식적 주의를 모두 활용하는 치료는 뇌의 변화를 일으켜 새로운 반응과 잠재력을 끌어낸다.

어떻게 무의식적으로 주의를 기울이는가

우리는 우리가 보고 있는 것에 주의를 기울일 때 시각 과정이 전부 의식적으로 이루어지고 있을 것으로 생각한다. 그러나 시각 체계는 의식적인 흐름과 무의식적인 흐름, 두 가지 흐름을 가지고 있다. 복측 경로(ventral stream)는 어떤 것이 무엇인지 처리하기 위한 경로로, 의식적인 흐름이다. 우리는 그 사물을 의식적으로 알 수 있다. 배측 경로(dorsal stream)는 어떤 것이 어디에 있는지 처리하는 경로로, 무의식적인 흐름이다. 복측 경로로 생성된 정보는 의식적으로 주의를 기울이게 되고 명쾌하게 이해할 수 있는 반면, 배측 경로로 생성된 정보는 무의식적으로 주의를 기울이게 되고 명쾌하게 알거나 이해하는 것이 생략된다.

연구에 따르면, 배측 경로의 주의가 무의식적이라고 하더라도, 사람은 그 배측 경로로 받아들여진 정보에 대해 어떻게 그리고 왜 반응하는지 모르는 상태로도 반응할 수 있다(Squire and Kandel 2000). 여기에 관한 흥미로운 실험이 있다([그림 15-1]).

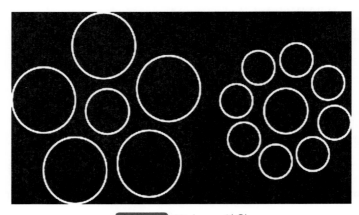

그림 15-1 Titchener의 원

착시(illusion)를 경험하려면 중심 원을 둘러싸고 있는 여러 개의 원으로 구성된 두 종류의 그림을 보라. 두 중심 원 중 어느 것 하나가 더 커 보이거나 작아 보이는가? 대부분의 사람들이 작은 원으로 둘러싸여 있는 중심 원 쪽이 더 크다고 생각한다. 주변을 둘러싸고 있는 원들이 중심 원이 지각되는 방식에 영향을 끼친다. 하지만 실제로는 두 중심원의 크기는 같다.

또 다른 실험이 착시에 관한 이론을 확장시키기 위해 이루어졌다(Milner and Goodale 1995). 피실험자들에게 더 크다고 생각되는 원을 손가락을 이용하여 짚도록 하였다. 연구자들은 피실험자들이 원의 크기를 어떻게 보고하는지 기록하였다. 그러고 나서, 그들은 피험자들이 원을 짚기 위해 다가갈 때의 손가락 사이의 거리를 측정했다. 무의식적인 배측 경로가 의식적인 연구자들이 중심 원을 약간 작게 조정하자, 피험자들은 착시로 점이 더 크다고 여기고 있음에도 불구하고 실제 크기에 맞도록 손가락 사이를 조정했다. 복측 경로에도 불구하고 실제 크기를 더 정확히 예측한 것이다. 이 실험은 왜 그리고 어떻게 파악한지를 모르더라도 무의식이 사물을 정확하게 알 수 있다는 것을 잘 설명해 준다. 이러한 능력은 치료뿐만 아니라 일상생활에도 도움이 된다. 예를 들어, 옷장 제조 명장은 줄자로 측정하지 않고도 사물의 크기를 빠르고 정확하게 측정한다. 수년간 세심하게 측정하고 설계한 대로 제조를 한 후에는 사물의 크기와 모양을 쉽게 식별할 수 있게 된다. 그 명장에게 틀린 부분을 어떻게 찾아내는지 물어보면 "그냥 알았다."라고 대답할 것이다.

Milton H. Erickson(1901-1980)은 무의식적 주의를 치료에 도입하였다. Erickson은 무의식은 똑똑하고, 치유의 근원이 될 수 있고, 의식적 주의보다 더 직접적이고 효과적일 수 있다고 말하였다(Rossi et al. 2006). Erickson은 그의 환자들에게서 의식의 한계를 우회하고 실제적인 변화를 이끌어 내기 위해 또 다른 무의식적 과정들과 아울러서 무의식적 주의를 활성화하는 여러 가지 창의적인 방법들을 탐색하였다(Erickson and Rossi 2006).

🔅 의식적 · 무의식적 주의를 치료에 활용하기

치료에서 하향식과 상향식 주의를 모두 사용할 수 있다. 예를 들어, 인지행동치료는 문제와 그에 대한 잘못된 해석에 의식적으로 주의를 기울이도록 한다. 어떤 경우에는, 잘못된 믿음이 의식의 바깥에서부터 유래하기도 하며, 인지치료는 무의식적 생각을 의식으로 끌어내는 데 도움을 준다. 상향식 주의는 더욱 간접적으로 자극된다. 예를 들어, 최면에서는 자동적인 반응을 유도하는데, 이것은 그들이 치유되기 위해 알아차려야 하는 부분에 즉시 주의를 기울일 수 있도록 이끈다. 이어서 먼저 의식적으로 주의를 기울이는 방법을 제시하고, 그 다음에는 무의식적으로 주의를 기울이는 것을 숙달하도록 한다.

🔆 의식적으로 주의력 기술을 개발하기

우리는 흥미로워하는 것에 주의를 기울이기가 쉽다는 걸 안다. 주의력을 발전시키고 강화하기 위해 감정적 변연계를 연계시킬 수 있다. 대부분의 사람들은 자기가 좋아하는 것에 흥미를 갖고 거기에 더 주의를 기울이기 쉽다. 물론, 취향은 다양하다. 어떤 사람은 예술이나 자연과 같은 아름다운 것을 선택할 것이다. 그러나 어떤 사람은 영화, 책, 만화로부터 나온 허구적 형상에 더 관심을 가질 것이다. 자질구레한 일에 관심을 집중시키는 대신, 이는 개인적인 취향을 만족시키는 경험을 할 수 있을 뿐만 아니라 창의력과 유머를 표현할 기회가 될 수 있다.

주의를 좁히기

사람들은 종종 주의가 분산되어 있기 때문에 한 가지에 집중하기 어려워합니다. 외부 자극으로부터 주의를 거두는 연습을 함으로써 집중력을 키울 수 있습니다. 이 연습은, 프라티아하라라는 전통요가에서부터 기원하였으며, 주의를 외부 세계로부터 거두어 내부 세계로 집중시킵니다.

몇 분 동안 편안하고 조용하게 앉아 있으십시오. 주변의 모든 것, 소리, 온도, 향, 빛 등을 알아차려 보십시오. 당신 주변의 모든 것들에 몇 분 동안 집중해 보십시오.

다음으로, 주의를 가까이에 있는 모든 것들에 돌려보십시오. 옷의 감촉이 부드러운지, 옷이 꽉 끼는지, 헐렁한지 등등. 앉아 있는 의자가 딱딱한지 부드러운지, 따뜻한지 차가운지 알아차려 보십시오. 발은 바닥과 닿아 있습니까? 발이 바닥에 부드럽게 닿아 있는지, 아니면 바닥을 힘을 주어 밀고 있는지 알아차려 보십시오. 몇 분 동안 주의를 가까이 있는 것에 집중한 채 있어 보십시오.

다음으로, 신체 내부의 감각을 알아차려 보십시오. 몸을 살펴보면서 근육을 알아차려 보십시오. 근육들이 긴장되어 있습니까 혹은 이완되어 있습니까? 불필요한 긴장이 있지는 않습니까? 가능하다면 근육을 이완될 수 있는 데까지 이완해 보십시오. 호흡에 주의를 기울여 보십시오. 자연스럽게 숨을 쉬고, 숨이 어떻게 코를 통해 들어갔다가 나오는지 알아차려 보십시오. 아마 맥박과 심박을 느낄 수 있을 겁니다.

다음으로, 주의를 신체 감각에서부터 생각으로 옮겨 보십시오. 마치 강가에서 강물이 흐르는 것을 보는 것처럼, 생각의 흐름을 알아차려 보십시오. 주의가 신체 감각, 주변 자극, 환경에서 헤매고 있다면, 알아차리는 즉시 부드럽게 주의를 생각으로 가져와 보십시오. 몇 분 동안 유지해 보십시오. 이러한 연습을 통해 주의를 분산시키는 것으로부터 주의를 끌어오는 능력이 좋아지면, 다른 방에서나 야외에서도 이 같은 연습을 실행해 보십시오.

선택적 주의

하나의 집중할 영역을 선택한 다음 다른 영역으로 옮겨 갈 수 있다. 많은 사람들에게 몸을 집중의 대상으로 삼는 것이 쉬운 편인데, 이는 구체적이고 경험적인 피드백을 제공하기 때문이다.

머리에서부터 시작해 봅시다. 주의를 얼굴이나 목 주변부의 감각에 집중해 보십시오. 아마 입을 꽉 다물고 있거나 벌리고 있을 겁니다. 이마의 감각을 느낄 수도 있을 겁니다. 아니면 목이 뻣뻣하다는 것을 알 수도 있을 겁니다. 어떤 감각이든 1~2분 정도 느끼고 있어 보십시오. 이제는 얼굴과 목의 감각에 주의를 기울이지 말고, 어깨 아래에 주의를 기울여 보십시오. 어깨 사이의 거리를 가늠해 보십시오. 어깨 근육의 긴장을 느끼고 이완해 보십시오.

이런 방식으로, 주의를 기울였던 부위에서 주의를 거두고 더 아래 부위로 이동하여 주의를 다시 집중하는 것을 계속해 보십시오. 만약 주의가 이전 부위에서 헤매고 있다면, 몇 분 동안 그 감각에 집중하였다가 부드럽게 다시 아래 부위로 주의를 전환해 보십시오. 강제로 주의를 전환하려 하지 마십시오. 대신, 주의가 어디에 있는지 알아차리고, 다른 부위로 갈 수 있도록 격려하고, 기다려 보십시오. 몸 전체 부위, 몸통, 배와 등, 사지 모두에 주의를 주어 보십시오.

주의 초점 맞추기

한 가지에 꾸준히 집중하게끔 주의 초점을 정확하게 맞추는 것은 훈련될 수 있다. 의도적으로 초점을 맞출 수 있는 능력을 길러 줌으로써 주의력을 확보할 수 있다. 그러면 의지대로 주의 초점을 맞출 수 있다. 이러한 연습을 통해 발전된 집중은 훌륭한 자원이 된다.

메소드 연기는 고강도 주의집중의 고전적인 응용 사례로 여겨진다. Constantin Stanislavski(1936, 1984)는 배우들이 자신이 서 있는 무대에 관심을 집중시키는 것을 배우면 관객에 대한 의식은 줄어들 것이고 무대에서의 행동은 강화될 것이라고 믿었다. 그 후, 그 메소드 배우는 무의식 속 깊이 파고들어 강렬한 기억과 경험을 느낄 수 있었다. 그 결과 캐릭터와 역할은 관객들에 의해 주의가 흐트러지지 않고 창의적으로 나타나, 무대에서 나타날 것이다. 이와 같은 기술은 내담자들이 그들의 내적 경험을 깊게 탐구하기 위해 주변 문제와 사람들로부터 일시적으로 벗어나야 할 필요가 있는 치료에 도움이 된다.

한 가지에 집중하는 것으로 시작하십시오. 개인적으로 흥미롭고 의미 있는 물체, 그림 또는 예술품을 선택하십시오. 그것을 잘 보이는 곳에 놓아두십시오. 책상다리를 하고 작은 방석 위에 앉거나 등받이가 곧은 의자에 앉아 물체를 보십시오. 집중해 보십시오. 그리고 색깔, 색조, 질감, 모양, 크기, 기능 그리고 의미에 대해 생각할 수 있는 많은 면들을 주목해 보십시오.

이제, 주의의 질 자체에 초점을 맞추어 보십시오. 주의가 집중되어 있습니까? 아니면 주의가 모호하고 잘 구별되지 않는다는 것을 알게 되었습니까? 예를 들어, 만약 그림을 보고 있다면, 그림 속에 있는 것을 보고 있는 자신을 발견하셨습니까? 아니면 그것과 관계된 다른 것을 생각하고 있었습니까? 만약 당신의 주의가 산만해진다면, 어디로 가 있습니까?

가능한 경우 집중하고 있는 대상으로 다시 돌아가 보십시오. 또는 이렇게 하는 과정 자체를 알아차리면서 원래 대상으로 부드럽게 주의를 다시 가져가 보십시오. 단지 2~3분간만 집중하면서 시작해 보십시오. 점차 집중을 유지할 수 있게 시간을 늘려 보십시오. 주의집중 기술은 연습하면서 향상될 것입니다.

▪ 심상(Inner image)에 집중하기

눈을 뜬 상태로 한 물체에 집중한 후에, 눈을 감고 그 물체를 그려 보십시오. 선천적으로 시각적 그림을 형성할 수 있는 사람은 물체의 생생한 이미지를 볼 수 있을 겁니다. 그렇지 않은 사람들에게는 그 이미지는 아마 흐릿할 것입니다. 상상된 이미지가 모호할지라도 계속해서 주의를 그 이미지에 집중해 보십시오. 질감이나 색, 패턴 등과 같은 물체를 볼 때 인지되는 모든 세부적인 것들에 주목해 보십시오. 만약 세부적인 것들 중 일부가 어떠했는지 잊어버렸다면 눈을 떠서 다시 보십시오. 물체를 알아차려 보고 눈을 다시 감고 그 물체를 심상으로 시각해 보십시오. 그 물체를 내부에 분명한 감각을 가지고 유지할 수 있다고 느낄 때까지 눈을 떠서 바라보는 것과 눈을 감고 시각화하는 것을 번갈아서 몇 분 동안 해 보십시오.

▪ 하나에 집중하기

정확한 집중은 하나의 지점으로 주의를 향하게 하고 그곳에 주의를 유지하는 능력을 말한다. 이러한 하나의 점에 집중하는, 선택적인 주의는 연습을 통해 훈련할 수 있다. 심지어 불편할 때도 내부의 걱정과 경험에 주의를 집중하는 것이 필요할 때, 주의의 의도적인 훈련은 치료를 위한 가치 있는 기술이 된다. 이러한 기술은 발달에 있어 중요하고 도움이 되는 능력인 뇌의 중추적인 통제를 연마시킨다.

시작하기 쉬운 부분 중 하나는 색에 집중하는 것입니다. 좋아하는 색을 골라 보십시오. 선택하고 난 후에는 눈을 감고 그 색에 대해 생각해 보십시오. 어떤 사람은 그 색이 자기 마음 이미지의 수평선을 채우는 것을 볼 수도 있습니다. 반면에 다른 사람은 아마도 파란색의 하늘이나 커다란 칠판, 혹은 엄청나게 크고 노란 태양 등과 같이 그러한 색을 가지고 있는 뭔가 특정한 것을 생각하는 것이 필요할 것입니다.

주의가 계속해서 이 색깔, 오로지 이 색에 향하도록 하십시오. 만일 다른 생각이 나타난다면, 그 생각을 떠나보내고 그 색으로 다시 돌아와 집중해 보십시오. 집중에 문제가 있는 사람이나 어린아이들은 30초 정도로 아주 짧은 시간으로 시작하고, 점차 시간을 2분에서 5분 사이로 늘려 보십시오. 이러한 기술은 연습함에 따라서 아주 극적으로 나아질 것입니다. 통제의 경험을 즐길 수 있을 것이고, 그 결과로 차분해질 것입니다.

주의가 유연해지고 개방적으로 되기 위한 훈련

주의는 집중될 수 있다. 그러나 주의는 유연하고 개방적이며 탄력적이어야 한다. 심리적인 문제들로부터 고통을 받는 사람들은 종종 쓸데없는 생각과 감정에 갇혀 있곤 한다. 주의는 집중의 습관적인 양상으로 향하게 된다. 결국 사람들은 예상된 양상에 꼭 맞고 일탈적인 체계를 강화하는 것들에 주목하게 될 것이다. 뉴런 반응의 LTP는 그 양상을 영속화할 것이다. 유연한 주의를 연마하는 것은 새로운 뉴런 결합을 형성하면서 전체 체계에 변화를 이끌어 내는 것일 수 있다. 이어지는 연습은 보다 개방적이고 유동적이며 유연한 주의를 사용하는 데 도움이 될 수 있다.

이전의 연습처럼, 좋아하는 색에 1~2분 정도 집중해 보십시오. 몇 분 동안 좋아하는 색으로 칠했다면 그 색칠한 것이 아주 더 작아지도록 상상을 해 보십시오. 그 색칠이 하나의 집중된 점으로 수축할 때까지. 그러고 나서, 그 색칠이 다시 점점 커지도록 해 보십시오. 변화되면서, 그 모양이 사각형에서 원 혹은 삼각형이 되도록 내버려 두십시오. 변화되면서 함께 즐겨 보십시오. 상상력이 그 이미지를 다양한 창조적인 방식으로 바꾸는 것을 허락하면서 이러한 연습을 즐거울 것입니다.

주의 개방

주의를 넓히는 다른 방법은 주의가 개방적으로 되도록 하는 것입니다. 즉각적인 책임이 없거나 덜 자발적인 정신 활동과 결부된 의무적이지 않은 때를 찾아보세요. 아마도 밤에, 잠자기 바로 전, 점심시간 동안, 할 일이 없는 혼자만의 시간을 찾아보십시오. 또 다른 가능성은 주의가 흐트러지거나 마음이 공허하게 느껴지는 시간을 찾는 것입니다. 여러분은 이 시간대에 자신에게 잡일이나 어떤 과제를 하라고 강요될 수도 있습니다. 하지만 대신, 그러한 순간은 열린 주의를 발전시키는 기회로 사용될 수 있습니다.

잠시 당신의 마음이 텅 비게 하고 그 공허함이 얼마나 확장할 수 있는지 탐색해 보십시오. 그것이 정확히 무엇인지 분별하려고 하지 말고, 이 자발적인 경향이 아무것도 하지 않도록 하십시오. 이런 마음의 상태는 앉아 있거나 서 있거나, 심지어 오랫동안 줄을 서서 기다릴 때도 일어날 수 있습니다. 중요한 것은 기회의 순간을 인식하고 상황이 허락할 때 그 경험이 일어나도록 하는 것입니다. 당신 생각을 떠다니게 하십시오. 아무것도 하지 말고, 특별한 무엇인가를 생각하지 마십시오. 그냥 조용히 앉아서 이 경험이 발전할 수 있도록 하십시오. 자연적으로 발생하는 빈 공간을 허용한 후, 짧은 시간 동안만 하더라도, 당신은 집중을 위한 유용한 대안으로 이 열린 주의에 의도적으로 접근할 수 있음을 알게 됩니다.

자유롭게 흐르는 주의를 가지고 작업하기

집중된 주의가 가장 중요한 것에서 멀어지게 하면, 무의식적인 주의를 가지고 더 효과적으로 작업할 수 있다. 때때로, 인식의 주변에 있는 것들은 중요하며 밝혀질 필요가 있다. 이 연습은 미묘한 단서들을 포함할 수 있는 범위를 넓힐 수 있도록 자유롭게 흐르는 주의(Free-Flowing Attention)를 발달시킨다.

당신의 주의집중 범주 밖의 주의를 기울이지 않았던 것을 포함해서 주의를 확장하여 보십시오. 어둠 속에서 물체를 향해 비추는 어둠 속의 서치라이트 같은 경우, 자유롭게 흐르는 주의는 빛의 초점을 벗어나는 것들에 대한 주의를 포함합니다. 말할 때 자신의 말을 들어 보십시오. 단지 자신이 말하고자 했던 것에 초점을 두는 대신에, 자신의 관심을 더 넓게 해 보십시오. 자신이 말할 때 의식적으로 알고 있는 것 이상인 자신이 표현하지 않는 어떤 다른 분야에도 귀 기울여 보십시오. 만약 어떤 일이 벌어지는지 알아차리게 되면 그것을 기록하고 표현할 수 있는지 주목해 보십시오. 자신에게 미묘한 단서들, 연관성이 없어 보이는 생각들, 순간적인 연관성들, 또는 관심의 빛을 비추는 바깥에 있는 것까지 포함해 보십시오.

🔅 무의식적인 주의를 치료적으로 다루는 방법

무의식적인 주의는 반응적이고, 의식 바로 밖에서 자극에 계속해서 반응한다. 의식적인 목적에 개입하지 않고 자연적이고 능동적이며 창조적인 처리의 자유로운 흐름에서 무의식적은 자극에 참여한다. 무의식적인 주의는 치료적으로 활용되거나 직접 작용할 수 있다.

최면을 치료에 통합하기

최면은 사람들의 주의를 아주 깊게 집중시켜 사람들이 더 깊이 몰입되어 의식의 변환을 가져오는 방법이다. 이는 무의식적인 과정이 더 활성화되도록 하면서 주요한 기능을 비활성화시키는 경향이 있다. 사실, 사람들이 최면에 걸렸을 때, 일반적인 의식 밖에서 일어나고 있는 이런 종류의 경험들에 더 민감하게 반응한다. 그러므로 최면은 무의식적인 주의력을 가지고 작업하는 가장 좋은 방법이다.

무아지경 상태(trance)를 유도하기 위해 무의식적인 과정을 활성화하기 위한 약간의 연습을 제공한다. 최면을 업무에 쉽게 통합할 수 있다. 최면에 관한 최근 책들을 더 읽어 보면 좋을 것이다. 『자기 최면을 사용하여 뇌를 변화시키기(Using Self-Hypnosis to Activate the Brain for Change)』(Simpkins and Simpkins 2004, 2005, 2010), 또한 Milton Erickson의 연구들(Rossi et al. 2006), Rossi의 저서들(2012, 2002), Jeffrey Zeig의 연구들(2006), Michael Yapko의 이 주제에 관한 책들(Yapko 2001, 2003, 2006), 그리고 최면을 간접적으로 사용하는 방법에 관한 John Lentz(2011) 등을 추천한다. 만약 더 나아가려면, 밀튼 에릭슨 재단(Milton H. Erickson Foundation)의 훈련을 통해서 인증을 받을 수도 있다.

무의식적인 주의를 탐구하는 것으로 시작

처음의 두 가지 연습은 그것이 일상생활에서 스스로 드러날 때 어떻게 무의식적인 관심을 탐구할지를 소개한다.

먼저, 손에 집중하면서 시작하십시오. 당신은 아마 손에 대해 생각하지 않았을 것이지만, 이제 우리는 손에 대해 언급할 것이고, 당신은 당신이 어떤 감각이 있는지 자각하게 될 것입니다. 아마도 당신의 손은 차갑게 느껴지거나, 얼얼하게 혹은 가볍게 느껴질 것입니다. 단순히 주의를 기울이고 반응을 기다리는 것 없이는 어떤 경험을 할 수 있을지 정확히 예측할 수 없습니다. 경험은 자신만의 방식으로 자신만의 시간에 일어납니다. 때로는 손을 양쪽 무릎 위에 올려놓고 각 손의 무게에 집중을 해보는 것은 흥미로울 것입니다. 다른 손보다 즉시 가벼워지거나 무거워질 수 있고, 혹은 처음에는 무게가 같이 느껴지지만 관심을 기울이면 다른 쪽보다 한쪽이 더 무거워질 수 있을 겁니다. 당신은 무의식적인 반응에 놀랄지도 모릅니다. 당신이 한 손이 가벼워지기를 기다리는 동안, 당신은 갑자기 한 손이 더 차갑게 된다는 것을 발견할 수도 있고, 또는 아마도 당신은 손에 대한 느낌이 매우 멀리 있거나 더 커지는, 새로운 경험을 가지게 될 수도 있습니다. 당신은 자신만의 고유한 방식으로 반응할 것입니다. 당신의 의식적인 마음은 이것이 어떻게 될지 알 수 없습니다. 당신의 자발적인 반응을 받아들이고 주의하는 것을 배우면서, 발달시키는 법을 배울 수 있는 자연스러운 무의식에 익숙해질 것입니다.

주변 연결 탐색하기

이번에는 이전 연습을 마친 후 어떤 느낌이었는지 다시 기억해 보십시오. 편안히 앉아 있거나 누워 있는 자신을 상상하고, 자신의 손이 어떻게 느꼈는지 기억해 보십시오. 연습할 준비가 될 때까지 기다려 보십시오. 이것에 집중하면서 아마 자신의 몸이 약간 긴장이 풀리기 시작하는 것을 알게 될 것입니다. 이전의 경험에 대해 생각하는 동안, 주변의 생각들은 아마도 마음 뒤에서 깜박일 것입니다. 주의를 주변의 생각 또는 경험으로 옮겨 보십시오. 예를 들어, 저녁 시간 때, 음식에 대한 막연한 생각이나 이미지가 있는지 알아차려 보십시오. 어쩌면, 즐거운 순간을 생각하고 있다는 것을 깨달을 것입니다. 이러한 덜 분명한 생각들은 주변에 존재하지만, 보통 그것들을 의식 속으로 가져오지는 않습니다. 이 연습에서는, 그런 깜박이는 생각들이 인식의 흐름에 잠시 나타나기 때문에 정신적으로 그것들에 이르기 위해 노력해 보십시오.

이렇게 하기 위해서 잠깐 생각이 그냥 흘러가도록 놓아두십시오. 분명하게 알아차릴 수 없는 인식으로 깜빡이는 것을 알아차린다면, 어떤 감정, 이미지 또는 생각이 나타나도록 기다려 보십시오. 무의식적인 관심으로 더 편안해질 때, 무의식적인 생각과 이미지가 더 쉽게 나타나리라는 것을 알게 되면 놀라게 될 것입니다.

자기 최면 배우기

무의식적인 주의는 최면에 더 접근하기 쉽고 함께 작용하기 더 쉽다. 만약 최면을 사용하기로 하였다면 자기 최면을 연습할 것을 강력히 권한다. 여기에 자기 최면을 유도하는 간단한 방법을 기술해 두었다. 내담자에게 이러한 유도 방법을 사용하도록 적용할 수 있다. 이어지는 장들의 다른 연습들은 최면에 적응할 수 있는 무의식적인 과정들을 다루는 방법을 제공할 것이다.

자기 최면 진입하기

최소 15분 동안 압력이나 중단 없이 이 작업을 수행할 수 있는 조용하고 편안한 장소를 찾으십시오. 앉거나 누워서 잠시 휴식을 취하십시오. 긴장을 풀 때, 생각이 어디로든 흘러가도록 하고, 관심이 어느 곳이든 주어지도록 하십시오. 어떤 생각의 길에서 잃어버리지 않도록 하십시오. 단지 연관성에 주목하고 흘려보내십시오. 그것들이 안착하거나 진정되는 것을 알아차릴 때까지 계속하십시오.

처음으로 최면을 시도하리라는 것을 알고, 흥분되거나 불안할 수도 있습니다. 최면에 대한 자신의 감정에 주의를 기울이기를 원할 수도 있고, 어쩌면 자신의 생각들끼리의 내적인 대화를 듣기 원할 수도 있습니다. 자신의 반응은 어떻습니까? 자기 최면에 대해 가질 수 있는 태도를 메모하기 위해 내면을 살펴보십시오. 보통 사람들은 텔레비전과 영화에서 본 최면의 위력과, 마음을 어떻게 제어할 수 있는지에 대한 미신을 가지고 있습니다. 연구(Kroger 1977, p. 104)에 따르면, 누구도 최면으로 인해 피해를 본 적은 없습니다. 최면은 자신 내면의 필요와 동기부여를 할 수 있게 해줍니다. 자신의 윤리와 도덕을 포함하여 자신의 본성과 일치하지 않는 어떤 것도 하거나 경험하지 않을 것입니다. 인격은 변하지 않음을 깨닫는 것이 안심될 것입니다. 자신의 본성은 변하지 않고 단지 잠깐 최면에 걸리는 것뿐입니다.

　　잠시 어떤 상태로 무아지경(trance)이 될 것을 기대하는지 상상해 보십시오. 사람들은 흔히 이완하고 차분하게 느끼고, 몸이 시원하거나 따뜻해지고, 밝아지거나, 또는 지릿지릿해지는 것을 기대합니다. 무아지경 상태(trance)에 있는 자신을 그려 보십시오. 이완된 것 같습니까? 눈은 떴습니까, 감았습니까? 어쩌면 최면 상태에서 자신에 대해 생각하는 것이나 자신의 내면으로 들어가는 길을 감지하기가 더 쉽습니다. 자신의 반응에 주목하십시오. 의외로 놀랍거나, 아니면 자신의 기대와 일치합니까? 만약 여러분이 정말로 놀랐다고 느낀다면, 아마도 진정한 무의식 반응을 경험했을 것입니다. 무아지경 상태(trance)에 있는 자신을 상상할 때 눈꺼풀이 무겁다고 느끼십니까? 눈꺼풀이 점점 더 무거워지고 눈을 감고 싶다고 해 보십시오. 눈을 감을 준비가 될 때까지 기다려 보십시오. 그러고 나서, 눈꺼풀이 감기도록 해 보십시오. 만약 오랜 시간 후에도 되지 않는다면, 어쨌든 눈을 감으십시오. 눈꺼풀을 풀어 주고 몸 전체가 매우 깊게 이완하도록 하십시오.

물질 남용에 대한 제22장에서는 당신이 사물을 알아차리는 경향이 있는 방식이 있는 전형적인 지각 형태를 구분하는 방법을 보여 줄 것이다. 대부분의 사람은 시각적이지만, 어떤 사람은 먼저 생각, 감정 또는 감각을 통해 더 많이 인식한다. 만약 자신이 상상하는 데 어려움이 있다면, 최면에 걸리면 어떤 기분일지, 그리고 다시 돌아서 연습하고 다시 시도해 본다.

최면에서 무의식적 주의를 허용하기

　　이제, 자신의 몸이 더 편안해지도록 하세요. 추상적이거나 상징적인 형태, 무형의 색을 시각화할 수 있습니다. 처음에는 색깔이 하나의 색조로 보일 수도 있습니다. 점진적으로 음영, 깊이, 색깔까지 바꿀 수도 있습니다. 때때로 만화경(kaleidoscope)

을 보기도 합니다. 단순히 흰색이나 검은 여백, 빛 또는 줄무늬가 있을 수 있습니다. 경험하고 싶은 색을 생각하거나, 상상하거나, 감각하는 실험을 해 보십시오. 자신의 반응을 기다려 보십시오. 점차 진화하는 것을 보십시오. 그리고 자신이 색에 대해 상상하고, 감지하고, 또는 생각하는 것처럼, 호흡은 편안해질 수 있고, 몸은 훨씬 더 깊게 이완할 수 있습니다. 몇 분 동안 편안하게 진행해 보십시오.

최면에서 깨어나기

준비되었을 때, 의식을 완전히 되찾기 시작할 수 있습니다. 처음에는, 5에서 1까지 거꾸로 세면서 최면에서 벗어나는 것을 도울 수 있습니다. 각 숫자를 세면서, 1에 가까워질수록, 자신의 의식이 분명해지고, 모든 감각이 정상으로 돌아올 것입니다. 마무리했지만 계속해서 이상한 느낌을 받는다면, 몇 분을 더 기다립시오. 필요하다면 눈을 감고 다시 1~2분 동안 최면 상태로 돌아가십시오. 이제 자신의 감정은 정상으로 돌아오고 다시 5부터 1까지 세어 보십시오. 최면에 들어가고 깨어나는 변화는 연습을 통해 자연스럽고 쉬워질 것입니다. 자신만의 방법을 발전시킬 수 있게 될 것입니다.

최면 상태 승인하기

최면의 경험이 처음부터 항상 쉽게 인식되는 것은 아니다. 자신이 편안하고 침착하다는 것을 알아차렸을지도 모르지만, 이것이 보통의 깨어 있는 것과는 특이하고 다른 어떤 것이 아니라고 느낄지도 모른다. 최면이 일어나는 것을 승인해 주는 것은 경험을 강화하는 데 도움을 주고 최면 능력의 향상을 이끌어 준다. 의식적인 운동 신호(ideomotor signaling)는 유용할 것이다.

무의식적으로 최면술에 민감하게 반응하기: 앉거나 누워서 손을 다리 옆에 놓으십시오. 자신이 반응을 느꼈던 이전 연습 중 하나를 실험해 보십시오. 이전보다 훨씬 더 이완하도록 해 보십시오. 일단 편안해지면 손에 집중해 보십시오. 얼마나 사람들이 대화 중에 손을 움직이며 그것에 대해서는 인식하지 않는지를 생각해 보십시오.

때로, 제스처는 말보다 훨씬 더 의미가 있습니다. 당신은 손으로 말을 하십니까?

이제 무의식적으로 '예' 또는 '아니요'로 질문합니다. 한 손은 '예'로, 다른 한 손은 '아니요'로 지정하십시오. 답이 없는 질문을 골라 보십시오. 예를 들어, 무의식이 다리가 이완하는 것을 좋아할까요? 손가락 끝이 저릿한 것을 느낄 수 있나요? 즐거운 추억을 가질 수 있나요? 눈을 감을 때 색깔을 볼 수 있나요? 이제 기다리면서 자신의 손에 집중하십시오. 손을 움직이려 하지 말고, 단순히 주의만 기울이십시오. 때로 사람들은 한쪽 손이나 다른 쪽 손에서 따끔거림, 가벼움 또는 무거운 것으로 그 답을 느끼기도 합니다. 때로는 시원함 또는 따뜻함을 느낄 것입니다. 다른 사람들은 한 손 또는 다른 손에서 손가락이 올라가는 것을 느끼거나 한 손에서 다른 손으로 점프하는 느낌과 되돌아가는 느낌이 있을 것입니다. 잠시 후, 자신의 반응이 어땠는지 알게 될 것이고, 어떤 손에 반응이 일어났는지 알게 될 것입니다. 만약 손에 무언가를 느꼈다면, 스스로 무의식적으로 질문에 답한 것입니다.

첫 최면 경험은 자신이 기대했던 것과 같지 않을 수도 있고 자신이 예상한 것과 정확히 일치하지 않을 수도 있습니다. 이 신비로운 현상은 자신의 무의식에 흥미를 느끼게 합니다. 자신의 의식적이고 이성적인 사고는 자신의 무의식이 이미 무엇을 알고 있는지 알지 못합니다. Milton H. Erickson은 세미나에서 "당신의 무의식적인 마음은 당신보다 더 많이 안다."라고 자주 말했었습니다.

🔆 결론

주의는 환경과의 접촉을 용이하게 하며 치료의 핵심 요소이다. 사람들은 의식적·무의식적으로 주의력을 키울 수 있는 능력을 강화시킬 수 있다. 이 장의 연습을 하면서 초점을 좁히고 넓히며, 필요할 때 주의를 기울일 수 있어야 한다. 수련하면 반응할 것이다. 또 치료 과정을 강화시킬 수 있는 유용한 기술로서 주의를 자유롭게 흐르게 하고, 미묘한 신호에 무의식적으로 주의를 기울이는 것을 배울 수 있을 것이다.

제16장

정서의 조절

심리학에는 유서 깊은 정서이론들이 있다. William James는 우리에게 정서는 자극에 대한 반응일 뿐만 아니라 자극에 반응하여 일어나는 신체 변화를 느끼는 인식이라고 가르쳤다(James 1896). Walter Cannon은 정서를 항상성과 관련지었다. 자율신경계를 통해 신체가 자극을 받으면, 생리적 변화가 일어나 균형이 교란되어 정서적 느낌이 일어나고, 균형을 회복하기 위해 정보가 필요해진다(Canon 1927). 그 후의 이론에서는 인지가 포함되었다. Stanley Schacter와 James Singer는 정서에 두 가지 구성요소가 있는데, 신체적 각성과 그 각성에 대한 인지적 명명이라고 규정했다. 30년 후, Richard S. Lazarus는 상황에 대한 인지적 평가 및 해석이 정서에서 가장 중요하다고 주장하면서 정서이론을 더욱 확장했다. 대다수의 현대 심리치료자들은, 이것을 개인이 자신의 정서를 조절하고 좀 더 편안한 균형을 찾도록 도와주는 기법들을 창조하는 합리적 근거의 일부분으로 추정한다.

한편, 처음에 신경과학은 정서를 중요하게 여기지 않았다. 상당 기간 동안, 많은 사람은 뇌 연구가 인지에 관한 것이라고 믿었다. 그들은 정동(affect)을 그저 인지의 특수한 케이스라고 여겼다. 하지만 수년에 걸친 논쟁과 그 후에 진행된 많은 연구 프로젝트들은, 비록 정서가 인지와 깊게 얽혀 있지만, 정서와 인지가 단지 하나는 아니라는 것을 보여 주었다(Cacioppo and Berntson 2007). 공포 조건화 연구로 유명한 연구자 Josep LeDoux는 다음과 같은 지적을 한다. "정서, 동기, 그리고 이와 유사한 것들을 누락시킨 순수한 인지적 접근 방식(a pure cognitive approach)은 진정한 마음에 대한 인위적이고 매우 비현실적인 관점이다. 마음은 인지적이거나 정서적인 것 둘 중 하나가 아니라, 둘 다이며 그 이상이다."(LeDoux 2000, p. 157)

오늘날, 많은 신경과학자들이 정서 연구에 헌신해 왔고(LeDoux 1996, 2000, 2003; Damasio 2010; Ekman 1992, 2003; Levenson 2003 등), 이 연구들은 정서 연구를 발전시키고 있다. 이제는 정동적 신경과학(affective neuroscience)으로 알려진 정서와 뇌를 이해하는 것에 특화된 새로운 과학 분야가 있다. 이 분야는, 심리학 그리고 뇌 연구를 함께 하는 인지 모델을 비롯하여 여러 분야의 연구 결과들을 종합한다. 우리는 정서에 관여하는 뇌 영역들과 처리 과정을 더 잘 이해할 수 있으며, 이로써 내담자를 도와 자신의 정서를 유용한 방향으로 개선할 수 있는 부가적인 도구를 알게 될 것이다.

💡 정서의 진화적 발달

정서 체계는 진화적 의미에서 뇌의 오래된 부분으로 본다. 정서 반응은 선천적이며, 인간이 적응하고 번영할 수 있도록 진화 과정을 통해 선택된다. 우리 자신은 살고 영속시키고자 하는 동기가 있고, 정서는 이런 기본적인 추동(drives)에 속박되어 있다. 이런 까닭에, 우리는 무엇이 우리의 생존을 위협하는지에 대해 불편함을 느끼고 생존을 영속시키는 것에 기쁨을 느낀다.

정서를 유발하는 특수한 경로는 신경계 안에 내재되어 있고, 우리 자신을 보호하고 건강한 것을 추구하는 데 도움이 된다. 예를 들어, HPA 경로는 투쟁, 도피 또는 동결(fight, flee or freezing)의 행위를 하도록 우리를 도와 두려움의 느낌들로 위험을 경고해 준다. 통증 경로는 우리가 고통을 느낄 때 더 이상의 부상으로부터 우리 자신을 보호해 준다. 보상의 경로는 삶을 배양하는 행동을 추구하고 강화하는 유쾌한 느낌을 준다.

정서는 단순히 우리의 안전과 생존을 촉진하는 것에 머무르지 않는다. 정서는 또한 삶을 통해 자신을 규제하는 근원이기도 하다. 정서는 의사결정과 행위를 취하도록 도와주는 정보의 원천 역할을 한다. 정서 반응의 강도와 힘은 우리에게 자극적인 상황이 얼마나 중요한지를 말해 준다. 이런 관계는 '현저성(salience)'이라고 부른다. 또한 정서는 동기화의 목적도 수행한다. 예를 들어, 만약 어떤 것이 자신에게 두려움을 주고 있다면, 두려움을 극복하기 위해 더 강인해지도록 동기화될 것이다. 정서는 우리의 삶을 조절하는 데 매우 도움이 된다. 심리치료는 성공적인 자기-조절이 우선적인 목표이기 때문에, 정서는 심리치료 중에 주요 초점이 된다.

🔆 정서는 체화되어 있다

우리가 정서를 경험할 때 그에 상응하는 변화들이 몸 안에서 나타난다. 정서는 신체내부감각(interoception)[1]이라 하는 일련의 내부 감각들의 세트(set)를 불러일으킨다. 그리고 내부 감각의 세트에는 해당 정서를 표현하는 방식이 내포되는데, 예를 들어 행복할 때는 웃는 표정, 분노가 치밀 때는 발을 쿵쿵거리며 걷기와 같은 움직임 등이 있다. 또한 분노가 치밀 때 맥박이 빨라지고 호흡이 가빠지는 등 신경계에서의 특징적인 변화들도 포함된다.

이렇듯 어떤 자극이 제시된 후, 주의가 신체 감각에 쏠리는 까닭은 자신이 무언가를 느끼고 있다는 것에 주목하기 때문이다. 한편, 신체는, 심장박동이 빨라지거나 체한 느낌이 들거나, 혹은 얼굴이 붉어지는 등의 자율신경계의 변화에 따라, 찡그리거나 웃는 표정 변화를 보인다.

이러한 정서적인 신체 감각은 우리에게 자극의 현저성(그것이 우리에게 얼마나 중요한지)에 관한 정보를 주고 그에 적절한 행위를 하도록 유도한다. 정서와 행위 간의 연관성은 우리가 치료과정에서 하는 것처럼 내담자가 그들의 정서와 접촉하게 되면, 왜 신경생물학적 반응에 이르기까지의 자신을 더 잘 알 수 있게 돕는지를 설명해 준다.

---

[1] [역자 주] 심장박동, 배고픔, 통증 등 신체 내부 기관에서 생기는 생리적 변화와 관련된 감각

🔆 정서 경험의 구성요소

정서는 느껴지는 신체 감각, 행위 그리고 인지를 포함하는 여러 요소로 구성된다. 정서는 어떤 종류의 자극, 즉 환경의 외부 자극이나 신체 감각, 생각, 또는 기억 등의 내부 자극 때문에 촉발된다. 이들 모든 구성요소는 뇌와 서로 관련이 있어서, 정서를 느낄 때 뇌가 활성화되기 시작한다. 따라서 우리는 정서 처리가 신체 감각, 운동, 주의(attention)와 관련된 뇌 체계의 상호작용 네트워크에서 이루어짐을 알 수 있다.

🔆 정서가 유발되는 과정

정서는 우리가 신체, 환경, 우리 자신의 인지과정으로부터 오는 자극에 반응하여 상호 연결되는 과정에서 일어난다. 뇌를 에워싼 많은 영역은 각 반응의 조합에 관여하고 있는데, 이는 정서가 왜 그토록 중요한지를 설명할 때 도움이 된다. 함께 기능하는 모든 영역의 결속력이 우리가 정서라고 부르는 역동적 패턴을 만들어 낸다.

정서는 위해를 끼치는 강도를 만나거나, 신나는 게임을 하거나, 혹은 사랑하는 사람과 상호작용하는 등 실제 상황에서 일어나고 있는 자극들로 인해 촉발될 수 있다. 또한 정서는 우리가 현재에서 회상하는 과거의 기억, 이미지 그리고 생각들에 의해서도 유발될 수 있다.

일단 이 과정이 시작되면, 봇물터지듯 여러 일이 시작된다. 자극을 유발하는 공포의 경우, 편도체는 시상하부와 뇌간으로 신호를 보내 자율신경계를 바꿔서 혈압 및 호흡을 올리며 위와 피부 혈관을 수축시킨다. 안면근육은 공포의 표정으로 반응하고 코르티솔이 분비되어 유기체는 위협에 반응하는 데 필요한 에너지를 더 많이 지원한다. 즉, 투쟁, 회피, 동결 반응을 하게끔 한다. 주의와 인지는 상황에 맞추어 조정되어서, 위협에 대처하는 데 온정신을 쏟게 해 준다. 아마도 우리는 길을 건너는 동안 자신을 향해 과속으로 달려오는 차를 피하면서 동시에 신용카드 대금을 지불할 생각은 하지는 못할 것이다! 또한 소뇌는 공포의 표현을 조절하는 역할도 하는 데, 이는 군 복무나 심리치료 경험이 어떻게 위협에 반응하는 방식이 변화시킬 수 있는지를 설명해 준다. 예를 들어, 군사 훈련은 위협적인 전투에서 군인이 곤경에 빠진 민간인과 확연히 다르게 반응할 수 있도록 만든다.

짧은 경로 및 긴 경로를 거친 정서 반응의 타이밍

앞에서 설명한 것처럼, 뇌간과 소뇌에 있는 뇌 하부 영역들은 피질과 상호 연결되므로, 정서 반응이 짧은 경로 또는 긴 경로 중 하나를 거쳐 처리될 수 있다. 뇌에서 어느 경로를 통하느냐에 따라 정서적 타이밍이 달라진다. 상향식과 하향식 처리 모두가 치료적 개입을 위한 도구가 될 수 있으며, 여기서는 이를 좀 더 자세히 기술하고, 이 장의 뒷부분에서 이 경로들을 활용하는 기법을 제공할 것이다([그림 16-1]).

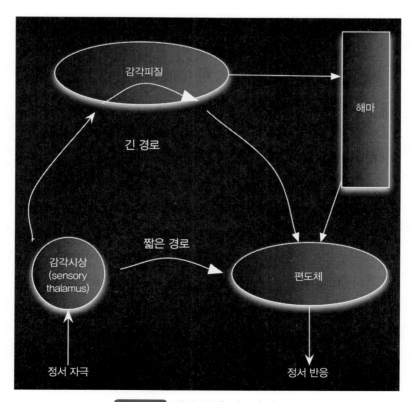

그림 16-1 정서의 짧은 경로와 긴 경로

짧은 경로　　정서 반응의 상향식, 즉 짧은 경로는 자동적이며 무의식적으로 이루어지는 경향이 있다. 이 때문에 정서를 느끼는 것을 알아차리기 전까지는 훨씬 전부터 자각하지 못하여, 마치 정서가 갑자기 생긴 것처럼 느낄 수 있다.

빠른 정서적 반응 체계는 시상에서 편도체로 직접 이동하여 대뇌피질을 우회한다. 이런 짧은 경로는 많은 정서 반응의 자동적, 전의식적, 심지어 무의식적 특성을 설명한다. 이 이론에 대한 증거는 공포에 관한 방대한 연구에서 뒷받침되며(LeDoux 1996), 공포가 처리되는 방식을 통해 긴 경로와 짧은 경로가 밝혀졌다. 예를 들어, 길을 걸어가다 독사를 본다면, 우리는 두려움을 느낄 것이다. 이때 짧은 경로가 활성화되어 심장박동이 올라가고, 손바닥에 땀이 나며, 얼굴이 벌겋게 될 것이다. 각성된 우리는 위험으로부터 도망칠 준비를 한다. 하지만 멈춰 서서 자세히 보고 뱀이 실제로는 밧줄이라는 것을 알게 된다면, 긴 경로가 활성화된 것이다. 우리가 느끼는 것, 생각하고 본 것을 확인하고 나서, 현실적인 위협이 없다는 것을 깨닫게 된다. 비로소 생리적 반응은 사라지며, 그런 반응을 어리석게 생각하거나 심지어는 즐거워하며 웃을 수도 있다.

때때로 정서는 즉시 일어난 것처럼 보이는 자동적 반응으로서, 마치 과속 차량의 경우나 트라우마 사건에서 경험하는 공포처럼 나타나고, 오븐에서 갓 구운 빵 냄새를 맡을 때 느끼는 행복감과 같이 긍정 정서가 저절로 일어나는 경험도 해당된다. 이런 종류의 정서 반응은 매우 빠르게 일어나며, 수백 밀리초(1,000분의 1초) 이내에 뇌를 통해 상향 이동을 한다.

긴 경로　　반대로, 하향식의 긴 경로는 우리의 사고의 뇌인 대뇌피질에서 고차 기능과 관련이 있어서 뇌가 처리하는 데 약간 더 오래 걸린다. 감각 자극이 처리될 때, 감각 정보는 피질로 중계되는 시상을 거쳐 피질과 피질하 변연계로 이동한다. 우리는 정서가 있음을 의식적으로 인지하고 그것에 관해 생각한다. 긴 경로는 두정엽의 감각피질을 통해 신호를 보내어 정서를 의식적으로 인식하게 된다. 예를 들어, 의도적으로 슬픈 사건을 떠올리면, 슬픔을 느끼리라는 것을 우리는 알고 있다. 따라서 정서는 약간 더 긴 경로를 통하면 하향식으로 촉발될 수 있는데, 긴 경로는 상황 인식과 연관되며, 정서가 유도되기까지 시간이 좀 더 걸린다.

행복, 슬픔, 분노, 두려움과 같은 일차 정서(primary emotion)는 짧은 경로나 긴 경로를 통할 수 있다. 정서는 흔히 변연계에서 처리된 감각 경험에서 발생하는 신체의 자동적 시스템을 거쳐 시작된다. 만일 정서 반응이 감각에서 변연계로 직행하는 짧은 경로를 거쳤다면, 그런 정서는 해석이 일어나기 전에, 의도와 의식의 통제 밖에서 무의식적으로 일어난다. 반면에 우리가 특정 반응에 대해 생각을 한다면, 이때 일어나는 정서는 의식적으로 인식되고, 뇌의 다른 부분들이 이에 관여하는 것이다.

정서 반응의 두 가지 경로는 보통 무의식적으로 일어날 수 있는 신속한 반응과 의식적인 요소가 포함된 더 느린 반응을 설명할 때 도움을 준다. 때로 경우에 따라 필요하다면 다른 경로로 스위치를 전환할 수도 있다. 예를 들어, 맥락을 고려하면 상황에 대한 첫 번째 반응이 최선이 아니거나 가장 성숙한 대응이 아닐 수도 있다. 치료는 종종 변화가 쉽도록 긴 경로나 짧은 경로를 활용하는 방법을 제공한다.

뇌의 정서 영역

그렇다면 정서의 인지, 생리, 행위 요소의 중심은 뇌의 어떤 영역일까? 단일한 영역 대신에, 우리는 뇌의 많은 부분들과 신체 그리고 인지 처리를 연결하는 패턴과 경로의 네트워크를 연구한다. 구조와 기능은 상호작용한다([그림 16-2]).

과거 1937년, 미국의 신경과학자 James Papez(1883-1958)는 정서를 느낄 때 활

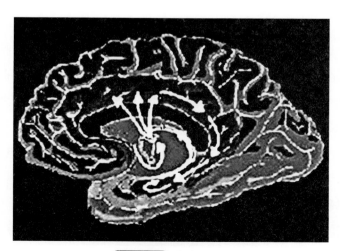

그림 16-2 파페츠 회로

성화된다고 믿었던 뇌 안의 기관들의 집단을 지정했다. 알려진 대로, 파페츠 회로(Papez circuit)는 해마, 시상하부, 전측 시상핵 및 대상회로 구성된 정서를 처리하는 신경 경로를 형성한다. 정서와 다른 기관 그리고 추가적인 경로에 대해 더 많은 것이 밝혀져 현재는 변연계라고 알려져 있다([그림 8-3] 참조). 또한 오늘날은 전두엽 피질, 편도체, 뇌섬엽 그리고 뇌간 역시 정서에서 중요한 역할을 한다고 알려져 있다(Ramachandran et al. 1999).

편도체

편도체(amygdala)는 중앙을 향해 위치한 아몬드 모양의 기관으로, 뇌의 각 반구마다 하나씩 있고, 정서적 처리를 하는 관문 역할을 한다. 자극들은 감각기관을 통해 들어와 편도체로 전달된다. 편도체는 상황이 어떻게 혐오스러운지 또는 위험한지를 감시해서 신경계에 신호를 보내 재빠른 반응을 하도록 도와준다. 자극이 현저한 경우, 편도체는 변연계를 통해 이 정보를 전달한다. 따라서 편도체는 짧은 경로의 주역이다.

또한 기억의 정서적 특성도 편도체에서 처리되는데, 이는 해마에서 외현적 기억(explicit memory)이 처리되는 방법과 비슷하다. 예를 들어, 여러분이 좋은 친구와 재회할 때, 해마 속의 기억 시스템은 그 친구를 마지막으로 봤을 때의 세부 사항을 기억하는 데 도움을 준다. 한편, 편도체와 그 신경 경로는 친구와 있었던 과거 경험과 연합된 무의식적이고 암묵적인 정서 기억을 처리한다. 이런 정서적 측면은 미소나 가슴이 뛰는 것 같은 우리의 몸에서의 변화로 직접 경험된다. 과거 상황과 현재 느끼는 행복감 사이에서, 우리는 조건화된 연합인 정서를 학습할 수 있다. 이러한 정서적 학습 과정은 과거의 트라우마 경험이 어떻게 현재의 정서적 경험에 계속 영향을 미치는지를 설명할 수 있다.

대규모 연구는 편도체가 무의식이고 자율적인 그리고 호르몬상의 변화에 영향을 줄 뿐만 아니라 행동과 주의의 변화를 유도하는 공포 조건화에서도 일차적인 역할을 한다는 것을 보여 준다(LeDoux 1996). 편도체는 다른 사람의 정서를 인식하는 것을 돕는다. 얼굴표정은 특히 두려움으로 표현되어 적절한 반응과 의사결정을 하도록 도와준다. 이는 편도체가 정서 반응이라는 수단을 통해 위험에 각성시킴으로써 위협적인 상황으로부터 우리를 보호하도록 돕는 방법이다. 편도체는 긍정 정서와 부정 정서 모두를 등록한다. 특히 공포 조건화에서 부정 정서가 널리 연구되어 왔다 (LeDoux 2003). 하지만 더 최근에, 연구자들이 편도체도 긍정 정서 처리에 관여하고 있다는 것을 발견하고 있다.

편도체의 반응은 무의식적이며, 짧은 경로를 곧장 통과한다. 하지만 사람들은 짧은 경로의 정서 반응을 조절하는 법을 배울 수 있다. 연구자들은, 치료가 편도체와 전전두엽 피질 사이에서 관계의 균형을 전환해서 정서 반응을 조절할 수 있도록 도와준다는 것을 보여 주었다(Banks, Eddy, Angstadt, Nathan, and Phan 2007). 정서 조절은 자동적인 짧은 경로의 정서 반응을 더 깊게 생각하는 긴 경로의 반응으로 바꿔준다.

뇌섬엽

뇌섬엽(insula)은 처음에는 미각에 관여하는 것으로 이해되었다. 구역질 반응과 연관된 영역을 확인하는 초기 연구들은 이러한 느낌과 관련하여 뇌섬엽이 중추적인 역할을 한다고 시사했다. 그렇지만 뇌섬엽은 정서를 경험하는 두 가지 핵심적 요소인 우리 자신의 체화된 감각과 의사결정을 하는 데 중요한 역할을 한다.

뇌섬엽은 전두엽 외측부 아래에 있는 깊은 열(fissure)에 위치하며, 여러 구역으로 구분된다. 뇌섬엽은 시상을 통과한 감각 경로로부터 정보를 받고 짧은 경로의 일부인 변연계 구조물로 출력을 한다. 뇌섬엽은 중요한 변연계 구조물인 해마, 편도체, 전전두엽 피질과 연결된다. 뇌섬엽은 또한 운동피질 및 기저핵과 연결을 통해 움직임에도 관여한다. 따라서 뇌섬엽의 위치와 상호 연결은 정서를 감지하고 처리하고 반응하는 데 있어서 그 중요성을 보여 준다.

뇌섬엽은, 우리 몸 안의 감각인 신체내부감각에 관여하는 중요한 구조물이다. 뇌섬엽 지도(insula map)는 우리가 느끼는 감각과 관련이 있는데, 움직임을 위한 운동피질 그리고 감각들을 위한 두정엽 피질 같은 내부 기관의 지도를 제공한다. 이렇게 지각된 몸 안의 느낌들은 우리의 정서, 기분 그리고 안녕감(well-being)에 영향을 준다.

내부 지도를 통해, 뇌섬엽은 신체 감각과 정서적 느낌 사이에서 연결성을 형성하도록 돕는다. 치료에서 우리는 내담자가 신체 감각을 개발함으로써 정서와 접촉하도록 돕는다. 뇌섬엽 역시 의사결정과 위험 감수에 연결되어 있으므로, 이런 지도 역시 우리가 의사결정에 관한 직관적 감각, 즉 직감(gut feeling)을 어떻게 지니고 있는지를 설명해 준다(Paulus, Rogalsky, Simmons, Feinstein, and Stein 2003; Krawitz, Fukunage, and Brown 2010). 이 장의 후반부는 신체내부감각을 계발하는 기법을 제공한다.

대상회

연구자들은 뇌 손상 환자들을 대상으로 1950년대에 한 연구들에서 대상회(cingulate gyrus)가 정서에 미치는 역할을 처음으로 알게 되었다. 뇌 손상 환자들은 무관심, 부주의 그리고 정서적 불안정을 포함한 증상들로 고통을 받았다.

대상회에는 정서 및 인지만 맡아 처리하는 별도의 영역들이 있다. 배측(dorsal) 부분은 인지 기능을, 그리고 문복(rostral-ventral) 부분은 정서를 처리한다(Bush, Luu, and Posner 2000). 이런 까닭에 대상회는 짧은 경로와 긴 경로 간의 전환에 도움이 될 수 있다.

최근의 fMRI와 PET 연구는 인지 및 정서 처리에서의 대상회 역할에 대한 이해를 도와주었다. 정서 및 인지 시스템은 모두 뇌의 많은 다른 영역들과의 네트워크로 작동한다.

대상회의 정서적 기능은 편도체, 측좌핵(nucleus accumbens), 시상하부, 전측 뇌섬엽(anterior insula), 해마 그리고 안와전두엽을 포함한 변연계의 많은 구조물과도 크게 서로 연결되어 있을 뿐만 아니라 내분비계, 자율신경계 그리고 내장운동계(visceromotor system)와 상호작용한다(Bush, Luu, and Posner 2000). 대상회의 정서적 역할은 모성 본능과 정서의 안정에 매우 중요하다.

인지와 관련된 부위는 외측 전전두피질, 두정피질과 운동피질에 관여하는 주의 네트워크(attentional network)의 일부이다. 대상회의 인지 영역은 동기부여, 새로운 경험, 오류 탐지, 작업 기억, 인지적 기능을 많이 요구하는 과제를 예상하는 것 등의 기능에 관여한다(Carter 1999).

대상회의 정서 및 인지 부분들은 개별적으로 작동하지만, 이들은 서로 조절한다.

정서 체계는 인지 체계를 비활성화할 수 있고, 인지 체계는 정서를 비활성화시키는 영향력이 있다(Drevets and Raichle 1998). 두 체계 중 하나가 대상회의 스위치 작용(switching action)을 통해 우세한 경로가 될 수 있다(Posner, Rothbart, Sheese, and Tang 2007). 이런 까닭에 정서를 인지적으로 작업하는 치료법, 그리고 정서를 실험적으로 작업하는 치료법은 모두 효과가 있다. 종종, 정서와 인지는 상호 보완적이며, 이 장 후반부에서 그 기법을 보여 줄 것이다.

🔅 정서의 패턴

일차 정서(primary emotions)는 그 가짓수가 제한되어 있고 신경계에 연결되어 있다. 일차 정서는 모든 연령, 문화, 인종에 의해 공유되는 경향이 있다. 일차 정서는 다양한 이차 정서(secondary emotions)를 야기하는데, 이차 정서는 일차 정서들의 혼합물이나 잔재들로 구성된다.

행복, 슬픔, 분노, 공포에 대한 뇌의 활동은 몸 전체에 걸쳐 유의미하게 다른 패턴들을 가지고 있다. 일차 정서는 구별되고 독특한 패턴이라기보다는, 몇몇 정서적 구조물들과 관계를 맺고 이루어져 있다. 각각의 정서에서 발견된 신경 패턴들은 정서로 경험되는 것의 토대를 이루는 다차원적 지도를 구성하는 것처럼 보인다(Damasio et al. 2000). 따라서 개별 정서는, 사실, 반응과 반응의 집합체로서, 감정의 느낌으로 이어지는 지도를 형성하는 패턴으로 구성된다.

뇌간 및 시상하부 같은 뇌의 하부 경로에서 오는 정보는 무의식적인 것으로 짧은 경로를 통해 이동하는 경향이 있다. 뇌섬엽과 대상회의 활성화는 긴 경로를 활동시키면서 의식에 접근될 수 있다. 이들 뇌 경로의 상호작용으로 의식적인 긴 경로와 무의식적인 짧은 경로가 있는데, 이것이 사람들이 어떤 때는 자신의 정서를 인식하고 어떤 다른 때는 자신을 완전히 인식하지 못하는지를 설명할 때 도움이 된다.

정서마다 고유한 활성화 및 비활성화 패턴을 가지고 있다. 행복은 우측 후대상회 피질에서의 활성화 증가와 관련이 있지만, 슬픔은 그 영역에서의 활성화 감소가 수반된다. 뇌의 하부 영역의 배측뇌교(dorsal pons)는 분노, 공포에서 활동적인데, 이 두 정서는 종종 의식적인 통제 없이 자동으로 일어난다(Damasio et al. 2000). 따라서 정서의 주관적 느낌은 의식적 · 무의식적 정서 각각에 대한 역동적인 신경계를 토대로 한다. 이런 까닭에 치료자는 활성화가 일어난 위치에 따라 의식적 방법과 무의식적 방법을 모두 활용해서 정서를 다뤄야 한다.

🔆 정서를 다루기

성공적인 심리치료는 의식적이거나 무의식적으로 나타나는 정서에 조응하는 방법을 배우고, 정서를 적절하게 조절하는 것을 배우는 것과 같은 결과물을 수반한다. 정서에 감각, 운동, 그리고 뇌의 인지적 요소가 개입된다는 것을 인식하는 것은 이들 구성요소 중 하나 혹은 여러 개를 사용하여 다양한 방법으로 정서를 다룰 수 있다는 것을 시사한다. 이러한 연습에서는 각각의 구성요소를 사용하는 방법을 소개한다. 정서의 대인관계 측면은 사회적 뇌를 다룬 제18장에서 논의할 것이다. 우리는 여러분이 이미 사용하고 있는 치료적 접근을 토대로 자신만의 혁신적 기법으로 통합시킬 것을 권한다.

🔆 신체내부감각을 작업하기

정서 경험의 한 수준은 신체 변화를 향한 생리적 반응, 즉 신체내부감각을 느끼는 것에서 온다. 이런 점에서 보면, 신체는 정서를 조절하는 수단이 될 수 있다. 일종의 지능을 가지고 있는, 모든 세포는 살아 있고 적극적이다. 모든 부분이 활기찬 조화를 이루며 협동한다. 신경계는 치유 과정이 촉발되도록 몸과 뇌, 생각, 느낌 등을 연계해 준다.

신체의 인식은 미묘한 단서들에 조율하는 것과 관계된다. 심리치료에서 신체 인식 방법은 무의식적으로 생성된 정서와 접촉하는 강력한 방법이 된다. 종종 심리적 문제를 지닌 사람들은 자신의 신체와 접촉하지 못하거나, 또는 다른 감각들은 종종 무시하고 신체의 한 감각에만 지나치게 관심을 두기 시작한다. 그들은 자신의 감각에 관해 부정확한 개념을 형성하고 문제에 함몰되면서, 문제해결이 점점 어려워지게 된다. 내부 감각에 관한 신체 작업(body work)은 내담자를 순간에 머물게 한다. 자기 안에서 일어나고 있는 무엇과 접촉하므로, 내담자는 방어를 비껴갈 수 있다. 이런 과정을 통해, 그들은 자신의 좀 더 현실적인 감각을 향해 첫발을 내딛을 수 있다.

　많은 사람이 자신의 내부 감각을 무시한다. 그러나 여전히, 감각은 정서적으로 경험하는 것과 직접 연결된다. 섬세하게 작업될 때, 내부 감각은 치유와 변화의 원천이 될 수 있다.

호흡으로 시작하기

　호흡은 정서에 개입된 가장 접근하기 쉬운 내적 감각 중 하나입니다. 호흡은 종종 당신이 어떻게 느끼고 있는지에 대해 상당히 많은 정보를 줍니다. 호흡 연습은 자신이 느끼고 있는 것에 더 많이 접촉하도록 도와줄 수 있습니다. 이 기술을 배우기 위한 시작으로는, 편안함을 느낄 때 연습을 해 보는 겁니다. 일단 차분하게 호흡하기를 잘하게 되면, 특정 정서를 느낄 때 연습합니다. 비교와 대비를 위해서는, 일차 정서인 행복과 슬픔, 분노 혹은 두려움을 느낄 때, 호흡을 시도해 봅니다. 많은 다른 정서들이 일어나는 동안에 호흡에 주의를 기울이는 것은 유익하며, 지금 무슨 일이 벌어지고 있는지에 관해 새롭게 느껴지는 감각을 더해 줄 것입니다. 더구나 불편한 정서가 다소 줄어들거나, 심지어는 완전히 사라지기 시작하는 것을 발견할지도 모릅니다.

　이제, 조용히 앉아 주의를 호흡으로 가져가 찬찬히 시작합니다. 호흡의 리듬을 주시하세요. 호흡이 빠르나요? 아니면 느리나요? 호흡의 질은 어떠한가요? 거친가요, 힘드나요, 얕은가요, 아니면 깊은가요? 조용히 앉아, 덥거나 추운지, 따끔거리거나 감각이 없는지 등등 호흡에 동반되는 다른 감각들을 느껴 봅니다. 또한 어떤 생각들이 쏜살같이 지나가는지 아니면 천천히 지나가고 있는지도 주목합니다.

　그러면 이번에는 당신은 정서가 달라질 때 이와 같은 호흡 연습을 반복합니다. 정서가 달라질 때의 호흡의 질을 서로 비교해 봅니다. 정서 상태가 다를 때 동반되는 호흡의 질을 알아차리는 것은 개인이 변하는 데 도움이 됩니다.

내부 감각을 쫓아가기

바로 전 연습에서 했던 것처럼, 호흡에 주의를 기울입니다. 몇 분 동안 숨을 들이 쉬고 내쉬는 느낌에 주의를 줍니다. 호흡을 바꾸려 하지 마세요. 단지 감각에만 주의를 기울입니다. 공기가 코를 통해 폐로 흘러들어 가는 것을 느낄 수 있나요? 시원하다는 것을 또는 따뜻하다는 것을 느끼나요?

다음으로, 심장박동에 주의를 집중합니다. 만약 심장박동을 감지하는 데 문제가 있다면, 먼저 자신의 손바닥을 심장 위에 놓고 박동 감각에 주목하세요. 또 다른 연습 방법은, 손목의 맥박에 손가락을 얹습니다. 손목의 감각에 주의를 기울여 고요히 느낍니다. 그것을 자각할 때, 매 순간 그것이 어떻게 조금씩 달라지는지에 주목합니다. 조용히 앉아 있을 때, 심장박동은 느려지거나 빨라지고, 거칠어지거나 부드러워질 수 있습니다. 그냥 주의만 주면서, 있는 그대로의 자신이 되도록 허용합니다.

이제는 위장 부분에 주의를 줍니다. 위장의 감각에 주의를 기울이세요. 감각의 움직임을, 예를 들어 따뜻함, 차가움, 얼얼함 또는 다른 흥미로운 감각 등이 느껴지나요?

지금 이런 모든 내부 감각들에 주의를 기울이는 동안에, 정서적으로 무엇을 느끼나요? 호흡, 심장박동, 소화 그리고 정서는 모두 정서 경험의 부분들이며 서로 연결되어 있습니다. 이러한 감각들에 주의를 기울일 때, 비로소 정서를 다른 방식으로 인식하기 시작할 겁니다.

💡 정서 상태에서 운동 반응에 주의를 기울이기: 긴장 및 이완

사람들은 종종 강한 정서, 특히 충격적인 정서를 경험할 때, 본능적으로 행동을 준비하고 이에 대응하는 얼굴과 몸의 근육이 긴장한다. 이런 움직임의 일련의 과정은 그 패턴을 인식하는 데, 그리고 필요한 경우 스스로 반응을 조절하는 과정을 시작하는 데 도움이 될 수 있다.

알아차림으로 시작하기

당신의 몸을 쭉 스캔하고 근육의 전반적인 긴장도에 주목합니다. 그런 다음, 머리에서 시작해서, 얼굴 근육에 주의를 줍니다. 다른 영역들은 이완되어 있으나, 입, 이마 또는 눈 등 어떤 부분이 단단히 긴장되어 있나요? 각각의 정서적 경험은 긴장과 이완의 근육 패턴을 동반하고 있습니다. 주의를 이용하여, 지금의 근육 패턴을 조심스럽게 그려 봅니다. 만약 당신이 눈과 이마 사이가 조이는 느낌이 든다면, 눈과 이마 패턴의 각 부분에 주의를 기울이세요. 불편을 느끼나요? 아니면 아무것도 느껴지지 않나요? 때때로 그런 패턴들은 익숙한 습관처럼 되어서 알아차림을 하기가 어렵습니다. 계속 주의를 두면, 이완된 근육과 긴장된 근육 사이에 미묘한 차이를 지각하게 됩니다. 아무것도 바꾸려 하지 말고 그냥 주의를 기울이세요, 알아차림을 합니다.

이번에는, 주의를 당신의 목과 어깨로 가져갑니다. 목과 어깨에서 긴장이 느껴지는 곳의 감각을 느낍니다. 목과 어깨의 긴장을 알아보는 한 가지 단서는 이런 몸 부분들이 자신이 누워 있는 바닥이나 침대 또는 소파와 어떻게 접촉되는지를 느껴 보면 알 수 있습니다. 목과 어깨 영역이 어떻게 외부 표면과 만나는지에 주의를 기울이세요. 만약 목과 어깨가 긴장되어 있다면, 바닥이나 침대에서 약간 들리거나 혹은 아래로 딱딱하게 눌려지는 것을 느낄 수도 있겠지요. 다시 한번, 아무것도 바꾸지 말고 그때 일어나는 어떤 감각이든 알아차립니다. 몸 전체에 주의를 줄 때까지 계속해서 이런 방식으로 긴장된 영역과 이완된 영역을 그냥 알아차립니다. 다 끝나면, 다음 연습으로 이동합니다.

긴장을 완화하기

다시 주의를 얼굴로 가져가 당신의 머리에서 시작합니다. 만약 눈, 이마, 입술과 같은 특정의 부분에서 긴장을 발견하면, 그곳으로 관심을 돌리세요. 먼저, 지난 연습에서 했던 것처럼 이들 근육을 어떻게 잡고 있는지를 주의 깊게 추적한 다음, 가능한 한 이들 근육을 이완하도록 허용합니다. 내려놓는 것은 열리고 방출되는 느낌을 수반합니다. 근육은 더 부드럽고, 더 가볍고, 더 커지거나, 더 부드러워질 것입니다. 편안하게 숨 쉬면서 날숨을 할 때마다 긴장을 내려놓습니다.

그러면 이번에는 어깨 쪽으로 주의를 가져가, 주의 깊게 살펴봅니다. 어깨 근육을 단단히 잡고 있는지를 주목하고, 가능하면 내려놓습니다. 어깨가 바닥에서 떨어져 있다는 것을 알아차린다면, 어깨를 아래로 내려 표면에 기댈 수 있을까요? 계속 몸 전체로 내려가면서 먼저 섬세하게 주의를 기울인 다음 긴장이 지나친 곳을 이완시킵니다. 몸의 단단한 영역들을 보고 놀랄지도 모르지만, 그럴 필요는 없습니다. 하지만 만약 주의가 외부의 대상으로 옮겨가 방황하면, 주의를 다시 이곳으로 데려옵니다. 이완하려고 애쓰지 않습니다. 단지 이완이 가능한 곳인지 그렇지 않은 곳인지에만 주의를 기울이고, 부드럽게 불필요한 긴장을 내려놓으려고 노력합니다. 근육의 어떤 부분을 이완시켰다고 느낄 때, 자신의 정서 경험에 어떤 변화가 있는지의 여부를 주목하세요. 종종 사람들은 종종 직접적인 연결을 발견합니다.

상황별 정서 감각 및 운동 반응에 주의를 기울이기

앞의 연습에서 사용한 기술을 활용하여, 정서 반응이 자발적으로 일어날 때, 주의를 감각으로 돌립니다. 치료에서는 지도에 따라 할 수 있게 하는 기회를 줍니다. 이 기회는 영화 또는 TV 쇼를 보고 있거나 혹은 책을 읽고 있을 때도 생길 수 있습니다. 어떻게 호흡이 변하는지, 피부 온도가 변하는지, 또는 심장박동이 증가하는지에도 주목합니다. 적절하다면, 불필요한 긴장을 편해지게 합니다. 정서적 분위기(emotional tone)가 변하나요?

우리는 영화를 보거나 책을 읽고 있을 때 자신의 정서에 주목할 수 있기 때문에, 일상의 상황들에서 정서 반응이 있을 때 주의를 감각으로 가져갑니다. 이런 방식으로 주의를 유도하는 것은 종종 역설적인 결과를 낳습니다. 정서 반응에 대한 주의를 짧은 경로에서 긴 경로로 전환하면서, 이제 당신은 대개 무의식에 있던 무언가를 더 인식하게 됩니다. 종종 사람들은 자신의 반응에 대해 배우고, 치료에서 다뤄진 다른 느낌들이 올라오게 됩니다. 시간이 흐르면서, 정서 반응이 더 쉬워지고 더 온건해진다는 것을 우리는 알 수 있습니다.

🔅 정서에 관해 생각하기

　정서의 긴 경로는 인지라는 고등 뇌 영역과 관련이 있다. 인지의 힘은 너무 강한 정서 반응의 조절에 도움이 될 수 있고, 그러기 위해선 연습이 뒤따른다. 이와는 대조적으로, 긴 경로에서 인지는, 가끔 우울증의 고통을 겪는 사람들이 부정적으로 반추하는 것처럼, 건강한 정서 반응을 방해할 수 있다. 인지치료는 더 좋은 인지를 함양하고 긍정적인 방향으로 반응을 끌어냄으로써 이런 문제를 해결한다. 명상과 최면을 통해 자신의 감각으로 돌아오게 하는 연습들은 이런 패턴들을 되돌리는 데 도움이 된다. 우리는 당신의 치료 목록에 이와 같은 수련을 추가로 제시한다.

정서를 인식하기

　정서는 무엇을 어떻게 행동할 것인지의 신호가 될 수 있다. 하지만 정서 관리가 어려운 사람은 종종 정서 수준이 너무 높아 통제하지 못할 지경까지 자신이 무엇을 느끼는지 인지하지 못한다. 따라서 정서 반응들이 쌓이기 시작할 때 이런 신호를 조기에 인식하는 것을 배우는 것이 첫 번째 단계이다.

　Ron은 잔뜩 찌푸린 화난 사람이었지만, 자신은 그런 사람이라고 생각하지 않았다. 그는 우리에게 문제는 다른 사람에게 있다고, 그리고 자신을 "평소에 꽤 느긋하다."고 말했다. 여자친구가 추천했기 때문에 그는 치료를 받게 되었다. 여자친구는 Ron의 분노에 괴로움을 느꼈지만, 그는 전혀 눈치채지 못했다. 사실, 그가 우리에게 얘기한 것으로는, 자신이 화가 났다는 것을 알아챌 수 있었던 유일한 시간은 단지 주먹다짐을 하는 자신을 발견했을 때뿐이었다고 했다. 이 장에서 다룬 몇 가지 연습에 치료법이 들어 있는데, Ron이 느끼고 있는 것에 접촉하도록 돕고, 또 자신의 정서들을 생각하고 좀 더 적절하게 행동하는 방법을 배우는 것이다.

경고 신호를 조기에 인지하기

　명상적 고요함이 도움을 주지만, 정서를 늘리는 인지를 수정하는 것도 문제해결에 중요하다. 성가신 정서의 초기 신호를 인식하는 것은 정서 패턴을 바꾸는 과정의 시작 단계이다.

인지를 이용하여 인식하지 못하는 패턴을 바꿀 수 있습니다. 비록 어떤 상황에서는 당신이 무엇을 느끼는지에 주의하지 못할 수 있지만, 아마도 사람들이 보통 정서 반응을 언제 보이는지는 이해가 가지요. 가끔 친구나 가족이 언제 정서적으로 반응하는지, 혹은 영화나 소설에서 강렬한 느낌을 갖는 사람들을 쉽게 봤을 거예요. 사람들이 늘 정서를 느끼는 상황들의 종류에 주목해 봅니다. 그런 다음, 자신의 상황을 관찰합니다. 당신이 어떤 시도를 했으나 목표가 이루어지지 않았던 적이 아마도 있었을 겁니다. 아니면 어쩌면 직장에서의 상황이 안 좋았던 때도 있었겠지요. 또는 당신이 걱정하는 누군가가 당신에게 말하기를 거부하며 소리를 지르거나 울 수도 있습니다. 이때 이런 일들이 일어나고 있음을 알아차리고, 외부 상황에 주의를 기울입니다. 이제 주의를 그만 멈추고 앞에서 한 것처럼, 의도적으로 당신의 감각과 운동 경험에 주의를 돌립니다. 제일 먼저, 당신의 호흡에 주목합니다. 앞에서 한 신체 알아차림 연습을 이용해 당신의 몸에 주의를 기울입니다. 호흡과 심장박동, 근육 긴장의 패턴을, 그리고 위, 가슴, 머리와 같은 신체 감각들에 주의를 기울입니다. 알아차립니다!

이제, 당신 마음에 떠오르는 생각에 주의를 집중합니다. 생각들이 일어날 때 그 생각들을 관찰하는데, 정신적으로 한발 물러선 관찰자의 입장으로 관찰합니다. 당신은 전에도 그 생각을 해 본 적이 있나요? 그리고 전에도 이런 정서 상태를 겪어 본 적이 있나요? 종종 정서가 반복되는 때가 있는데, 특히 문제가 되는 정서들일 때 그런 것 같아요. 정서에 상응하는 생각들이 순환하기 때문이겠지요.

알아차립니다. 몸과 마음의 경험은 정서 반응이 있다는 신호입니다. 이런 신호들을 잘 아세요. 신호의 사인을 의식적으로 인식하게 되면, 신호에 민감해집니다. 이런 것들은 정서 인지의 학습 과정에서 당신에게 도움이 될 겁니다. 그렇게 함으로써, 다음 연습에서 행동하기를 안내하면 정서 반응을 조절할 수 있게 됩니다.

🔆 마음챙김으로 정서를 수용하기

정서 반응이 일어나기 시작하고 이에 주의를 기울이는 경우, 사람들은 불편함을 느낄 수 있다. 보통은 분명한 이유들 때문에 사람들은 자신의 정서를 회피한다. 치료는 내담자가 불편해하는 근원을 발견하도록 도와주고 위협적인 것을 풀어 내도록 도와줄 수 있다. 일단 불편함의 근원은 태도와 믿음에서 비롯되는데, "나는 이런 느낌을 싫어해." 또는 "감정은 나약한 마음이야." 혹은 "누가 신경을 써. 난 아니야!" 와 같은 방어적인 사고에서 비롯한다.

마음챙김 명상(mindfulness meditation)은 사람들이 판단하지 않고 자신의 감각, 느낌 또는 생각이 무엇이든 인식하고 수용하도록 도와줄 수 있다. 이 수련은 치료를 도와주는 유효한 방법으로 널리 수용되고 있다. Kabat-Zinn의 마음챙김 기반의 스트레스 감소 연구(Kabat-Zinn 2003)는 마음챙김 명상이 스트레스 반응을 낮출 수 있음을 보여 주었다. 그리고 연구는 명상이 강한 정서 반응을 중재하여 정서 조절을 향상함을 발견했다(Aftanas and Golosheykin 2005). 마음챙김 시리즈는 내담자에게 자신의 정서 반응을 인식하고 그에 수반되는 사고와 판단이 어떻게 반응을 만들어 내는지에 주의를 기울이는 방법을 가르쳐 준다.

비판단적 태도 취하기

마음챙김은 지금 이곳에서 여러분 자신의 경험에서 시작합니다. 기술을 개발하기 위해 연습 과제를 하세요. 자신의 몸, 느낌, 생각 그리고 생각의 대상을 사용합니다. 이윽고, 당신의 인식은 매 순간 확산될 것입니다.

마음챙김은 다른 사람은 물론이고, 자신의 모든 삶, 행위, 생각 그리고 느낌을 알게 되는 기회가 됩니다. 하지만 심층적인 관찰을 처음에 배우게 될 때, 아는 것이 항상 좋은 건 아닐 수도 있습니다. 그 결과, 스스로 충분히 이해를 하기 전에 자신이나 타인을 판단하도록 부추길지도 모릅니다. 도덕적 설명이나 해석은 나아갈 방향에 도움이 되지 않습니다. 실제로는 방해가 될 수도 있습니다.

마음챙김 인식은 판단을 하지 않는 것입니다. 마치 자료를 수집하는 과학자처럼,

결론을 성급히 내리거나, 또는 자신이 마음에 두고 수집한 새로운 정보를 사용해서 편파적인 견해를 형성하지 않도록 합니다. 좀 더 충분한 그림이 나올 때까지 기다립니다. 이 과정을 믿고 열린 마음을 키웁니다.

만약 당신이 좋아하지 않는 어떤 것을 주목한다면, 그것에 주의를 기울이게 됩니다. 어쩌면 그것이 향후 바뀔 만한 특질이라고 단정할 수도 있겠으나, 자신을 비난하지 않으며 그냥 주의를 기울이기만 하세요. 단순히 변화가 필요한 어떤 것을 관찰하는 것과 그 어떤 것에 관한 도덕적 해석 간에는 중요한 차이가 있습니다. 단순히 관찰만 할 수 있을 때, 내면의 마음이 스스로에게 열리는 것을 발견할 것입니다. 마음챙김 수련으로 실험을 시작할 때는, 판단적 선언을 하지 않고 관찰하도록 합니다. 즉, 바로 그 상황에서 자신을 인식하기 시작합니다.

마음챙김 수용(Mindful Acceptance)을 기르기

당신이 판단을 자제하는 수련을 할 수 있는 것은 자신의 경험, 행위들과 그 결과들의 상세한 부분들에 주목할 때부터입니다. 먼저 무엇이 거기에 있는지를 인식하는 것부터 시작하되, 자신의 관찰들을 또렷하게 묘사합니다. 비교나 비판을 하지 않고, 자신이 경험하는 것을 수용하도록 배웁니다. 그러면 당신의 자질(qualities)을 있는 그대로 인정할 수 있게 됩니다.

비판단적 태도를 마음챙김에 적용하려면, 자신을 머리부터 발끝까지 낱낱이 살피고, 모든 다른 부분을 인식해야 합니다. 각 부분을 있는 그대로 묘사하는데, 예를 들어 머리카락, 머리색, 머릿결, 헤어스타일, 눈동자 등을 묘사합니다. 하지만 기술은 객관적 사실에만 머물러야 합니다. 예를 들어, 머리를 관찰한 것은 길고, 짙은 갈색이며, 곱슬머리라고 말입니다. '매력적이지 않다'와 같은 평가는 덧붙이지 않습니다.

이런 연습은 자신이 잘생겼거나 아름답고, 완벽한 몸매에 결함이 없다면 쉽게 할 수 있을지 모르지만, 결함투성이일지라도 할 수 있습니다. 비록 스스로 심각한 결함을 가지고 있다고 믿어도, 마음챙김은 이런 자신을 수용하도록 도와줄 수 있습니다. 자신을 하찮게 여기지 않고, 자신이 어떤 사람이든 또 어떤 기분이든 끌어안습니다. 어떤 문제들은 자기 회의감 때문에 더 악화됩니다. 자신이 경험하는 것을 마음챙김하는 접근법은 행복해지는 데 필요한 모든 것을 가지고 있습니다.

정서의 마음챙김

정서는 삶의 중요한 요소이고, 따라서 마음챙김은 반드시 감정에 대한 주의집중을 포함해야 한다. 마음챙김은 불편한 감정이 가져오는 고통을 극복하고 긍정적인 정서를 최대화하는 방식으로 정서를 다룬다.

정서들은 유쾌한 것, 불쾌한 것, 중립적인 것으로 분류될 수 있다. 사람들은 유쾌한 느낌에 집착하고, 불쾌한 느낌을 거부하는 경향이 있다. 그러나 집착과 거부는 이차적 반응 세트를 움직이게 해서 자각을 방해하고 고통을 유발한다. 감정 자체를 더 잘 자각하게 된 후에야 당신은 이차 반응을 중단할 수 있고, 따라서 더 편안하고 더 자각된 깨어 있는 반응을 하게 된다.

감정의 무상함: 감정이 얼마나 무상(無常)한지 생각해 보세요. 신경과학의 발견을 이해하게 되면서, 인간이 경험하는 다른 모든 것과 마찬가지로, 우리는 정서가 뇌의 활성화 및 비활성화의 패턴과 관계가 있다는 것을 알고 있습니다. 어떤 유쾌한 감정에 집착하면 어쩔 수 없이 좌절을 겪을 것입니다. 왜냐하면 뇌의 활성화는 결국 끝나기 때문입니다. 반대로, 불쾌한 감정을 피하려는 시도 또한 고통으로 이어질 겁니다. 왜냐하면 뇌에서 매 순간 진행되는 경험으로부터 벗어날 수 없기 때문입니다.

감정을 식별하기: 감정에 대한 마음챙김은 정서를 식별할 수 있을 때 시작합니다. 이 과정을 시작하기 위해서, 잠시 앉아서 눈을 감으세요. 자신의 내면으로 주의를 기울입니다. 정서나 기분에 이름을 붙이려고 노력한 다음 내부 감각, 얼굴 표정, 근육 긴장 패턴을 기술한 것과 일치시킵니다. 만일 제대로 맞지 않으면 만족스러울 때까지 명칭을 수정하세요.

다음으로, 그 감정이 유쾌한지, 불쾌한지, 중립적인지를 알아봅니다. 평온함을 유지하면서 감정들을 확인합니다. 당신은 마치 뒷마당에서 노는 아이들을 보살피는 인자한 어머니가 되어봅니다. 아이들이 싸우기 시작할 때 어머니는 그들에게 화내지 않습니다. 대신에 어머니는 차분하게 싸움의 차이를 해결하고 아이들마다의 요구에 주의를 기울이려고 노력합니다. 당신의 모든 다른 정서들, 심지어는 불쾌하다고 이름 붙인 감정들조차도 주의 깊게 관찰하세요. 부정적 감정에 대한 이차적 혐오반응이 제거되면, 자신의 불편감은 의미 있게 낮춰질 것입니다.

마음챙김 관찰: 조용히 앉아서 자신이 지금 느끼고 있는 것을 관찰합니다. 매 순간, 자신이 경험하고 있는 것에 주의를 줍니다. 판단하지 않기를 유념하면서, 어떤 생각이나 감각이든 또는 움직임이든 일어나는 것에 그냥 주의를 기울이고 있습니다. 만약 마음이 방황한다면, 부드럽게 이 순간의 감정으로 내 마음을 데려갑니다. 현재 진행되고 있는 매 순간의 경험들이 일어나고 있으니, 각 순간마다 어떻게 약간씩 다른지 관찰합니다. 당신이 좋은 것 또는 나쁜 것으로 주목하는 무엇을 판단하지 않습니다. 각 경험을 의도적으로 바꾸려 하지 않고, 단지 있는 그대로 수용합니다. 그냥 지금 여기서 당신은 단지 머무르면서 상황 자체의 변화를 주목합니다.

행위에서 정서를 마음챙기기: 앞에서 한 연습에서 가장 도전적이면서도 보상을 주는 적용은 정서가 일어나는 상황 안에서 수행하는 겁니다. 현실의 삶에서 정서를 경험할 때 마음챙김하도록 합니다. 당신 자신이 느끼고 있는 것과 자신이 하는 행위가 무엇인지를 계속 알아차립니다. 만약 상황이 너무 어려워 처리할 수 없으면, 한 발짝 물러나 멈추고, 숨을 쉬며, 이완합니다. 자신에게 상황을 성숙하게 처리할 수 있는 필요한 공간, 마음의 여유를 만듭니다.

🔆 인지를 넘어서

정서는 종종 생각으로부터 연료를 받는다. 통제되지 않는 생각의 흐름은 정서를 강하게 밀어붙인다. 생각은 순수한 지각(clear perception)을 직접 훼방한다. 사람들은 부정적인 방향으로 정서를 자극하는 걱정과 반추 때문에 더 복잡해진다. 내려놓고 현재에 머무르기를 배우는 것은 곧 해로운 패턴을 잠깐 중단시키고 다른 식의 정서 반응을 위한 공간을 제공할 수 있다. 그러면 부정적 생각을 걷어낸 마음으로부터, 정서는 자연발생적인 뇌 체계의 균형을 되찾게 되면서 안정될 수 있다. 조용하고 열린 순간에서 새로운 가능성들이 떠오른다. 이 수련은, 건강한 정서 조절과는 동떨어진 특성을 가진 생각의 패턴을 깨끗이 정리하는 데 도움이 된다. 부정적인 생각의 청소를 돕는 것, 즉 정화를 돕는 것 외에도 명상에 관한 연구는 뇌 활동이 더 큰 인식과 민감성, 그리고 더 잘 조율된 주의력을 위해 함께 동기화된다는 것을 보여준다(Hankey 2006). 명상 기술들은 치료 중 많은 지점들에서 활용될 수 있는 광범위한 비특이적 효과들(nonspecific effects)이 있다.

마음의 물 정화 명상: 다음과 같은 시각화(visualization)로 시작합니다. 당신은 자신의 산만한 생각들이 자연스럽게 깨끗이 치워지는 것을 알게 됩니다. 눈을 감고 조용히 앉습니다. 당신은 연못가에 앉아 있다고 상상해 봅니다. 연못은 활기가 넘칩니다. 개구리가 개굴거리고, 귀뚜라미가 울고, 새가 머리 위에서 날아가고, 물고기가 물 위로 뛰어올라 곤충을 잡아먹고 철벅 떨어진 후 또 다른 곳에서 가 한 번 더 뛰어오릅니다. 강한 바람이 물을 휘저어 흙탕물을 일으킵니다. 모든 것이 움직입니다. 그러다 점점 하루가 지나가면서 상황이 바뀌기 시작합니다. 바람이 잦아듭니다. 개구리는 한숨을 자고, 귀뚜라미는 조용해지며, 새는 나무에 걸터앉아 있고, 물고기는 뛰어오르기를 멈추고 있습니다. 연못은 조용합니다. 혼탁한 물결의 연못은 흙탕물이 바닥으로 가라앉으면서 잔잔해지고, 물은 수정처럼 맑아 주변의 자연환경을 반사합니다. 모든 것이 고요합니다. 그러더니 개구리 한 마리가 연못으로 폴짝 뛰어듭니다. 풍덩! 연못이 주변을 반사하고 물속으로 개구리가 철벅 떨어지는 소리를 듣는 순간, 맑게 열린 마음을 톡톡 두드립니다. 이 장면을 생생하게 상상해 봅니다. 그 순간에 머뭅니다.

개방과 정화(opening and clearing): 전통적 좌선(Zazen): 정좌명상은 선불교(Zen Buddhism)에서 하는, 순간을 내려놓는 전통적인 수련이다. 선불교 승려들은, 연속적으로 펼쳐지면서 열리고 구분되지 않은 의식 상태의 유발을 탐색하면서, 정좌명상에 많은 시간을 보낸다. 지시를 주의 깊게 따르고 시간과 노력을 들이면, 독특한 평온과 각성된 인식을 경험할 것이다. 주의는 현재 이 순간에 맞춰지고 열린 그리고 수용적인 동시에 산만함에서도 벗어나게 된다. 뇌의 패턴들은 각성된 동시에 차분한, 피질에 긍정적인 효과를 오랜 시간 동안 일으키는 독특한 상태가 된다.

반듯이 앉아, 양반다리를 하고, 손바닥은 위로 그리고 손등이 허벅지에 닿게 얹어 놓습니다. 몸을 왼쪽이나 오른쪽으로 기울이지 않고 똑바로 세우되, 너무 경직된 자세는 아니게 하세요. 귀와 어깨는 나란히 하고 머리는 똑바로 세워야 합니다. 혀는 입천장에 느슨하게 닿게 하고 입술은 다물며 위아랫니가 맞닿습니다. 눈은 감거나 또는 반쯤 열어도 됩니다. 호흡은 부드럽게 규칙적으로 쉽니다. 명상을 시작하고, 마음의 모든 생각들을 깨끗이 정화합니다. 어떤 생각이 떠오르면, 생각을 알아차리고, 생각을 무시하며, 자신의 평온하고 깨끗한 마음으로 돌아갑니다. 시간이 흐르고 계속 이 수련을 하면, 당신은 마침내 잡념이 줄고 자신의 집중력은 자연스럽게 더 깊어지는 것을 발견할 것입니다.

☀ 결론

정서는 마음, 뇌 그리고 신체가 포함된 상호작용 패턴으로 체화되어 있다. 뇌의 정서 경로들은 많은 구조물의 기능, 즉 뇌간의 기저 영역부터 편도체와 해마를 거쳐 뇌 중심부로 상향하는 모든 길과 피질로 입력되는 모든 길에 관여하고 있다. 우리는 감각적 경험, 운동 활동 그리고 인지적 사고 어느 수준에서든 개입할 수 있다. 때로는 정서의 짧은 경로를 바꾸는 방식으로 시작하며, 신경계의 균형을 비언어적이고 실험적으로 바꿈으로써 자발적으로 변하도록 한다. 그 밖의 다른 시점에서는 의도적인 인지 개입을 통해 내담자를 더 건강한 중심으로 되돌려 줄 수 있다. 정서는 마음, 뇌, 몸과 폭넓게 얽혀 있고, 그래서 다양한 수준의 치료기법들은 변화 과정을 일으키는 데 도움이 될 것이다.

제17장

기억의 재응고화

☀️🧠 도입

최근의 뇌 연구는 이전의 심리학적 모델과 합쳐져 기억에 대한 이해에 큰 진전을 가져왔다. 우리는 오래전부터 다양한 종류의 기억들이 있다는 것을 알고 있었다. 단기 작업 기억은 일시적이지만, 일단 기억이 응고화되면 장기 저장소로 들어간다. 많은 기억 과정들은 이 장에서 설명하듯이 의식적이든 무의식적이든 다른 형태를 취한다. 내담자들은 종종 충격적인 기억을 가지고 있다. 치료에서 가장 희망적인 것은 당신이 다양한 도구를 활용하여 기억 작업에 접근할 수 있다는 것이다. 치료를 통해 기억 과정은 변경, 재처리 그리고 재응고화될 수 있다. 이 장에서는 내담자들이 변화하기 위해 고통스러운 기억을 작업하여 다시 통합하도록 돕는 방법을 보여 줄 것이다.

🧠 기억의 기본 형태: 선언적 기억 및 비선언적 기억

오늘날, 기억은 일반적으로 두 개의 별개이지만 상호작용하는 체계로 간주되는데, 각각은 선언적인 기억과 비선언적인 기억이다. 이러한 시스템은 고유한 처리 과정을 거치고 선언적 기억은 의식적인 회상과 비선언적 기억은 무의식적인 수행과 관련된다.

일반적으로, 기억은 특정 유전자와 단백질이 단기 및 장기 기억 체계가 공유하는 경로를 따라 활성화될 때, 단기기억에서 장기기억으로 이동한다. 이 과정에는 시냅스 수준의 축색과 수상돌기의 새로운 성장이 포함된다(Squire and Kandel 2003). 이 과정을 통해 단기기억은 장기 저장소로 옮겨진다. 이러한 과정은 뇌의 많은 영역에서 일어난다.

🧠 기억과 학습의 미시적 그림

학습과 기억은 시냅스에서 장기 강화작용(Long-Term Potentiation: LTP)이 일어남으로써 시작된다. 해마 내 뉴런에 관한 연구(Bliss and Lemo 1973)에 따르면, 시냅스전 뉴런(presynaptic neuron)에서 나온 축색돌기가 1~4초당 100회의 일시적이지만 매우 빠른 일련의 펄스에 대해 시냅스의 수상돌기를 자극하는 과정을 밝혀냈다. 그 결과, 일부 시냅스는 강력한 영향을 받게 되는데, 이는 시냅스가 유사한 유형의 입력에 더 민감하게 반응하여 강화된다는 것을 의미한다. 장기 강화작용의 또 다른 방법은 빠른 자극 이후에 시냅스 후 뉴런(postsynaptic neuron)이 다른 화학적 균형을 통해 연결 강도를 조절한다는 것이다. 장기 우울증(Long-Term Depression: LTD)은 해마에서 일어나는 정반대의 과정이다(Kerr, Hugertt, and Abraham 1994). LTD는 축색이 초당 1~4회 정도의 낮은 주파수에서 활성화될 때 겪게 된다. 그 결과, 시냅스의 반응성 감소가 장기화된 것이다. 이러한 강화작용과 우울증의 패턴은 몇 분, 며칠, 심지어 몇 주 동안 지속될 수 있다.

LTP에 관여하는 신경전달물질은 글루타메이트인데, 흥분성 신경전달물질은 뇌 전체 영역에 있다. 글루타메이트는 세포막을 가로지르는 세포의 극성(polarization)에 의존한다. 세포가 휴지기에 있을 때, 글루타메이트는 양전하를 띤 마그네슘 이온(Mg^{++})으로 채널을 차단하는 NMDA라고 불리는 수용체들 중 하나에 달라붙는다. 하지만 세포가 신호를 받아 탈분극되면, 글루타메이트가 다른 수용체들 중 하나인 AMPA에 달라붙게 되고, 마그네슘 이온이 방출되어 칼슘 이온이 유입될 수 있도록 채널을 열어 준다. 칼슘 이온의 유입은 LTP에 중요하며, 단백질 전사(transcription)를 바꾸는 분자 생화학적 연쇄반응(molecular biochemical cascade)을 시작한다. 이 과정은 시냅스에 더 많은 글루타메이트와 그 수용체들(AMPA와 NMDA 수용체), 그리고 더 많은 수상돌기 가지를 형성하게 한다. 이 모든 과정은 미래의 글루타메이트 반응성에 영향을 미친다. 이 모든 과정은 시냅스 후 뉴런에서 발생하고, 여기서 대개 산화질소(Nitric Oxide: NO) 성분으로 된 역행성 전달물질(retrograde transmitter)을 방출한다. 이 물질은 시냅스 전 세포로 이동하여 활동 전위를 더 생산하고(Ganguly et al. 2000), 축색을 연장하도록 만든다. 그러므로 그 과정은 시냅스 전과 시냅스 후 양측에서 지속된다.

　LTP는 특이성(specificity), 협력(cooperation) 그리고 연합(association)의 세 가지 특성 때문에 세포 수준에서의 학습과 기억에 대한 매력적인 설명이 되었다. 첫째, LTP는 매우 활성화된 시냅스에 특정적으로 반응하는 경향이 있다. 오직 이 시냅스만이 강화된다. 둘째, 인접한 위치의 축색들이 협력하여 하나의 축색에서만 발생하는 것보다 훨씬 더 강력한 LTP 효과를 이끌어 내는 경향성이 존재한다. 셋째, 약한 입력이 강한 입력과 짝지어지면, 약한 반응이 강해진다.

🔆 기억과 학습 과정의 큰 그림

　LTP는 단일 시냅스에서의 활동을 설명하고 있어 유용한 세포 수준의 모델을 제공했다. 그러나 그것은 학습과 기억에 대한 완전한 설명을 해 주지는 않는다. 병변이나 손상을 통해 기억 상실을 겪은 개인들을 대상으로 한 연구는 이 모델을 관련된 경로와 더 큰 규모인 뇌 영역으로 확장시켜 적용할 수 있게 하였다. 연구 결과 덕분에 초기의 심리학 이론은 신경 구조와 과정에 기반을 두게 되었다(Sternberg 1996;

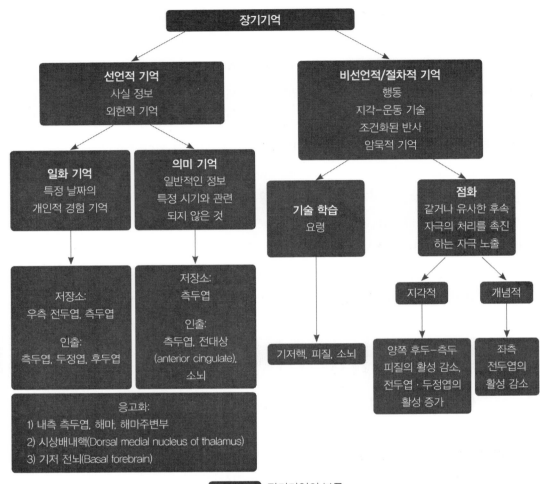

그림 17-1 장기기억의 분류

[그림 17-1]).

기억은 별개로 구분되는 많은 구조를 포함한다. 첫째, 정보는 감각 저장소에 들어와 단기기억으로 보관되면서 처리된다. 손상이 발생하면 이러한 단기기억은 사라진다. 그러나 기억이 응고화되면, 저장을 위해 처음으로 처리할 피질의 영역으로 성공적으로 보내진다(Squire 1987). 예를 들어, 강한 시각적 구성요소에 대한 경험은 작업 기억을 위해 피질의 시각적 영역이 관여하는 경향이 있는 반면, 냄새의 경험은 후각 영역을 활성화시킨다(Zola-Morgan and Squire 1990).

사물이 공간상에서 어디에 있고 어떻게 이동하는지에 관한 공간적 기억은 해마에 있는 장소 세포(place cells)로 알려진 세포들이 관여한다. 그렇기에, 갓 구운 파이 냄새를 맡거나, 라디오에서 오래된 노래를 듣거나, 우리가 자란 곳으로 돌아가는 일은 과거 경험의 기억을 자극할 수 있다. 장소 세포는 또한 외상 기억에도 관여하는데, 이것은 부정적인 경험이 발생한 장소로 인해 촉발될 수 있다. 심지어 과거 사건의 환경과 유사한 어딘가를 가는 것조차도 외상 기억이 터져 나오게 할 수 있다. 예를 들어, 외상 후 스트레스 장애(PTSD)를 앓고 있는 군인들은 전투 중 총상의 외상 경험을 되살리는, 자동차 엔진에서 나는 폭발음에 반응할 수 있다.

💡 선언적 기억 내 장기기억 영역

장기기억은 많은 구조와 서로 다른 뇌 영역과 관련된다. 선언적 기억은 삽화 기억과 의미 기억의 부호화, 응고화, 인출을 담당한다.

삽화 기억의 부호화는 한쪽 반구의 전전두엽 피질 내 배외측(dorsolateral) 영역 중 특정 영역이 관여하는 편이다. 즉, 언어적 삽화 기억은 좌뇌에서 발생하고, 비언어적 삽화 기억은 우뇌가 관여한다. 의미적 부호화는 언어 정보와 비언어 정보 모두 왼쪽 전전두엽 영역에서 일어난다(Cabeza and Nyberg 2000). 인출은 더 많은 영역이 관여하는 경향이 있다. 삽화 기억의 경우, 뇌의 많은 부분들, 예를 들어 소뇌를 비롯하여 측두엽, 후두엽이 관여한다. 의미 기억의 인출은 측두엽, 전대상회(anterior cingulate), 소뇌를 포함한 뇌의 많은 부분이 관여된다.

선언적 기억의 응고화에는 세 가지 주요 영역이 포함된다(Zillmer et al. 2008). 첫째, 인간에게는 정보를 장기기억으로 옮기는 것과 관련된 영역이 있다. H. M.은 이러한 부위가 손상되었고, 단기간 기억은 잠시나마 간직할 수 있었지만 단기기억에서 장기기억으로 정보를 응고화할 수 없었던 사람을 보여 주는 좋은 사례이다. 정보를 옮기는 것과 관련된 영역은 내측 측두엽, 해마, 해마주변부(parahippocampus)이다. 고차원적 처리는 진화적으로 후기에 형성된 피질과 해마 영역에 저장되는 경향이 있다. 해마와 그 주변부는 선언적 정보의 부호화, 복잡한 학습, 장기 저장을 위한 응고화 학습의 부호화 등에 관여하고 있지만, 기억이 그곳에 저장되지는 않는다(Cabeza and Nyberg 2000; Zola-Morgan and Squire 1990). 따라서 일단 기억들이 응고화되면, 그들

286 제17장 기억의 재응고화

은 내측 측두엽-시상-기저 전뇌(basal forebrain) 영역과 무관하게 된다.

기억 응고화에 도움을 주는 두 번째 영역은 시상의 한 부분인 시상 배내핵(dorsal medial nucleus)이다. 만성 알코올 중독에서 자주 나타나는 코르사코프 증후군을 앓는 사람들은 역행성 기억상실증(부상이나 질병 전 과거 기억의 상실)과 순행성 기억상실증(외상이나 질병 후 사건의 기억 손실)을 모두 겪으며, 시상 부위에 손상을 나타낸다.

기저 전뇌는 장기기억 응고화와 관련된 세 번째 영역이다. 여기에는 마이네르트기저핵(basal nucleus of Meynert)이라고 불리는 콜린성 대세포(large cell)의 군집이 포함된다. 기저핵, 측좌핵 그리고 편도체의 일부 또한 포함된다. 기저 전뇌 구조는 신경전달물질인 아세틸콜린을 적극적으로 피질에 출력하는데, 이 콜린성 시스템은 기억 관련 구조들이 적절하게 기능하도록 하는 데 중요하다. 퇴행성 기억상실증을 앓는 알츠하이머병 환자들은 전두엽에 있는 아세틸콜린이 현저히 감소한 것으로 나타나며, 이는 기저 전뇌에 있는 콜린성 세포의 소실과 상관관계가 있다(Hendelman 2000).

기저 전뇌 부위는 또한 변연계와 강한 연관성을 가지고 있으며, 심지어 일부 연구자들은 변연계의 한 부분으로 간주하기도 한다. 즉, 기억과 관련된 뇌 체계 내에서도 기억과 감정 사이의 연결이 중요함을 확인할 수 있다. 편도체는 격앙된 감정이 내포된 기억을 일차적으로 담당한다. 쥐의 편도체가 제거되었을 때, 정서와 연관된 기억이 손상되었다. 그러나 쥐의 해마 또는 해마로 이어지는 배측 피질을 절개하였을 때는 감정 기억의 손상은 나타나지 않았다(Kesner and Williams 1995). 편도체에 손상을 입은 사람들은 감정에 북받쳐 한 말을 기억하지 못한다(Richardson et al. 2004).

기억 상실은 기억의 한 단면이다. 그렇지만 기억들이 지나치게 생생하고, 스트레스와 혼란감을 가져오는 기억이 계속해서 회상되고 되살아나는 PTSD와 같은 문제들은 어떤가? 외상 기억으로 고통받는 내담자들은 스트레스 반응을 유발하는 플래시백이나 침투적인 기억과 같은 재경험을 동반하는 피드백 고리(loop)에 사로잡히는데, 스트레스 반응은 특정한 부신 수용기를 활성화하게 되고 이는 기억을 더 강하게 만든다(Pitman 1989). CBT, 명상, 최면은 모두 외상 후 스트레스 장애 치료에 효과적이다. 이러한 각각의 치료법은 문제에 대한 고유한 접근법을 갖고 있다. 치료법들의 공통점은 스트레스 상황에 더 차분하게 대응하는 동시에 스트레스 수준을 낮춘다는 점이다.

🔆 비선언적 기억의 장기기억 영역

비선언적 기억과 학습에는 여러 가지 종류가 있다. 각자 다른 일을 한다. 절차적 노하우란, 무언가에 대해 암묵적으로 아는 것과는 별개의 과정으로, 과거의 경험에서 알 수는 있지만 의식적으로 알지 못하거나 습관을 형성하는 과정이다. 그러나 이러한 유형의 학습은 합리적이고 의도적인 생각을 통해 직접적으로 감지되지 않고, 또한 선언적 기억 체계와 다르다는 점에서 공통적인 특성을 공유한다. 선언적 기억 체계에서 심각한 기억상실증을 장기간 겪어 온 환자들의 경우에도 다양한 종류의 비선언적 학습 과제에서 여전히 학습이 이루어지는데, 이것은 다른 종류의 기억 과정이 관여함을 보여 준다.

관련된 뇌 영역이 완전히 밝혀지지는 않았지만, 피질하 운동 처리 영역인 소뇌와 기저핵처럼 연구자들은 진화적으로 오래된 뇌 영역과 관련이 있다고 믿는다. 예를 들어, 지각 운동 학습 회로는 해당 감각피질에서 기저핵을 통해 시상과 전두피질로 정보가 전달되면서 시작된다.

습관 학습과 선언적 학습 사이에 또 다른 구분이 가능하다. 습관 학습은 매일 반복되는 변화가 없는 과제를 포함한다. 쥐를 대상으로 방사형 미로에서 먹이를 찾는 과제를 이용한 연구는 두 가지 유형의 학습을 비교했다(Bear et al. 1996). 선언적 학습 상황에서, 음식을 찾아내는 것은 전날 어디에 있었는지 위치를 기억하는 것과 관련이 있다. 이러한 형태의 학습은 해마가 손상되면 훼손된다. 즉, 해마는 선언적 학습과 기억에 관여하는 것으로 생각된다.

습관 학습을 실험하기 위해, 음식은 미로 안에서 늘 같은 장소에 놓여 있었다. 해마의 손상 여부는 쥐들이 음식을 얼마나 잘 찾았는지에 아무런 차이가 없었다. 그러나 미상핵(caudate nucleus)이 손상되면 습관 학습에 지장이 생겼다. 여기서 뇌의 별개의 두 영역과 두 가지 다른 유형의 학습과 기억에 관한 증거를 확인한다. 즉, 우리가 계속해서 같은 방식으로 반복하는 습관적인 활동과 새로운 정보를 얻을 때 일어나는 선언적 학습이다.

감정은 비선언적 기억에 강한 영향을 미친다. 우리가 어떤 것을 좋아하든 싫어하든, 혹은 어떤 경험이 충격적이거나 불편한 과거 경험과 관련이 있는지에 대한 평가는 우리가 학습하고 기억하는 방식에 밀접하다. 정서적 학습은 편도체와 밀접한 관계가 있으며, 그 반응은 종종 무의식적이다. 한 연구는 양안 억제(binocular suppression) 조건을 사용하여 편도체의 무의식적인 반응을 행복과 공포의 얼굴 표정으로 실험했다. 사람들은 자신들이 본 것을 의식적으로 인식하지 못했지만, 편도체는 어쨌든 각성되었고, 이는 감정적 반응이 무의식적으로 가능함을 보여 준다 (Williams et al. 2004).

감정적인 반응은 학습의 강도를 증가 혹은 감소시킬 수 있다. 연구자들은 무의식적인 감정이 사람들이 얼마나 잘 배우는지에 영향을 미친다는 것을 보여 주었다. 학생들이 의식적으로 알아볼 수 없을 정도로 빠르게 지나가는 특정한 형태에 노출되었다. 이후 기억 실험을 하였을 때, 그들은 무의식적으로 '본(seen)' 형태를 더 잘 기억했다. 또한 그 이유를 알 수 없지만, 그들은 이러한 모양에 대해 더 긍정적으로 느꼈다(Squire and Kandel 2000). 심리치료는 치료적 학습을 용이하게 하기 위해 이러한 감정적인 요소들을 활용할 수 있을 것이다. 환자들을 학습하도록 준비시킬 수 있다.

최근의 연구는 비선언적 기억이 업데이트될 수 있으며, 말 그대로 기억 회로에서 새로운 시냅스 연결을 형성할 수 있다는 것을 보여 준다. 이 과정은 재응고화(reconsolidation)라고 알려져 있다(Ecker 2008). 치료는 사람들의 외상 기억을 수정하도록 돕는다. 어떤 의미에서, 우리는 더 밝은 미래를 기대해야만 하는 것이 아니라 더 밝은 과거로 되돌아갈 수도 있다. 내담자는 고통스러운 기억을 치료적으로 작업할 수 있고, 그리고 재응고화할 수 있다. 그 결과로 내담자는 장기 저장소에서 다른 신경 패턴을 정말로 형성한다. 이처럼 진정한 변화가 일어난다. 내담자는 과거의 경험에 대해 정말로 다르게 느끼고, 방해받지 않고 앞으로 나아갈 수 있다.

💡 재응고화: 무의식적인 업데이트

무의식은 점화(priming), 연상(association), 제시(suggestion) 등 자연적으로 발생하

는 여러 가지 메커니즘을 통해 반응한다. 당신은 이러한 메커니즘 치료법을 이용하여 내담자가 억압되고 무의식적인 기억이 담긴 깊은 곳까지도 도달하여 변화를 이끌어 낼 수 있다.

1세기보다 더 오래전, William James는 조심스럽게 연상적 원리를 정의하고 기술했다. James는 두 가지 뇌 과정이 동시에 또는 연달아 활성화될 때, 한 가지가 다른 하나를 자극하는 경향이 있다고 믿었다. 이것이 연상 법칙(law of association)의 기반이다(James 1896).

연상은 생각의 자유로운 흐름 중 유사성에 따라서 떠오르며, 종종 의식적인 주의를 벗어나 일어난다. 비슷한 개념들은 다른 아이디어들과 연계되어 일종의 복합체를 형성한다. 겉보기에 다른 생각들도 결국에는 정신적으로는 연결될 수 있다.

일부 연상 과정은 학습과 기억에 의해 영향을 받는다. 예를 들어, 만약 우리가 'swallow(제비, 삼키다)'라는 단어를 언급한다면, 조류학자들은 새들을 생각할 것이고, 식도 전문의들은 목 질환을 생각할 것이고, 목마른 사람들은 그들이 얼마나 많은 물을 마시고 싶은지 깨닫게 될 것이다. 연상은 또한 그 생각들이 얼마나 최근의 것인지, 얼마나 생생하고, 얼마나 조화로운지에 의해서도 영향을 받는다. 연상의 과정은 복잡하고 다면적이고 주의가 흘러갈 수도 있는 방향에 영향을 준다.

비록 복잡하긴 하지만, 무의식적인 연상의 흐름은 무작위한 것이 아니라 한 사람의 개성에서 생겨난다. 연상의 패턴은 좋고 싫음, 의견 대립과 동의, 욕구, 현실 그리고 기대 등 우리의 과거를 담고 있다.

제시는 어떤 아이디어에 반응하는 자연스러운 능력으로 정의될 수 있다. 제시는 무언가에 주의를 향하게 하고, 그 다음 반응을 할 수 있게 한다. 이 능력은 특히 치료에 도움이 되며, 실제로도 많은 치료적 개입의 효과성을 설명하는 데 유용하다.

당신이 당신의 친구가 추천한 책을 읽을 때처럼, 때때로 제시는 의도적으로 이루어진다. 그러나 더 자주 있는 일은 라디오에서 오래된 노래를 듣게 될 때 오래전에 그 노래를 들었을 당시의 기억을 떠오르게 하는 것과 같은 제시들에 자동적으로 반응하는 것이다.

신경과학 연구는 사람들이 제시에 반응할 때, 뇌에서 측정 가능한 변화가 일어난다는 것을 보여 주었다. 한 연구는 흑백의 그림에서 색채를 살펴보는 것, 유색으로 된 그림을 본다고 상상하는 것, 그리고 그림 속의 대상을 실제로 보는 것 등의 제시에 대한 반응을 비교했다. 사람들이 색을 보는 것을 상상하면, 우반구 시각 영역만 활성화된다(Howard et al. 1998). 그러나 최면 중에 암시하였던 색을 볼 때, 실제 대상을 보는 것과 비슷하게 뇌의 좌우 반구의 색 영역이 활성화되었다(Kosslyn et al. 2000). 뇌는 자극이 실제로 존재하는 것을 보거나 듣거나 느끼는 것처럼 제시에 반응한다. 따라서 제시를 통해 뇌와 신체의 실제 반응을 유발할 수 있다.

제시는 직접적 또는 간접적일 수 있다. 연관성을 만들기 위해 우리의 성향이나 점화의 효과 등의 특성을 사용한다. 무의식적인 과정을 다루기 위한 목적으로, 간접적인 제시가 종종 더 유용하다. 다음 두 가지 연습 과제는 직접적 제시와 간접적 제시의 차이를 설명하고 있다.

직접 제시 실험

두 손을 깍지를 끼세요. 잠시 가만히 앉고, 손가락 깍지에 주의를 기울여 보세요. 그러고 나서, 손가락이 서로 붙어 버린 것처럼 느껴질 것이라 스스로에게 말해 보세요. 손가락이 서로 붙어 있는 느낌이 커지는 것을 느껴 보세요. 이제, 천천히 손가락을 하나씩 떼어내 보세요. 손가락을 따로 떼내려 할 때 떨어지지 않으려는 어떤 힘이 느껴지십니까? 만약 그렇다면, 당신은 직접적인 제시에 반응한 것입니다.

간접 제시 실험

다시 손을 깍지 끼세요. 손가락 깍지에 주의를 기울여 보세요. 편안하게 앉아 손을 느껴 보면, 어쩌면 어떤 손가락이 어느 쪽 손에 있는지 불확실한 느낌을 충분히 느껴 볼 수 있을 거예요. 당신은 자연스럽게 어떤 흥미로운 감각이 생겨나는지 기다려 볼 수도 있습니다. 그 느낌은, 손가락이 다 같이 붙어 있는 느낌, 온기 또는 시원한 느낌, 팽팽함 또는 느슨하거나 다른 느낌일 수도 있습니다. 손깍지를 풀 준비가 되면, 그때 천천히 자연스럽게 떼어 내도록 하세요. 무엇을 경험하셨나요? 어떤 사람들은 그들의 손이 서로 붙어서 분리하는 것이 어렵다고 느끼기도 합니다. 하지만 이것은 다양한 반응들 중 하나일 뿐입니다. 만약 당신이 손에서 어떤 느낌을 경험했다면, 이는 간접적인 제시에 대한 반응한 것입니다.

🔆 선언적 기억의 재응고화

　당신은 내담자가 가진 불편한 기억을 다루고 극복하도록 돕기 위해 연상, 점화 및 제시를 활용할 수 있다. 일단 치료적인 관계에 대한 신뢰가 쌓이면, 내담자는 과거의 충격적인 경험을 털어놓을 수 있을 것이다. 처음에는 아픈 기억을 이성적으로 묘사하면서, 감정과 거리를 두고 감정을 거의 드러내지 않을 수도 있다. 단지 기억이 환기되는 것만으로도 제한적이나마 도움이 될 수 있지만, 재응고화와 지속되는 변화가 일어나기 위해서는 더 많은 작업이 필요하다. 감각적인 차원에서 기억을 경험하는 것은 더 깊은 작업을 시작할 수 있게 한다.

　한 해군이 PTSD를 겪고 전투에서 복귀하였다. 그는 신체적으로 건강하고, 존경스럽고, 예의가 바른 사람이었다. 그는 많은 훈련을 받았으며 해군의 일원이라는 것에 자부심이 있었다. 그는 악몽을 꾸고 소리, 심지어는 문 닫는 소리에도 쉽게 놀라기 때문에 치료를 받으러 왔다고 우리에게 말했다. 그는 치료가 자신에게 도움이 될지는 확신할 수 없었지만, 만약 그가 이 문제들을 그냥 털어 내고 현역으로 복귀하기를 원했다. 자신은 늘 혹독한 환경에도 견딜 수 있던 사람이었지만, 자신의 정신력으로 극복할 수 없는 일을 겪고 있다는 사실에 놀랐다고 했다. 첫 번째 회기에서 그는 자신이 경험한 전투 상황 중 몇 가지를 묘사했다. 그는 마치 축구 경기를 묘사하는 것처럼, 감정이 거의 없는 딱딱한 말투로 말했다.

　우리는 그의 자제력을 활용하기 시작하여, 그에게 요가의 집중력을 키우는 동작을 가르쳤다. 하나의 고정된 지점에 집중시키는 것이 그에게 적합했다. 그는 타깃 훈련이 떠올랐다고 우리에게 말했다. 우리는 또한 그에게 이 책에 제시된 몇 가지 명상적인 이완 방법을 가르쳐 주었다. 그는 상담이 없는 날에도 연습을 하였고, 치료가 진행될수록 더 이완되고 신뢰를 하는 것처럼 보였다. 우리는 그가 참여한 전투를 회상하면서 경험한 감정의 일부를 탐색하기 시작했다. 그가 자신의 신체 감각을 알아차리면서 특정적인 감각들을 경험하였다. 그는 속이 답답하고, 심장이 강하게 뛰고, 근육이 긴장되는 것을 느꼈다. 그는 이러한 신체 감각을 따라가다 보니, 갑자기 수많은 기억이 터져나왔다. 전우들의 죽음, 시체와 건물이 타는 숨 막히는 냄새, 그리고 귀청이 터질 듯한 소리가 떠오르는 감정적인 기억이었다. 우리는 그에게

'전투 경험에서도 뭔가 긍정적인 것을 발견할 수 있을 것'이라는 제시와 지지를 제공했다. 우리는 그가 이러한 기억들을 다룰 수 있을 만큼 충분히 편한 상태에서 기억을 회상할 수 있도록 도왔다. 그러던 어느 날, 그는 자신의 전쟁 기억을 뒤지고 있을 때, 다른 것이 떠올라 스스로도 놀랐다. 그는 완전히 잊어버렸던 일을 기억했다. 한 젊은 병사가 비명을 지르기 시작하는 기억이 떠오르자, 그는 갑자기 힘이 솟구치는 것을 느꼈다. 그는 그에게 다가가서 손을 젊은이의 어깨에 얹은 것을 생생하게 기억했다. 그 제스처로 상대 병사를 진정시켰고, 젊은 병사는 전투에서 자신의 역할을 수행할 수 있었다. 그는 이 남자를 도우면서 느꼈던 만족감을 경험한 희미한 순간들을 기억했다. 그가 보았거나 베풀었던 작은 친절과 자비를 기억해 내면서 공포스러운 상황 한가운데에서도 인간애가 존재하던 다른 순간들도 기억에 떠올랐다. 점차, 그는 전투에서의 기억을 새로운 방식으로 재응고화하기 시작했다. 그는 심지어 최악의 경험일지라도 때때로 사람들에게 인간애와 같은 최상의 가치를 이끌어 낸다는 것을 깨달으면서 인간성에 대한 새로운 믿음이 생겼다. 악몽은 가라앉았고, 그는 더 이상 소리에 놀라지 않았다.

충격적인 기억도 재평가되어 새로운 것을 배울 수 있다. 당신은 다른 가능성을 제시할 수 있는데, 내담자가 개선되는 데 도움이 되는 새로운 부분을 포함하여 신경의 기억 경로를 다시 배선할 수 있게 해 줄 것이다.

트라우마 기억을 다룰 때, 지지적인 치료 관계 내에서 탐험을 위한 안전한 환경을 제공하라. 내담자가 기억을 염두에 둔 채로 몸의 감각에 주의를 기울이게 하고 그저 감각을 알아차리도록 부드럽게 안내한다. 내담자와 함께 기억을 담당하는 뇌의 다른 영역이 트라우마를 바꿀 수 있는 다른 기억을 회상할 수 있도록, 과거보다 지금, 또는 앞으로 더 안전한 장소에서 새로운 관점을 열도록 촉진하라.

단편적인 관점에서는 기억이 원망과 분노로 가득 차게 될 수 있다. 다른 관점은 변화를 가져올 수 있고, 전전두피질의 더 강한 활성화와 상관관계가 있는 더 합리적이고 더 넓은 관점을 이끌어 냄으로써 변연계의 과도하게 활성된 반응까지도 진정시킬 수 있다.

어린 시절의 기억은 어리고 미숙한 시각으로 입력된다. 당시는 뇌가 완성되지 않았고 더 이전의 발달 시기의 경험으로 인해 기억이 편향될 수 있다. 내담자는 기억나는 어린 시절을 똑같이 회상하면서 중복되는 기억 패턴에 갇히게 된다. 성인의 뇌는 더 많은 자원을 가지고 있다.

당신의 내담자가 새롭고 더 성숙한 관점에서 고통스러운 기억으로 다시 들어가
도록 요청하라. 마음을 열어 두어 다른 대안적인 관점을 취하거나 기억을 재구조화
하도록 장려한다. 내담자가 새로운 정보를 포함하도록 기억을 풍부하게 하고, 이들
이 중복되는 패턴을 극복하고 성인으로서 더 성숙한 새로운 관점을 형성할 수 있도
록 도와준다.

🔬 비선언적(암묵적) 기억을 작업하기: 점화와 시딩

제15장에서 무의식적인 주의에 대해 논했듯이, 어떤 순간이든 무의식은 의식 수
준에서 인식하는 것보다 훨씬 더 많은 정보를 계속해서 흡수한다. 더 많은 정보가
감각을 통해 들어오고 무의식적으로, 인식 밖에 저장된다. 우리가 주의를 기울이지
않을 때도, 입력 정보(input)는 지각될 수 있다. 이러한 과정들은 보통 의식이 개입
될 필요가 없다. 특정 상황에서는 주의를 기울이지 않은 채 정보가 받으면서도 저장
은 되지 않는데, 특히 주의를 다른 곳에 기울이는 때가 그렇다.

점화(priming)는 비선언적(non-declarative) 암묵적(implicit) 기억에 영향을 미친
다. 이 과정은 무의식적으로 일어난다. 의도적으로, 의식적으로 주의를 기울이지
않는 자극이라도 종종 무의식적으로 처리된다. 그리고 이러한 무의식적인 주의
(unconscious attention)를 통해 학습과 기억은 변화하고, 종종 향상될 수 있다. 그러
므로 당신은 내담자를 치료적으로 돕기 위해 점화를 사용할 수 있다.

점화는 의도적인 주의 없이, 무의식적으로 일어난다. 예를 들어, 피험자에게
'organ'과 같은 모호한 단어가 제시되기 전, piano 또는 donor 둘 중 한 단어를 통
해 미리 점화해 둔다. '피아노'로 점화된 참여자에게 주어지는 시험 문장, 예를 들
어 "Kevin played hymns on the organ(케빈이 오르간으로 찬송가를 연주했다)."과 같
이, 사용되는 의미가 일치하는(congruent) 조건일 때 더 잘 수행하였고, 점화 단어가
'donor'일 때는 수행이 더 나빴다(Zeelenberg et al. 2003). 이 과정은 의식적으로 주의
를 기울이거나 발생했다는 인식도 없이 일어난다.

지각적·개념적·의미적 영역을 포함하는 다양한 종류의 점화가 있다. 감각 기

반 점화는 시지각 체계가 관련된다. 범주-본보기(category-exemplar)라고 불리는, 또 다른 유형의 점화에는 범주 그리고 의미 기반 처리가 관여한다(Roediger and McDermitt 1993).

점화 후 과제를 수행하는 사람들의 PET 영상 이미지에서 시각피질, 특히 후측 후두엽의 설회(lingual gyrus)의 활성화가 감소한 것으로 나타났다. 이러한 활성화 감소는 점화가 발생할 때 시각 체계가 이미 학습 작업의 일부를 처리했다는 의미로 해석될 수 있고, 그래서 높은 수준의 처리가 덜 필요한 것이다. 또 다른 실험에서는 낮은 수준과 높은 수준의 정보처리 시점을 연구했다. 점화가 피질에서의 높은 수준 처리보다 더 빨리 일어난다는 것을 발견했다. 연구자들은 시각 자극의 점화 효과가 시각 정보를 담당하는 피질과 동일한 영역을 활용하여, 시각 경로에서 더 일찍 처리된다고 믿는다(Badgaiyan and Posner 1997). EEG와 함께 단일 세포 기록 방법을 사용한 연구에 따르면, 피질 활성화가 저하된 점에서 점화가 감각 자극을 더 효율적으로 처리하도록 하였다(Schacter et al. 2007). 시각적 점화를 이용한 최근의 연구 결과들은 일관적이다. 지각(perception)과 행동이 개선되더라도 감마 주파수 진동이 감소되는 것으로 나타난다. 연구자들은 네트워크 모델을 사용하여 그 효과를 점화를 통해 낮은 수준 처리에서는 시각 영역에서 활성화가 줄어들고, 고차원 처리의 경우에는 결정을 내리는 데 사용하는 피질 영역에서 저항이 감소하는 것이라 설명한다(Moldakarimov et al. 2010).

의식적으로 방해하지 않으면, 몇 년이 지나도 무의식적으로 입력된 항목을 한 번만 본 것이었더라도 기억할 수 있다. 1988년에 Mitchell과 Brown은 보통의 피험자들이 1주일간 점화 효과를 유지한다는 것을 보여 주었다. 18년 후, Mitchell과 Brown은 그들의 점화 실험 참여자 중 일부를 대상으로 후속 연구를 하였다. 놀랍게도, 이 참여자들이 17년 후에 점화되지 않은 자료들과 유의미한 차이를 보이는 것을 통해 여전히 점화가 유지됨을 발견했다. 또한 이 피험자들은 대조군과 비교했을 때 유의미하게 차이나는 결과를 보였다(Mitchell 2006).

점화는 유용할 수 있지만, 부정적인 영향도 줄 수 있다. 우리는 내담자들이 심리적인 문제를 겪고 있을 때 이런 현상을 볼 수 있다. 그들은 종종 의식적으로 알아채지 못한 채 수년 동안 암묵적인 기억 속에 무의식적으로 경험을 저장해 왔다.

점화의 기제를 치료적으로 활용하는 것은 시딩(seeding)으로 알려져 있다(Zeig

2006). 이 원리는 유사하게 작용하며, 알아차리지 못하게 씨앗(stimulus)을 심어 둠으로써 이후의 경험을 변화시킨다.

Milton Erickson은 더 나은 미래를 위해 내담자가 자신의 기억을 재응고화하는 것을 돕기 위해 씨 뿌리기를 이용했다. 그의 의뢰인은 끔찍한 과거를 가지고 있었다. 그는 외상적(traumatic)이고 혼란스러운 유년기를 보내는 동안, 지지적인 보살핌은 받지 못한 채 성장했다. Erickson은 최면을 이용하여, 그 남자에게 자신의 과거를 회상할 것을 제안하는데, 차별점이 있었다. Erickson은 자극의 씨앗을 뿌렸다. 즉, Erickson, 그가 내담자의 과거에 자애로운 삼촌으로 있었다는 것이다. 그 남자는 자신의 새로운 과거를 생생하게 다시 체험했다. 이 작업 이후 내담자가 변화했다. 그는 어려운 시기를 헤쳐 나가는 동안 도움을 주었던 자애로운 삼촌을 이제 기억하기 때문에, 철저히 소외되는 느낌을 더는 느끼지 않았다.

간접적인 작업이 변화를 끌어낸다. 그것은 대응할 수 있는 타고난 능력을 기반으로 한다. Erickson은 내담자와 과거는 이미 지나갔다고 이성적으로 따지려 하거나, 어쩌면 그가 믿었던 것만큼 과거가 나쁘지 않을지도 모른다고 추측하기보다는, 내담자가 인생에 자애로운 사람이 있었다면 그는 다르게 경험했을 것이라는 생각을 심어 자연스러운 변화를 끌어냈다. 이런 종류의 작업은 가장 도움이 되려면 내담자의 요구에 맞게 개인에게 맞추어야만 한다.

외롭고 화가 난 젊은 여성이 성장기에 어머니가 얼마나 불합리했는지를 반복적으로 회상했다. 그녀의 어머니는 작은 촉발 요인에 분노를 터뜨리며 내담자를 방에 가두곤 했다. 그녀는 많은 시간을 홀로 고통받았고, 어머니를 생각할 때마다 격분했다. 치료 초기에 우리는 달라이 라마가 나라를 잃으면서 얼마나 고통받았는지에 대해 이야기했다. 우리는 그가 어떻게 성난 사람들에게 연민하는 마음을 가질 수 있었는지 논의했는데, 왜냐하면 그들이 스스로 고통을 받고 있기 때문이다. 우리는 그들을 반면교사할 수 있다. 그러고 나서 우리는 달라이 라마에 대해 더는 언급하지 않은 채 다른 주제로 넘어갔다. 우리는 그녀의 상황을 이해하는 새로운 방식을 시딩했지만, 그녀는 의식적인 연결을 찾지 못했다. 치료 후반에 그녀는 어머니의 시점으로 이해하기 시작했다. 그녀는 어머니가 얼마나 고통받고 있었는지 처음으로 회상했다. 그녀는 어머니가 힘든 삶을 살고 있다는 것을 알았지만, 그 영향을 진정으로 느낀 적은 없었다. 그녀는 공감하게 되자, 기억에 어머니에 대한 동정심을 포함하는 것으로 수정하였다. 이렇게 어려운 과거의 재응고화는 그토록 원망하는 마음을 멈출 수 있게 해주었다. 결국 그녀는 만족스러운 관계를 형성했고, 그 관계에서 행복을 경험했다.

기억을 간접적으로 변화시키기

기억은 항상 현재의 관점을 통해 생각되므로, 항상 새로운 변화의 기회가 있다. 폭풍 같은 과거를 회상하는 내담자는 태풍의 눈, 즉 폭풍 후의 고요에 대한 은유를 통해 영감을 받을 수 있다. 고통 속에서 얻은 통찰력을 고통받는 다른 사람들을 돕기 위해 사용했던 현실 속 영웅의 이야기를 듣고, 학대받은 누군가는 성장할지도 모른다. 당신은 변화를 함축하는 은유, 이야기 그리고 간접적인 제시를 사용할 수 있다. 더 넓은 관점, 세상을 이해하는 다른 방식을 위해 씨앗을 심어라. 이런 간접적인 것은 하나가 다른 하나로 어떻게 연결되는지에 대해 생각하도록 내담자를 초대하고, 내담자가 자기 나름대로 이해하도록 한다.

긍정적인 망각

또한 기억에는 두 가지 측면이 있다. 즉, 기억과 망각이다. 우리는 종종 사물과 사건을 더 잘 기억하고 싶어 하며, 마음을 채우고 싶어 하는 것에 관심을 둔다. 하지만 잊고 마음을 비우는 것의 큰 가치를 간과해서는 안 된다. 문제를 겪고 있는 많은 사람이 너무 많이 기억하고 너무 잘 기억한다. 긍정적인 망각이 필요하다. 우리의 생각은 우리를 둘러싼 세상에까지 뻗어 나간다. 우리는 우리의 계획, 소망 또는 걱정들에 대해 생각한다. 문제를 극복하기 위해서, 잊어버리는 것은 기억하는 것만큼이나 중요할지도 모른다. 모두 기억 과정의 자연스럽고 중요한 부분이다. 각 사람은 기억하는 것과 잊는 것 사이에 최적의 균형을 가지고 있다. 다음의 연습은 긍정적인 망각이라는 유용한 자원을 개발하도록 초대할 것이다.

조용하고 편안한 장소에 앉아서 눈을 감으십시오. 당신이 여행을 떠난다고 상상해 보십시오. 실제로 방문하고 즐거웠던 장소일 수도 있고, 환상적인 휴가를 보내고 싶은 곳일 수도 있습니다. 조용하고 평화로운 장소, 이왕이면 자연에 가까운 곳을 골라 보세요. 거기에 있는 것을 상상해 보면서, 지금 당장은 집으로 돌아갈 걱정은 내려놓으세요. 긴장을 풀고 주위의 아름다움을 즐길 시간이 충분합니다. 당신은 아무것도 부족하지 않고 바라는 것도 없습니다. 이 경험 속에서 행복을 느끼기만 하세요. 몇 분간 이 심상을 유지하세요. 휴식이 필요할 때마다 언제든 이 고요하고 바라는 것이 적은 심상을 다시 떠올리세요.

기억하는 것과 잊는 것

가끔은 잊어야 할 기억을 바꿀 수 있습니다. 누구나 처음으로 사람을 만날 때 첫인상을 갖게 되는데, 그 사람을 오랜 시간 동안 알고 지낸 후에, 첫인상과 매우 달라진 경험이 있습니다.

잘 아는 사람을 생각해 보십시오. 어제로 돌아가, 그 사람과 함께 있었을 때를 생각해 보십시오. 그 사람을 어떻게 느끼는지 스스로 알아차려 보세요. 자 이제, 그보다 더 전, 지난주에는 그 사람에 대해 어떤 느낌을 받았는지, 지난달에는, 1년 전에는 어땠는지 회상해 보세요, 그리고 몇 년 전, 그 사람을 처음 만났던 때를 기억할 때까지 되돌아가세요. 첫 만남을 다시 떠올리고 최대한 생생하게 체험하십시오. 이제 그 첫인상을 현재 당신이 그 사람에 대해 어떻게 느끼는지와 비교하십시오. 이 사람에게 선을 그은 적이 있습니까? 다음에 다시 만나면, 마치 처음으로 만난 것처럼 열린 태도로 대할 수 있습니까? 아니면, 아마도 당신이 간과하고 있던 그 사람의 좋은 자질을 찾아, 그에 대한 인식을 재구성할 수 있습니까? 사람이나 상황에 대한 고정된 인식에서 벗어나기 위해 이 방법을 사용할 수 있으며, 미래의 더 나은 경험을 위한 길이 열릴 수 있습니다.

💡 감내력과 수용

외상과 상실에 대한 기억은 만성적인 스트레스와 과도하게 활성화된 신경계로 이어진다. 그러나 과거가 아무리 부정적이고 정신적 충격을 주었더라도, 미래에는 항상 새로운 가능성이 있다. 제6장에서 다루었던 마르코프 연쇄와 랜덤워크를 떠올려라. 내담자는 자신이 어디에 있었는지 알 수 있지만, 다음 단계는 완전히 결정된 것은 아니다. 과거에서 자유로워질 방법을 안다면 미래는 열릴 수 있다. 명상은 현재에 머무르고, 있는 그대로의 것을 받아들일 수 있는 실행 가능한 방법을 제공한다. 그 연습을 통해, 사람들은 과거에 있었던 일을 감내하고, 현재의 무언가를 있는 그대로 받아들이며, 미래를 자유롭게 열어 둘 수 있다.

> **마음챙김 기억 연습**: 편안히 앉아서 하나의 기억으로 주의를 돌립니다. 지금 이 순간에서 기억을 묘사합니다. 지금 나는 이것을 기억한다. ⋯ 지금 나는 그것을 떠올리고 있다⋯. 기억의 묘사에 충실하되, 현시점의 관점을 벗어나서는 안 됩니다. 당신은 지금 기억을 떠올리고 있고, 그래서 그것은 현재로 새로운 삶을 가져올 것입니다. 바로 지금 여기(here and now)의 맥락에서 당신이 표현하는 대로 기억이 변하기 시작하는 것을 발견할 수 있습니다.

💡 결론

기억은, 많은 뇌 기능과 마찬가지로, 우리가 생각했던 것만큼 고정된 채로 있는 것은 아니다. 당신은 기억이 유익한 방향으로 변화하도록 기억을 가지고 작업할 수 있다. 우리는 몇 가지 가능성을 제시했다. 뇌의 기억 회로를 다시 배선할 가능성을 인식함으로써, 여러분은 개별 내담자의 상황과 특정 문제를 작업하는 방법을 의심할 여지없이 발견할 것이다. 우리는 당신의 내담자가 고통스러운 기억의 족쇄에서 해방된 미래를 찾도록 돕기 위해 당신이 이어지는 장들에서 제시하는 많은 방법을 사용할 것을 권한다. 간접적인 작업에 대한 자세한 내용은 우리의 책인『Neuro-hypnosis』(Simpkins and Simpkins 2010)를 참조하라.

제**18**장

사회적 뇌를 최대한 활용하기

우리는 세상의 다른 사람들과 끊임없이 상호작용하며 살고 있다. 다른 사람과의 상호작용은 우리의 신경계에 영향을 미친다. 사실, 신경계는 여러 유형의 다른 사람에게 여러 방법으로 반응할 수 있도록 연결되어 있다. 이 장에서는 인간의 상호작용에 관여되어 있는 이미 구축된 배선(built-in wiring)에 관해 설명한다. 서로 다른 시스템들이 어떻게 작용하는지 이해를 하면 대인관계 문제를 다룰 때 치료 방법에 뇌의 작용 원리를 적용할 수 있고, 내담자의 문제해결을 촉진함으로써 함께 살며 일하고 사랑하는 삶의 즐거움을 향상시킬 수 있다.

관계를 맺도록 타고난 뇌

우리는 정서, 생각, 행동이 어떻게 체화되어 있는지를, 그리고 항상 행동이 뇌-신체 반응의 긴밀한 상호작용 속에서 발생함을 논의해 왔다. 하지만 체화된 반응은 세상에 영향을 준다. 더불어 체화된 반응은 다른 사람들과 유대하는 방향으로 확장된다. 우리가 타인과 완전히 분리된 존재라는 생각으로는 다른 사람에게 친근하게 반응하는 식으로 신경계가 배선되는 이유를 설명하지 못한다. 아마도 Martin Heidegger(1962)의 철학이 더 근접한 설명일 수 있는데, 그는 세계−내−존재(being-in-the-world)가 필연적이라는 관점을 제시하였다. 우리는 그 속에서 살아갈 세계가 없이는 살 수 없다. 존재는 항상 세계 안에서 존재한다.

얼굴 인식하기

Darwin(1872)은 우리의 정서 상태가 다른 사람의 표정에 대한 신경계의 반응성을 반영한다는 것을 처음으로 인식했다. 우리는 웃고 있는 누군가를 볼 때, 종종 함께 웃음을 짓는다. 또는 슬픈 얼굴을 볼 때, 우리는 종종 슬픔을 느낀다. 이는 부분적으로 뇌가 표정에 반응하도록 선이 연결되어 있기 때문이다. 연구자들은 측두엽에 방추형 얼굴 영역(Fusiform Face Area: FFA)으로 알려진 얼굴 인식을 위한 시각 체계 내 별도의 영역이 있다는 것을 발견했다(Sergent, Ohta, and MacDonald 1992; Kanwisher,

그림 18-1 얼굴선의 그림 자극에서 정서 인식하기

McDermott, and Chun 1997). FFA는 시지각 체계의 복측 경로(즉, 무엇 경로)의 일부이다. 이 외에도 전 세계의 여러 문화권의 사람들은 행복, 슬픔, 분노 혹은 두려움 등의 얼굴을 인식할 수 있고, 다양한 표정의 얼굴 사진에 자동으로 반응한다는 것을 밝혀냈다(Ekman 2003). 몇 개의 막대로 된 그림에는 실질적인 정보가 부족한데도, 우리는 그림에서 행복한, 슬픈, 분노한 그리고 두려운 얼굴을 인식할 수 있다. 이런 능력이 신경계에 내재되어 있다([그림 18-1]).

언어에 반응하기

또한 우리의 신경계는 다양한 사회적 단서에 직접적으로 반응한다. 언어는 다른 사람과의 관계에서 의사소통을 하는 중요한 방법 중 하나이다. 비록 말에는 의미가 담겨 있고 이는 피질에 의해 처리되지만, 자율신경계 또한 말소리를 듣는 것만으로도 언어 처리에 중요한 역할을 한다. 예를 들어, 누군가가 외국어로 분노를 표출하면, 우리는 그 언어를 말하지 못해도 그의 정서를 인식할 수 있다. 단어를 이해하지 못해도 모든 다른 정서, 행복, 슬픔, 사랑의 표현을 식별할 수 있다. 신경계가 직접 반응하여 다른 사람의 정서를 식별하도록 도와주는 피드백 신호를 보낸다. 분노의 음성이 들리면, 신경계는 투쟁과 도피 혹은 동결을 하도록 분노/스트레스 회로가 발동된다(제9장 참조). 위협적인 상황에서 당신은 약간의 불안감을 인식한다. 하지만 친한 친구가 당신을 보면서 따뜻하고 친절한 말투로 말하고 신경계가 이에 반응하면, 편안하고 안전해지는 것을 느끼게 된다.

환경에 맞게 조율하기

환경 또한 우리의 신경계가 반응하는 방법에 영향을 미칠 수 있다. 시끄러운 환경이나 잘 모르는 환경은 어쩌면 모호한 불편이 느껴져서 위협적인 반응이 촉발할 것이다. 하지만 한 친구가 당신을 향해 웃으며 걸어온다면, 당신은 편안해지는 것을 느끼게 된다. 이런 것들은 우리가 안전이나 위협을 받고 있는지의 여부를 평가할 때 도움이 되는 신경계에 내장된 자동적 반응이다. 즉, 우리의 사회 경험 중 많은 부분은 자동화된 신체 반응을 유발한다.

이렇듯 사회적 경험들의 대다수는 자동적인 몸 반응들과 관계가 있다. 내담자 반응들은 안전 또는 위협을 경험한 것들에 대해 신경계가 반응하는 방식과 상관관계가 있다. 종종 내담자들은 세상 속에서 끊임없는 위협을 지각하며 산다. 교감신경계 반응이 끊임없이 경계를 늦추지 않으면서, 공포/스트레스 경로가 활성화된다.

🔅 다중미주신경이론

공포/스트레스 경로의 활성화의 신호를 받아 일어나는 교감신경–부교감신경계 반응에 관한 이 모델은 확장되어, 미주신경(vagal nerve)이라고 알려진 10번 뇌신경을 포함하게 되었다. 다중미주신경이론은 심장, 폐, 위장 등이 모든 자율신경계 반응들과 어떻게 상호 연결되는지를 설명하는 데 도움이 된다. 이 기관들은 모두 뇌와 연결되어 있으므로, 심장박동과 호흡을 변화시킬 수 있는 호흡명상이나 최면의 치료법들은 위협을 느끼는 수준을 직접 낮추어 준다.

미주신경은 복합적인 부분들로 구성되기에, 이 모델을 다중미주신경이론(polyvagal theory)이라고 부른다(Porges 2011). 미주신경은 위협과 안전에 관한 자율신경계의 반응에 중요한 역할을 한다. 예를 들어, 모든 것이 안전하다는 것을 내포하는 부교감신경계의 반응들의 일환으로, 심장박동이 느려지는 것에 미주신경이 관여한다. 또한 미주신경은 경험된 위협에 대한 반응으로 교감신경계로부터 혈압을 올릴 수도 있다. 미주신경은 뇌간에서 출발하여 심장, 폐, 위장을 포함한 많은 기관들을 조절하는 가지가 두 개 있다. 미주신경은 몸 안의 많은 다른 기관들에 신호를 보내고, 그리고 뉴로셉션이라고 하는 중추신경계로 다시 기관 상태에 관한 감각 정보를 전달한다.[1] 따라서 내담자는 뉴로셉션 과정, 즉 신체 내부 상태를 인지하고 이를 바꾸도록 배운다.

다중미주신경계는 심장, 언어 센터, 호흡 통로 그리고 얼굴과 머리의 움직임 등을 모두 포함하는 다차원적 체계다. 우리는 얼굴 표정, 시선, 언어 중추에서 소리 내어

---

[1] [역자 주] 사이언스타임즈(https://www.sciencetimes.co.kr)에 실린 김우재(2010)의 "과학으로 '사랑' 강조하는 다미주 이론" 기사 중 '신경지(neuroception)' 단락을 참고할 것을 권한다.

말하기(vocalizing) 그리고 머리 위치 등을 사용하여 사회적 단서들을 받아들이고 전달한다. 안면 및 언어 중추를 통해 사회적 대화가 시작된다. 누군가의 얼굴 표정을 보거나 그들이 말하고 있는 것을 들을 때, 상대방에게 가까이 다가갈지 아니면 멀어질지의 여부에 관한 정보가 생긴다. 이는 다환 체계의 신호를 통해 일어난다.

이런 반응 시스템은 세 번의 단계를 거쳐 진화되었는데, 이는 삼중 뇌(truine brain)로 개념화될 수 있다(진화에 대해서는 제11장 참조). 첫 번째는 반사 반응에 관여하는, 진화에서 가장 오래된 뇌이다. 두 번째는 변연계의 정서적 반응과 관련된 뇌이다. 그리고 피질은 고등의 의식적 사고를 하는데, 진화적으로 가장 늦게 발달한 것이다. 다른 사람과 환경에 대해 반응할 때, 우리는 사고와 정서부터, 그리고 호흡과 심장박동 같은 기초적인 기능까지, 삼중 뇌 모두를 사용한다.

미주신경과 자율신경계에 기반하는 마음-뇌-몸 시스템은 우리의 내부 반응들, 다른 사람들 그리고 환경 사이에서 일어나는 끊임없는 피드백-피드포워드의 상호작용과 관계를 맺는다. 신경계, 심장과 호흡은 정서, 사고, 사회적 느낌들로 형성된 네트워크의 일부이다. 우리의 치료는, 자동적인 무의식에서 인지적인 의도까지, 모든 수준 전부나 그 일부를 목표로 잡을 수 있다.

문제의 신호를 읽어 내기

심리적 문제는 마음-뇌 네트워크 관점에서 살펴볼 수 있고, 이로써 더 나은 진단이 가능하다. 심리적 문제로 고통받는 사람들은 신경계 반응에서 결함을 가질 것이다. 임상가로서, 여러분은 내담자의 몇몇 특성을 주의 깊게 관찰하는 것만으로도 신경계 결함의 징후를 파악할 수 있다.

내담자가 당신을, 대상을, 다른 사람들을 어떻게 살피는지를 관찰한다. 당신을 똑바로 쳐다보는가? 또는 시선을 내리까는지, 멀리 바라보는지, 아니면 아무데도 시선을 주지 않는지 등을 관찰한다. 부족한 눈 맞춤은 신경계 장애의 한 신호이다.

내담자의 정서 수준을 관찰하라. 정서가 느껴지지 않는 밋밋한 방식으로 말하는 그에게 감정이 결여되었는가? 어쩌면 거슬리는 목소리 톤이나 격양된 큰 소리로 지나치게 강하게 정서를 나타낼 수도 있다. 신경계 네트워크의 또 다른 단서로는 음성적 소통에 어려움이 있는지에 관한 것이다. 말을 빨리 하는가? 아니면 당신의 질문에 단음절의 대답을 하는가? 내담자가 정서적으로 어떻게 표현하고 있는지, 그리고 무엇을 느끼는지에 관해 그가 말하고 있는 것의 행간을 읽어라. 이런 모든 신호는 내담자가 안전하다거나 위협적이라고 느끼는 것을 간접적으로 반영하는 것일 수 있다. 이런 특성들을 알게 되면, 당신은 치료 안내에 도움이 되는 자료가 있는 것이다.

Sara는 성공한 전문가로서 성공을 위해 자신을 몰아붙였다. 그러나 그녀는 공황 발작에 시달려 일하는 데 자주 어려움을 겪었다. 불안을 극복하기 위해 CBT와 역동적 치료법이 포함된 다양한 종류의 치료법들을 받아 봤으나, 불안은 계속 재발되었다. 따라서 그녀는 전에는 전혀 해 보지 않았던 최면을 시도하고자 우리를 찾아왔다.

그녀는 스스로를 조직적이고 열심히 일하는 사람이라고 생각했다. 관찰 중 우리는 그녀가 우리를 보지 않으면서 빨리 말하고 있다는 것을 알게 되었다. 유쾌한 얘기를 할 때도, 자신의 문제에 관해 이야기할 때도 그녀의 얼굴에는 변화가 거의 없었다. 그녀는 이성적으로 사고하고 느낌과 거리를 두는 방식으로 자신의 감정을 통제하였다. 그녀가 받아 본 다양한 치료에서 상당한 통찰은 얻었으나, 이런 통찰이 불안 극복에 도움을 주진 못했다.

최면을 배우면서, 그녀는 사무실에서 편안함을 느낄 수 있었다. 우리는 그녀에게 우리의 신념, 즉 최면은 최면을 경험하는 사람 안에서 일어나는 것이므로 모든 최면은 궁극적으로 자기-최면(self-hypnosis)이라고 말해 주었다. 우리는 그녀 스스로 최면을 하도록 가르쳤고, 치료 회기 사이에는 자기-최면을 연습하게 했다. 최면에 익숙해짐에 따라 그녀는 자기 안에 평온함을 키워 가는 내부 능력에 대해 확신을 갖기 시작했다.

이윽고 그녀에게 통찰이 왔다. 어린 시절 열두 살이 될 때까지 그녀는 상호 의존적이고 많은 것을 공유하는 한 공동체 집단에 있었다. 그 당시에 대한 기억은 긍정적이었다. 공동체 보호 안에서 성장이 많은 혜택이 있었음에도 불구하고, 그녀는 바깥세상의 사람들을 불신토록 미묘하게 교육을 받았음을 문득 통찰하였다. 성인이 된 그녀는 공동체 밖에서 살고 있는 상황에서 끊임없이 위협을 느꼈다.

때때로, 가장 좋은 치료의 첫 단계는 내담자에게 안전하다는 경험을 제공하는 것이다. Sara가 최면 상태에서 안전하다는 것을 느끼자, 그 다음 먼저 사무실에서 다음은 집에서 신경계를 진정시킬 수 있었다. 편안한 장소와 대조되며, 세상이 안전하지 않다고 느낀다는 것을 알아차리고, 세상에 대한 자신의 불안전감에 관해 통찰하게 되었다. 최면을 이용해 자신을 조절하는 자신의 힘을 계속 성장시켰고, 그동안 평생을 끌어 온 불안 패턴들은 점차 줄어들어 사라져 버렸다.

최면과 명상 같은 처치 방법은 안전과 웰빙 경험을 제공함으로써 지나치게 활성화된 신경계를 직접 진정시킬 수 있다. 이윽고 신경계 반응이 바뀌고 내담자는 더 이상 위협을 느끼지 않으므로, 문제해결과 자원 성장에 쓸 인지적 그리고 역동적 방법들에 대해 더 나은 수용적인 방식으로 자신을 개방하게 된다.

🔆 애착 신경망의 재배선

초기에 애착 문제를 가진 사람들은 대체로 스트레스와 문제를 처리할 능력이 부족하다. 당신은 단순히 그들에게 인내, 관용, 자기 조절을 모델링하는 대신, 그때 무슨 일이 있었고, 무엇이 잘못된 것이었는지, 그리고 그들이 지닌 미래의 잠재력은 무엇인지와 같이 그들의 애착 경험에 관하여 더 큰 네트워크의 맥락을 제시함으로써 직접적인 도움을 줄 수 있다. 따라서 변화하고 있는 관계 패턴들을 다룰 때 당신은 더 밝은 미래를 보는 것은 물론이고 더 밝아진 과거까지도 돌아봐야 한다. 양육자의 결함, 외상 경험 그리고 고통 등은, 현재 중심으로 볼 때, 좀 더 차분해진 신경계와 더 많은 자기 수용을 토대로 색다른 미래를 약속한다.

내담자가 경험하는 관계 문제에 민감해지면, 당신은 적절한 교정 경험들을 제공할 수 있다. 그 반응들은 대개 무의식적이고 자동적이기 때문에, 그것을 극복하기 위한 문을 여는 최선의 방법은 흔히 상향식 경험을 통하는 것이다. 불안전하거나 회피적인 패턴은 바로 신경계의 도피-동결 반응이다. 공격적이고 분노에 찬 내담자는 상대방과 싸울 기세를 보인다. 사람들은 보통 자신의 불편감과 위협감을 성공적으로 조절할 수 없다고 생각하며, 어떤 면에서는 자신이 무엇인가가 부족하다는 것도 느낀다. 대부분이 그럴 것으로 예상되는데, 그들은 결코 관련 기술을 배운 적이 없기도 하다. 치료 회기에서 안전하고 보살핌을 받는 환경을 제공하고 그 다음 치유 과정의 길을 열어 가면서, 내담자 스스로 신경계 반응을 조절할 수 있도록 기술을 가르친다.

이완하는 힘을 개발하기

이 연습은 먼저 몸을, 그 다음은 마음을 이완하는 기술을 개발한다. 처음 몇 번의 연습들은 신경계 조절과 더 건강한 애착 유형을 촉진하는 것으로서, 긴장의 이완을 도와준다. 이 연습을 실천하기 위해서는 하루 중 잠깐씩 짧은 시간을 자주 낸다. 더 강한 효과를 보려면 매일 간헐적으로 명상을 한다.

등을 바닥에 눕히고 무릎은 나란히 하며 발은 바닥에 편하게 내려놓습니다. 등이 불편한 사람은 허리 뒤에 얇은 작은 방석을 넣으면 긴장을 줄일 수 있습니다. 이런 자세는 몸이 긴장될 때 긴장하게 되는 등 근육을 편안하게 합니다. 다른 형태의 자세는 바닥이나 부드러운 소파 담요 위에 누워 베개를 벤 상태에서, 다리를 구부리고 무릎을 끌어당깁니다. 다시 얇은 베개를 허리나 어깨 밑에 받치면 몸이 편안하게 정렬됩니다. 눈을 감고 이완이 되도록 호흡을 합니다. 날숨을 할 때마다 근육의 긴장들이 편해지는 것을 상상해 보세요. 만약 어떤 부위의 근육 뭉치가 더 단단하게 느껴지는 것 같으면, 날숨을 하면서 근육의 긴장을 내려놓습니다. 한 5분 정도 날숨으로 긴장을 내려놓으며 편안하게 휴식을 취합니다. 준비가 됐으면, 자세를 바로 하고 기지개를 켭니다.

▪ 마음 이완

때로 스트레스가 줄어든 짧은 순간에는 증상이 덜 나타나고 신경계 활성화가 줄어들 수 있다. 훈련은 그러한 찰나의 순간을 가능하게 한다. 명상 숙련가들은 명상하기 전에 기분이 어땠든 간에 평화로운 순간을 만들 수 있다(Kohr 1977).

진정시켜 주는 자연의 상징물을 떠올리면서 안도의 순간을 불러일으킵니다. 우리는 이런 그림([그림 18-2])을 제공하지만, 꽃, 나무, 애완동물 또는 하늘에 있는 구름조차 당신에게 영감을 줄 수 있습니다. 주의를 이것에 집중하고 이에 대해 생각합니다. 당신은 아름다움, 장난기 또는 다른 특징을 느낄 수 있습니다. 당신의 생각이 자연의 이미지를 돌아다니게 내버려두고, 잠시 그 순간을 즐기세요. 하루에 여러 번 짬이 날 때 몇 분이라도 규칙적으로 이 작업을 하십시오.

그림 18-2 자연

애착 유형을 상향식으로 경험하기

신경과학은 우리가 어떻게 세상과 따로 분리되지 않은 존재인지를 우리에게 보여 준다. 우리는 항상 세상의 일부이며 상호작용을 그리고 반응을 하고 있다. 사람들은 우월감(dominace), 옳음(rightness), 이득(winning), 탈출(escaping)을 추구하다 갈등에 휘말리게 된다. 그들 자신이 처한 다양한 다툼은 종종 애착을 형성하는 방식을 반영한다. 언쟁이 오가면서 건강하고, 존중하는 태도의, 민감한 대화는 사라진다. 사실이든 상상된 것이든 간에, 갈등을 해결하도록 치료에서 본격적으로 돕기 시작될 때, 심층적인 애착 문제를 조망하면 더 성공적일 수 있다. 당신은 상향식 작업을 통해 내담자가 지금 이 순간에 자신과 관계 맺는 경험에 기반할 수 있도록 도와줄 수 있다.

다음 두 가지 수련은 임영춘(Yim Wing Chun)이라는 이름의 여성이 창안한 영춘(Wing Chun)이라는 상호작용 스타일의 무술에서 따온 것이다. 치사오(Chi-sao)는 이름 그대로 상대방의 움직임에 조응(照應)하여 관계를 경험하는 대안적 방법이다.

이 수련은 매 순간 발생하는 관계에 조응하는 확실한 경험을 제공한다. 다른 사람과 민감하게 상호작용하기 위한 과정에 대한 일종의 은유일 수 있다. 치사오 수련을 통해 마치 피부로 지각하는 방법을 개발할 수 있다. 각자 상대방을 새로운 방식으로 느끼는 것이다. 상대방들은 종종 다툼이 없이 조응 상태를 유지할 수 있음을 알게 되는 경우가 많다. 이 경험은 조화로운 상호작용이 가능하다는 것을 새롭게 보여 준다. 진지하게 따라서 한다. 동작 과정을 바꾸지 않고 세심하게 따라가는 것은 상향식의 자동적 방식과 건강하게 관계를 맺을 수 있게 한다. 이런 효과들은 치료가 내담자 스스로 자신의 반응을 이해하도록 돕기 때문에 고차적인 뇌 기능으로 흡수된다.

▪ 치사오(Chi-Sao, 영춘권) 수련

만일 수련 규칙들이 허용한다면, 치료자와 내담자가 치사오 수련을 수행할 수 있으며, 아니면 대안으로 내담자와 그의 중요한 다른 사람이 동작을 관찰하면서 수행할 수 있다. 서로 교대로 인도하고 민감하게 따라간다([그림 18-3]).

서로 마주 보고 몇 발자국 떨어져 선다. 상대방은 한 팔을 들어 팔꿈치를 살짝 구부려 손을 앞으로 뻗는다. 손을 들어 올려 다른 손목에 가볍게 올려놓고 눈을 감는다. 상대방은 자신의 반쯤 이완된 팔을 천천히 주위로 돌리면서 앞뒤로 위아래로 움직인다. 같은 높이로 조화를 이루며 가볍게 움직이고 있는 상대방의 손에 머문다. 자신의 힘을 더 주지 않고 움직임의 힘을 느낀다.

당신이 상대방을 따라갈 때는 자신의 본능적 반응에 주의를 기울인다. 뒤로 물러

그림 18-3   치사오(영춘권)

나고 싶은가? 주도권을 잡으려고 하는가? 아니면 접촉에서 물러나길 원하는 자신을 알았는가? 이러한 자연스러운 성향이 자신의 애착 유형을 가르쳐 줄 수 있다. 관찰하라. 그러나 이 수련을 하도록 되돌아오라. 그저 상대방을 민감하게 따라가면서 그와 함께 머문다.

몇 분 후 역할을 바꾼다. 이제는 당신이 이끌고, 상대방이 따라온다. 정확하게 인식의 초점이 맞춰지고 있을 때, 팔 부위에서 상승된 기(氣)에너지로 인해 따끔거림을 느낄 수 있다. 마찬가지로 다른 쪽 손으로도 이 수련을 반복한다. 두 사람 모두 가능한 한 이완 상태로 있어야 한다.

■ 치사오의 인지적 측면

다른 사람과의 소통들을 느낀다. 막 수련한 치사오의 많은 움직임에서처럼, 다른 사람이 무엇을 말하고 있는지 주의 깊게 듣는 그의 논리, 생각, 느낌 등에 머문다. 그러나 자신의 관점이 자기에게만 사로잡지 않으면서 느낌과 생각들을 자각하도록 한다. 상대방에게로 다시 주의를 되돌린다. 상대방의 관점을 느끼고 있을 수 있는 자각할 수 있는 것을 추론한다. 당신이 자신에게 한 것만큼, 다른 사람도 마찬가지이다. 종종 상대방이 진정으로 능숙해질 때는, 그냥 듣는 게 아니라 그 사람도 더 열릴 것이다. 치사오의 조화 속에서 왔다 갔다 하면서 소통이 흐를 것이다.

자신의 성향들을 알아차림으로써 자신의 애착 유형에 관해 배우게 된다. 방해하고 겨루기를 원하는 자신을 발견하는가? 멀리 떠나 아무 말도 하지 말라는 강요를 받는 느낌인가? 자신의 성향에 주의를 주어라. 그러나 듣는 것에 조응하면서 자기를 표현하고 그 말을 듣는 사람이 되도록 역할을 바꾼다. 이 두 가지의 균형 회복을 함께 노력함으로써 차이는 자연스럽게 해소될 수 있다.

애정 어린 연결을 함양하기

관계 문제가 있는 삶은 사랑과 자비의 느낌들을 간섭한다. 그러나 우리가 알듯이, 건강한 삶을 위해 사랑은 내부에 연결된 욕구이자 활력적인 구성요소이다. 관계 패턴을 바꾸는 것은 자신에 대한 존중과 가치 부여를 개발하는 능력에 개입한다. 그리고 사람들은 다른 사람에게 더 쉽게 손을 내밀어 사랑을 청하고 받고 줄 수 있다.

자연의 의도대로, 우리는 뇌와 신경세포들이 연결되도록 북돋아 주면서 사랑의 본성을 키울 수 있다. 자연스럽고 건강한 삶을 지향하는 붙박이로 내장된 동기 부여들에 조응한다. 건강과 자연의 본능들을 키우고 자연에 맡긴다. 이 명상은 사랑에 대한 자연의 연결고리를 자극하고 사랑스러운 결속을 형성하는 잠재력을 향상시킬 수 있다.

조용히 앉습니다. 그런 다음 당신이 사랑하는 사람, 배우자, 부모, 자녀 또는 친구를 생각해 보십시오. 특정의 사람이 없는 경우에는 일반적인 배려심을 떠올려 보세요. 당신이 온전히 생각하려는 상대방에 대해 긍정적인 사랑의 느낌, 온화함, 친절함, 돌봄을 허용하세요. 당신이 알고 있고 좋아하는 사람들을 향해 그 느낌을 확대시킵니다. 그런 다음 더 나아가, 지역 사회의 사람들, 그리고 모든 인류를 향합니다. 외부 세상을 향하는 자애(loving-kindness)의 느낌들은 또한 모든 존재를 통해 내면으로 도달합니다.

💡 거울 뉴런 시스템

또한 뇌에는 특정 시스템이 있어 다른 사람에 대해 반응하도록 배선되어 있다. 뇌에는 다른 사람의 의도적 행위와 정서에 직접 반응하는 거울 뉴런(mirror neuron)으로 알려진 뉴런 시스템이 들어 있다. 거울 뉴런 시스템은 우리가 우리 자신의 행위를 아는 것처럼 다른 사람의 행위를 알 수 있게 해 준다. 전통적으로, 다른 사람을 이해하는 인간의 능력은 추상적인 개념으로 생각되어 왔다. 우리는 다른 사람이 생각하고 느끼는 것을 믿는다. 제3장에서 설명했듯이, 우리 모두는 마음이론(Theory of Mind: ToM)을 갖고 있으며, 다른 사람도 그렇다고 믿는다. 다른 사람을 이해할 때, 우리의 생각은 뇌 피질에서 고차원의 처리과정을 거친다. 이들 과정은 하향식으로 이루어진다. 그렇게 우리는 마치 다른 사람의 신발을 신고 걷는 것처럼 상상함으로써 다른 사람을 공감할 수 있다고 생각한다. 하지만 우리는 이러한 딜레마에 빠져 있다. 우리가 느끼는 또 다른 사람의 생각과 개념이 그 다른 사람에게 사실이라는 것을 우리는 어떻게 알 수 있을까? 예를 들어, 두 사람이 하늘을 볼 때 두 사람이 동일한 파란색을 본다는 것을 우리는 어떻게 알 수 있을까? 우리가 누군가를 상상하는 것이 실제로 그/그녀가 느끼는 것임을 어떻게 우리는 확신할 수 있을까?

거울 뉴런은 이런 문제에 대한 가능한 해결책을 제공한다(Gallese 2009). 다른 사람에 대한 지각은 다른 사람이 우리처럼 느끼고 행위를 한다고 가정하는 지적인 이해에서 출발하지 않는다. 뉴런은, 우리가 다른 사람이 행하는 무언가를 관찰하고 있을 때 문자 그대로 자신이 행하고 있는 것처럼 발화한다. 거울 뉴런의 발화는 그 안에서 우리가 공명하며, 다른 사람이 행하고 있는 무엇 안에서 느끼는 어떤 감각을 우리에게 준다. 자기만의 느낌과 생각이 체화되어 있는 것처럼, 그런 방식으로 다른 사람에 대한 느낌과 생각이 체화되어 있다. 자신의 뇌에서 다른 사람의 행위를 모방하거나 반사하는 뉴런상의 활성화로 시작한다. 체화된 인지는 우리 자신의 뇌가 반응하는 것으로부터 시작한다.

거울 뉴런 모델에 따르면, 우리 뇌에 있는 이런 뉴런 시스템은 여러 상이한 방식으로 다른 사람에 대한 이해를 가능하게 하는 토대가 된다(Gallese, Keysers, and Rizzolatti 2004). 거울 뉴런 시스템의 활성화를 통해 우리는 문자 그대로 다른 사람들이 생각하고 느끼고 경험하는 것을 어떻게 느끼는지 이해할 수 있다. 거울 뉴런은 심지어 언어의 토대가 될 수도 있다. 그리고 거울 뉴런이 일반적으로 공감적 경험과 사회적 인식을 위한 토대를 형성한다는 증거도 있다.

거울 뉴런이 발견된 방법: 원숭이 연구

세계의 많은 위대한 발견과 마찬가지로, 거울 뉴런은 우연히 발견되었다. 이탈리아 연구자들은 마카크 원숭이(짧은 꼬리 원숭이)의 전두피질을 연구하고 있었다(Gallese, Fadiga, Fogassi, and Rizzolatti 1996). 실험은 원래 원숭이의 배측 전운동피질(ventral premotor cortex)의 단일 뉴런에 센서를 부착하고 원숭이가 계획하고 수행하는 움직임을 모니터링하도록 설계되어 있었다. 점심시간을 마친 대학원생이 아이스크림콘을 먹으며 실험실로 돌아왔는데, 이때 원숭이의 뉴런은 마치 원숭이가 먹이를 자기 입으로 옮길 때처럼 발화하기 시작했다. 비록 원숭이는 단지 학생이 아이스크림콘을 먹는 것을 바라만 보고 있었으나, 원숭이 뇌는 마치 자신이 먹고 있는 것처럼 반응하고 있었다! 이 흥미진진한 발견은 이처럼 이상하고 새로운 현상을 탐구하고자 하는 넘쳐나는 연구들을 촉발했다.

　이런 발견에서 나온 핵심적인 이해는 바로 원숭이가 어떤 분명한 움직임이 있을 때든, 아니면 다른 원숭이나 심지어 비슷한 움직임을 하고 있는 사람을 관찰할 때든, 해당 원숭이의 배측 전운동피질에 있는 일군의 뉴런이 활성화된다는 것이었다. 따라서 다른 사람이 수행하는 행위를 관찰하는 것은 마치 비슷한 유형의 행위를 실행하는 것처럼 동일한 뉴런의 발화로 이어진다(Gallese, Fadiga, Fogassi, and Rizzolatti 1996). 거울 뉴런은 움직임에 반응하는 게 아니라, 다른 사람의 의도적인 행위에만 반응한다. 설사 원숭이가 움직이는 물체에 매우 관심이 있더라도 거울 뉴런은 발화하지 않는다. 거울 뉴런은 인간이나 동물의 움직임을 관찰하는 것에만 활성화된다. 이런 탁월한 특성은 거울 시스템이 대인관계 요소를 가지고 있다는 강력한 증거를 보여 준다.

　원숭이를 대상으로 더 많은 거울 뉴런 연구들에서 운동 기능은 물론이고 시각, 청각, 촉각 영역에 있는 뉴런 시스템을 발견했다(Gallese, Keysers, and Rizzolatti 2004). 초기의 연구 작업은 인간이란 사회적 존재에 관한 몇몇 해묵은 질문들에 답을 찾을 수 있다는 약속에 새로운 연구 분야를 자극하였다.

인간의 거울 뉴런 시스템

　인간이란 존재도 거울 뉴런 시스템을 가지고 있다. 인간의 거울 뉴론은 전두엽, 두정엽, 측두엽에서 발견된다. 넓은 의미에서, 거울 뉴런은 어떤 목적이 있는 특정 종류의 움직임을 보고, 느끼며, 참여하는 데 관여한다.

　거울 뉴런은, 원숭이에서 발견되는 곳과 일치하는, 운동피질의 F5와 두정엽의 PF가 인간에서도 발견되었다(Buccino et al. 2001). 원숭이와 마찬가지로 인간의 거울 뉴런이 다른 종류의 뉴런들과 구분되는 것은 움직임 자체를 실행할 때와 다른 종류의 동작을 관찰할 때 모두 거울 뉴런이 발화한다는 점이다([그림 18-4]).

　거울상(mirroring)에 관여하는 전두엽 영역은 전운동피질에서 발견된다. 거울상은 어떤 움직임의 관찰이나 움직임에 참여하기 때문에, 우리는 어떤 활성화된 운동 영역을 발견할 것으로 기대한다. 꾸준히 찾아낸 두 번째 거울 영역은 원숭이 영역 PF에 해당한다. 인간은 이 부위가 하두정엽(Inferior Parietal Lobe: IPL)에 있다. 두정

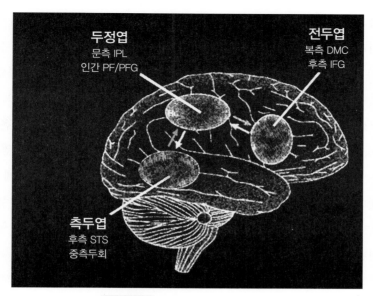

그림 18-4　인간의 거울 신경 시스템

엽은 감각 처리 과정에 관여하며, 그리고 손을 잡는 동안에는 특히 하두정엽에 있는 PF와 PFG의 두 개 하위 영역이 활성화된다. 초기의 많은 거울 뉴런 연구들은 어떤 물체를 잡는 것과 관련되었으므로, 이 영역의 활성화는 그다지 놀라운 일이 아니다.

　인간의 거울 신경 시스템은 원숭이보다 더 넓게 퍼져 있다. 세 번째 영역 또한 활성화되는데, 뇌의 두 구획이 인접해 있는 곳에서 발결된 중측두회(middle temporal gyrus)와 상측두열(Superior Temporal Sulcus: STS)이다. 이 영역들은 동작 지각과 시야(vision)에 가담한다.

📰 인간의 거울 뉴런을 측정하는 방법

　우리는 두개골을 관통하여 전극을 삽입함으로써 원숭이의 뇌에서 뉴런 하나를 측정할 수 있다. 인간에게는 이런 침습적 측정법이 불가능하다. 그래서 인간의 거울 뉴런은 EEG 같은 뇌파 패턴을 포착하거나 fMRI, MEG 및 TMS 같은 영상법을 사용하여 간접적으로 측정한다.

　EEG는 사람이 쉬고 있을 때의 알파 리듬[초당 8~13c/s(사이클/초)]과 뮤 리듬(8~13c/s)의 두 가지 리듬을 측정해 낸다. 이 두 세트의 리듬들은 자극에 반응하는 방식이 각기 다르다. 즉, 감각 자극에 의해 시각 및 감각 시스템이 활성화되면 알파 리듬은 사라진다. 뮤 리듬은 사람이 움직이거나 다른 사람이 움직이는 것을 관찰할 때 사라진다(Chatrian 1976). 이 분야의 선행 연구자들은 사람이 다른 사람이 하는 행위를 관찰할 때 뮤 리듬이 동기화되지 않고 사라지는 것을 발견했다(Gastaut and Bert 1954; Cohen-Seat, Gasaut, Faure, and Heuyer 1954). 이런 연구 결과들은 후기 연구(Cochin, Barthelemy, Lejeune, Roux, and Maritneau 1998)에서도 반복되었다. 또한 Cochin은, 예를 들면 사람의 움직임이 아닌 폭포 같은 움직이는 자극을 제시하려는 시도도 했다. 그는 인간인 경우 사람의 움직임이 아닌 것을 바라볼 때는 뮤 리듬이 동기화되지 않는 것을 발견했다. 따라서 원숭이와 유사하게, 인간의 거울 뉴런 활성화도 대인관계에 초점을 맞추는 것 같다(Cochin et al. 1999).

또 다른 형태의 측정법도 사용하였는데, MEG(Salenius et al. 1997)와 TMS(Fadiga, Craighero, Buccino, and Rixxolatti 2002)를 활용해 관찰된 행위와 집행된 행위 간의 일치성을 보여 주는 것이다.

더 최근에는 fMRI 영상을 활용해 사람이 다른 사람이 하는 행위들을 관찰할 때 활발해지기 시작하는 뇌의 특정 영역들의 위치를 발견했다. 연구자들은 피험자가 다른 사람의 대상 관련 행위를 관찰할 때, 대표적인 운동피질의 호문쿨루스(homunculus)와 유사한, 운동 부위별로 대응하는 활성화를 발견했다. 따라서 사람들은 누군가의 행위를 주시하였을 때, 그 행위에 대한 내적 복제가 전운동피질에서 생성되었다. 행위가 대상을 이용하는 것과 관련이 있을 때, 마치 피험자 자신이 그 대상을 사용했을 때와 마찬가지로 그 행위는 두정엽에서 더 멀리까지 반영되었다(Buccino et al. 2001). 많은 연구들이 연합되어서 손 움직임과 관련된 운동피질에 위치한 거울 뉴런의 존재, 그리고 사람이 대상-지향적 행위를 관찰할 때 두정엽에 위치한 거울 뉴런의 존재를 입증하는 강력한 자료를 제시한다(Fogassi et al. 2005).

새로운 연구들에서는 누군가 먹는 것을 지켜보는 것과 같은 구강 관련 활동, 물체에 손을 뻗기와 같은 손 움직임, 공 차기와 같은 발 움직임 등의 활동들은 각각 별도의 거울 뉴런을 가지고 있음을 발견했다. 전두엽과 두정엽에는 거울 성질을 지닌 넓은 영역들이 있다(Rizzolatti, Craighero, and Fadiga 2002). 단순한 소리 듣기는 보통 원숭이의 특정한 목표 지향적 행위 또는 의도적인 행위의 일부가 되는 거울 뉴런 시스템의 발화로 이어진다. 청지각의 거울 뉴런은 행위가 수행되는지, 들리는지 혹은 보이는지 여부에 따라 반응한다(Kohler et al. 2002). 따라서 인간은 전에 생각했던 것보다 더 다각적인 거울 뉴런 시스템을 가지고 있을 것이다(Rizzolatti, Craighero, and Fadiga 2002).

의도에 반응하는 거울 뉴런

연구자들은 실험자의 행위가 단순히 중립적인 물체를 붙잡는 것과는 반대가 되는, 먹을거리를 잡는 것처럼 명확한 목표나 의도가 있을 때 원숭이의 거울 뉴런들이 더욱 격렬하게 발화된다는 것을 발견했다. 원숭이 두정엽에서의 이런 과잉 활동은 의도의 기본 측면을 설명하는 데 도움이 될 수 있다(Fogassi et al. 2005).

인간의 전운동피질에 있는 거울 시스템은 일반적인 행위의 인지를 넘어서서 관여한다. 이는 행위에 대한 다른 사람의 의도를 이해하는 것에도 개입되어 있다. 인간의 거울 뉴런은 의도적 행위와 비의도적 행위를 구분할 수 있는 능력을 보여 준다. 의도가 있는 상황에서 인간의 거울 뉴런은 더 강하게 발화하는데, 이것과 관련하여 거울 뉴런은 다른 사람의 의도를 이해하는 힘이 있는 것 같다는 증거도 더 있다. 의도가 담긴 맥락이 관련된 사례에서, fMRI는 배측 전운동피질의 가장 가까운 부분은 물론이고 하측 전두회(inferior frontal gyrus)의 뒤쪽에서도 유의미하게 많은 활동을 보여 준다(Iacoboni et al. 2005). 따라서 행위와 이해하는 힘은 다른 사람의 의미 있는 목표 지향적인 행위를 관찰할 때 서로 연결되는 것처럼 보였다. 연구들에서는, 의도와 같은 종류의 복잡한 인지 기능을 반사적으로 이해하는 방식은 거울 시스템에 기초한 것임을 시사한다(Wohlschlager and Bekkering 2002).

뉴런 수준에서 보면, 우리는 훨씬 더 섬세한 구분을 만들고 있음을 알게 된다. 거울 뉴런은 행위 자체와 목표를 향한 행위 또는 행위의 의도 모두에 민감하다. 일부 거울 뉴런은 폭넓게 일치한다. 예를 들어, 컵을 잡기 위해 컵 쪽으로 똑바로 움직이든 아니면 그 주위를 돌아가든 목표를 달성하는 방법과는 관계없이, 목표 지향적인 동작을 관찰하거나 수행할 때 발화하는 거울 뉴런이 있다. 이에 비해 다른 거울 뉴런들은 엄격하게 일치한다. 예를 들어, 이들은 직선으로 도달하기와 같은 정확하게 동일한 목표를 향한 움직임에만 반응을 한다(Gallese, Fadiga, Fagassi, and Rizzolati 1996).

거울 뉴런은 심지어 의도를 추론하는 힘도 있는 것 같다. 예를 들어, 시야에서 대상이 모호할 때조차 발화를 하는 원숭이의 거울 뉴런(Umilta et al. 2001)은 설사 의도를 직접 알 수는 없더라도 이해하는 힘이 있음을 보여 준다.

　이 많은 연구들은 자신의 뉴런이 발화하기 시작하면서 다른 사람을 어떻게 이해하게 되는지를 알려 준다. 상대방에 대한 우리의 이해는 추상적이거나 개념적이지 않다. 이해란 자신과 상대방 사이에 직접적 공명(resonance)으로부터 시작된다.

체화된 인지에서 사회적 이해까지

　체화된 인지(embodied cognition)는 자신의 몸에서 일어나는 감각과 뇌 상태 때문에 우리가 무엇을 느끼는지를 알고 있다고 가정한다. 고등 처리 과정은 항상 상호 연결된 몸 상태의 반응들에 관여하며, 우리가 상징을 만들어 내는 과정에 밀접하게 개입되고 있다. 체화된 인지 이론은 몸 수준에서 시작된다(Winkelman, Niedenthal, and Oberman 2009). 이런 관점은 더 오래된 상징적 상호작용주의자(symbolic interactionist) 관점을 다루는 것인데(Blumer 1969), 즉 고등 처리 수준이 감각을 해석하고 그것을 느낌과 생각으로 대표한다는 것이다. 체화된 인지 때문에 사회적 기능은 다른 사람들에 대한 어떤 체화 시뮬레이션, 즉 공감적으로 느껴진 감각을 구성할 수 있는 우리의 힘에서 발달하기 시작한다. 여기서 두 가지 접근 방식이 함께 작업한다. 지적 구성물은 해석 과정에 형식을 부여하는 상징적 상호작용의 한 부분이다.

　거울 뉴런은 사회적 인지라는 빌딩을 쌓는 벽돌이 될 수 있다. Pineda는 거울상이 모든 단계의 사회적 기능에 관여하고 있다고 주장한다. 가장 단순한 점화에서부터 인지 및 정서적 이해를 포함하는 마음이론(ToM)의 복잡한 경험에 이르기까지 모든 수준의 사회적 기능에 거울상이 개입한다고 주장한다. 거울상 과정은 우리 뇌에 정보를 재표상하는데, 이것은 각각의 신경계에서 그 양상(modality)을 달리하며 복잡한 상호 연관된 방식으로 다른 모든 시스템에 피드백을 한다. 이러한 식으로 거울상은 모든 수준의 처리에 토대가 되며, 특히 사회적 인지에 중요하다(Pineda et al. 2009).

공감과 정서

거울 뉴런 이론은 최근에는 정서를 포함하는 것으로 확장되었다. 예를 들어, 특정 정서를 경험하는 사람들의 얼굴을 관찰하는 연구들이 있었다. 사람들이 혐오스러운 얼굴을 볼 때 전측 뇌섬엽을 따라, 그리고 (좀 더 낮은 수준으로) 전측 대상회 영역도 함께 거울 뉴런 영역이 활성화되었다(Wicker et al. 2003). 거울 뉴런 시스템은 피험자가 정서적 얼굴 표정을 지을 때 또는 다른 종류의 정서의 얼굴 표현을 관찰할 때 관여하는 것으로 밝혀졌다. 우리가 정서를 표현하는 얼굴을 볼 때는, 하측 전두엽피질(inferior frontal cortex), 상측 측두엽피질(superior temporal cortex), 뇌섬엽, 편도체가 모두 활성화된다. 이 영역들 일부는 거울 뉴런 영역과 겹쳐진다(Carr, Iacoboni, Dubeau, Mazziotta, and Lenzi 2003). 그래서 거울 뉴런들은 다른 사람의 정서적 얼굴표정을 해석하는 데 관여하는 것 같다(Oberman and Ramachandran 2009).

뇌의 정서 중추조차 거울과 같은 특성을 지니고 있다. 우리는 다른 사람이 겪는 고통, 특히 우리가 사랑하는 사람이 고통을 겪을 때는 물론이고 구체적인 정서들에도 공감할 수 있는 것으로 보인다(Singer et al. 2004). 다른 사람의 정서 반응은 그 느낌과 관련된 우리 뇌의 상응하는 영역에서 실제로 느껴질 수 있다. 따라서 치료자가 내담자에 공감할 때 치료자의 동일한 뇌 영역이 활성화될 수 있고, 따라서 치료자는 내담자를 온전히 깊게 이해할 수 있게 된다.

따라서 왜 거울 뉴런이 공감의 신경학적 요소의 핵심을 잡고 있는 것으로 돌봄 전문가들에게 그토록 관심 대상이 되었는지 우리는 알 수 있다. 내성주의 신봉자 Edward Titchener(1867-1927)는 공감이라는 단어를 만들어 낸 사람으로 자주 회자된다. 감정이입은 독일어 'einfuhlung'에서 나온 것이며, '속에 들어가 느끼는 것(feeling into)'이라고 번역된다. Titchener(1909)는 우리의 합리적 추리력만으로는 다른 사람들을 이해할 수 없다고 믿었다. 공감은 다른 사람의 입장이 되어 그가 경험하는 것에 사적으로 들어가 느끼는 것이 필요하다. 이제, 거울 뉴런은 우리가 다른 사람의 행위를 관찰할 때 우리가 하게 되는 것의 증거를 제공하며, 또 거울 뉴런을 통해 다른 사람도 우리처럼 느끼는지에 대한 질문에도 답을 찾을 수 있다. 거울 뉴런은 우리에게 상대가 느끼면 우리도 느낀다는 것을 보여 준다. Titchener가 처음 제안했던 공감이 이제는 과학적 기반을 갖추게 된 것 같다.

거울 뉴런과 언어

거울 뉴런의 함의는 의미 있는 행위의 영역에서 의미와 언어 자체로 우리를 안내한다. 거울 시스템은 브로카 영역 근처에 있다. 브로카 영역은 좌반구의 일차운동 피질의 기저부에 있는 언어를 말할 때 관여하는 뇌 부위이다. Rizzolatti는 거울 뉴런에 관한 연구에서, 인간의 동작 재인을 위한 거울 뉴런 시스템이 있고 거기에 브로카 영역이 포함되기 때문에, 움직임과 의사소통의 연결다리를 가지고 있다고 처음부터 주장했다(Rizzolatti and Arbib 1998).

말소리 지각의 운동 이론(Liberman and Mattingly 1985)에서 주장하는 것은 단어와 소리가 용어 그대로 신호가 되는 입의 동작과 행위들이라고 본다. 언어는 소리를 형성하기 위한 입과 혀의 움직임에 체화되어 있다. 그래서 어떤 의미로 보면, 언어는 의미를 소통하려는 의도가 있는 입의 움직임, 즉 의도적 행위에 해당한다.

이런 생각은 다른 사람들에게 영감을 주어서, 거울 뉴런 시스템이 언어 기능, 작업 기억 용량, 고등 인지 기능의 신경학적 기초를 형성하는 방법이 연구되고 있다. 거울 뉴런은 혀의 복잡한 움직임이 필요한 소리가 들릴 때는 더 많이 발화된다. 그러나 혀의 움직임이 덜 필요한 소리가 들릴 때는 발화하지 않는다(Fadiga, Craighero, Buccino, and Rizzolatti 2002).

발성을 하거나 말소리를 들을 때 모두 신체의 행위들이 개입한다. 입 근육의 움직임은 발성의 일부이다. 다른 사람이 말하는 것을 보거나 말을 들을 때 비슷한 거울 뉴런 영역들이 발화하기 때문이다(Calvert and Campbell 2003). 그래서 우리는 다른 사람이 말하는 것을 들을 때나 볼 때 활성화되는 거울 뉴런을 통해 다른 사람의 말에 대한 이해를 더 증진시킬 수 있다(Oberman and Ramachandran 2009). 또한 Ramachandran은 우리가 가지고 있는 언어 기술로 이어지는 진화적 단계들을 제안했다. 이 단계들은 영장류에서 나타나는 파악반사의 기본적인 거울 뉴런 이해로부터 시작하여 모방, 정교화, 단순한 신호 만들기를 지나 관습적인 제스처로 진화하고 마침내 언어라는 문화적 진화에 도달한다(Ramachandran 2000).

자폐증을 거울 뉴런의 발화 결함으로 보는 관점

자폐증은 거울 뉴런 시스템을 통해 체화되는 공감 능력에 어떤 결함이 있는 것으로 보인다. 이 장애의 정확한 지점이 거울상, 모방, 또는 사회적 이해 수준에 있는지의 여부가 탐색되고 있다(Oberman, Ramachandran and Pineda 2008).

한 연구 집단에서 자폐스펙트럼장애(Autism Spectrum Disorder: ASD)를 가진 사람들은 정서 자극의 유무에 따라 자발적으로 모방하는 데 어려움이 있다는 증거를 발견했다(Hamilton, Brindley, and Firth 2007). 어떤 이는 모방에서 문제가 되는 것은 거울 뉴런 기능장애(mirror neuron dysfunction)라고 주장했다. 최근 연구에서 자폐증 진단을 받은 아동들에게 fMRI를 사용하여 비슷한 연령과 IQ를 가진 정상아동 집단과 비교했다. 정상아동 집단은 fMRI 시스템에서 분노, 공포, 행복, 슬픔, 무감동을 포함한 다양한 정서의 얼굴 표정을 모방하고 관찰했다. 정상아동 대조군은 정상의 성인들과 유사한 거울 뉴런 활동을 보였으나, 자폐아동 집단은 보통의 거울 뉴런 영역에서 활성화가 거의 없었다(Dappreto et al. 2006). 이 연구들과 다른 연구들은 자폐증의 거울 뉴런 이론(Mirror Neuron Theory of Autism)으로 이어졌다. 이 이론에서는 자폐적 사람들은 거울 뉴런이 만들어 내는 전형적인 관찰과 실행 간의 매칭 시스템을 가지고 있지 않다고 주장한다. 결과적으로, 이들은 다른 사람들을 즉시 직접 경험하지 못하며, 이는 공감, ToM 개발, 그리고 다른 사람을 모방하는 능력에 결함을 가져온다. 결과적으로 자폐아동은 정상적인 사회 기술을 개발하지 못한다(Bernier and Dawson 2009).

뮤 리듬(mu rhythms)의 억제는 거울 뉴런 활동과 연관성이 있다. Pineda와 그의 연구 집단은 뉴로피드백(neurofeedback) 사용법을 자폐아동들에게 가르쳐서 정상의 뮤 리듬 활동이 더 많아지게 했다(Oberman, Ramachandran, and Pineda 2008). Pineda는 이 가설을 다음과 같이 설명했다. "이 아이디어는 자극에 적절히 반응하고 더 광범위한 회로에 정상적으로 통합하도록 거울뉴런을 재훈련하는 것이 자폐증의 사회적 증상을 감소시킬 수 있음을 시사한다."(APA 2007) 이 예비 연구는 잠정적인 변화를 가져올 수 있었다. 그 결과는 전망이 좋아 치료법에 새로운 방향을 제공한다.

거울 뉴런의 발화를 촉진하기

거울 뉴런은 다른 사람의 의도적인 행위에 대한 반응으로 발화한다. 의도적인 행위에 조율하는 것을 학습하는 것은 거울 뉴런의 활성화를 향상시킬 수 있다. 때로 우리는 자신의 의도를 알아차리지만, 어떤 때는 그 의도를 모른다. 일상 과제에 내포된 작은 의도들에 주목하는 것은 행위의 의도적 속성에 대한 자각을 향상시킬 수 있다. 이 기법을 잘 연습하면 자기 행위와 공감의 핵심 요소인 다른 사람의 행위에 대한 이해를 높일 수 있다. 다음의 연습들은 분노 때문에 서로를 멀리하는 커플이나 가족이 공감적 이해를 발달시킬 수 있는 위협적이지 않은 방법이 될 수 있다.

■ 자신의 의도 자각을 향상시키기

당신은 작은 과제를 하나 선택하고 그 과제를 하는 동안에 일어나는 각각의 의도를 쫓아간다. 이 연습은 컴퓨터 프로그램의 매 단계를 실행하는 하나의 알고리즘으로 볼 수 있다. 당신은 아침에 일어나 출근하려 할 때 일어나는 의도를 알아차리는 것을 택할 수 있다. 알고리즘은 다음과 같을 수 있다. "나는 알람 소리를 듣고 일어나 출근하려는 의도가 있다. 하지만 몇 분이라도 더 잠자고 싶은 두 번째 의도를 느낀다. 그래서 나는 눈을 감고 손을 뻗어 알람 중지 버튼을 눌러 잠을 좀 더 자지만, 여전히 곧 깨어 있으려는 의도가 있다. 다시 두 번째 알람 소리를 듣고 이번에는 깨겠다는 의도를 따라 몸을 일으킨다. 나는 침대에서 나오려는 의도, 바닥을 딛는 의도, 그리고 일어서는 의도가 있다. 이제 나는 화장실을 쓰고 싶은 의도와 그곳에 가려는 의도를 느낀다. 샤워, 옷 입기, 아침식사 또는 무엇을 하든 각각의 구체적인 의도적 행위를 쫓아간다." 이것은 그저 일상의 한 예일 뿐이다. 따라 해 보면 재미있을 만한 것을 하나 골라 보라.

■ 다른 사람의 의도를 추론하기

이 연습은 앞에서 한 것과 비슷하다. 그냥 다른 사람의 의도만을 쫓아가는 것이다. 누군가가 작은 과제를 하는 것을 돕기로 하고, 당신이 관찰한 각각의 의도를 언어로 말한다. 그래서 예를 들면, 당신의 배우자가 아침에 잠에서 깬다면 다음과 같이 언어로 말한다. "자기, 일어나고 싶지만 더 잠자고 싶은가 봐요. 그런데 깨고자 하는 의지도 있어서, 그래서 알람 정지 버튼을 누르는군요." 당신이 의도를 정확하게 파악했는지를 상대방에게 피드백을 받는다. 싸움을 한 커플인 경우, 이 연습을 처음에는 치료 회기 중에 할 수 있으므로 치료자는 상호 교환의 정확성과 객관성을 확인할 수 있다. 상대방의 의도를 읽는 사람은 그 상황을 객관적으로 묘사해야 하며, 관찰한 의도에 관해 지적하거나 혹은 임의대로 개인적으로 받아들이지 않도록 한다.

의도 공유: 커플 또는 가족 단위로 명상하기

사람들은 함께 경험에 동참함으로써 공감을 증진시키게 된다. 거울 뉴런들은 의도를 공유함으로써 서로 공명한다. 명상은 장벽을 깨고 긍정적인 상호 경험을 구축하는 탁월한 방법이다. 우리는 가족이나 커플이 매일 시간을 내서 몇 분이나 그 이상 동안 명상을 서로 나누게 한다. 사람들은 이 연습이 흥미로우며 즐거운 것임을 알게 된다. 단지 몇 분이긴 하지만, 공유된 의도는 갈등을 풀어 내기 시작한다. 또한 명상은 함께 하는 더 좋은 시간, 앞날을 생각하는 어떤 것, 그리고 긍정적 미래를 위한 단단한 기반을 형성하게 한다.

가족이나 커플이 함께 할 수 있는 명상기법 하나를 선택하라. 명상을 해 본 적이 없는 사람이라면, 하나의 색깔을 생각하거나 호흡에 주의를 기울이는 것 같은 초보적인 명상 하나를 이용한다. 상급 수준의 명상자는 마음을 비우거나 지금 이 순간에 마음을 챙기는 것, 또는 어떤 상징물이나 소리에 초점을 맞추는 방법 등을 이용한다. 모두 소파나 의자 또는 바닥에서 편안한 자세를 찾아보도록 한다. 다 함께 몇 분간 명상을 한다. 끝났을 때 원하면 스트레칭을 한다. 사람들은 종종 미소를 머금고 개운하다고 느낀다. 각 참여자들에게 어떤 색깔이었는지 또는 경험이 어땠는지를 공유하게 한다.

💡 결론: 치료적 함의

대개 심리치료는 하향식 작업을 통해 개인이 다른 사람이 어떻게 느끼고 있는지를 개념화하도록 도와주고 정서적 이해를 확장하도록 한다. 하지만 대인관계에 대한 신경과학의 함의는 상향식 과정이 도움이 되는 것임을 보여 준다. 우리는 자율신경계와 미주신경에 대해 직접 다룰 수 있다. 그리고 거울 뉴런을 활성화함으로써 공감과 개인의 정서적 이해까지 증진시킬 수 있다. 치료에 관한 장들에서는 신경생물학적 반응을 직접 다루는 방법들을 제공함으로써 깊은 수준의 경험 변화를 통해 성공적인 치료 작업의 근거를 제공한다.

6

일반적인 장애에서
신경계를 변화시키기

제19장   심리치료가 뇌를 바꾸는 방법
제20장   불안감 줄이기
제21장   우울증과 양극성 장애를 위한 더 좋은 균형을
        발견하기
제22장   중독 회복하기

오늘날 심리치료는 효과적일 뿐만 아니라, 뇌와 신경계를 실제로 변화시킨다는 많은 증거가 있다. 우리는 오랫동안 심리치료가 태도, 사고 및 행동을 바꾼다는 것을 알고 있었다. 이제 우리는 치료가 두뇌의 체계에 영향을 주고, 두뇌의 어떤 부위는 활성화시키고 또 다른 부위는 비활성화시키기에, 약물 치료가 작동하는 방법과 같이 동일하거나 또는 상이할 수도 있다는 것도 알고 있다. 임상적 경험을 바탕으로, 다른 형태의 심리치료는 다른 효과를 야기할 수 있다는 것을 예상할 수 있다. 어떤 방법은 특정한 문제에 보다 더 효과적으로 작용할 수 있고, 어떤 때는 특정 내담자는 다른 사람보다 특정한 치료기법에 더 효과적으로 반응한다. 우리는 왜 이런 현상이 일어날까 하는 의문을 가져볼 수 있다. 신경학적 해답은 뇌의 활성화가 독특한 패턴으로 관여하기 때문이라고 말할 수 있다.

각기 다른 형태의 치료는 뇌에 특별한 효과를 가져온다. 제19장에서는 심리치료에 대한 많은 접근 방법들은 뇌가 변화하기 위해서는 다른 선택지들이 있다는 것을 제시한다. 상이한 치료 방법을 통해 뇌에서 발생하는 모든 변화는 뇌의 구조, 회로의 기능적인 체계 및 경험들을 제시해 주고 있다. 따라서 필요에 맞는 효과를 가져올 수 있는 다양한 치료법을 배운다면, 당신의 내담자는 자연스럽게 일어나는 감각을 활용하여, 또는 감각 경험 그 자체로 신속하고 편하게 변화할 수 있을 것이다. 우리는 내담자가 더 이상 문제 때문에 힘들지 않고, 이전에는 가질 수 없었던 내적 자원을 가지고 있다는 것을 발견하고 놀랐다고 말하는 것을 자주 봐 왔다.

치료자는 내담자를 구체적이고 실질적으로 도와준다. 물론 치료자들은 독특한 방법을 통한 훈련을 받았지만, 대부분의 치료자들은 새롭게 돕는 기술에 개방적이다. 뇌를 치료 목표에 적합한 방법을 통해 적극적으로 활성화시키면, 잠재적으로 아주 위대한 변화를 가져온다. 다른 형태의 치료는 뇌에 특별한 방법으로 영향을 주기 때문에, 뇌를 잘 학습하고 활성화하는 방법을 적용하면 지속적인 효과를 가져올 수 있다.

제20~22장은 뇌가 상이한 문제로 인해서 어떻게 변화되었고, 내담자가 그 문제를 극복하기 위해서 뇌를 어떻게 변화하도록 자극할 것인가를 보여 준다. 제20장은 이와 같이 신경계라는 패러다임을 이용해서 불안과 스트레스로 고통받는 내담자들을 변화할 수 있는 방법을 제시한다. 제21장은 우울과 양극성 장애를 치료하는 방법을 제시한다. 제22장은 물질 남용 내담자가 약물 남용으로 이미 변화된 신경회로에서 해방되어, 행복하고, 마약 없이 편안한 삶을 사는 방법을 제시할 것이다.

심리적인 문제는 뇌와 단순하게 일대일의 관계에 있지 않다. 상호작용은 생각보다 더 다차원적이다. 그렇기에, 당신은 여기에서 뇌의 변화를 야기하기 위해서 때로는 하향식(의식적) 접근과, 다른 경우에는 상향식(무의식적)으로 접근하는 방법을 배우게 될 것이다. 그 외에도, 치료 시에 비특이적(non-specific) 요소와 개인적인 차이점들도 무시되거나 생략되어서는 안 된다. 이런 저런 요소들을 고려하기 위해, 기술을 민감하게 적용하기 위한 더 심오한 방법들도 포함했다. 의식적이고 무의식적인 뇌 기능과, 특정적이고 비특정적인 뇌 회로와 전체적인 효과와 개별적인 차이를 고려해서 적용하면, 당신은 뇌와 마음을 변화하기 위해서 가장 강력하고 지속적인 결과를 가져올 것이다.

제**19**장

심리치료가 뇌를 바꾸는 방법

우 리는 심리치료가 사람들이 사고하고 느끼는 방식을 바꾸어 준다는 것을 잘 알고 있다. 그러나 치료가 뇌에서 측정 가능한 효과를 이루어 낸다는 것을 인식하게 된 것은 좀 더 최근에 밝혀졌다. 우리가 심리적인 개입을 하고 있는 내담자로부터 관찰한 바에 따르면, 뇌의 어떤 부분은 활성화가 되고, 어떤 부분은 비활성화되면서 구조, 기능 및 회로의 균형을 변화시키고 있다.

심리치료에 대한 각각의 접근 방식은 뇌가 변화하는 데 가장 적합한 다른 선택 사항들을 제공해 준다. 그러므로 이와 같은 다양한 다른 선택 사항들을 적용하게 되면, 문제를 여러 입장에서 접근하게 해 준다. 다른 심리치료적인 방법들을 이와 같이 통합하게 되면 아마도 가장 효과적인 방법이 될 수 있다. 다양한 치료적인 방법을 활용하기 위해서 각각의 접근 방법이 뇌의 어떤 구조와 기능을 변화시킬 것인가를 알게 되면 도움이 된다.

이 장에서는 뇌를 변화시키는 면에서 가장 많이 사용되고 있는 심리치료의 형태를 논의한다. 그리고 또한 많이 사용되지는 않지만, 뇌에 강력한 효과를 주고 있는 몇 가지의 접근 방법들을 제공한다. 당신은 아마도 이러한 몇 가지 방법들을 이미 사용하고 있고, 각 개인적인 내담자와 문제들에 필요한 사항들을 가장 잘 충족시키기 위해, 뇌가 변화하도록 자극하기 위한 올바른 선택 방법에 대한 통찰력을 이미 숙지했을 수 있다. 그러나 명상, 최면, 신체 작업 같은 치료기법을 추가하는 것도 고려하기 바란다. 우리는 인지치료, 행동치료, 정신역동치료와 같은 전통적인 기법과, 명상, 요가, 최면같이 최근에 적용되고 있는 방법들을 다룰 것이다.

🔆 인지치료(CBT와 RET)

인지치료에서 성과를 얻은 내담자들은 뇌의 다양한 구조와 기능에 측정 가능한 변화를 보일 것이라는 새로운 증거가 제시되고 있다. 많은 연구들에서 인지치료가 다른 심리적인 문제를 가진 사람들에게서 발견되는 뇌의 불균형을 교정하는 데 도움이 되도록 뇌를 활성화시키고 패턴에 영향을 주었다는 것이 관찰되었다. 우리도 적지 않은 연구들의 예를 제시할 수 있지만, 이미 많은 다른 연구들이 있다([그림 19-1]).

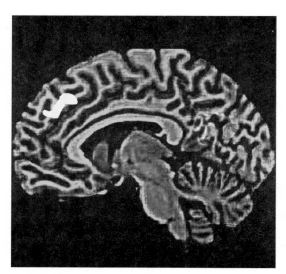

그림 19-1 인지행동치료

회색질의 증가

인지행동치료(Cognitive Behavior Therapy: CBT)와 합리적 정서치료(Rational Emotive Therapy: RET)와 같은 인지치료는 인간이 자신과 문제에 대해 생각하는 방식이 감정과 행동에 중요한 영향력을 행사한다고 가정한다. 그러나 인지치료는 단지 인지, 감정, 행동만을 변화시키는 것이 아니다. 뇌 또한 변화시킨다.

최근 연구에 따르면, 인지치료는 22명의 만성적인 피로 증후군(Chronic Fatigue Syndrome: CFS) 환자의 뇌에서 경험적인 변화뿐만 아니라 핵심적인 영역의 뇌 부피를 실제로 증가시켰다. 피험자들은 점진적으로 신체적인 재활 활동을 증가시키는 치료와 함께 인지치료를 받았다. CBT는 만성적인 피로 증후군에 관한 자신들의 사고와 믿음 체계의 오류를 다루어 주었고, 지속적인 피로, 그리고 대뇌 회백질 양의 감소라는 어려운 문제도 지적했다. 내담자들은 단순히 기분이 나아진 것뿐만이 아니라, 외측 전전두피질에 있는 회백질의 양이 유의미하게 증가하였다. 이 뇌의 영역은 인지 처리의 속도를 증가시키는 데 중요한 역할을 한다(de Lange et al. 2008). 이 연구는 심리적인 개입을 통해서 뇌의 생리적인 변화에 측정 가능한 변화를 초래한다는 것을 보여 준다.

전두엽과 변연계의 균형을 이루기

우리 모두는 인지치료가 사람들이 문제를 재평가하고 재해석하도록 돕고 있다는 것을 알고 있다. 이러한 방법은 비합리적인 가정에 도전해서 상황을 좀 더 합리적이고 중립적인 방향으로 재정의하는 것과 관련되어 있다. 이러한 재평가 과정은 뇌를 활성화 및 비활성화하는 데 균형을 이루도록 해 준다. 정서적인 변연계의 활성화가 줄어들고, 전두엽의 실행 기능이 증가하게 해 준다. 전두엽과 변연계 체계 사이에 균형을 이루도록 해 주는 변화는 정서를 더 잘 조절하는 것과 상관관계가 있다.

인지적 재평가에 관련된 신경조직은 전두엽피질 영역로 편도체의 반응 방식을 조절해 주는 것과 연관이 있다. 한 연구에 따르면, 재평가 과제를 하고 있는 사람의 뇌 기능을 측정한 결과, 전대상회의 특정 영역과 전두엽에서 활성화가 증가한 반면, 편도체의 활동은 감소한 것으로 나타났다(Banks et al. 2007). 이러한 연구는 뇌의 정서적인 영역이 인지 뇌와 상호작용하고 있다는 것을 보여 준다. 즉, 두 영역은 아주 밀접하게 연결되어 있다.

최근에, 전혀 우울증을 경험해 보지 않은 사람과 주요우울장애로 진단을 받는 사람을 비교하는 연구가 진행되었다. 이 연구는 더 심각한 우울증을 경험할수록 감정적으로 자극을 주는 그림을 지각하는 능력이 더 떨어지는 것을 밝혀냈다. fMRI를 통해서 전체 뇌의 분석과 상호 연결성을 측정했다. 전혀 우울하지 않은 사람에 비해 우울한 사람들은 전두엽 영역과 변연계의 연결성이 더 떨어지면서 전전두엽의 활성화가 줄어드는 것을 발견할 수 있었다. 그 밖에도 더 심각한 우울증을 경험하고 있는 사람들은 정서조절 능력이 더 떨어지고, 변연계 영역에서 더 높은 수준의 과도한 활성화가 발생했고, 전두엽 영역은 활성화가 둔해졌다(Erik et al. 2010).

CBT를 통해서 변연계의 활성화를 감소하게 되면 공포증을 경험하는 사람에게도 도움을 줄 수 있다. 이 영역의 활성화를 낮춰 주면, 그들이 실제로 공포심을 극복할 수 있도록 적응을 도와주기에, 공포심을 덜 느끼게 된다(Linden 2006).

CBT는 OCD 환자의 기저핵을 변화시킨다

인지치료는 또한 기저핵에 있는 뇌의 동작 영역에 영향을 준다. 강박증(Obsessive-Compulsive Disorder: OCD)을 경험하고 있는 사람들은 기저핵과 미상핵 영역에 과도한 활성화가 일어난다. 기저핵은 뇌의 깊은 영역에 위치하고 있고, 동작을 통제하고 도파민 회로의 일부분을 형성하고 있음을 주목하라. OCD 환자들은 대뇌피질, 기저핵과 시상들 사이에서 과도한 신경전달물질의 회로가 형성되어 있기에, 강박적인 염려와 습관적인 행동을 제어하는 데 어려움을 보이고 있다(제20장 참조). Linden(2006)은 인지치료를 받기 전후에 OCD 환자들에 일어나는 변화를 측정했다. 그는 치료를 받은 후에 OCD 피험자들의 오른쪽 미상핵에서 신진대사가 감소하는 것을 발견했다.

노출 치료와 반응 억제를 활용한 인지치료를 한 후에 OCD 환자들의 뇌 활성화를 평가한 다른 연구에 따르면, 뇌의 오른쪽 전대상회의 활성화가 의미 있는 증가를 보이면서 시상의 신진대사는 의미 있는 감소를 보였다. 전대상회는 인지적으로 재평가하는 역할과 연관이 있다. 그것은 또한 부정적인 감정을 통제하고, 사람들이 더 낙관적인 감정을 가질 때 더 활발한 활동을 보인다(Saxena et al. 2009). 전대상회 피질을 더 활성화시키는 방향으로 균형이 이루어지면, OCD 환자들은 자신들의 증상이 개선되는 것을 느꼈다.

이와 같은 모든 다양한 연구 결과에 따르면, 인지치료는 단순히 인지적으로 문제를 수정하는 것뿐만이 아니고, 뇌의 구조를 변화시켜 준다. 따라서 당신도 변연계 체계를 안정시키는 효과적인 전략을 개발하거나, 대상회의 활성화를 통해서 감정을 통제하는 도움을 받을 수 있다. 또한 내담자가 유해한 습관과 의례적 행동을 중지하는 것을 돕기 위해서 기저핵의 활성화를 쉽게 할 수 있도록 도울 필요가 있다.

🔆 행동치료

대부분의 심리치료자들은 행동치료(Behavior Therapy: BT)의 근간이 되는 고전적 조건화 이론을 숙지하고 있다. Pavlov(1856-1936)의 고전적 조건화, E. L. Thorndike(1874-1949)와 B. F. Skinner(1904-1990)의 조작적 조건화 이론은 모두 행동은 학습되고, 유지되고, 영향을 받는다는 것을 흥미로운 방법으로 강조하고 있다. 신경과학은 쌍 연합과 강화 방법이 행동에 어떻게 강력한 영향을 주는가를 설명하는 데 도움이 된다.

쌍 연합

쌍 연합(associative pairing)은 자극의 연합 학습을 통해서 공포가 습득되는 과정을 이해하는 데 도움이 된다. Pavlov는 무조건적 자극(US)인 음식을 개에게 주었을 때, 자동적으로 침을 흘리는 무조건적 반응(UR)이 발생하는 것을 관찰했다. 그가 음식물(US)과 학습되지 않은 자극, 즉 종소리(CS)를 짝지어서 제시했을 때, 두 자극은 그 개에게 연합작용을 일으켰다. US와 CS를 반복적으로 짝을 지어서 여러 번 반복하면, 개는 종소리만을 듣고서도 침을 흘리는 반응을 보였다. 이러한 실험은 Watson과 Rayner(1929)가 유명한 실험을 시도할 수 있는 계기를 제공해 주었다. 그들은 이

실험에서 작은 유아인 Albert에게 조건적인 공포 반응을 조건화시켰다. 그들은 유아가 작은 흰쥐를 가지고 노는 도중에, 중간 정도 강도의 놀라는 소리를 짝을 지어서 공포가 학습되는 과정을 보여 주었다. 유아가 습득한 쌍 연합 반응은 소리가 없는 상태로 쥐를 보여 주어도 공포를 느끼면서 우는 방식으로 표현되었다. 이러한 공포 반응은 다른 동물이나, 털이 있는 코트뿐만이 아니고, 산타클로스 마스크를 낀 Watson에게까

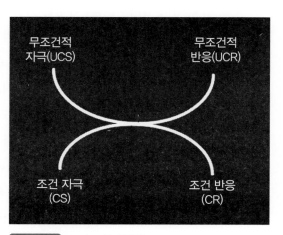

그림 19-2 Pavlov의 조건화

지로 곧장 일반화되었다([그림 19-2]).

　이러한 연결은 편도체에서 형성된다(LeDoux 2003). 예를 들면, 군인이 전투 중에 총소리나 폭발음을 들으면, 이러한 조건적 자극(CS)은 시상을 통해서 입력되고, 직접적으로 편도체에 전달되고 그곳에 저장된다. 이러한 현상은 무조건적인 공포 자극(US) 또는 높은 정서적인 각성이 저장되는 것과 비슷하다. US와 CS가 짝지어지면 신경세포는 CS에 반응하기 위해서 편도체로부터 자극된다. 예를 들면, 조건화된 반응(CR)은 군인이 집에 돌아가 살면서 사소한 자동차의 굉음에도 촉발될 수 있다. CR은 편도체에 관련된 학습 과정의 결과이다. 편도체의 측위 신경세포가 새로이 조성되어 CS-US의 연합에 대한 기억이 강하게 형성되는 데 영향을 준다. 일단 촉발되면, 신호는 직접적으로 시상하부로 가서 혈압과 호르몬 수준을 올려 주는 두려움/스트레스 회로를 활성화시킨다(Medina et al. 2002). 이렇게 되면 스트레스 반응은 외상적인 사건과 연합된다. 우리는 내담자의 삶에서 외상 사건과는 직접적인 상관관계가 없지만, 스트레스를 느끼는 상황이 발생해 외상적인 기억을 촉발시키면 이 과정이 역으로 작동하는 것을 볼 수 있다.

　암묵적 기억과 선언적 기억 둘 다 관련이 있다. 암묵적인 기억은 비언어적이고, 자동적이며 무의식적인 것에 비해, 선언적 기억은 접근이 가능하고 말로 표현할 수 있는 의식적인 기억을 포함하고 있다. 그래서 내담자가 외상에 관련된 사건에 관한 구체적이고 자세한 내용들을 기억하지 못한다고 할 때, 그 기억은 암묵적인 기억 체계에 이미 저장될 가능성이 있고, 신체 감각과 정서에 저장될 가능성이 있다. 그러므로 쌍 연합과 기억의 과정은 학습 과정에서 무의식적으로 일어나고, 전두엽으로부터 처리하는 과정을 거치지 않는 최단 통로를 거친다. 이러한 현상은 공포가 어떻게 강압적으로 느껴지는지를 설명할 수 있다. 그러한 감정들은 의식의 자각 수준 밖에서 발생하고, 의식적인 통제를 받지 않기에 통제하기 어렵다.

　혐오적인 사건에 대한 기억은 편도체에서 생생하게 살아있다. 신경과학자들은 소거 현상은 해마와 전두엽에 신호를 전달하는 편도체의 뉴런과 연관이 있음을 알고 있다. 만일에 이 영역의 어떤 것이라도 단절되면, 소거는 발생하지 않는다(Maren and Quirk 2004). 그러므로 심리치료의 방법은 혐오적인 연합 체계를 없애는 것이다. 치료를 통해서 편도체는 해마와 전두엽의 연결을 재구성하게 된다.

　치료자가 직면하는 중요한 도전 중의 하나는 내담자가 치료 회기 중에 학습한 것을 다른 상황에 일반화하도록 돕는 것이다. 치료를 통해서 내담자는 두려운 기억을 억압하는 중간 전두엽과 해마를 통해서 독립적인 소거 기억 회로를 형성한다. 그렇기에 내담자가 부정적인 경험을 좀 더 긍정적인 경험으로 대치할 수 있도록 도와주면, 당신은 새로운 종류의 기억을 연결하도록 촉진하게 해 주는 것이다. 이러한 방법을 사용하면 공포는 뇌에서 실제로 다른 반응으로 대치된다.

보상의 뇌과학

후기의 이론들은 이러한 연합이 어떻게 고착화되는가에 관해서 검토하게 되었다. Thorndike는 효과의 법칙(Law of Effect)을 다루면서 이 문제를 지적한 초기 심리학자 중의 한 사람이었다. 고양이가 문제상자(puzzle box)를 탈출하는 것을 학습하는 실험 관찰을 통해서, 그가 관찰한 것은 만족으로 연결되는 성공적인 반응들은 '확고해지며' 이 행동들은 더 많이 발생했고, 혐오적인 결과를 가져오는 반응은 '근절되고' 결과적으로 적게 발생한다는 것이다. 행동의 결과가 반응들을 강하게 할 수도 있고, 약하게 만들기도 했다. 그는 불만족의 개념을 조작적 또는 도구적인 조건화라는 강화의 개념으로 재조명해 주는 조건화라는 패러다임을 공식화했다. 긍정적 강화는 동물이 어떤 행동을 한 대가로 보상을 받을 때 일어난다. 부정적 강화는 동물이 실험자가 기대하는 반응을 할 때 혐오 자극을 없애 주어 결과적으로 그러한 행동을 증가시켜 주는 역할을 한다.

강화 학습에서는 뇌의 중간 뇌 부위, 즉 복측 피개 영역(Ventral Tegmental Area: VTA)와 흑질(substantia nigra)에서 도파민을 생산하고 분비하고 뇌의 다른 부위에서 전달하는 보상 경로를 형성한다([그림 9-5]). 중독자들이나 조현병에서 일어나는 것과 같이 도파민 결핍 현상이 발생하면, 이들의 신경세포들은 보상을 주는 환경 자극에 그러한 문제가 없는 사람의 뇌가 반응하는 방식으로 반응하지 않는다.

도파민 시스템은 보상이 기대되는지 아닌지를 지속적으로 예언해 주는 것과 연관이 있다. 도파민은 보상을 극대화해 주는 행동을 선택하는 과정에 영향을 주는 뇌의 전체 목표 영역으로 전달된다. 이렇게 되면 선조체(기저핵의 일부), 안와전두엽 그리고 편도체와 같이 목표 영역과 관계된 뇌 구조는 보상의 질, 양, 선호도를 부호화한다(Schultz 2001).

그러한 과정은 시간이 경과하면서 진행된다. 보상을 받는 것이 지연되는 때가 있을 수 있다. 실험에 따르면, 동물들은 조건 자극을 제시한 후 시간이 경과하는 것을 관찰했다가 그에 따라서 언제 보상이 이루어질 것인가를 예언하는 것으로 밝혀졌다. 그러한 과정은 준비된 연속적인 사건처럼 일어난다. 즉, 처음에는 보상을 받을 수 있는 잠재적인 가능성을 알아차린다. 그런 후에는 그 보상이 일어날 것이라는 기대는 동기를 높게 유지하기 위해 작업 기억에서 유지된다. 이와 같이 보상에 대한 기대가 행동을 유도하는 것이다. 만일 받은 보상이 기대했던 것과 비슷하면, 신경세포의 활성화는 더욱 강해진다. 그러나 보상이 기대를 충족하지 못하면, 신경의 활성화는 중지되게 된다. 그렇기에 예언이 오류로 밝혀지거나 보상이 발생하지 않으면, 행동은 종국적으로 변하게 된다(Schultz et al. 1997). 그러므로 보상에 대한 기대는 학습되기도 하고, 내담자가 치료를 통해서 올바르게 지도를 받거나, 상황에 적합한 경험들이 치료적으로 사용된다면 탈학습(unlearned)도 가능하다.

유관성 관리 프로그램(contingency management programs), 체계적 둔감화, 노출치료 및 모델링과 같은 행동치료 방법들은 기본적으로 연합, 조건화, 강화에 기초를 두고 있고, 그에 반대되는 방법은 탈연합, 탈조건화, 재조건화와 처벌 등이 있다. 도파민 보상 경로와 함께 편도체, 해마, 스트레스 회로의 역할에 관한 새로운 신경과학의 발견은 그러한 방법들이 자연스러운 신경의 메커니즘과 우리 인간의 본성에 저장된 본능에 어떻게 호소할 것인가에 대한 방법들에 대해서 논리적인 관점을 제공해 준다. 쌍 연합과 보상 체계를 수정해서 활성화하면 당신은 뇌의 자연적인 메커니즘을 치료적인 관점에서 변화할 수 있도록 촉진할 수 있다.

정신역동/심리생물학적인 접근

역동치료가 최근에 재활성화되고 있다([그림 19-3]). 프로이트가 뇌에서 감정과 행동이 복잡하게 상호작용한다고 제시한 관념의 실제를 신경과학을 통해 깊게 이해할 수 있게 되었다. 물론 그러한 패턴의 내용과 의미에 대해서는 지속적으로 논란의 여지는 있다. 프로이트는 처음엔 신경과 의사였다. 그는 뇌의 관점에서 무의식을 이해하려는 의지를 가지고 작업을 시작했다. 그는 다음과 같이 말했다.

학문적으로, 나는 심취해 있다. 즉, 나는 '신경과 의사를 위한 심리학'에 매달려 있다. 이로 인해 정말 과로할 정도까지 완전히 나를 소진하고 있다. 나는 이러한 상태를 끊어 내야 한다. 나는 이와 같은 강한 집착을 전에는 결코 경험하지 못했다. 그리고 이러한 일에서 어떤 결과물이 나오기는 할까? 나는 그렇게 되기를 바라지만, 그것은 어렵고 지루한 작업이다 (Moran 1993, p. 29).

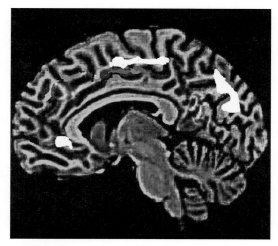

그림 19-3 정신역동치료

현재는 신경-정신분석이라는 새로운 분야가 발전하고 있다. 이는 뇌와 심리적인 기능을 서로 연결하고 있고, 더 구체적으로는 심리적 역동 과정과 그에 상응하는 뇌 과정의 상관관계를 추구하는 것이다.

무의식의 중요성

우리는 의식은 한계가 있다는 것을 오래전부터 알고 있다. George Miller는 1956년에 발표한 유명한 논문인 「마법의 숫자 7±2: 정보를 처리하는 능력의 일정한 한계」에서 작업 기억은 단지 '7±2'의 정보를 간직할 능력이 있다고 했다(Miller 1956). 후기의 연구는 Miller가 발견한 것을 명료화하고 상세화했지만, 인간의 의식적인 용량은 아직도 이런 지표 정도로 제한적이라는 보편적인 믿음을 부정하는 것은 아니다. 이와 대조적으로, 많은 양의 정보들이 많은 비의식적이고(non-conscious) 자동적인 회로를 통해서 뇌 전반에 걸쳐 무의식적으로 처리되고 있음이 발견되었다. 프로이트는 우리의 대부분의 기능은 무의식적인 사고, 감정 및 소망에 의해서 지배되고 있다고 주장했다는데, 실제로 신경과학은 이것이 사실이라고 밝히고 있다. 인간은 수많은 무의식적인 기억체계를 가지고 있다(Squire and Kandel 2000). 공포에 관한 연구자들(LeDoux 1996, 2003)은 공포 반응들은 해마에 있는 의식적인 기억 회로를 우회해 무의식적인 뇌 회로를 통해서 조정되기에, 그러한 자극들은 어떤 의식적인 통제 없이도 공포 반응을 촉발한다는 것을 보여 주었다.

프로이트의 치료 원리 중의 하나는 무의식을 의식화하는 것이었다. 그는 자아는 조직화하고, 이성적이고, 현실 중심의 사고를 하는 원천이라고 믿었는데, 이 기능은 전두엽의 실행 기능과 상관관계가 있다. 정신분석은 자아의 능력과 기능성을 향상시켜서 무의식적인 충동을 통제하는 데 초점을 둔다. 그리고 연구 결과들은 이러한 사실을 증명해 주고 있다. 수많은 연구들은 CBT와 정신역동의 심리치료 형태를 포함해서 성공적인 심리치료를 마치면, 전전두엽이 더 많이 활성화되는 것을 밝혀냈다(Shore 2012). 그러므로 프로이트가 자신의 환자에게서 자아의 기능을 강화하고 증가시키려는 시도는, 현대의 신경과학 모델을 이용해서 뇌의 실행구조와 기능을 활성화하고 향상시키는 것이라고 새롭게 개념화시킬 수 있다.

이드 충동성

프로이트는 무의식적인 마음은 원초적인 본능과 충동에 의해서 지배당한다고 믿었다. 신경과학은 우리는 단지 원초적인 충동성과 본능을 가지고 있을 뿐만이 아니고, 이러한 면은 동물들과 비슷하다고 한다(Squire et al. 2003). 진화론적인 이론에 따르면, 많은 동일한 이드 충동성(id impulse) 체계는 전체 동물의 왕국에 존재한다고 주장한다. 인간과 다른 동물과 구별하게 만드는 것은 인간의 더 큰 대뇌피질이지, 우리 뇌의 다른 부분이나 신경계가 아니다.

프로이트가 주장한 리비도 개념, 즉 신체적이고 동기적인 에너지와 이에 연관이 있는 성, 생존, 배고픔과 갈증에 대한 본능을 의미했는데, 신경과학은 이에 상응하는 신경계를 발견했다. 실제로 리비도는 도파민 보상 체계에 의해서 에너지가 공급되는 것이다. 우리는 보상 경로가 중독과 갈망에 관련이 되어 있고, 보상 경로의 활성화는 우리의 삶을 지속하게 해 주고 종족을 유지하도록 돕는 것을 알고 있다. 프로이트는 리비도의 저수지는 이드이고, 이것은 개인적이고, 우리의 본질 또는 우리 존재의 핵심이라고 믿었다(Freud 1960). 리비도가 외부 대상으로 향할 때, 그것은 안정을 이룬다. 활력소와 삶의 에너지는 외부 세계와 우리가 동일시하는 대상과 상호작용한다. 우리는 다른 사람과의 관계, 일 그리고 삶을 즐기고 사랑한다.

초기에 형성된 관계

초기 발달은 진공 상태에서 발생하지 않는다. 우리는 인생의 초기 시작부터 항상 관계 안에 존재하고 있다. 인간 발달의 과정을 시작하는 초기 세포로부터, 세포는 분열하고 시냅스에서 상호작용을 통해서 복잡한 신경세포의 네트워크를 형성한다. 시간이 지나면서 신경세포 간의 대화는 다른 뇌 영역과 통합하기 위해서 확장되고, 출생 후에는 한 사람의 뇌에서 상호작용을 통해서 사회적인 복합체의 한 부분인 다른 뇌로 확장된다. 최근의 유아 발달에 관한 연구는 유아의 신경계는 어머니의 신경체계와 조화를 이룸을 보여 주었다.

특히 우리와 가장 가까운 사람들과의 사회적 상호작용의 결과는 뇌 발달에 지속적인 효과를 보여 주고 있다. 부모에 대한 각인 효과가 삶의 초기에 일어나고, 그 후에 감정, 사고, 행동에도 지속적인 영향을 줄 수 있다. 정신분석은 생애 초기에 발생했을 수 있는 문제를 본래의 애착관계를 통해 작업하면서 그 경험을 수정하려고 시도한다.

초기의 아주 중요한 단계에서 부모와의 강한 유대 관계의 발달은 개인이 일생을 통해서 건강한 인간관계를 형성하는 능력에 지속적인 영향을 준다. 어머니와 유아 사이의 초기 애착관계는 삶을 위한 뇌 발달에 영향을 주는 신경조직들이 서로 연결되도록 자극해 준다. 애착 이론을 주장한 대부격인 John Bowlby(1907-1990)에 따르면, 중요한 보호자와 건강한 관계를 맺는 것은 우리의 모든 심리에 연결되어 있는 기본적인 욕구이다. 이와 같은 기본적인 관계를 애착이라고 부른다. Bowlby는 어머니와 그 자녀들을 대상으로 연구를 했고, 아동들이 부모와 강한 애착관계를 형성하는 경우, 그러한 아동들은 자신감이 있고, 자신을 안정시킬 수 있는 능력도 있고, 일생 동안 자신감이 있다는 사실을 발견했다(Johnson 2008).

애착관계는 어머니와 자녀 및 또다시 어머니로 양방향성을 가지고 있다. 상호적 조절 모델(Mutual Regulation Model: MRM)은 이러한 현상이 어떻게 작용하는가에 관해서 설명해 주고 있다(Brazelton, 1982; Trinic and Weinberg 1980). 목표는 어머니와 자녀 사이에 상호적인 정서 조절 상태를 발달시키는 것이다. 어머니와 자녀는 정서를 상호적으로 교환한다. 상호 교환이 잘 맞으면 어머니와 아동은 상호 동시적 경험을 하고 즐거움을 나누게 된다. 그러나 한 사람 또는 다른 사람의 기대가 어긋나면,

문제가 발생한다. 어느 정도 기대가 서로 어긋나는 것은 정상이다. 그러나 너무나 많은 기대가 서로 어긋나면 부정적인 정서를 유발하고, 나중에 문제를 발생시킨다 (Tronic et al. 1980). 서로가 같이 공명을 이룰 때, 미래의 관계 기초가 형성된다.

애착의 중요성에 관한 한 가지 설명은 신경세포 수준에서 바라보면서 Hebb의 규칙을 적용하는 것이다. 강력한 인간관계의 애착은 일종의 신경세포 패턴의 발화를 상호적으로 촉발한다. 그렇게 되면, 이러한 신경세포 패턴은 상호작용하면서 서로 연결된다. 이러한 신경세포 패턴들은 일반적으로 건강한 인간관계를 형성하는 능력을 제공해 주는 기본이 된다. 이와 같이 하드웨어가 자리를 잡게 되면, 사람들은 자연스럽게 일생동안 만족스러운 관계를 알아차리고 반응하는 경향이 있게 된다 (Tronic 2007, p. 492). 이러한 상태에서는 안정애착이 형성되고 안정적인 성격이 형성되는 것이다.

그리고 어머니와 자녀 사이에 사랑스럽고 애정적인 유대관계는 정서적으로 건강한 성인 생활에 필수적이다. 프로이트가 예언했던 것처럼, 구조적이고 기능적인 측면에서의 비정상적인 뇌의 상태는 생애 초기 학대와 방임과 연관이 있다는 증거는 쌓여 있다(Teicher 2001). 초기에 건강한 애착관계 형성을 하지 못한 사람들은 삶의 후기에 폭력과 공격성의 문제를 자주 경험한다. 이러한 비정상적인 관계는 어머니 또는 주요한 보호자와 애정적인 신체적인 접촉이나, 차후에 심리치료를 통해서 예방될 수 있다. 내담자는 근본적인 애착 경험에 관한 분석을 통해 자유롭게 되어 건강한 삶을 영위할 수 있다.

뇌 안에 있는 사랑

사랑은 성과 음식과 같이 근본적인 본능이다. 우리 모두는 가깝고 사랑스러운 관계를 추구하고 영위하도록 사전에 프로그램화된 존재이다(Johnson 2008). 사랑은 뇌의 양쪽을 활성화 또는 비활성화하기 위해서 양쪽 뇌를 사용한다([그림 4-4] 참조). 사람들이 사랑에 빠져 있으면, 그들은 뇌섬엽, 전대상회, 기저핵의 일부분, 즉 미상핵(caudate)과 조가비핵(putamen)이 활성화된다. 또한 오른쪽 전두엽 부분뿐만이 아니고, 전대상회와 편도체의 활동이 감소된다(Bartels and Zeki 2000). 가깝고 사랑스러운 관계에 빠진 사람들은 세상에서 안전하고 편안함을 느끼기에, 생활에서 발생하는 사건에 더 융통성 있고, 더 현실적으로 반응할 수 있도록 신경계를 도와준다.

사랑스러운 관계를 발견하고 유지할 수 있는 우리의 능력은 생애 초기의 어머니 또는 양육자와의 기본적인 관계에 의해서 영향을 받는다. 애착관계 이론의 한 가지 핵심적인 원칙은 인간이 안전하게 느끼기 위해서는 기본적인 애착관계에 달려 있다는 것이다. 안정애착을 근거로 해서 아동은 외부 세계의 다른 관계를 탐색할 수 있는 자신감을 갖게 된다. 외부와 관계를 맺는 탐색은 부모에 의존하는 것과 자기 자신에 의존하는 것 사이에 균형을 이루는 것이다. 부모가 자녀의 욕구를 적절하게 대응해 주고 민감하게 반응할 때 경험하는 안정애착은 아동이 자연스럽고 자신감 있는 성장을 하도록 용기를 준다. 부모는 스트레스를 느끼는 상황에서 자신들의 감정을 어떻게 조절할 것인가를 자녀에게 가르쳐 줄 수 있다. 그렇기에 대인관계를 통해서 우리는 갈등을 해결하고, 정서를 조절하고 스트레스를 잘 대처하는 방법을 배우게 된다.

자신을 통제하는 학습은 직접적인 알아차림 없어도 일어날 수 있다. 생애 초기 약 2년 동안에는 우반구의 활동이 지배적이고(Badennoch 2008), 우반구가 변연계의 체계를 조성시켜 주도록 돕는다고 알려져 있다(Shore 2012). 정서, 신체 경험, 자율신경 과정과 같이 우반구에서 통제되는 많은 기능은 무의식적으로 발생한다. 질적인 애착은 어머니의 오른쪽 뇌에서 자녀의 오른쪽 뇌로 무의식적인 방식으로 발달된다. 생애 초기 우반구에서 기원한 애착 경험과 정서 처리 과정은 후기 삶에 무의식적인 방식으로 지속적인 영향을 주게 된다.

불행하게도, 모든 어머니-유아의 애착관계가 따뜻하고, 위로를 제공해 주고, 안정되지는 않는다. 부모 교육이 좋지 않으면, 불안정/회피 애착 또는 안전하지 않고/불안하고/양가적인 애착관계를 형성한다(Ainsworth et al. 1978). 사람들이 안정애착을 형성하게 되면, 만족스러운 사랑을 하고 지속적인 관계를 유지한다(Johnson 2008). 그러나 초기 발달 과정에서 발생한 문제 때문에 회피 또는 불안정 애착을 형성하게 되면, 삶의 후기에 어려움을 경험한다. 심리치료를 통해서 좋은 치료 관계의 힘을 경험하면 이것을 수정할 수 있다. 심리치료에 관한 연구 결과들은 치료 관계는 효과적인 치료를 위한 가장 중요하면서 광범한 요소라고 제시하고 있다(Frank and Frank 1991). 심리치료는 더 나은 관계를 위해서 길을 밝게 해 주는 건강한 애착 경험을 제공해 준다.

방어

사람들은 기본적인 관계에서 어려움을 경험하면, 내적인 전쟁을 경험하게 된다. 정신분석은 이드 충동성이 의식으로 침입하는 것으로부터 자신을 보호하기 위해서 특히 어떤 종류의 방어기제에 관여하고 있다는 것을 확인했다. 우리는 자주 내담자가 자신의 정신 건강에 위해가 되지만, 그것을 지속하고 있는 방어를 사용하고 있는 것을 종종 본다. V.S. Ramachandran에 따르면, 이에 대한 해답은 우리 뇌가 양반구의 전문성에서 찾을 수 있을 것 같다. 신경과학적 관점에서 보면, 기존의 심리학적인 이론에 다른 차원을 첨가해서 다른 관점에서 설명할 수 있을 것 같다.

뇌 손상을 경험한 환자들은 자주 전형적인 방어기제를 자주 보인다. 그들은 한쪽 뇌에 손상을 경험하면, 손상을 입은 반대편의 움직임을 상실한다. 우반구에 손상을 입으면, 그들의 왼쪽 신체를 등한시하는 것을 보여 주고, 그러면서도 왜 신체가 움직이지 않는지 합리화하고 교묘한 이유를 들어서 사실을 왜곡하면서 문제가 있다는 것을 부정한다.

제4장에서 논의를 했듯이, 양쪽 뇌는 다른 기능을 위해서 특화되어 있는데, 예컨대 왼쪽은 언어와 말하는 것뿐만 아니라, 의미와 언어 기술의 구문론에도 담당하고 있다. 오른쪽 뇌는 언어에 반응을 하지만, 애매모호함과 은유를 통해서 좀 더 미묘하고 전체적인 면에서 반응한다. 그러므로 이야기, 단어의 다양한 의미를 사용하는 심리치료기법에서는 우반구에 어필하는 셈이다.

매일의 삶에서 우리는 많은 사건과 정보로 압도된다. 새로운 정보가 뇌에 입력되면, 기존에 있는 믿음 체계라는 옷감(cloth)에 맞추기 위해서 그 정보를 짜깁기를 한다. 만약에 새로운 정보가 우리의 이야기와 불일치하게 되면 억압, 부정, 왜곡과 같은 프로이트의 방어기제를 작동하게 된다. Ramachandran은 좌반구는 우리 삶에 대해서 이야기를 만들어 내고, 맞지 않는 정보는 걸러 낸다고 제안한다. 우반구는 이러한 과정에서 어느 정도의 균형을 제공한다. 그것은 좀 더 큰 맥락을 유지하면서 전체적인 면에서 반응한다. 그렇기에 우반구는 좌반구가 지나치게 치우치는 것을 방지하기 위해서 악역을 맡는다(Ramachandran and Blakeslee 1998).

우반구에 손상을 입은 환자들은, 자신들의 반응을 균형 있게 처리해 줄 수 있는 좀 더 넓은 관점을 제공받는 이점을 누릴 수 없다. 뇌졸중으로 왼쪽 팔이 마비된 환자에게 "오른손을 움직일 수 있습니까?"라는 질문을 하면, 그들은 "예"라고 올바른 답변을 한다. 그리고 나서, "왼팔을 움직일 수 있습니까?"라고 질문을 하면 이 행동은 그들에게 불가능하지만 "예"라고 답변한다. 그들은 자신에게 아무런 문제가 없다고 부정하고, 마비된 왼쪽 팔을 움직일 수 있다고 강력하게 방어한다. 상황을 조절하는 기능을 제공할 수 있는 우반구의 기능이 없으면, 좌반구는 환자의 믿음 체계가 현실과 아무리 동떨어졌어도 그 믿음 체계를 방어하는 것에 제지를 받지 않는다. Ramachandran는 다음과 같이 증언했다.

> 프로이트의 가장 가치가 있는 공헌은 의식은 단지 표면에 불과하고, 뇌에서 무슨 일이 일어나고 있는지 90%는 전혀 인식하지 못하고 있다는 것을 발견한 것이다. … 심리적인 방어에 관해서 프로이트는 정확하게 접근하고 있다(Ramachandran, Blakeslee, and Sacks 1999, p. 152).

우리는 정신분석과 뇌 사이에 새롭게 연결되고 있는 놀라운 점을 다루었다. 신경-정신역동은 프로이트의 신경학적인 배경에 오래된 근거를 가지고 있지만, 우리가 뇌에 대해서 알아 가면서 얻은 새로운 증거들은 이제 단지 새롭게 밝혀지고 진화되고 있다. 우리는 비의식적인 지각, 동기 및 본능에 관해서 작업하고, 방어를 다루고, 건강하고 합리적인 기능을 키우면서, 성격 형성에 중요했던 관계를 재조명하는 것의 가치를 알 수 있다. 뇌와 정신역동 간의 상호작용을 통해, 우리는 뇌의 구조와 심리학적인 이론에 관한 기능을 상호 연관을 짓는 것의 더 광범위한 효용을 알게 된다.

🔆 명상

명상은 대부분의 치료적인 접근에 통합할 수 있는 소중한 방법이다. 명상은 호흡을 따라가고 조절하는 기술을 포함하고 있는데, 다양한 방법으로 마음을 통제하고,

몸의 자세와 주의 및 호흡을 조율한다. 오늘날 많은 치료자들이 사용하고 있는 많은 방법들은 풍성하고 아름다운 고대의 요가, 도교, 불교, 선의 전통에서 유래한 것이다. 마음챙김과 요가는 치료에 가장 광범위하게 적용되고 있는데, 많은 연구 결과에서 심리치료에 사용할 때 효과가 있다고 밝혀지고 있다(Simpkins and Simpkins 2011, 2012).

다양한 형태의 명상이 있다. 어떤 형태는 주의력에 초점을 두고 그것을 유지하려고 하고, 다른 한편으로는 주의력을 확장하고 그것이 흘러가도록 한다. 또 다른 명상은 마음의 방법(mental methods)을 강조하고, 요가와 기공(Chi-Kung)은 신체 움직임의 기술을 또한 통합하고 있다. 이 책에서는 언제 어떻게 이러한 도움이 되는 방법들을 적용하는가에 가이드를 주기 위해서 구체적인 적용을 위한 다른 방법들을 제시하고 있다.

명상을 정기적으로 실습하면 인지, 정서 및 행동에 많은 변화를 가져온다. 일상생활에서 우리 모두가 경험하는 사고들의 지속되는 흐름은 시간을 늦추거나 또는 멈추게까지 한다. 또한 각성과 집중력도 향상된다. 사람들은 정서적으로 안정되고 편안함을 느끼고, 자신들의 정서를 더 잘 조절할 수 있다. 더 마음이 안정되고 더 알아차리게 되면 행동은 덜 충동적이 되고, 현실에 근거하고 좀 더 열정적이 된다.

뇌의 영상과 EEG 기술이 향상되어서 명상을 실천에 옮기면 뇌에서 긍정적인 변화와 상관이 있다는 것을 밝혀 주고 있다. 연구자들은 또한 명상을 통해서 뇌가 어떻게 변화되는지에 관한 가상적인 모델을 제시했다. 단순히 명상을 실천하는 능력을 개발하는 것만으로도, 당신 자신의 삶의 질과 당신의 내담자의 많은 기능 수준을 향상시키는 데 도움이 된다.

명상은 이완을 가져온다

사람들은 수천 년에 걸쳐 명상을 통해서 이완할 수 있다는 것을 알았다. 최근에 서구 과학은 이러한 주장이 사실임을 밝혔다. 종합적인 메타 분석 연구(Dillbeck and Orme-Johnson 1987)는 눈을 감고 쉬고 있는 상태와 명상을 비교하는 신체에 관한 31개의 연구들을 수집했다. 그 연구는 이완에 관한 세 가지의 중요한 지표를 평가했는데, 명상은 단순히 눈을 감고 쉬는 조건보다 더 깊은 수준의 이완을 가져온다는 것을 발견했다.

EEG를 사용한 실험에서는 명상가들은 이완된 주의력과 연관된 알파파를 안정적으로 방출하는 것을 보여 주었지만, 초보자들은 각성되고 깨어 있는(wakeful) 상태와 관련된 베타파가 자주 간섭하면서 불규칙한 알파파를 보였다. 경험이 많은 명상가들은 알파파를 넘어서 훨씬 더 느린 세타파까지 보였다(Johnson 1974).

1970년대 초기에 명상은 자율신경계를 이완시키는 효과가 있다는 모델을 제시했다. 아마도 당신이 기억하는 바와 같이, 교감신경은 우리로 하여금 행동을 준비하게 만들고, 부교감신경은 쉬고 행동을 하지 않도록 준비해 준다. 그러므로 명상 중에는 부교감신경이 더 활동적이어서 대부분의 명상가들은 심장이 더 느리게 뛰고, 혈압이 더 떨어지고, 더 느린 호흡을 경험할 것이라고 예언하는 것은 이치에 맞는다(Gellhorn and Kiely 1972). 이러한 신체적인 변화는 마음이 안정되고 평안한 감정을 갖게 되는 이유를 설명해 줄 듯하다.

이중 효과: 이완 및 활성화

그러나 단지 이완으로만 명상에 대한 모든 것을 설명할 수 없다. 명상은 2차적인 효과가 있다. 즉, 명상은 또한 각성된 집중력을 생산한다. 최근의 많은 연구 결과는 이와 같은 흥미로운 이중 효과를 설명하는 데 도움이 되는 결과를 밝혀내고 있다. 명상을 실행하는 피험자들의 뇌는 단지 더 많은 이완을 경험할 뿐만 아니라, 뇌를 더 활성화했다. Newberg 등(2010)과 그 동료들은 비명상가에 비해서 명상가들은 전두엽, 특히 전전두엽과 중간 전두엽(middle frontal lobe)의 활동이 활발해진 것을 발견했다. 다른 연구들은 전두엽의 회색질이 증가되는 것을 발견했다(Hotzel et al. 2008; Luders et al. 2009). 일반적으로 전두엽의 활성과 부피가 증가되고 전두엽과 변연계의 연결이 잘 된다는 것은 명상을 통해서 정서적인 통제가 더 잘 된다는 것을 설명해 준다([그림 19-4]).

다른 fMRI 연구(Lazar et al. 2005)는 전전두엽의 활성화는 각성된 주의력, 신체 감각과 내적인 지각을 위한 전측 뇌섬엽의 활성화를 보여 주었다. Lazar의 명상에 관한 연구는 명상가들은 신체적으로는 심장박동과 호흡을 느리게 하고, 질 높은 이완을 하면서, 고도의 각성과 집중력을 유지하는 것을 보여 주었다. 연구자들은 이러한

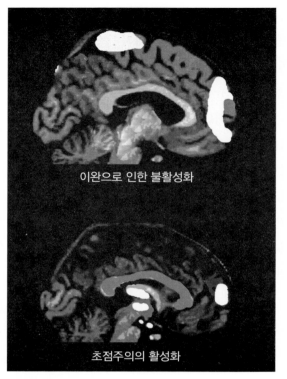

이완으로 인한 불활성화

초점주의의 활성화

그림 19-4 명상

결과에 대해서, 명상가들은 각성의 상태에서 동시에 두 가지 상태를 유지할 수 있도록 해 주는 디커플링(decoupling: 동조화를 차단함) 집중을 할 수 있다고 해석했다.

Lutz 등(2004)의 연구는 명상을 통해 경험한 각성에 대해서 더 많은 정보를 부가적으로 제시했다. 그들은 명상을 하는 사람의 EEG가 26~70Hz를 가진 감마파로 알려진 베타파의 고주파의 상한에 위치하고 있는 것을 발견했다. 더욱이 감마파는 뇌의 전체를 통해서 고도로 동시적 상호작용을 하고 있었다. 그러한 발견은 왜 높은 각성이 된 지각이 발생하는가를 설명해 줄 수 있을 것 같다.

전전두엽이 활성화되면 주의력과 기억에 중요한 해마를 활성화시키는 데에도 관여한다. 해마는 보상 체계의 중요한 부분인 측좌핵을 통해서 활성화된다. 그리고 해마를 활성화시키면 편도체의 활성화가 차례로 발생한다. Lazar 등(2005)의 fMRI 연구 결과는 명상 중에 편도체와 해마의 활동이 증가되고 있다는 것을 확인해 주었다. 시상하부-변연계 체계의 상호 연결성은 이완, 심장박동의 감소 및 호흡의 감소를 통해서 부교감신경이 더 활성화하도록 해서 자율신경계를 변화시킨다. 실제로 명상은 인간에게 이러한 보상을 주고 있다!

뇌의 일관성: 더 많은 뇌가 관여되다

명상 실습을 하면 감마파가 더 많이 방출된다. 감마파는 25~100Hz의 주파수에서 시상에서 모든 전두엽까지 동시적으로 발산하는 신경적인 활동 패턴을 보인다. 감마파가 높을수록 뇌의 더 많은 부분이 작동하고 더 질적으로 향상된 집중력과 연관이 있다. Crick과 Koch(1990)에 따르면, 이러한 뇌파는 의식적인 지각의 단위와 상관성이 있다. 감마파는 많은 다른 연구에 참여한 명상 피험자에게서 관찰되었다 (Badawi et al. 1994; Lutz et al. 2004; O'Nuallain 2009). 사람들이 느끼는 일체감이 뇌에서 실제로 일어나고 있는 것이다! 이러한 감마파 활성화는 아마도 명상에서 유래한 전반적인 정신 발달을 설명할 수 있을 것 같다.

최면

최면은 내면적으로 변화를 가져오기 위해서 주의를 집중하는 방법이다. 그러한 경우에 사람들은 이전에는 마음대로 할 수 없었던 깊은 이완과 내면의 평안한 감각을 느낄 수 있다. 그들은 또한 감각의 증가 또는 감소, 오래된 기억의 회상 시간에 대한 경험의 변화와 같은 질적인 경험의 변화를 겪을 수 있다. 이러한 모든 다양성은 내담자에게 변화가 가능하고 사물은 다를 수 있다는 것을 인식하도록 도와주는 데 큰 가치가 있을 수 있다. 대조적인 경험을 한 후에, 치료자는 더 긍정적인 적응을 하도록 격려할 수 있다.

명상과 같이 최면은 뇌에 많은 특징 있는 변화를 가져온다. 최면의 효과에 관한 신경과학 연구는 최면은 변화된 의식 상태이며, 의식의 변화는 실제로 발생한다는 것을 보여 주었다(Jamieson 2007). 다른 사람들은 최면은 독특한 상태가 아니고, 고도로 초점화된 집중력이고, 아마도 깊이 활성된 역할이라 할 때 더 잘 이해된다고 주장하기도 한다. 당신이 최면에 관한 어떠한 이론을 선호하든지 간에, 최면의 이점은 치료의 모든 단계에서 도움이 된다는 것이다(Simpkins and Simpkins 2004, 2005, 2010).

신경과학에 근거한 최근의 정의들

최근의 신경과학의 연구에 근거한 최면에 관한 정의는 초점화된 주의력, 몰입, 이완, 자동적인 경험과 자기 효능감의 변화이다(Rainville and Price 2003).

몰입과 이완의 이중 효과는 뇌에 나타난다. Rainville 등(1999, 2002)은 많은 연구를 통해서 최면 중에는 전대상회, 시상, 뇌간 사이의 영역에서 각성되고 깨어 있는

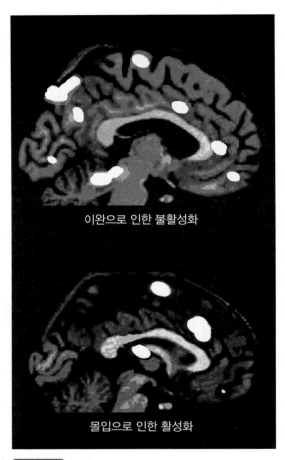

이완으로 인한 불활성화

몰입으로 인한 활성화

그림 19-5 최면

사람들과는 다른 정형화된 관계가 있다는 것을 발견했다. 시상과 뇌간은 더 감소된 반응이 일어났는데, 이는 이완과 상관관계가 있다. 한편, 전대상회에서는 더 증가된 반응이 일어났는데, 이는 몰입과 상관이 있다. 피험자가 최면 상태에 있을 때는 이와 같은 두 가지의 상반된 효과가 지속적으로 일정하게 유지되었다. 뇌간, 시상, 전대상회 모두는 rCBF의 협동을 얻어서 공통으로 작용하고 있었는데, 이는 네트워크 내에서 상호작용하는 것을 반영하는 것이라고 볼 수 있다([그림 19-5]).

해리 및 감소된 뇌 일관성

최면은 자동적인 행동과 경험을 유발하는 독특한 특징을 가지고 있다. 예를 들면, 사람들은 손이 스스로 위로 올라가는 것 같은 공중부양으로 알려진 현상을 느낄 수 있다. 또는 일부러 노력을 하지 않아도 자발적인 심상을 떠오르게 하거나 기억을 할 수 있다. 이러한 현상은 해리라는 현상으로 설명할 수 있다.

최면은 해리라는 형태로 특징을 가지는 것으로 오랜 역사를 가지고 있다. Pierre Janet(1859-1947)은 1889년에 자신의 박사 논문에서 해리의 개념을 처음으로 제시했다. 그의 생각은 연합이론에 근거했다. 사고, 감정, 기억의 일관성 있는 복잡성은 중요한 의식에서 분리될 수 있다. Janet는 최면 상태에 들어가면 이러한 해리작용은 기억될 수 있고, 재경험될 수 있다고 믿었다.

많은 연구자들은 그 후로 최면은 해리와 연관된다는 식으로 생각을 발전시켰다. 예컨대, Ernest Hilgard(1904-2001)는 스탠퍼드 대학의 최면연구실에서 최면에 관한 연구를 실시했는데, 그는 신해리(Neo-dissociation)라고 부르는 현대적인 해석을 발전시켰다. 그는 의식의 단위는 환상(illusion)이라고 주장했다. 인간의 주의력은 항상 부분적이고, 습관, 태도, 흥미, 특수화된 능력들과 같은 하위 구조에 따라서 변하는 것이다. 하위의 구조가 한번 활성화되면, 그것은 자동적으로 작동하기에, 습관은 그들에게 주의를 주지 않아도 어떻게 자동적으로 발생하는가를 설명해 준다. 최면 상태에서는 실행 기능이 최면을 실행하는 자와 피최면자 사이에 분리된다.

새로운 fMRI와 PET을 통한 연구에서, 최면의 역사에서 선견지명이 있는 사람들이 예언했던 바와 같이, 최면 상태에서 발생하는 기능적인 해리 현상에 대한 일부 증거를 확인할 수 있다. 최면 상태에서 자신을 분리하는 것과 같은 사람들의 능력은 많은 문제를 치료하는 상황에서 도움이 될 수 있다.

어떻게 이와 같은 자동적인 반응이 어떻게 발생하는가를 다루는 것을 시도한 연구에서는 기능적인 연결성(EEG 감마파의 일관성)이 뇌 전반에 걸쳐 감소하는 것을 발견했다. 최면에 걸린 개인은 전대상회가 하는 갈등 모니터링과 전전두피질이 하는 인지적 통제 사이의 기능적 해리가 발생하는 특징이 있다(Egner et al. 2005). 이 연구를 위해서 갈등 모니터링(전대상회)과 인지적인 통제과정(전전두엽) 사이에서 발생하는 디커플링 수행에 미치는 효과를 검증하기 위해서 스트룹 검사(Stroop test)를 활용했다. 스트룹 검사(1935)는 서로에 연합되어서 자극을 제시했을 때 작업을 완성하는 두 가지 처리 능력을 측정한다. 색깔 단어, 즉 빨강, 파랑, 초록과 같은 단어가 제시된다. 비갈등 상황은 빨강에 관한 단어 색깔이 빨강색인 경우이다. 갈등인 상황은 빨강이란 단어가 녹색이나 노란색과 같이 다른 색깔로 제시되는 경우이다. 피험자에게 단어의 의미는 무시하고 단어의 색깔 상태를 말하도록 요구한다. 이렇게 되면 반응 시간이 지연된다. 스트룹에 관한 수년 간의 연구는 사람들은 색깔을 처리하기 전에 단어의 의미를 먼저 알아차리는 경향이 있다는 것을 보여 주었다. 이러한 이유는 언어가 색깔 전에 자동적으로 처리되기 때문이다.

그러나 지시를 통해서 언어의 주요 효과를 변경할 수 있다. 깊은 최면 상태에 있는 피험자에게 글자가 횡설수설하게 쓰여 있다는 제시를 주면, 갈등적인 상황에서도 색깔을 빠르게 인식했다. 그 외에도 fMRI 자료는 전대상회 영역에서 갈등을 감시하는 작용이 실제로 감소되었음을 보여 주었다. 이러한 결과는 언어가 항상 우선이고, 변화될 수 없다는 가정에 의문점을 갖게 한다. 내담자는 변화하기 위해서 전형적인 패턴을 깰 필요가 있는 경우가 있는데, 이 경우에는 최면과 같은 방법이 최선의 선택일 수도 있다.

최면 트랜스와 암시

최면 상태를 이해하려는 시도를 통해서, 최면 현상은 흉내 내거나 가짜인 상태와 다르게 실제라는 생각을 지지하는 증거를 발견했다. 트랜스(trance: 가수 상태)를 단순히 흉내 내는 사람과는 다르게 활성화된 변화가 신경학적으로 확실히 존재한다는 것을 밝혀냈다(Oakely 2008).

다음으로 이어지는 의문점은 최면 없이 암시하는 것이, 최면이라는 트랜스 상태를 유도한 후에 암시하는 것과 동일하게 효과적인가에 관한 것이다. 한 연구에서는 트랜스 상태에서 암시와 트랜스 없이 암시하는 것이 스트룹의 효과를 제거하는 면에서 차이가 없다는 것을 밝혔다(Raz et al. 2002). 최면 없는 트랜스 상태와 트랜스 상태에서 통증에 관한 암시 차이를 비교하는 다른 연구에서는 최면 효과의 차이가 없다는 것이 밝혀졌다(Milling et al. 2005). 그러나 이 연구들은 그러한 연구에 좀 더 확신을 줄 수 있는 뇌영상법(neuroimaging)을 포함하지 않고 있다. 또 다른 연구는 섬유근육통의 특징에 대해서 최면 중에 암시하는 것과 최면의 효과 없이 암시하는 것을 뇌영상으로 비교했는데, 피험자들은 최면이 없이 단순이 지시하는 조건보다는 최면과 함께 지시를 할 때 통증에 대해서 더 유의미한 통제를 할 수 있었다(Derbyshire et al. 2008). 뇌에서 발생하는 활성화는 이러한 차이를 보여 주며, 전전두엽과 감각피질뿐만 아니라, 시상과 뇌섬엽의 강력한 효과성을 보여 준다. 그러므로 최면의 트랜스 상태는 지시의 긍정적인 효과를 증진시켜 주는 것으로 보인다. 이러한 문제는 아직까지도 확실하게 해결되지는 않았기에 임상가로서 당신은 한 상황에서는 지시만 사용하고, 다른 상황에서는 최면의 트랜스 상태에서 지시를 한 경우와 비교해서 어떤 내담자에게 더 효과가 있는가를 알아보는 것을 시도해 볼 수 있다. 두 가지 접근 방법을 잘 숙지할 것을 추천하는데, 이렇게 되면 당신은 내담자에게 가장 효과적인 방법을 사용할 수 있을 것이다. 트랜스 경험은 이완, 안정성을 경험하는 이점과 내담자들이 회기 사이에 자기 최면을 할 수 있는 도구를 제공해 주는 이점이 있다. 이것은 또한 무엇인가 다른 의식의 변화를 경험할 수 있는 기회를 제공해 준다. 어떤 사람들에게 의식의 변화는, 앞에서 언급했듯이, 내담자는 변할 수 있다는 것을 인식하도록 하는 데 필요한 것일 수 있다.

다른 뇌의 활성화

통증에는 심리학적인 요소가 있다. 사람들은 마음의 기술을 통해서 통증의 경험을 변화시킬 수 있다. 가장 알려진 최면의 효과성의 하나는 통증 통제이다. 그런데 통증 경험에서 이러한 변화는 어떻게 발생하는 것일까? Rainville은 최면하에서 피험자의 왼손을 고통스러울 정도로 뜨거운 물에 담그도록 한 후에 뇌의 변화를 측정했다. 그는 후두엽 영역에 활성화가 증가하는 것을 발견했는데, 피험자가 자발적으로 시각적인 이미지를 생산했기 때문이었다(Rainville et al. 1997). 반면, 감각입력이 처리되는 두정엽의 활성은 감소했다(Rainville et al. 1997). 최면은 일반적으로 외적인 자극과 신체 감각에 주의를 두지 않게 해 준다. 통증 완화를 위한 작업을 할 때는 이러한 최면의 능력이 극대화된다.

이러한 점들은 최면을 사용해서 많은 변화를 일으키는 것들 중의 몇 가지이다. 자신의 임상 실습에 최면을 활용하고 싶은 치료자는 내담자가 변화하도록 돕기 위해서 이러한 변화를 다양한 방법으로 활용하는 것을 발견할 수 있을 것이다.

결론

뇌를 통해서 심리치료의 효과성에 관해 배울수록, 이와 같이 발견된 내용들을 뇌와 신경계 변화를 목표로 하는 당신의 기술을 조절해서 통합하도록 독려해 주고 싶다. 이 장에서 예시하였듯이, 우리는 신경과학이 심리학적인 이론에 증거를 제공해 주었으면 한다. 서로는 서로에게 정보를 제공하고 있다. 모든 것은 서로 맞아들어가게 된다. 그들 사이에 대화를 통해서 우리는 더 나은 이론과 효과적인 치료 방법에 대한 이치를 깨닫게 된다.

불안감 줄이기

불안은 마음, 뇌, 신체가 얼마나 밀접하게 연결되어 있는지를 보여 주는 명확한 예이다. 불안해 본 사람은 누구나, 불안은 신체의 감각을 통해 느껴지는 체화된 경험(embodied experience)이라는 것을 알 것이다. 그러나 불안은 경험을 이끌어 낼 수 있는 강한 심리적 구성물이기도 하다. 이러한 요소들을 이해하고, 이들이 어떻게 함께 작용하는지를 이해함으로써, 내담자들이 불안과 관련한 문제를 극복하는 것을 도울 수 있다. 당신이 각 개인의 필요에 맞추어 문제에 접근하고 치료를 조정해 나가기 위해 새롭고 다양한 기법들을 배울 때, 뇌와 마음, 몸에 작용하는 요소들을 활용할 수 있을 것이다.

불안은 여러 유형으로 분류될 수 있다. 유형마다 각기 다른 치료법이 사용될 수 있고, 각기 다른 뇌의 영역들이 관여되어 있기에 그러한 구분은 유용하다. 범불안장애(Generalized Anxiety Disorder: GAD)는 사람들이 어떤 행동을 하거나 장소에 가는 것을 방해하는, 광범위하고 일반적인 불안에 대한 일반적인 느낌과 관련된다. 사회불안장애(Social Anxiety Disorder: SAD)는 다른 사람과 함께 있는 사회적인 상황에서 경험된다. 이는 종종 다른 사람들 앞에서 말할 때 느끼는 불편한 감정 같은 것에 국한되어 있다. 사회불안을 겪는 사람들은 다른 사람들이 자신을 부정적으로 평가하고 있다고 느낀다. 공황장애(Panic disorder)의 경우, 실제로는 신체적 위험이 없는 상황인데도 종종 심장마비 같은 심각한 신체적 위기를 겪는다. 보통 1~10분 정도 지속되는 강렬한 공황적인 감정(panicky feeling)을 느낀다. 특정 공포증(Specific phobia)은 개, 높은 곳, 거미, 엘리베이터, 개방된 공간(광장 공포증)과 같은 한 가지 종류에 대한 공포이다. 항상 그렇지는 않지만 때로 외상적 사건에 의해 시작된다. 외상 후 스트레스 장애(Post-Traumatic Stress Disorder: PTSD)는 강간, 전쟁, 고문 같은 매우 큰 외상 경험을 겪은 후 발생할 수 있다. 그러한 경험을 한 모든 사람이 불안 반응을 보이지는 않지만, 불안 반응을 보이는 사람을 쇠약하게 만들 수 있다. 강박장애(Obsessive Compulsive Disorder: OCD) 또한 불안의 문제로 분류될 수 있다. 그들은 불안한 감정을 유발하는 침투적인 생각을 경험하며, 불안을 줄이기 위해 의례 행동(behavioral ritual)을 하게 된다.

불안은 어떻게 신경계를 변화시키는가

불안은 몸과 마음에 강력한 영향을 미치는 많은 뇌 체계와 연관되어 있다. 자율신경계는 스트레스 경로의 과활성화(overactivation)와 관련되어 있다. 변연계 또한 역할을 한다. 신경전달물질의 불균형 또한 중요하다. 우리는 다음에서 각 시스템을 설명할 것이다.

불안장애에서 공포와 스트레스의 역할

공포는 제9장에서 설명했듯이, 위험과 위협에 대처하기 위해 내재된 마음-뇌-몸의 투쟁 혹은 도피 체계(fight or flight system)에서 일어나는 자연스러운 반응이다. 위험에 대한 지각이 지속되면 스트레스가 된다. 불안, 공포, PTSD는 모두 그러한 반응을 지속시키는 강한 스트레스 요소를 가지고 있다. 학대, 질병, 전쟁, 자연재해, 정신질환과 같이 오래되거나 심각한 외상으로 고통받으면, HPA 경로가 계속 활성화된다. 결국 마음-뇌-몸 체계는 높은 수준에서 균형을 이루게 되고, 그 결과 만성적인 스트레스, 불안, 공포를 경험하게 된다.

신경전달물질은 변화에 어떻게 균형을 맞추는가

일반적인 공포 반응에서 스트레스 반응으로 전환되면 신경전달물질의 패턴에도 변화를 가져온다. 불안에 중요한 역할을 하는 신경전달물질은 글루타메이트(glutamate), 감마 아미노 뷰티르산(Gamma-Amino Butyric Acid: GABA), 세로토닌, 노르에피네프린, 도파민이다. 간단하게 살펴보면, 흥분성 신경전달물질인 글루타메이트와 억제성 신경전달물질인 GABA는 뇌 전체에 흥분과 억제를 제공한다. 세로토닌은 기분을 조절하고, 노르에피네프린은 각성을 높여 주고, 도파민은 보상에 관여한다. 불안장애를 겪는 사람들은 세로토닌, 노르에피네프린, GABA, 부신피질자극호르몬 분비호르몬(Corticotropin-Releasing Hormone: CRH), 콜레시스토키닌(cholecystokinin)에 변화를 보인다(Rush et al. 1998). 한 신경전달물질 시스템에서의 변화는 언제나 다른 신경전달물질의 변화를 유도하기 때문에, 상호작용에 의해 변화는 복합적으로 일어난다.

불안장애에 대한 약물 치료는 과흥분(overexcitation)을 줄여 줌으로써 시스템이 다시 균형을 잡도록 돕는다. 그러나 약물은 신경전달물질의 균형을 바꿀 수 있는 유일한 방법은 아니다. 명상, 최면, 심리치료 또한 시스템을 진정시켜 더욱 건강한 균형 상태를 만들어 낸다. 불안과 관련한 모든 패턴, 심지어 고착화된 불안 반응도 바뀔 수 있다. 이 장에서 제시하는 방법은 더 고요한 중심(calmer center)으로 다시 균형을 맞추는 데 도움이 된다. 이는 약물 치료와 함께 사용될 수 있다.

스트레스 시스템에서의 신경가소성: 당신은 뇌에서 일어나는 스트레스 반응을 바꿀 수 있다

실제로 트라우마를 겪은 사람들뿐만 아니라, 실제적이든 상상적이든 위협감을 자주 느끼는 사람들은 스트레스를 받고 있다. 그들은 편도체가 매개하는 과장된 공포 반응을 학습한 적이 있다. 뇌는 본질적으로 공포 반응을 정지시킬 수 없다. 엔진이 계속 돌아가는 자동차처럼, 신경계는 높은 각성 상태에서 균형을 유지하고 있다.

신경계가 높은 각성 상태에 머물러 있으면 신경가소성으로 인해 뇌에서 변화가 일어난다. 갈등 해결과 의사결정에 중요한 영역인 전대상회의 활동이 감소되면, 갈등을 해결하거나 적절한 의사결정을 내리는 것이 어렵게 되어 문제가 영속화된다. 스트레스는 해마에서 새로운 뉴런이 자라는 것을 방해하고(Gould et al. 1999), 일반적으로 신경생성(neurogenesis)을 억제한다. 스트레스로 고통받는 성인들은 스트레스를 받지 않는 사람들보다 해마의 크기가 더 작았다(Gage et al. 2008). 해마가 작으면 학습이 어려워진다.

다행인 점은 이러한 과정들은 역동적이라는 것이다. 비록 뇌의 패턴이 단단히 자리 잡혀 있지만, 되돌릴 수 있다. 신경가소성은 양방향으로 작용하기 때문에, 적절한 경험을 통해 활동성이 낮고 작은 해마가 자라도록 할 수 있다. 예를 들어, 택시운전사들은 해마가 하는 역할인 공간 찾기 작업을 지속한다. 택시운전사들의 해마는 같은 나이의 택시운전사가 아닌 운전자들의 해마보다 컸다(Maguire et al. 2000). 이 연구는 해마의 활성을 촉진하는 학습이 해마의 크기를 증가시킬 수 있음을 보여준다. 해마에서의 신경생성은 어떤 나이에도 발생할 수 있다. 암으로 사망하는 노인 환자들도 해마의 성장을 보였다(Gage et al. 1998).

대부분의 사람들은 과활성화된 스트레스 반응 양식을 가지고 태어나지 않는다. 또한 일반적으로 몸은 정상적인 균형을 되찾기를 원한다. 투쟁 도피 경로는 상황에 따라 항상 변하므로, 더 낮은 활성화 상태를 향하여 이동하는 과정은 어느 시점에서든 시작될 수 있다.

불안에서 변연계의 역할

스트레스 반응에 더하여, 변연계 또한 역할을 한다. 어떻게 그 과정이 촉발되는지는 다음과 같다. 시상은 감각으로부터 신호를 받는다. 시상은 감각 정보의 처리를 위해 감각 정보를 뇌의 다른 부분으로 보내는 관문 역할을 한다. 내부 기능의 조절자인 시상하부에 신호가 전달되어 시스템을 높은 각성 상태에 놓이게 한다. 편도체가 정서의 강도와 특성을 기록한다는 것을 기억해 보라. 특정 감각 입력이 위협적으로 느껴질 때, 시상하부는 두려워할 어떤 것이 있다는 신호를 받는다. 이것이 HPA 경로를 활성화시킨다. 위협 신호가 계속되면 신경계는 높은 경계 태세를 유지하여 스트레스 반응을 일으킨다. 단기기억이 장기 저장고로 처리되는 장소인 해마는, 경험을 모니터링하여 신호를 추가한다. 그리고 동기부여 및 운동과 관련된 기저핵은 정서와 운동을 조정한다. 마지막으로, 불안이나 공포에 대한 상황에 대한 더 많은 생각이나 반추로 인해 피질 자체가 활성화된다([그림 20-1]).

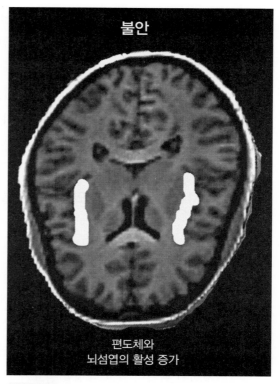

그림 20-1 변연계에서 나타나는 불안이 활성화된 상태

정서와 스트레스에 대한 짧은 경로와 긴 경로

정서와 스트레스 반응에는 두 가지 경로가 있다. 하나는 짧은 경로로, 즉각적이며 종종 무의식적으로 일어나고, 상향식 처리 과정을 따른다. 다른 하나는 긴 경로로, 의식적인 자각이 이루어지며 더 많은 시간이 걸리는 하향식 처리 과정을 따른다.

공포와 불안을 경험할 때, 두 가지 경로가 어떻게 작용하는지는 다음과 같다. 짧은 경로에서, 감각 정보는 시상에서 바로 편도 측면(lateral amygdala)으로 들어간다. 감각 정보는 편도체의 중심핵으로 알려진 편도체의 주요 출력핵(major output nucleus)으로 전달된다. 중심핵은 차례로, 공포의 생리행동적 경험과 관련된 다양한 뇌 시스템에 투사된다. 반응은 빠르게 일어나고 시상하부의 다른 지역으로 이동한다. 이는 교감신경계를 활성화시키고, HPA 경로를 활성화시키는 스트레스 호르몬의 방출을 유도하여 공포심과 불안감을 느끼게 한다.

긴 경로는 공포스러운 자극을 경험할 때의 대체 경로이다. 자극이 바로 시상에서 편도체로 이동하는 대신에, 감각피질과 해마에 의해 매개되어 의식적인 인식을 통해 더욱 깊이 처리된다. 예를 들어, 당신의 발 바로 위에 독사가 있는 것을 보았다고 생각해 보자. 당신은 즉각적인 강한 공포와 불안을 느낄 것이다. 신경계는 짧은 경로를 통해 비상 경계 태세에 들어갔다. 그러나 어떤 종류의 뱀인지 알아보기 위해 뱀을 가까이 들여다보고, 뱀에 대한 지식을 통해 그것이 무해한 가터뱀이라는 것을 알았다고 상상해 보라. 당신은 사고와 관련한 전두피질 및 외현적 기억 시스템이 관여하는 긴 경로의 처리를 겪은 것이다. 긴 경로는 내담자에게 전두피질을 활성화시키고 각성 수준을 조절하는 전략을 가르쳐 줌으로써, 심리치료가 어떻게 짧은 경로를 늦출 수 있는지를 보여 준다.

치료에 짧은 경로와 긴 경로를 사용하기

스트레스 반응은 자동으로 발생할 수 있지만, 다양한 방식으로 영향받을 수 있다. 인지적 기법(cognitive methods)은 짧은 경로 처리에서 긴 경로 처리로 전환하는 데 효과적이다. 긴 경로로 변화되면, 전전두피질에서 정확하게 처리된 사고와 기억들이 위협이 존재하지 않을 때에 시스템을 진정시킬 수 있다. 한편, 마음챙김 기법은 덜 적응적인 방식에서 더 적응적인 방식으로 짧은 경로를 사용하도록 한다. 실제적인 위협이 있고 각성할 필요가 있다 하더라도, 각성과 이완에 대한 명상의 이중효과(dual effect)는 내담자가 상황을 보다 주의 깊고 명확하게 다루는 데 도움을 준다. 즉각적이고 반사적인 반응이 차분한 반응으로 된다.

생각, 정서, 감각은 고도로 상호작용하는 네트워크 속에서 항상 함께 작용한다. 우리는 인지를 변화시키고, 이성을 정확하게 적용하며, 고통과 불편감을 가중시키는 가정과 믿음에 도전함으로써, 과각성된 신경계를 뇌의 긴 경로를 통해 진정시킬 수 있다. 그러나 때로는 직접적이고 짧은 경로 반응이 적응적이고 적절하다. 우리는 호흡을 변화시키거나, 근육을 이완하거나, 감각을 변화시킴으로써, 짧은 경로에 직접적으로 개입할 수 있다. 긴 경로건 짧은 경로건 간에, 보다 편안한 균형 상태를 찾을 수 있다. 뇌에서 일어나는 스트레스 반응을 전반적으로 재조정하는 것은 불안과 두려움을 완화시키는 강력한 힘이 될 수 있다.

시스템을 진정시키기

느리고 이완된 호흡은 교감신경계를 진정시켜 주고 부교감신경계를 활성화시킨

다. 이러한 변화는 코르티솔 수치를 낮추고 근육을 이완시키고 혈압을 낮춰, 스트레
스를 줄여 준다. 시스템을 진정시킬 수 있는 훈련이 다음에 제시되어 있다. 그러나
이 책에 있는 진정(calming)을 위한 어떠한 호흡 연습도 사용할 수 있을 것이다.

> 의자 혹은 바닥에 놓인 베개 위 중에서 편한 곳에 앉으세요. 손을 무릎 위에 올리
> 세요. 숨을 들이마실 때, 몸을 약간 앞으로 움직이면서 등과 머리를 바깥쪽으로 활처
> 럼 휘게 만드세요. 척추가 목까지 부드럽게 펴지는 것을 느낄 것입니다. 숨을 내쉴 때,
> 고개를 살짝 밀어 넣으면서 등을 반대 방향으로 말아 주세요. 호흡을 충분히 하되,
> 몸을 부드럽게 휘거나 말 때에도 호흡이 부드럽고 천천히 흐르도록 하십시오. 다섯
> 번까지 반복합니다. 그런 후 기본 자세로 돌아가 편안히 숨을 쉬면서, 이완과 고요함
> 이 몸 전체를 통해 퍼져 나가도록 호흡명상을 합니다.

균형 상태로 돌아가기

불안을 느끼는 사람들에게는 신경계의 불균형이 있다. 어떤 부분은 과활성화되
어 있고, 다른 부분은 저활성화되어 있다. 이러한 생리적 불균형은 짧은 경로를 체
험함으로써 해결할 수 있다. 의식적으로 균형을 잡으려고 애쓰는 것이 아니라 발견
하는 것이다. 신경계가 재조정되면서 수반되는 사고 패턴이 완화되어, 치료에서 다
루고 작업하는 것이 더 쉬워진다.

> 앉으면서 시작합니다. 바닥에 양반다리를 하고 앉거나 수직 등받이가 있는 의자
> 에 앉으십시오. 지지해 주는 베개는 있어도 없어도 좋습니다. 앞을 보고 고개를 부드
> 럽게 들면서 척추를 곧게 하십시오. 척추와 목이 약간 길어진 것을 느낄 것입니다. 눈
> 을 감고 주의를 몸에 두십시오. 이제, 머리와 척추는 똑바로 유지하면서, 몸을 부드
> 럽게 앞뒤로 흔드십시오. 어떤 근육이 더 단단해지는지 주목하면서, 몸을 흔들 때 근
> 육들이 어떻게 이완되는지 느껴 보십시오. 몸의 중심점으로 이동할 때, 어디서 근육
> 이 이완되고 호흡이 쉬워지는지 알아차릴 수 있을 것입니다. 이것이 당신의 균형점
> 입니다. 잠시 그곳에 머물면서 호흡을 통해 더욱 이완할 수 있게 하십시오. 이제 몸
> 을 좌우로 흔들면서, 중심점으로부터 더 멀리 움직일 때의 근육 긴장도의 변화를 주

목해 보십시오. 다시 한번, 근육이 가장 편안하고 호흡이 가장 쉬운 중심점을 주목해 보십시오. 여기가 당신의 균형 잡힌 중심입니다. 그 자리에 몇 분 동안 머무르면서, 당신이 중력에 맞춰 거대한 전체와 조화를 이루고 있음을, 앉아 있을 때의 편안한 느낌을 즐기십시오.

⚙ 특정 공포

공포증을 겪는 사람들은 변연계와 부변연(paralimbic) 부위에서 과다활성(hyperactivity)을 보이는 경향이 있다. 예를 들어, 사회공포증이 있는 사람들이 대중연설 과제를 할 때 뇌혈류(rCBF)를 측정한 결과, 치료 전에는, 위협받을 때 방어적으로 되는 데 관여하는 변연계의 편도체, 해마 및 주변의 피질 영역의 활성이 증가하는 등 광범위한 양방(bilateral)의 변화가 있었다. 8주간의 성공적인 CBT 또는 대응(comparison) 약물치료 후에는, 변연계에서 나타나는 위협에 대한 활성화가 현저하게 감소하였다(Furmark et al. 2002). 특정 공포증을 가진 사람들에 대한 연구도 비슷한 결과를 보여 주었다([그림 4-5] 참조). 한 연구는 거미 공포증이 있는 사람들과 정상 집단에게 거미에 대한 영화를 시청하게 하였다. 공포증 집단은 시청하는 동안 공포를 보고했으며, 해마방회(parahippocampal gyrus), 우반구 배외측 전전두피질, 시각연합피질에 양방향적으로(bilaterally) 유의미한 활동성을 보였다. 통제 집단은 이러한 활성을 보이지 않았다. 연구자들은 거미에 대한 공포스러운 기억이 해마의 활성을 자동적으로 촉발했을 것이라 제안했다. 전전두피질의 활성화는 공포 반응을 인지적으로 조절하려는 시도와 관련 있었다(Paquette et al. 2003). 자동적 공포 반응과 고차 기능의 피질 활성화의 이중 작용(dual action)은 많은 공포증에서 발견되는 전형적인 패턴이다.

극복하기 위해 공포를 껴안기

Steve는 근면한 30대 초반 의사로, 병원에서 오랜 시간을 일하면서 암벽 등반을 취미로 하며 위안을 삼았다. 암벽 타기 기술이 향상되자, 그는 상급 집단에 초대받아 에베레스트 산의 확장 코스 등반 여행을 하게 됐다. 그는 휴가 준비를 미리 하며 들떴다. 그러나 등반하기로 한 시간이 가까워지자 불안을 느끼기 시작했다. 그는 무슨 일이 있어도 등산을 가기로 마음을 먹었고, 공포를 극복하기 위해 최면을 찾았다.

우리는 그에게 최면 상태에 들어가는 방법과 의지대로 쉴 수 있는 방법을 가르쳐 주었다. 또한 체계적 둔감화를 통해 근육을 이완하는 동안, 점차적으로 더 어려운 등반을 상상하게 하였다.

그는 두려움의 근원을 찾기 위해 생애 초기 기억을 더듬었다. 우리는 그가 어렸을 때 많은 것을 두려워했다는 것과 함께, 뚱뚱하고 활동적이지 않았으며 서툴렀다는 (awkward) 것을 알게 되었다. 그는 고등학교 3학년 때 이 '서툰 시기(awkward stage)'를 넘겼으며, 성인으로 건강하고 자신감에 차서 살아왔다. 하지만 서투름은 다시 찾아왔다. 우리는 그가 더 잘 대처하는 것을 심상화함으로써 둔감화하였고, 더 나은 태도를 다시 학습하도록 했다.

시각적 둔감화를 하면서 공포가 엄습할 때마다, 그는 환경과 접촉되는 느낌을 잃어버렸다. 때로는 나뭇가지에 걸려 넘어지거나 낭떠러지에 너무 가까이 가는 서툰 아이가 다시 되었다. 위험에 처해 있다는 것을 말해 주는 정확한 신호인 건강하고 합리적인 공포 반응이, 비이성적인 공포 반응에 더해졌다. 그는 정서를 강하게 느끼는 가운데에서도 주의를 집중하기 위해 감각 알아차림 훈련을 했다. 또한 공포감이 그의 불완전한 기술을 교정하는 것을 도와주는 긍정적인 경고 신호일 수 있다는 것도 받아들였다.

우리는 노출 치료와 알아차림 훈련을 체계적 둔감화 치료와 결합했다. 그는 점차 도전 강도가 높아지는 현지에서의 하이킹을 계속했다. 알아차림 능력이 향상되자, 그는 자신이 주변의 아름다움과 내면으로부터의 만족감을 즐기고 있다는 것을 알게 되었다. 긴장할 때마다 멈추고 앉아서, 약간의 자기 최면을 했다. 그는 티베트로 하이킹 여행을 갔고, 그것은 인생에서 가장 만족스럽고 즐거운 경험 중 하나였다.

Tom은 전전두피질의 주의력을 개발함으로써 자신의 반응을 스스로 조절하는 법을 배웠다. 그는 공포 반응을 통제하고, 그 상황에서 감정을 조절하는 법을 배웠다. 하지만 건강한 두려움 또한 수용하는 것을 배웠다. 그는 몇 가지 반응을 바꿔서 공포증을 극복했다. 우리는 최면, 둔감화, 위협 상황에 대한 점진적인 노출을 통해, 과

활성화되어 있는 변연계의 오경보 공포 반응을 바꿀 수 있도록 도왔다. 회기 중간에
는 모든 것을 초래한 더 깊은 문제들을 다루었다. 그는 어린 시절의 서툰 아이에서
성공한 변호사가 되었다. 삶을 등반하는 데 균형을 획득하여, 인생을 즐기면서도 직
업적 성취를 계속할 수 있었다.

💡 PTSD

PTSD에는 세 가지 일반적 시스템이 관여되며, 모두 서로 상호작용한다(Green
and Ostrander 2009). PTSD는 외상 사건을 겪거나 목격할 때 시작된다. 첫째, 기억
체계(해마와 부해마)는 뇌가 처음 외상 경험을 할 때 받은 모든 시각적·청각적·후
각적·체감각적 입력을 통해 사건을 기억으로 부호화한다. 편도체는 이 기억 부호
화 체계와 밀접하게 상호작용하여, 경험에서 정서적 특징을 등록한다. 외상 사건 동

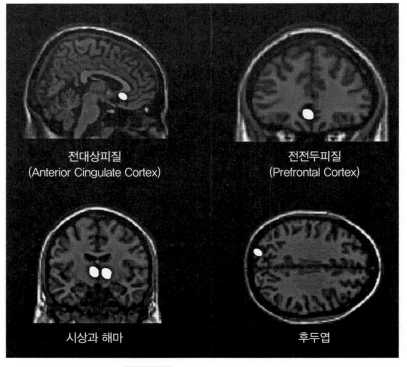

전대상피질
(Anterior Cingulate Cortex)

전전두피질
(Prefrontal Cortex)

시상과 해마

후두엽

그림 20-2 PTSD로 인한 비활성화

안 경험한 중립 자극과 정서 기억 사이에는 연합이 형성되어, 이후에 일어나는 불안 반응의 촉발인이 된다. 동물 연구는 공포 조건 형성에 편도체가 중요한 역할을 하며, 이와 비슷하게 PTSD 환자들이 외상을 경험한 오랜 후에도 지속적으로 공포 반응을 경험한다는 것을 보여 준다([그림 20-2]).

관련된 세 번째 영역은 전대상회와 안와전두피질의 일부를 결합해 주는 복내측 전전두피질이다. 이 영역에서는 의식적인 요소가 기여하여, 사건을 위험하고 혼란스러운 것으로 평가하고 공포 반응이 촉발된다.

PTSD에서 해마의 역할

연구 결과, PTSD로 고통받는 사람들은 해마가 더 작아서, 스트레스원(stressor)을 파악하기 위해 기억을 꺼내는 능력이 부족해진다. 그러나 적절한 학습 경험이 제공되면 해마는 커질 수 있다(McEwen and Magarinos 1997). 예를 들어, 택시운전사들은 해마의 기능인 공간 찾기 작업에 오랜 시간 종사한다. 연구자들은 같은 나이의 택시운전사가 아닌 운전자들을 비교했을 때, 택시운전사들의 후해마(posterior hippocampi)가 더 큰 것을 발견했다(Maguire et al. 2000). 그러므로 해마는 자극에 따라서 작아질 수 있을 뿐만 아니라 커질 수도 있다. 적절한 학습 경험은 해마의 성장을 자극할 수 있다. 명상이 해마의 역할과도 관련되는 불안을 줄인다는 연구를 고려하면, 명상은 손상된 해마가 재생하는 데 도움이 될 것이다.

PTSD에 대해 작업하기

PTSD와 관련된 세 영역에서는 짧은 경로와 긴 경로의 활성화가 모두 일어난다. 따라서 PTSD는 두 경로 모두에 대해 개입함으로써 해결할 수 있다. 짧은 경로에 대한 개입은 이 책의 제20장과 다른 장에서 제안하는 연습처럼, 이완과 진정을 가르치는 것으로 시작한다. 또한 내면의 안전감도 키울 수 있으며, 긍정적 대안이 되는 짧은 경로 경험을 할 수 있도록 한다.

◼️ 앉는 것에서 지지감 느끼기

사람들이 트라우마를 겪을 때, 주위 환경으로부터는 위협감을 느끼지만, 실제로 이용할 수 있는 어떠한 지지(support)도 무시하고 있을 수 있다. 이 연습은 불안한 사람이 기본적인 일상을 살아가는 동안, 앉아서 땅이나 의자로부터 말 그대로 지지를 받아 힘을 얻어 내면의 안전감을 발견할 수 있도록 돕는 하나의 예이다.

이 연습은 단단한 의자에 앉아서 하면 강력한 힘을 발휘할 수 있습니다. 편안하게 앉으십시오. 우리는 인생의 대부분을 의자에 앉아서 보내지만, 의자로부터 얻는 지지는 거의 인식하지 못합니다. 손을 들어 손바닥을 땅이나 방바닥이나 옆쪽에 있는 의자 바닥에 내려놓으십시오. 손바닥 아래에 있는 땅 덩어리, 바닥의 힘, 또는 당신을 지탱하고 있는 의자의 힘을 느껴 보십시오. 당신의 몸이 어떻게 지지되고 있는지 주목해 보십시오. 앉아 있는 동안 자신을 바닥으로 내려 누르거나 의자에서 밀쳐 내고 있습니까? 앉아 있을 때 사용되는 근육을 풀어 줌으로써, 몸이 땅(또는 바닥이나 의자)을 통해 지지를 받도록 하십시오. 숨을 들이마시고 다시 내쉬면서, 긴장을 토해내고, 앉아서 편안하게 지지받을 수 있도록 하십시오. 의자는 당신을 지지해 줄 수 있습니다. 당신은 당신 아래에 있는 견고함에 편안함을 느끼면서, 그 지지를 받아들일 수 있습니다.

◼️ 의자가 주는 지지에서부터 마음챙김의 자기 지지까지

의자로부터 지지받는 것을 느낄 수 있었던 경험을, 자리 자체로 확장할 수 있습니다. 앉아 있는 것 자체에 주의를 두십시오. 앉아 있는 것과 관련한 모든 것을 주목하십시오. 자세에 주목하면서, 몸 구석구석을 주의 깊게 살피십시오. 앉아 있는 그대로 앉아 있도록 하십시오. 의자에서 머리까지 얼마나 떨어져 있는지, 양 어깨는 서로 얼마나 멀리 떨어져 있는지 몸의 위치를 알아보십시오. 무릎이나 의자 옆에 손을 놓을 때, 손을 느끼십시오. 편안하게 숨을 쉬면서, 앉아 있다는 자체를 알아차리십시오. 무언가를 바꾸려고 하지 마십시오. 단순히 앉아서 여기에 있도록 하면 됩니다. 앉아서 여기에 존재하는 것이 당신이 가진 능력입니다. 사람들은 때로 이렇게 앉아 있는 자체로 친숙함과 편안함을 느낍니다. 당신이 가진 내적인 힘을 바탕으로, 어디에 있든 앉아 있을 때면 앉아 있는 것에 대한 알아차림으로 언제나 돌아올 수 있습니다.
이 훈련은 서서 할 수도 있습니다.

여기에 소개한 방법은 다양한 수준에서 이루어질 수 있다. 내담자는 의도적으로
주의를 기울이는 기술과 외상 경험으로부터 주의를 돌리는 기술들을 습득하게 된
다. 외상을 경험한 사람들은 삶과 죽음을 마주한 상황에서, 비극과 상실이라는 인생
에서 가장 어려운 도전을 직면하고 있는 것이다. 이를 견뎌 낸 끝에 그들은 자기 자
신의 너머에 있는 힘을 인식하게 된다. 치료는 사람들이 삶의 도전을 겪을 때 내면
에 있는 긍정적인 힘을 끌어내도록 도울 수 있다.

▪ PTSD에 대한 긴 경로적 개입

PTSD로 고통받는 사람들은 명상을 통해 주의를 정확히 기울이도록 도움받을 수
있다. 치료적으로 의도를 두어 주의를 기울일 때, 전두엽에서의 집행 통제(executive
control) 능력은 강해지는 반면, 변연계에서의 짧은 경로 반응은 약해진다. 다음에서
제시하는 만트라 명상은 내담자의 신앙(faith)으로부터 영적인 힘(spiritual strength)
을 이끌어 내 줄 뿐만 아니라, 정신적으로도 집중을 하도록 해 준다.

만트라 명상   만트라 명상은 퇴역군인들을 대상으로 시험되었으며, 효과가 있었
다(Williams et al. 2005). PTSD로 고통받는 사람들은 신경계가 좀 더 편안한 균형 상태
로 돌아오기 위해 문제로부터 주의를 돌릴 수 있어야 한다. 시간이 흐르면서 과활성
화 상태에서 고요한 알로스타틱 균형(allostatic balance)[1]이 이루어진다. 이후 뇌-마
음-신체 시스템이 좀 더 편안한 균형을 찾으면서 불안감이 가라앉기 시작한다.

다음은 Williams와 동료들(2005)이 사용한 다양한 영적 전통에서 나온 만트라 목
록이다. 당신에게 의미가 있는 것을 선택하라. 단어의 의미뿐만 아니라 조합되었을
때의 음조의 진동도 중요하기 때문에, 번역하지 않은 원래의 형태로 만트라를 암송
하라. 다음에 몇 가지 예시가 있지만, 사용하고 싶은 만트라가 있다면 자유롭게 다
른 것을 사용하면 된다.

---

[1] [역자 주] 신체가 스트레스에 대응하여 향상성을 유지하기 위해 되찾고자 하는 균형 상태

- 불교: 옴마니반메훔(Om Mani Padme Hum): 마음의 연꽃 가운데 있는 보석(자신)을 찬양하는 기도
- 기독교: 키리에 엘레이손(Kyrie Eleison): 주여, 우리를 불쌍히 여기소서
- 힌두교: 라마(Rama): 내면에 영원한 기쁨
- 유대교: 샬롬(Shalom): 평화
- 이슬람교: 비스말라 이라흐만 이라힘(Bismallah Ir-ra-rahman Ir-rahim): 자비롭고 자애로운 알라의 이름으로
- 미국 원주민: 오 와칸 탄카(O Wakan Tanka): 오, 위대한 영혼이여

하나의 만트라를 골랐다면, 편한 자세로 앉으세요. 매일 6~30분까지 만트라를 암송해 보십시오. 연습의 각 부분에 2분씩을 할애하고, 각 영역에 최대 10분을 할애하십시오. 더 큰 효과를 얻으려면 매일 두 번씩 반복하십시오.

가슴의 긴장을 풀고 천천히 반복해서 큰 소리로 만트라를 말하는 것으로 시작하십시오. 단어가 몸 속을 흐를 수 있도록 하십시오. 말할 때 단어의 소리, 가슴에서 느껴지는 진동, 후두(voice box)에 주의를 기울여 보십시오.

다음으로, 소리와 진동에 집중하면서 단어를 천천히 그리고 큰 소리로 읊조려 보십시오.

자, 눈을 감고 5분 동안 만트라를 말하는 것을 상상해 보십시오. 단어를 말하는 것에만 주의를 집중해 보십시오.

마지막으로, 고요하고, 중심 잡혀 있고, 조용한 경험을 할 수 있도록, 주의를 기울인 채 몇 분간 조용히 앉아 있으십시오. 준비가 되었다고 느끼면 눈을 뜨고, 일어나면서 부드럽게 스트레칭을 하십시오.

💡 강박장애

강박장애는 공포/스트레스 반응에 대한 짧은 경로와 관련이 있기에 불안장애로 분류된다.[2] 환자들은 일시적으로 긴장을 완화시켜 주는 긴 경로의 의례 행동(ritual action)을 통해 공포 반응을 누그러뜨리려고 한다. 그러나 이러한 해결책은 종종 그

자체로 문제가 되므로, 거기에 갇혀 버리게 된다. 강박장애는 긴 경로에 지나치게 의존하면 왜 불안을 멈추지 못하고 신경계를 건강한 균형 상태로 되돌리지 못하는지를 보여 주는 좋은 예다.

우울증 없이 강박장애를 앓고 있는 사람들에게는 독특한 뇌 패턴이 있다. 정상 대조군과 비교했을 때 강박장애 환자들은 우반구에 있는 시상과 전두측두피질, 양반구의 안와전두피질의 혈류량이 상당히 증가한다는 연구가 있다(Alptekin 2001). 안와전두피질이 활성화되는 것은 보통 무언가가 잘못되었다는 것을 나타낸다. 강박장애가 있는 사람은 안와전두피질에서 과도한 대사활동이 일어나며, 정서 처리를 위해 긴 경로를 과도하게 사용한다. 마치 위험에 처한 것처럼 계속 경계 태세에 있으며 무언가를 해야 한다는 압박감을 느낀다. 이는 상황을 정확하게 해석하고 계획을 수립하는 능력을 방해한다. PET 스캔 결과는 심리치료와 약물치료 모두 안와전두피질 영역의 활성화를 감소시킬 수 있다는 것을 보여 준다. 그로 인해 환자는 상황에 대해 더욱 정확하게 평가할 수 있고, 어떤 일이 일어나고 있으며 관련하여 무엇을 해야 하는지 더욱 균형 잡힌 반응을 할 수 있다(Baxter et al. 1992).

강박장애의 치료

강박장애가 있는 내담자는 불안을 누그러뜨리기 위해 의례 행동을 하지만, 궁극적으로는 정서적으로 만족스럽지 못하여 불안 반응이 계속된다. 의례 행동은 긍정적이며 삶을 풍요롭게 해 주는 것일 수 있다. 때로는 내담자의 증상이 되는 의례 행동 대신 건강한 의식(ritual)을 알려 줄 수 있고, 이를 통해 기저의 불안이 해소될 수 있다.

우리는 종종 선(zen)에서 따온 하기 쉽고 집에서도 할 수 있는 간단한 차 의식(tea ritual)을 소개해 준다. 이 의식은 생각을 버리는 대신, 감각으로 돌아오도록 돕는다. 따라서 강박장애에서 지나치게 자극되어 있는 전두엽의 활성이 자연스럽게 낮아지게 되고, 감각 경험에 더욱 많이 접촉하게 된다. 그 결과 실제 벌어지는 삶의 상황에

---

2 [역자 주] 이 책이 쓰인 시기인 DSM-IV 체계에서는 불안장애로 분류되었지만, 현재의 DSM-5 체계에서는 강박 및 관련장애(Obsessive-Compulsive and Related Disorders)로 따로 분류되고 있다.

더욱 접촉할 수 있게 된다.

　차노유(Cha-no-yu, 茶の湯)라고 알려진 다도(tea ceremony)는 마음을 고요한 순간의 중심으로 불러들여 평화롭게 해 주는 오래된 전통이다. 불안과 스트레스로부터의 피난처인 다도는 당신을 현재 순간으로 불러들여, 고요하게 중심 잡힌 알아차림(calm centered awareness)으로 이끈다.

　선 다도(zen tea)는 존경, 조화, 순수, 고요함 같은 가치들을 담고 있다. 간단한 다도 의식을 행하면 이완과 함께 이러한 모든 가치를 구현할 수 있다. 신선한 공기를 들이마시는 것처럼 그 순간은 걱정과 공포로부터 자유로워진다. 하고 있는 일에 완전히 몰두하면 생각은 행동과 일치될 것이다. 이런 식으로 현재에 존재하게 된다. 알아차림 능력을 개발하면 그것이 자신의 내적 자원이 된다. 주변적인 것들에 대해 심사숙고하지 않음으로써 관련된 불안감을 줄일 수 있다([그림 20-3]).

그림 20-3 다도

    다음은 수년간 우리가 많은 사람들과 함께 해 온 다도 의식에 대한 간단한 지시문이다. 어린아이도 할 수 있지만, 의식에 몰두한 순간에는 이를 통해 깊은 수준의 체험을 할 수 있을 것이다. 혼자서 또는 가족이나 친구, 내담자와 할 수 있다.

(1) 준비물:

    a. 도구: 매트, 찻주전자, 그릇, 숟가락, 뜨거운 물을 담을 단지, 한 명당 하나씩의 찻잔

    b. 차: 맛과 향이 좋기 때문에 우리는 페퍼민트 차를 이용하여 한다. 그러나 당신이 좋아하는 어떤 차를 사용해도 된다. 찻잎이 없으면 티백을 열고 약간의 찻잎을 그릇에 담으라.

(2) 물을 미리 데운 후 다도 의식을 할 곳으로 가져오라.

(3) 도구들을 그림과 같이 준비하라. 모든 이에게 찻잔을 준 다음, 각자의 앞에 내려놓도록 하라. 우리는 종종 바닥에 동그랗게 둘러앉아서 하지만, 낮은 탁자를 두고 앉거나 무릎을 꿇고 할 수도 있다.

(4) 다른 사람들과 함께 할 경우, 의식에 대해 간략하게 설명하고 시작하라. 일단 시작되면 말을 하지 않는다. 사람들은 조용하게 알아차리고 모든 것을 깊게 경험할 것이다. 차를 부으면, 마시기 전에 모두 찻잔을 돌린다(8번 참조).

(5) 시작하기 전 몇 분 동안, 마음을 정리하고 조용히 가라앉히며 명상하라.

(6) 찻잎 한 숟가락을 떠서 그릇에 넣으라. 숟가락을 찻주전자에 가볍게 세 번 두드려라. 그릇에 찻잎을 모두 넣을 때까지 찻잎을 떠서, 넣고, 두드리는 것을 여러 번 반복하라. 두드리는 소리를 잘 들으라.

(7) 뜨거운 물을 붓고, 물이 그릇에 들어갈 때 나는 소리를 주의 깊게 듣고, 우러나는 차의 향을 맡는다. 긴장하지 않으며, 움직임은 천천히 그리고 정확하게 하라. 그릇의 뚜껑을 덮고 시계 방향으로 세 번 돌린 다음, 반시계 방향으로 세 번 돌려라.

(8) 찻주전자를 들고 각각의 찻잔에 차례대로 따라 주고, 마지막으로 당신의 찻잔에 찻물을 부으라.

(9) 모든 찻잔이 채워지면, 찻잔을 시계 방향으로 세 번 돌린 후 반시계 방향으로 세 번 돌린다.

(10) 찻잔을 천천히 들어 차 향기를 맡은 후, 찻잔의 색깔과 무늬를 살펴보라. 차를

천천히 음미하면서 잠시 동안 혀에 향이 남게 하라. 행동과 감각에 집중하면서 마음을 맑게 하라. 소리를 듣고, 향을 맡고, 차 맛을 음미하고, 긴장을 풀라. 말을 삼가라. 마지막으로, 이 경험을 음미하기 위해 잠시 명상의 시간을 가지라. 역설적이게도, 자신을 채울수록 비어 있음을 경험할 것이다.

🔆 공황장애

때로 불안은, 가슴에서 느껴지는 불편한 신체감각이 그러한 신체증상으로 인해 일반적으로 나타내는 문제에 대한 걱정으로 이어지는 것(예, 심장마비를 겪을 가능성을 생각해 보는 것 등) 또한 포함한다. 비록 실제 심장의 건강 상태는 아니지만, 이러한 요소들을 결합시키면 실제 존재하는 것 같은 패턴이 나타나게 된다. 건강검진에서 기저의 신체 원인이 없다는 것을 알려 준다고 해도, 환자가 불안감으로부터 벗어나기 위해서는 자신에게 실제로 신체적인 원인이 없다는 것을 믿고 받아들여야 한다. 다음 사례는 정신 구조의 이러한 패턴을 해체하는 방법을 보여 준다.

불안을 다스리기 위한 해체명상

건강검진에서 이상이 없는 것으로 나타날 경우, 불안을 완화하기 위해 명상을 할 수 있다. 첫 단계는 감각과 인지가 분리될 수 있다는 것을 생각해 보는 것이다. 즉, 기분과 생각은 같지 않다. 순수한 감각과 감각에 대한 생각은 구분될 수 있으며, 이것이 문제를 해결하는 데 도움이 된다. 몸, 정서, 마음, 마음의 대상에 대한 다양한 종류의 명상을 보라. 마음챙김의 가르침을 알려 주고, 불안하지 않을 때 이 명상을 연습하도록 하라. 이미 명상에 익숙하다면, 능숙해짐에 따라 긴장감을 느끼면서도 명상에 의지하는 것이 가능해진다.

마음챙김을 연습할 때, 각각의 감각이 어떻게 새롭게 느껴지는지 특별히 적어 보라. 호흡에서부터 시작하라. 매 호흡은 새롭고 서로 다른 호흡이라는 것에 주목하라. 마지막 호흡은 다음 호흡과 비슷하지만, 같은 호흡은 아니다. 매 순간마다 모든 것이 조금씩 다르다. 각각의 호흡이 어떻게 독특한지 이해하면서, 각각의 불안 발작 또한 독특하다는 것을 생각해 보라. 불안이 일어날 때마다 지난번과는 약간씩 다른 새로운 것이다. 비록 지난번과 똑같아 보일지라도, 실제로는 독특하고 새로운 것이다. 사람들은 종종, 모든 불안 경험을 하나의 두려웠던 경험으로 압축한다. 불안이 일어나는 모든 순간에, 놓는 법을 어떻게 새롭게 배울 수 있는지 알기 위해, 매 순간을 새롭게 하라. 가능한 한 매 호흡마다 이완하라.

불안을 심리적인 구성요소들로 분해하라. 불안은 불편한 감각을 설명하기 위해 공포스러운 해석이 더해지는 순간들의 집합으로 볼 수 있다. 이러한 과정은 감각의 강도를 커지게 하는 경향이 있고, "점점 나빠지고 있다."와 같은 추가적인 해석을 이끌어 낸다. 각 연속되는 순간에는 해석이 포함되며, 더욱 강한 감각 반응이 뒤따른다. 첫째, 이러한 상승 과정이 일어나는 것을 관찰하라. 그런 다음 가능한 한 빨리, 감각, 해석, 정서의 각 부분들을 관찰하라. 해석은 감각이나 정서와 분리되어 있으며, 같지 않다는 것을 인식하라.

이제 명상을 시작하라. 구성요소들이 어떻게 서로에게 영향을 미치는지를 알고, 서로 분리될 수 없다는 것을 주목하라. 걱정이 섞인 해석은 더 많은 걱정을 불러일으킨다. 그리고 그 걱정은 자기 영속적인 순환 때문에 더 큰 불편감을 가져온다. "내가 하는 걱정이 반드시 감각으로 인한 것은 아닐 것이다. 나는 내 상태를 확인했고 신체 문제는 없다는 것을 안다."와 같이, 마음속으로 안심을 시키며, 이러한 반응을 실제로 확실한 것인지 의문을 가져라.

이러한 과정에 인내심을 가져라. 시간은 제한적이라는 것을 기억하라. 일정 시간이 지난 후 불편감이 지나갔던, 과거에 일어난 불안 발작을 떠올려 보라. 감정적으로 더욱 힘들어질 것이라고 예상됐거나 끔찍한 일이 일어날 신호라고 생각하였을 때조차, 불안은 결국 지나갔다는 것을 기억하라.

어떤 일이 일어날지 예상하기보다는, 매 순간에 계속 머물러라. 그 순간에 적절한 자연스러운 호흡의 리듬을 찾으라. 감정이 사라지는 동안에도 마음챙김하며 경험하도록 노력하라. 일반적으로 불안은 점차 다루기 쉬워지고 정확하게 접근하면 결국 강도가 감소하는 경향이 있다. 거기에는 신체적 원인이 없다. 그러나 시간이 걸릴 수 있다.

🔆 결론

불안은 습관적이고 굳어진 마음−뇌−몸의 패턴이다. 치료에 다양한 요소들을 사용해 보라. 인지적·정서적 기법들은 관련된 사고와 감정을 다루는 데 도움을 준다. 그러나 감각을 바꾸고, 근육의 습관을 바꾸고, 공포/스트레스 경로에 개입함으로써 신경계를 직접적으로 다루는 작업 또한 하여야 한다. 다차원적인 치료를 통해 당신의 치료적 개입은 더욱 강력하고 효과적일 수 있다.

우울증과 양극성 장애를 위한
더 좋은 균형을 발견하기

불안과 중독증의 신경 회로는, 불안의 조건화 형성과 불안에 있어서 공포/스트레스 회로, 그리고 중독에 있어서 보상 회로와 관련된 수많은 연구 덕분에 잘 알려졌다. 도파민의 분비가 핵심이다. 그러나 우울증과 양극성 장애 같은 정서장애의 신경 회로에 대해서는 초기 이해 단계이다. 우리는 EEG, TMS와 fMRI 등의 뇌 영상 기술 덕분에 우울장애에 연관이 있는 뇌 영역에 대해서 새로운 모델을 설정하게 되었다. 당신이 신경계에 대한 좀 더 정확한 지식을 숙지한다면, 우울증의 문제 패턴에 대처할 수 있는 상식적인 치료법이 떠오를 것이다. 우리는 이 장에서 많은 연구자들이 공동으로 협력해서 제시한 모델들을 제공할 것인데, 이 모델은 이러한 패턴들이 우울증을 극복하는 치료 방법과 함께 어떻게 문제에 영향을 주고 있는가를 이해할 수 있는 방법을 제시해 줄 것이다.

우울한 뇌

일반적으로 사람들이 우울할 때 뇌 전체에서 활동성이 감소된다. 가장 영향을 받는 영역은 전두엽인데, 대체로 좌반구가 더 뚜렷한 영향을 받는 것으로 나타났다. 그러나 연구 결과는 혼합적이다. 어떤 연구들은 전전두엽의 앞부분에 혈액의 흐름이 감소되었다고 보고하였고, 다른 연구는 다른 전전두 영역에 과도한 신진대사가 일어난다는 것을 발견했다. 우리는 전전두엽의 영역을 좀 더 깊이 살펴보았을 때, 혼합된 결과를 발견했다. 우울증을 경험하면 자신에 대한 부정적인 평가가 늘어나고, 에너지가 감소하고, 사고의 속도가 느려지고, 그에 동반한 정서적인 반추가 증가한다는 것을 고려할 때, 뇌의 신진대사가 증가하기도 하고 감소하기도 한다는 이와 같은 결과는 의미가 있다. 인지행동치료와 대인관계 치료를 사용해서 성공적인 치료를 하면 이러한 작용이 정상화된다는 것이 밝혀졌다(Goldapple et al. 2004; [그림 21-1]).

우울에 관한 많은 연구들은 전대상피질(Anterior Cingulate Cortex: ACC)의 변화에 집중되었다. ACC는 자주 감정과 사고라는 두 중요한 영역 사이의 교량으로 간주되고 있다. 대상회의 배측(dorsal) 부분은 배외측 전전두피질과 일차 운동피질을 연결하면서 인지적 기능을 하는 경향이 있다. 이 영역은 특히 갈등을 인식하면서 집행기능과 행동 결정을 할 때 활성화된다. 이 부위는 갈등을 해결하는 데 도움이 될 수 있는 다른 부위로부터 효과적인 수행기능을 활성화하기 위해서 전전두엽의 영역과 연결이 되어 있다(Davidson et al. 2002). 문측(rostral) 영역은 정서 경험에 연관이 있고, 편도체, 측좌핵(nucleus accumbens, 도파민이 생성

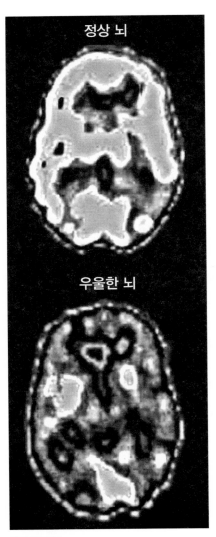

그림 21-1 우울한 뇌 영상

되는 곳), 시상하부, 해마, 정서 경험에 관여된 핵심적인 모든 영역에 연결되어 있다. 이러한 연결망은 우리가 자신에게 어떻게 내면적으로 관조하는가에 관여하고 있는 것으로 밝혀졌다.

사람들이 우울해지면, 우울하지 않은 사람들에 비해서 ACC의 문측(정서적)에 고조된 활동성을 보여 준다. 이 외에도, 우울하지 않은 사람들에 비해서 ACC의 문측에 더 많은 연결성들을 보여 준다. 당신은 우울한 내담자들은 자주 반추와 자신을 의심하는 회로를 반복하고 있다는 것을 분명하게 알고 있다. 우울한 사람들은 이곳의 활동은 고조되고 있지만, 작업 기억과 수행 능력에 관한 결정을 조정하는 데 도움이 되는 전두엽의 핵심 영역에서의 활동은 감소되었다. 이러한 형태는 왜 주요우울장애를 경험하는 사람들이 인지적인 결핍을 보이는지를 설명할 수 있을 것이다.

변연계 역시 영향을 받는다. 주요우울장애를 경험하는 사람들은 해마의 부피가 작다는 것이 반복적으로 밝혀지고 있다(Frodl et al. 2008). 높은 수준의 스트레스를 받으면 해마의 역기능 역시 악화되기에 우울하면 정서 조절 능력이 떨어진다.

해마가 축소되는 현상은 우울증의 원인이기보다는 우울증의 결과일 수 있다. 축소된 크기는 치료를 받으면 회복될 수 있다. 해마는 항우울제의 효과로 인해서 재생될

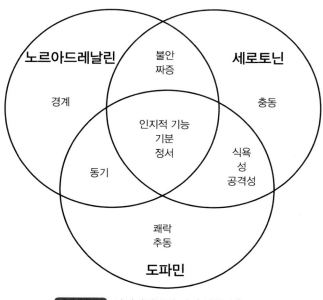

그림 21-2 신경전달물질 간의 상호작용

수 있고(Chen et al. 2000), 새로운 학습, 긍정적인 치료 상황, 정서적으로 지지적인 환경(Ericksson et al. 1998) 그리고 새로운 경험(Rossi 2012)에 의해서도 재생될 수 있다.

신경전달물질과 우울증

우울증은 세 가지 신경전달물질 즉, 노르에피네프린, 세로토닌, 도파민의 방해와 연관이 있다. [그림 21-2]를 보면 신경전달물질이 어떻게 상호작용하는가를 잘 보여 준다. 노르에피네프린은 각성과 주의력에 연관이 있다. 노르에피네프린은 전체 뇌를 통해서 작용한다. 그것은 뇌간에 위치한 뇌교에서 생산된다. 뇌간은 각성과 주의력을 조정한다는 것을 상기한다면, 당신은 노르에피네피린이 적어지면 우울증의 증상인 낮은 에너지 수준을 경험하는 것과 상관이 있다는 알아차릴 것이다. 세로토닌은 기분과 수면을 조정한다. 그것은 뇌간의 일부인 봉선핵(raphe nuclei)에서 방출된다. 우울하면 기분 문제와 함께 수면의 어려움을 경험한다. 도파민은 측좌핵에서 방출되는데, 쾌감과 보상의 감정을 느끼게 한다. 우울한 사람들은 확실히 삶에서 쾌감을 상실한 느낌을 받는다.

약물치료는 신경전달물질의 균형을 변화시킨다. 모노아민옥시다제(Mono Amine Oxidase: MAO) 길항제는 MAO 효소를 억제한다. MAO 효소는 시냅스에서 도파민, 노르에피네프린, 도파민으로 분해되는데, 신경전달물질의 길항제를 억제하면 더 많은 신경전달물질이 활성화된다. 이러한 약물은 우울증에 효과가 좋지만, 부작용이 있다. 즉, 이것은 티라민(tyramine)의 분해를 억제하기에 고혈압과 뇌졸중을 유발할 수 있다. 새로운 종류의 항우울제인 삼환계 항우울제, 즉 엘라빌(Elavil), 파멜로(Parmelor), 노프라민(Norpramin)이 개발되었다. 그러나 이러한 약물도 환자에게 심장병을 야기할 수 있는 위험성이 있다. 더 최근에는 선택적 세로토닌 재흡수 억제제(Selective Serotonin Reuptake Inhibitors: SSRI)를 통해서 새로운 접근법이 발견되었다. 졸로프트(Zoloft), 팍실(Paxil) 및 아시마(Asima)와 같은 SSRI는 시냅스에서 세로토닌의 재흡수를 둔화시키는 작용을 한다. 더 새로운 약물인 세로토닌-노르에피네프린 재흡수 억제제(SNRT), 시말타(Cymalta), 이펙서(Effexor), 레메론(Remeron)은 세로토닌과 노르에피네프린 둘 다 억제한다. 많은 사람들이 약물에 의해서 도움을 받지만 효과는 사람에 따라 다르다(Levinthal 2008).

치료의 효과

다양한 형태의 치료기법은 다양한 효과를 가져온다. 예를 들면, 심리치료는 사람들을 더 행복하게 하지만, 약물치료는 사람들이 슬프지 않게 해 준다. CBT와 팍실을 우울증 치료를 위해서 사용한 비교 연구에서 두 집단을 헤밀턴 우울척도(Hamilton Depression Rating Scale)를 사용해서 평가한 결과 두 집단 모두에서 동등하게 효과가 있었다(Goldapple et al. 2004). 팍실을 사용한 피험자들은 해마와 슬하대상회(subgenual cingulate) 부위에서는 활동이 감소하는 동시에 전전두엽의 부위에서는 증가했다. 슬하대상회는 우울한 대상회라고 명명하기도 한다(Mayberg et al. 2000). 이러한 발견은 SSRI가 팍실과 같이 세로토닌을 증가시키지 않고 세로토닌 감소를 단순히 중지하기에 의미가 있다.

심리치료는 다른 방법으로 뇌의 화학물질을 변화시킨다. 이에 관한 한 연구 결과에 따르면, CBT 치료를 받은 집단은 해마와 전대상회(anterior cingulate) 부위에서 신진대사 활동이 증가했는데, 이 부위는 낙관주의와 연관이 있다(Sharot et al. 2007). 그리고 반추하는 행동과 연관이 있는 복측(ventral) 및 내측(medial) 전두엽의 활동은 감소되었다. CBT는 단순히 부정적인 사고를 중지하는 것만이 아니라, 긍정적이고 낙관적인 사고 패턴을 증가시킨다. 명상을 심리치료의 한 부분으로 사용하면, 안녕감(feelings of wellbeing)을 높여 준다(Davidson et al. 2003). 최면은 반추하는 전전두엽의 활동을 감소하도록 해서 우울감에서 회복하는 기회를 제공해 준다(Yapko 2006).

치료 효과에 대한 개인적인 차이에 대한 설명은 단순히 약물치료와 심리치료의 사이에서 한 가지를 선택해야 하는 것이 아니고, 이미 많이 효과가 검증된 심리치료들 가운데서 어떤 치료가 뇌의 어떤 독특한 부위를 변화시킬 수 있는가를 고려하여 치료를 제안하여야 한다.

🔆 양극성 장애의 뇌

양극성 장애 진단을 받은 사람들은 변연계에 불규칙적인 반응을 보일 가능성이

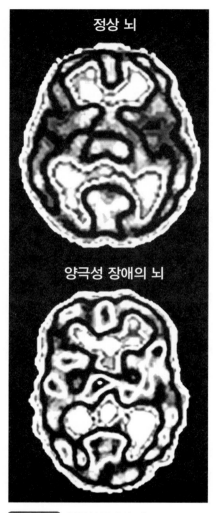

그림 21-3 양극성 장애의 뇌

높다. 양극성 장애가 어떻게 변연계를 변화시키는가에 관한 결정적인 단정은 할 수 없겠지만, 경향성은 나타나고 있다. 이러한 발견을 통해서 알게 된 것은, 왜 정서적인 양극성 장애에서 기분이 강하게 느끼는가를 설명해 주는 데 도움이 된다. 1999년대 후반부터 연구들은 편도체가 커져 있는 것을 발견했다(Strakowski et al. 1999). 양극성 장애는 강한 정서적인 욕구를 동반한 역동적인 문제이기에, 이러한 결과는 놀랄 만한 일은 아니다. 그렇기에 변연계를 정상화시키는 치료는 도움을 주게 된다. 명상은 다양한 방법으로 과활성화된 변연계를 안정화시켜 준다. 상향식으로 작동하는 이러한 치료 및 다른 치료들은 양극성 장애로 고통받는 사람들이 뇌의 균형을 이루도록 돕는 새로운 치료를 제공해 줄 수 있을 것이다(Simpkins and Simpkins 2012; [그림 21-3]).

많은 연구들이 공통적으로 일정하게 보고하는 또 다른 발견 사항은, 양극성 장애를 가진 사람들의 측두엽과 전두엽피질에 있는 뇌의 사고와 통제를 담당하는 영역이 작아지는 경향이 있다. 연구자들은 양극성 장애 환자들의 왼쪽과 오른쪽의 양쪽 측두엽의 부피가 양극성 장애를 겪지 않은 사람에 비해서 작은 것을 발견했다(El-Badri et al. 2006). 변연계와 밀접하게 연결이 되어 있는 측두엽은 정서와 연관이 있다. 따라서 뇌의 사고 영역의 부피가 작아지는 것은 감정을 통제하는 면의 어려움에 기여할 수 있다. 전전두엽의 부피가 작아진다는 사실이 양극성 장애와 연관된 많은 행동을 설명하는 데 도움이 된다. 왜냐하면 이 영역은 계획하고, 목표를 향해서 작업하거나 결정하는 것과 같은 집행기능을 수행할 때 활성화되기 때문이다. 사람들이 조증을 보일 때는 형편없는 결정을 하고, 계획을 잘 세우지 못하고, 목표를 이루려고 접근을 하려고 할 때 집중을 못할 가능성이 많다. 인지적이고 명상적인 치료기법은 전전두엽의 집행기능 영역 중에서 핵심 영역을 자극해서 문제에 접근하도록 도와준다.

　양극성 장애에서 나타나는 반응의 다른 면을 설명하는 데 도움이 되는 명확한 증거가 또 있다. 당신은 변연계의 큰 그림 속에서 대뇌피질의 한 부분인 대상회가 변연계의 주위를 둘러싸고 있는 것을 알고 있을 것이다. 우울증에 관한 것을 설명할 때 언급한 것과 같이, 대상회는 우리가 정서와 기분을 통제하려고 할 때 활성화된다. 대상회는 변연계 조직과 대뇌피질을 연결하고 있다. 대상회는 자기 통제에 관여하고 있다. 양극성 장애가 없는 사람들과 비교해서 양극성 장애 환자의 대상회는 밀도가 더 낮다(Benes et al. 2001). 어떤 의미로 보면, 사고와 정서를 위한 뇌의 구조는 양극성 장애를 보이는 사람에게서는 당연히 작용해야 할 만큼의 최적의 기능을 하고 있지 않다고 할 수 있다.

　양극성 장애는 도파민뿐만 아니고 탄산리튬(lithium carbonate)과 노르에피네프린으로 성공적인 치료를 할 수 있다. 리튬은 세로토닌의 신경전달물질에 작용하고, 도파민뿐만 아니라 노르에피네프린은 기분, 각성, 정서가 균형을 이루도록 도와준다.

🔖 치료가 뇌를 변화시키는 방법

　치료적인 기법은 뇌가 변화하는 데 도움을 주도록 자극하는 것으로 알려져 있다. 뇌와 마음은 상호작용하며, 그 단위는 정형화된 패턴의 체계에 따라서 작동한다. 당신은 이러한 패턴을 활용할 수 있다. 그것들은 내담자의 문제를 이해하는 데 필요한 차원들을 제시해 준다. 치료자는 효과적인 치료는 내담자의 깊은 내면의 문제에 대한 개입이 필요하기에 실제적인 문제는 주 호소 문제가 아닐 것임을 알고 있다. 어떤 경우에는 깊은 내면에 있는 문제가 증상을 통해서 분명하게 드러난다. 더 많은 경우에 문제는 복잡하고 감추어져 있다. 당신 자신인 치료자의 전문 지식으로 내담자의 신체, 행동, 상황을 통해서 전달된 간접적인 사인에 근거해서 내담자의 문제를 '읽을 수' 있어야 한다. 뇌와 마음이 상호작용하는 패턴의 도움을 받아서 관련된 패턴을 발견하는 데 도움을 받을 수 있는 중요한 도구를 얻을 수 있다.

🔆 우울증 치료를 위한 종합적인 세 가지 요소 치료기법: 뇌, 마음, 환경

Jerome은 노인이었는데, 그는 자신의 겪고 있는 아주 심각한 불편감과 낮은 에너지에 대처하는 데 도움을 받고 싶어서 심리치료를 원했다. 종합검사를 실시한 후에 그의 가정의와 여러 전문의들은 그가 겪고 있는 신체적인 문제는 심리치료를 받으면 도움될 것이라고 의견을 모으고 심리치료를 권했다. 그는 아직까지 회계사로서 파트타임으로 일하고 있었지만, 몇 개월 후에는 은퇴하려고 계획하고 있었다. 그의 일상생활은 아침에 일을 하고 나면 집에 와서 남은 시간은 하루 종일 소파에 누워 있는 것이다. Jerome은 우울 증상을 보이기는 했지만, 아직도 사람들과 관계를 유지하는 것은 매력적일 수 있다는 것을 알고 있었다.

우리는 Jerome에게 몇 가지 단순한 이완기법과 호흡 명상 기법을 가르쳤다. 우리는 또한 그에게 이 장의 뒷 부분에 포함된 몇 가지의 움직이는 동작 훈련을 가르쳤다. 그는 비판단적인 알아차림과 마음챙김 명상을 습득했다. 그는 이러한 훈련이 긴장을 완화해 준다는 것을 깨달았고, 진정으로 긴장을 완화할 수 있어서 좋았다고 말했다. 그는 각 회기 후에 며칠 동안 기분이 좋았다고 느꼈지만, 신체적으로는 불편감을 아직도 느끼고 있었고, 시간이 지날수록 에너지가 저조한 것을 다시 느꼈다.

우리는 회기 중간에 집에서 명상 실습을 지속할 것을 강조했지만, 그는 단지 몇 분 동안만 명상을 지속할 수 있었다. 우리는 내담자가 할 수 있는 한계를 수용하고 그런 상태에서 작업하는 것이 중요하기에, 그가 시도하는 것 자체에 대해서 칭찬을 해 주고 하루에도 1~5분 정도 여러 번 잠시라도 명상하기를 제안했다. 그는 자신을 더 알아차릴수록 통찰력을 더 갖게 되었다. 그는 오래전부터 이제 은퇴를 해야 할 시기라는 것을 확신하고 있었고, 그가 자신의 삶을 그렇게 제한시키고 살다 보니 삶의 의미를 잃어버리고, 자신의 삶에 더 이상 만족할 수 없었다는 것을 깨달았다. 그는 명상하는 동안에 마음의 편안을 느꼈는데, 이러한 편안함은 자신이 아직도 행복한 삶을 누리는 것이 가능할 수 있다는 믿음을 일깨워 주었다. 그는 과거에 자신이 만족스러운 경험을 했던 기억을 되찾아보기 위해서 노력했다. 그는 자신이 판매원으로 일을 했을 때 가장 행복했다는 기억을 해냈다. 그는 사람들과 상호작용하는 것을 즐겼고, 이러한 사회활동을 통해서 정이 많은 자신의 성격을 표현할 수 있었다. 그는 판매직 파트타임 직업을 구하려고 한 끝에, 지방 대학 서점에서 노인들을 고용하는 파트타임 직업을 찾았다. 회계사에서 은퇴하자마자, 그는 대학 서점에서 그 직업을 선택했다. 그는 새로운 친구들을 사귀다 보니, 소파에 누워 있을 시간이 없었다. 보다 활동적으로 되어 감에 따라 불편하게 느꼈던 기분 역시 사라지게 되었다.

이러한 사례는 다양한 수준에서 작업할 때, 치료가 어떻게 더 효과적일 수 있는가에 대한 예가 될 수 있다. Jerome은 명상이라는 아주 값진 도구를 사용해서 긴장을 완화하고 자신의 불편한 감정을 줄일 수 있었다. 그는 또한 더 많을 알아차림이 필요했다. 매일매일의 경험을 마음챙김으로 바라보면서 자신이 선택한 삶에 대해서 새롭게 인식할 수 있는 도움을 받았다. 그리고 자신의 신경계가 더 정상화가 됨에 따라서 현실 세계를 변화시킬 수 있는 에너지를 갖게 되었다. 판매하는 일에 종사하면서 사람들과 상호 작업도 하고 새로운 친구도 사귈 수 있었다. 자신의 문제를 다양하고 많은 차원에서 작업하면서 Jerome은 우울증을 극복할 수 있었고, 자신의 삶의 새로운 장을 열 수 있었다.

당신은 우울증이란 뇌, 마음, 인간관계가 상호작용하는 네트워크라는 견해를 가질 수 있다. 우울증은 개인의 뇌에 영향을 주고, 이는 합리적인 사고 과정과 개인적인 인간관계와의 상호작용하는 데 영향을 준다. 그렇기에 당신은 우울증을 가장 성공적으로 치료하기 위해서는 세 가지 요소를 다루어야 한다. 인간의 뇌는 정서 문제로 변화가 생기지만, 인지와 대인관계는 뇌에 영향을 준다. 변화는 양방향으로 이루어지고, 당신이 변화를 시도할 때마다 긍정적인 과정을 작동시키는 셈이 된다.

많은 경우에 치료자들은 단지 한 측면만을 치료하는 경우가 많다. 즉, 정신과 의사는 단지 약물 치료만 하고, 심리치료자는 인지치료의 형태만을 실행하는 경우가 많다. 여기에 제시된 실습들은 다차원적인 수준을 강조하기에, 인지 재구조화를 통해서 뇌를 변화시키고, 정서와 작용하고 대인관계를 향상시키기에 획기적인 치료 효과를 가져올 것이다. 우리는 여기에 우울증의 각 치료 요소에 관한 몇 가지 방법을 제시한다. 우리는 당신도 자신의 방법과 치료적인 접근을 활용할 수 있는 다른 실습을 생각해 보기를 격려하고 싶다. 아마도 당신은 그렇게 할 수 있을 것이라고 믿어 의심치 않는다.

신경계를 재균형화시키기

이미 이 장에서 기술하였듯이, 우울증이란 뇌의 어떤 부위는 과활성화되고 다른 부위는 활성화가 부족한, 뇌가 불균형된 상태이다.

일반적으로 전반적인 에너지 감소로 인해서 고통을 받는 우울증을 겪고 있는 사람들은 두 가지 치료적 접근을 통해서 균형을 회복할 수 있을 것이다. 과잉 반추와 자기 비난으로 인해서 과활성화된 전전두엽은 최면 또는 명상을 통해서 활성화를 줄여 주고 안정화시킬 수 있다. 그러나 동시에 심사숙고하는 집행기능에 더 관여할 수 있도록 CBT를 적용하여서, 정서적인 변연계가 활성화시키고 가라앉은 정동을 자극할 수 있다.

▰ 둔해진 신경계를 활성화시키기: 원 그리기
움직이는 동작은 신경계의 균형을 변화시킬 수 있다. 우울증 때문에 고통을 받아

그림 21-4 원 그리기

서 만성적인 저조한 기분을 느낄 때는 신경계를 활성화시키기 위해서 다음과 같이 느리고, 정기적인 동작을 실시하라. 이러한 실습은 실행하기 쉽고 에너지를 자연스럽게 순환시킬 수 있다. 그 외에도 기분이 좋아질 수 있다([그림 21-4]).

서 있으면서 단순히 당신 신체의 감각을 느껴 보십시오. 1분 정도 후에 발을 벌려서 무릎을 약간 굽히고 편안하게 서 보십시오. 팔을 펼치고 몸 앞을 가로질러서 내려 보고, 팔을 위로 올려서 원을 그리고 다시 원 위치로 돌아오십시오. 당신의 앞에서 팔을 내리면서 뻗는 동작을 할 때, 편안하게 호흡을 들이마시고, 팔을 머리 위로 올릴 때는 호흡을 내쉬는 동작을 동시에 하십시오. 우리는 이 훈련을 실습하는 아동들에게는 물을 퍼 올려서 그 물을 머리에 붓는 것을 연상하라고 말합니다. 이와 같이 회전하는 동작을 몇 분 동안 실시하십시오. 그런 후에 중지하고 다른 팔로 이 동작을 반복하십시오. 당신이 전체의 몸을 움직일 때 호흡과 조화를 이루는 동시에 움직이도록 기억하십시오. 양쪽으로 몇 분간 움직인 후에 똑바로 서고, 신체 감각을 느껴 보십시오. 당신은 자신의 신체를 통해서 에너지가 증가하는 약간의 얼얼한 기분이나 감각을 느낄 수 있습니다.

과활성화된 신경계를 안정화시키기 위해 불수의 운동체계 사용하기

William James가 설명하였듯이, 마음과 신체는 관념 운동 연계(ideomotor link)로 연결되어 있다. 우리가 마음속에 생각을 품게 되면 그것은 신체를 통해서 표현된다. 예를 들면, 시큼털털한 레몬을 입으로 빨아 먹는 것을 생생하게 연상해 보라. 아마도 자동적으로 입에서 침이 나오는 것을 경험할 것이다. 마음과 신체를 직접적으로 연결하는 것은 뇌에서 짧은 회로를 통해서 진행된다. 당신은 과활성화되고 심사숙고에 빠진 대뇌를 안정화시키고, 한편으로는 각성과 에너지를 위해서 낮은 부위의 뇌를 활성화하기 위해서 관념 운동 연계를 자동적이고 손쉽게 사용할 수 있다.

기분이 좋았던 때를 연상해 보십시오. 아마도 친구와 함께 휴가 중에 자연 속에 있을 수도 있고, 박물관, 쇼핑센터, 건축물로 가득한 도시를 방문할 때일 수도 있습니다. 또는 아무런 책임감도 거의 없이 집에서 평안한 시간을 즐기는 때일 수도 있고, 당신이 선호하는 취미나 스포츠를 즐기는 시간이 될 수도 있습니다. 당신이 이러한 상황에 머물러 있다는 것을 생생하게 상상해 보십시오. 이제는 당신이 마치 지금 그러한 장소에 있는 것처럼 상상했을 때 당신이 본 것, 생각한 것, 느낀 것을 기억해 보십시오. 이러한 생각을 몇 분 동안 당신의 마음속에 강하게 간직해서 마치 당신이 지금 그곳에 머물면서 당신의 상상 속에서 움직이면서 경험하는 것처럼 느껴 보십시오. 당신이 어떻게 느끼는가를 억지로 변화하도록 노력하지 말고, 이 같은 멋있는 경험을 즐겼던 때에 당신이 느꼈던 반응이 자연스럽게 일어나도록 허용해 주십시오. 관념 운동 효과를 통해서 당신의 뇌와 신체는 좀 더 편안한 균형 감각을 가지고 자발적으로 반응할 것입니다.

인지 변화: 내적인 반추에서 마음챙김으로 변화하기

Maria는 가정주부였다. 그녀는 자신의 남편을 위해서 파트타임 비서로 일을 했다. 그녀는 우울해서 심리치료를 받으러 왔다. 그녀는 자신을 괴롭힌다고 느껴지는 가족에 대해서 화난 감정을 가지고 있었다. 그녀는 약물치료보다는 심리치료를 선택해서 자신을 자연스러운 방법으로 더 기분을 좋게 하고, 느껴 보려고 시도했다. 또한 자신의 어려움을 우리에게 호소하면서 자신의 가족에 대항해서 자신에게 동정심을 가지고 있는 지원군을 원하는 것처럼 보였다. 우리는 그녀가 학습해야 할 점들이 많이 있을 것이라 예상했다.

우리는 그녀에게 마음챙김 명상기법을 실습하도록 해서 자신의 경험에 대해 옳고 그름이라는 판단을 하지 않고 자신의 경험을 있는 그대로 알아차리도록 했다. 그녀는 경험이 발생하는 대로 단순히 알아차리면서 매 순간 수용하는 것을 학습했다. 그녀는 빨래를 개거나, 저녁 요리를 하거나, 개와 산책하면서도 그것을 실습했다. 그녀는 자신을 더 알아차려 갈수록 자신이 가족에 대해서 분노 감정을 가지고 있다는 것을 알아차리게 되었다. 그녀는 가족들이 자신의 삶을 어렵게 만들고 있다고 스스로에게 말하는 것을 듣게 되었다. 우리는 그러한 생각들에 대해서 좋고 나쁘다는 판단을 하지 않고, 자신의 감정을 지속적으로 알아차리도록 격려해 주었다. 이러한 방식으로 지속적으로 자신을 관찰하면서 자신의 가족에 대해 분노의 감정으로 대하고 있음을 인식하기 시작했다. 그녀는 남편에게 차갑게 굴고, 자녀들에게도 소리를 지르고 있는 것을 알아차렸다. 그녀가 자신을 좀 더 깊이 들여다보면서 가족이 그녀를 화가 폭발하게 할 만큼 자극하지 않았다는 것도 인지할 수 있었다. 점차적으로 그녀는 가족들의 친절한 면과 이해해 주는 측면을 인식하게 되었는데, 그녀는 이러한 면을 이전에는 알아차리지 못했다. 그녀는 자신의 우울증이 가족과 자신에게 어떤 영향을 주고 있는가를 수용하기 시작했다. 그녀는 매일 명상을 하면서 자신이 느끼는 감정을 있는 그대로 수용하기 시작했고, 이럴 때 역설적으로 자신의 기분이 덜 상하고, 좀 더 현실과 접촉하고 있는 자신을 발견했다. 그녀는 자신이 평소에 무시했던 사소한 행동, 즉 창문 너머로 보이는 새 또는 정원에 피는 꽃들과 같은 단순한 것들에서 즐거움을 느꼈다. 자신의 기분도 나아졌고, 남편과 자녀들과의 관계도 변했다. 그녀는 오랫동안 느끼지 못했던 자신의 가족에 대해서 사랑을 느꼈다. 심리치료가 끝날 때가 되었을 때, 그녀는 이전보다 자신의 가족과 더 즐거운 시간을 가졌고, 과거의 부정적인 기억에 대해 반추하면서 시간을 보내는 대신에 가족과 함께 즐거운 시간을 보내는 계획을 세우는 데 더 시간을 보내고 있다고 보고했다.

　종종 사람들은 자신의 현실 상황에 접촉하는 대신, 주위에 있는 사람에게 공상적인 분노를 투사하는 경향이 있다. 이럴 경우에 신경계는 습관적으로 과도하게 활성화되어 쉽게 기분이 상하고 불안한 반응을 하게 된다. 결과적으로 그들의 대인관계는 고통을 겪는다. 당신이 우울한 내담자가 좀 더 현실적인 경험을 할 수 있도록 안내해 준다면 그들은 고통스러운 판단을 하지 않고 실제로 일어나고 있는 현실을 알아차릴 수 있을 것이다. 그렇게 되면 그들은 자신의 관계에서 아마도 결여되었을 수 있는 사랑을 재발견할 수 있을 것이다.

　인지치료는 뇌에서 하향 방식으로 사람들이 문제들을 파악할 수 있도록 도와줄 수 있다. 그러나 변화는 명상을 활용한 하향 기법과 상향 기법을 모두 동시에 사용해서 시도할 수 있다. 마음챙김은 인지 과정 자체를 변화시키는 과정을 시작할 수 있다. 마음챙김은 우리가 판단적으로 반추하는 주의에 변화를 시도해서, 사람들에게 좀 더 중립적이고, 자연스럽고, 각성된 주의력을 실현하도록 한다. 이를 통해 현실적인 삶을 경험할 수 있도록 직면시켜 준다. 이렇게 되면 인지는 우울증을 영속화시키는 편견과 감정을 우회하도록 해 주기에, 우리의 현실적인 경험과 직접적으로 연결된다.

■ 비판단적 수용을 발달시키기

마음챙김 알아차림(mindful awareness)은 당연히 비판단적입니다. 마치 자료를 수집하는 연구자와 같이 판단을 유보합니다. 성급하게 결론을 내리지 마십시오. 또는 편견된 의견을 가지고 얻어진 새로운 정보를 사용하지 마십시오. 좀 더 자료가 모아질 때까지 판단을 유보하십시오. 알아차림의 과정을 신뢰하고 개방된 마음을 개발하십시오.

당신이 싫어하는 성격적 특질을 인지했다면, 그것을 알아차리십시오. 이것은 질적인 면의 변화가 될 수 있지만, 자신을 비난하지 말고 그저 변화를 시도하십시오. 변화가 필요한 어떤 것이 있다는 것을 단순하게 바라보는 것은, 그것이 좋고 나쁜가를 평가하는 것과는 아주 중요한 차이가 있습니다. 비판단적으로 바라보게 되면 자주 방어력을 감소시켜 주고 좀 더 개방적인 태도를 가져오게 해 줍니다. 마음챙김을 지속하는 동안에, 평가적인 판단을 하지 말고 있는 대로 바라보려고 노력하십시오. 즉, 어떤 입장을 가지지 말고 그 상황을 알아차리십시오.

무엇이 있는지 알아차리기 위해서는 명확한 관찰을 하고, 그것을 묘사하는 방식으로 하십시오. 비교하거나 비난하지 말고, 모든 경험을 있는 그대로 수용하기를 배우십시오. 그렇게 되면, 더 질적으로 우수한 경험을 있는 대로 온전하게 느낄 수 있습니다.

이러한 비판단적인 태도를 적용하기 위해서는 머리에서 발끝까지 당신 자신을 살펴보시고, 모든 다른 신체 부분들을 인지해 보십시오. 전통적으로 불교에서는 우리의 신체가 32개 부분으로 구성되어 있다고 합니다. 각 부분들을 묘사해 보십시오. 예를 들면, 머리카락, 머리카락의 색깔, 감촉, 스타일을 관찰해 보십시오. 눈과 눈썹 등도 관찰해 보십시오. 그러나 이 과정에서 사실만 기술해야 합니다. 예를 들면, 길고 어두운 갈색 곱슬머리인 것을 관찰할 수 있습니다. 매력적이거나 매력적이지 않다, 너무 길거나 너무 짧다, 또는 머릿결이 충분히 곧지 않다 등의 평가적인 용어를 사용하지 마십시오. 현재 무엇이 일어나고 있습니까?

당신은 내담자가 자신들의 외모를 거부하거나, 아주 심각한 결점을 가지고 있다고 믿고 있는 것에 대해 좀 더 중립적인 태도를 가지도록 안내해 주어야 한다. 위대한 선불교 스승인 의현대사(Lin Chi)는 제자들에게 자주 아무것도 완벽한 것은 없다고 말했다(Watson 1968). 문제는 사람들이 실제로 있는 진실로부터 멀어질 때 발생하는 것이다. 모든 사람은 마음챙김을 할 수 있는 능력으로 완벽하게 무장되어 있다. 만일 무엇도 덧붙이지 않고, 있는 그대로 진실하게 바라보려는 의지를 가지고 있다면, 부정적인 평가가 사라지는 것을 깨닫게 될 것이다.

■ 일상생활에서의 신체 마음챙김

신체 알아차리기를 일반화된 감각을 통해서 실시하면서 마음챙김을 준비하십시오. 일상적인 활동을 시작할 때에 잠시 멈추고 신체 감각을 알아차리십시오. 앉거나, 서거나, 누워 있거나, 걸을 때에 신체의 위치와 움직임에 주의하면서 시작하십시오. 사람들은 자주 이와 같은 아주 기본적인 움직임에 거의 주의를 주지 않습니다. 그러나 신체 감각은 일상적인 활동의 한 부분들이고, 주의를 집중하는 데 중요한 내적인 통로입니다. 그렇기에 아침에 처음 일어날 때, 침대에 누워 있는 상태에서 잠시 멈추고 순간적인 경험을 체험해 보십시오. 일어나는 동작, 바닥에 발을 디디는 동작, 그리고 천천히 일어서는 과정에 주의를 집중해 보십시오. 하루 종일 가능할 때마다 다양한 신체 자세를 관찰해 보십시오. 예를 들면, 집에서 의자에 앉아 있거나, 일을 할 때에 자세에 주의를 집중해 보십시오. 앉아 있는 자세의 질적인 면을 느껴보십시오. 똑바로 앉아 있는가? 구부리고 있는가? 의자에 비스듬하게 앉아 있는가? 의자에 기대고 있는가? 의자 표면을 누르고 앉아 있는가? 발은 어디에 있는가? 모든 각각의 자세한 부분에 세심한 주의를 주어 보십시오.

하루 종일 항상 다양한 순간에도 당신의 신체에 대해서 의식적으로 주의를 집중하십시오. 예를 들면, 당신이 문을 열 때, 식사를 할 때 숟가락을 드는 것, 당신이 말을 할 때, 당신의 목소리를 듣는 것과 같이 매 순간 당신의 신체에서 경험되는 것에 판단하지 말고 주의를 집중하십시오. 이와 같은 실습을 정기적으로 순간순간 한 번에 약 1~2분 정도 실습해 보십시오. 점차적으로 당신은 그것을 반추하지 않고 알아차리게 되는 습관을 발달시킬 수 있습니다.

▪ 감정에 대한 마음챙김

감정은 삶의 중요한 요소이다. 그렇기에 마음챙김은 감정에 주의를 집중한다. 이렇게 하면 통제할 수 없는 감정 때문에 겪는 고통을 극복하고 긍정적인 면을 극대화하는 방식으로 감정을 다루는 전략을 얻게 될 것이다. 마음챙김 기법은 그것을 위해서 적용하기 위한 확실한 방법의 열쇠인 셈이다.

감정은 즐겁기도 하고, 불쾌하기도 하고, 중립적일 수 있다. 사람들은 즐거운 감정에 집착하고 불쾌한 감정을 거부하는 경향이 있다. 이와 같이 집착하고 거부하는 태도가 알아차림을 방해하고 고통을 일으키는 이차적인 반응을 일으키게 된다. 이렇게 하는 대신에 감정 자체에 주의를 집중해 보라. 그러면 따라오는 이차적인 반응이 급격하게 떨어지고 수정될 것이다. 이런 과정은 반응을 좀 더 편안하게 해 줄 것이다.

감정을 확인하기

감정에 대한 마음챙김은 현재 경험하고 있는 감정을 확인하는 것에서 출발한다. 연구에 따르면, 감정을 평가하고 명명하게 되면 뇌에서 감정을 경험하는 데 관련이 있는 편도체가 활성화되는 것을 감소시켜 준다. 이러한 명상 기법은 이와 같은 기술을 이용해서 감정을 확인하면서 감정을 명명하는 기술을 발달시킨다.

명상 기법을 시작하기 위해서 잠시 앉아서 눈을 감으십시오. 내면의 경험에 집중하십시오. 감정이나 기분에 이름을 지어 주려고 노력하십시오. 그러고 나서 당신이 느낀 감정을 자세히 묘사 내용과 일치시키려고 노력하십시오. 혹시라도 이러한 과정에서 일치하지 않는다고 느끼면, 당신이 묘사하는 내용과 감정이 일치해서 당신이 만족을 느낄 때까지 그 감정 이름을 변경시키십시오.

이렇게 하는 과정에서 공평한 판사같이 되려고 노력하십시오. 사건을 심리할 때, 판사는 화를 내지 않습니다. 대신에 그는 편안하게 사실 관계에 집중하면서 가장 좋은 경청을 하려고 노력합니다. 불쾌한 감정이라는 이름이 주어져도, 당신의 모든 감정을 객관적으로 관찰하려고 노력하십시오.

감정에 마음챙김으로 집중하기

감정이 통제력을 잃게 되면 여러 방향으로 밀치거나 잡아당기면서 많은 힘을 행사하게 된다. 감정에 대한 알아차림은 사람들을 자신의 내적 경험 중심으로 안내하면서, 자신의 감정을 이해하고 성숙하게 대처하도록 더 큰 힘을 주게 된다.

즐거운 감정을 알아차려 보시면서 시작하십시오. 즐거운 감정의 중심에 머무르는 동안에, 일단 정지하고 자신을 관찰하기 위해서 잠시 멈추어 보십시오. 감정에 상응하는 신체적인 감각을 느껴 보십시오. 차분하게 앉아서 눈을 감으셔도 됩니다. 실습을 많이 하게 되면 멈추려고 하는 노력 없이도 감정을 더 쉽게 신체적으로 느낄 수 있습니다.

다음으로, 중립적인 느낌을 가지려고 노력해 보십시오. 점진적으로 불쾌한 감정을 알아차리도록 노력하십시오. 예를 들면, 강한 분노 감정을 알아차리기 전에, 경미하면서 짜증나는 감정을 알아차리는 연습을 하십시오. 알아차림의 기술을 점진적으로 쌓아 가도록 하면 필요한 경우에는 쉽게 사용할 수 있도록 준비가 될 수 있습니다. 마음챙김은 실습이 필요합니다.

이제는 감정을 자세히 집중하십시오. 감정은 단지 한 가지 특징을 가진 것이 아니고, 다른 감각을 종합해 놓은 것임을 깨달으십시오. 예를 들면, 짜증나는 기분을 느낄 때, 배가 뒤틀리는 감각과, 숨이 가빠지는 느낌과 얼굴이 화끈거리는 느낌이 동시에 동반할 수 있습니다. 감정과 그 감정에 수반되는 감각을 알아차리십시오. 당신은 곧 가장 강력한 감정일지라도 감각들이 종합된 반응이라는 것을 깨닫게 될 것입니다. 판단하지 말고, 가능한 감정의 많은 측면들에 주의하십시오. 조심스럽고 객관적으로 주의를 집중하면서 감정을 그에 관련된 다양한 감각들로 분해하면, 그 아래에 있는 정서의 힘은 약해지는 경향이 있습니다.

순간순간 감정에 머물러 보십시오. 많은 경우에 감정을 자세히 관찰하면 감정이 변합니다. 매 순간 감정이 어떻게 다른지 감지하십시오. 처음에 짜증나는 기분이 지금쯤은 변해 있을 수 있습니다. 차이점을 알아차리십시오. 감정을 감싸 안아 보고 감정을 느끼는 그대로, 지금 느끼고 있는 그대로 수용해 보십시오. 그러면 그 감정은 시간이 지나면 지속적으로 변화할 것입니다.

◾ 마음에 대한 마음챙김

마음에 대한 마음챙김은 마음의 활동 자체를 관찰하는 것이다. 인지심리학은 마음의 인지처리 과정을 이해하기 위해 연구하는 현대 과학의 한 분야이다. 마음챙김 기법은 마음이 어떻게 작용하는 것인지에 대해 인지심리학이 발견한 사실들과 일치한다.

마음이 작용하는 과정은 한 생각이 일어나면 또 다른 생각이 우리의 마음을 채우면서 많은 다른 형태를 취하게 된다. 우리는 때로는 명확한 생각을 하기도 하지만, 때로는 혼란스럽기도 한다. 어떤 때 우리 마음은 감정으로 채워져 있기도 하고, 때로는 무감각하기도 한다. 그러나 당신이 한 발 뒤로 물러나서 더 큰 그림을 보면, 실제로 우리 모든 다양한 마음의 상태는 마음의 과정임을 알 것이다.

마음에 대한 마음챙김은 우리가 생각하는 동안에 생각을 인식하는 것에서 시작합니다. 조용히 앉아서 눈을 감으십시오. 생각이 일어나는 대로 각 생각을 바라보십시오. 각 생각이 흘러가는 것을 따라가십시오. 마치 강가에 앉아서 나뭇잎이나 나뭇가지가 강을 따라서 흘러가는 것을 관찰하고 있는 사람이라고 연상해 보십시오. 강물로 뛰어들지 말고, 강가에 머물러서 관찰해 보십시오. 계속해서 관찰하고, 우리의 생각도 낙엽처럼 강물 따라서 과거로 흘러가도록 하십시오. 당신이 자신의 생각을 가지고 강물을 따라서 흘러가는 모습을 발견했다면, 이제는 강가로 올라오고 가능한 한 빨리 자신의 생각을 바라보기를 다시 시작하십시오.

마음의 구조를 인식하기

다음으로, 인지 과정 자체를 이해하도록 하십시오. 사람들은 통상적으로 세상을 직접적으로 경험하지 않습니다. 오히려 사람들은 감각 정보와 뇌의 과정을 통합하면서 세상을 인식하게 됩니다. 인지라는 용어는 그리스어 gnosis, 즉 인지, 깨달음에서 유래했습니다. 안다는 것은 다시 인식하는(re-cognizing) 두 가지 감각과 관련이 있습니다. 이제 우리는 기본적인 인지 과정은 복잡하고 다면적인 면을 포함하고 있다는 것을 알고 있습니다. 뇌 질병의 일종인 시각적 실인증(visual agnosia)은 지각은 시각적인 체계와 피질의 활동이 어떻게 통합하는가를 잘 보여 줍니다. 시각적인 실인증은 눈에 상처가 없어도 실명의 원인이 됩니다. 뇌가 시각 작용에 중요한 역할을 합니다. 사물을 보는 것은 단지 눈을 가지고 일어나는 것이 아니고, 눈을 통해서 일어나는 현상입니다. 이와 비슷한 뇌의 다른 부분들은 청각, 촉각, 미각 및 촉각입니다.

이와 마찬가지로, 꽃을 바라볼 때, 감각을 통해서 얻는 정보를 뇌가 관여해서 꽃이 인식되는 것입니다. 꽃이라는 지각은 꽃이라고 경험되는 감각을, 개인적이고 문화적으로 공유된 것을 통해서 꽃이라고 의미를 부여하는 것과 연관이 있습니다.

경험은 구성되는 것이고, 지각 과정을 마음이 알아차리는 것은 어떻게 이러한 현상이 발생하는가를 명확히 해 준다. 영속성이라는 감각은 마음의 작용에서 기인하는 것이다. 즉, 마음에서 발생하는 개념들, 의미들, 추상적 개념들이다.

마음의 대상에 대한 마음챙김

전형적으로 생각하는 것에는 의도적인 특징이 있다. 우리는 어떤 대상에 대해서 생각을 한다. 이와 비슷하게 감정을 느낄 때, 그것은 어떤 대상 또는 어떤 사람에게 향해서 있다. 이와 같이 감각적인 경험은 어떤 대상 또는 사람에 관련이 되어 있다. 우리의 의식은 마음의 대상으로 채워져 있다. 지각(知覺)이라는 한자는 두 가지의 상형문자로 구성되어 있다. 즉, 사인(sign)과 마음(mind)이다.

우리가 의식 밖의 세계를 체험하려고 노력할 때, 그것을 쉽게 할 수 없다는 것을 알게 된다. 우리는 어떻게 의식 밖으로 나가서 세상을 체험할 수 있는가? 인간은 마음을 통해서 세계에 대한 체험을 하게 된다. 마음챙김은 우리가 이와 같은 구성적인 과정과 접촉하도록 해 주고, 명상은 현상적으로 발생하고 있는 것을 초월해서 볼 수 있는 비전을 개발하도록 도와준다.

■ 순간적인 마음챙김

이제 모든 마음챙김에 관한 모든 방법을 동원해 현재의 순간에 집중하도록 하십시오. 바디스캔을 통해서 신체 감각을 알아차림을 높이도록 하십시오. 감정을 알아차리고, 기분을 관찰해 보십시오. 이 순간 마음의 활동, 즉 사고와 지각들에 주의를 기울여 보십시오. 지각의 대상들에 대해서 자세한 주의를 집중해 보십시오. 이러한 마음챙김의 네 가지 질적인 작업을 실행하는 데는 많은 시간이 필요하지 않습니다. 순간적인 경험에 집중했으면 모든 것은 내려놓고, 단지 현재에 머물러 보십시오.

순간순간 경험이 어떻게 변하는지 관찰해 보십시오. 가능할 때마다 현재 일어나고 있는 경험에 주의를 기울이십시오. 가능한 한 자주 마음챙김과 접촉해 보십시오. 시간이 지나면서 마음챙김은 습관이 되고 자연스러워질 것입니다. 자신과 주변 환경과 균형을 이루면서 삶이 다가오고 필요한 것에 따라서 자연스럽게 조화를 이루면서 활동하도록 삶의 흐름을 수용하십시오. 순간의 새로운 경험에 머물러 보십시오.

■ 활동하면서 마음챙김 명상하기

우울증은 자주 자신의 내면으로 초점이 향하는 반추와 연관이 있다. 명상은 초점을 외부로 향하도록 도움을 주어서 우울증을 극복하는 데 도움을 준다. 내담자가 단순한 활동들에 주의를 집중하도록 도와주면, 당신은 내담자 뇌의 회로를 변경하는 데 도움을 주게 된다. Maria가 한 것처럼, 매일 집안일을 하면서 명상하는 것은 쉽게 명상을 시작하기에 좋은 방법이다. 당신은 주의를 복내측피질(ventromedial cortex)에서 외부 자극으로 옮겨, 감각 자극이 들어오는 것을 더 잘 알아차리도록 해 준다. 신경계는 자연스럽게 균형을 회복하고, 현실을 알아차리고 접촉하게 해 준다. 마음챙김 명상 도중에 일어나는 어떠한 문제도, 흔히 사용되는 인지적 기법이나 역동적 기법을 사용하여 다루어지고 작업될 수 있다.

나눔 명상을 통해서 관계를 향상시키기

대인관계의 질도 명상을 통해서 향상될 수 있다. 나눔 명상(shared meditation) 시리즈는 커플을 위해서 사용하도록 설명한 것이지만, 가족 또는 다른 중요하고 의미 있는 사람들에게도 적용될 수 있다.

■ 커플 또는 가족과 함께 하는 명상

커플 및 가족이 명상을 같이하면, 편안한 자리에 앉아서 경험을 나누면서 결속력이 발전되는 것을 깨닫게 될 것이다.

소파 또는 바닥에 같이 앉아서 잠시 동안 생각을 편안하게 가라앉게 하십시오. 그러고 나서 당신이 어떤 장소에 앉아 있든지, 신체 자세의 감각을 느껴 보십시오. 의자에 있다면, 의자에서 앉아 있는 감각을 느껴 보십시오. 당신이 의자에 어떻게 접촉하고 있는지 주의를 집중하십시오. 의자를 누르고 앉아 있다면 반대로 의자가 동일한 힘으로 당신을 지지하기 위해서 반사적으로 당신을 밀어내는 힘을 느껴 보십시오. 이러한 알아차림이 당신과 파트너 사이로 더욱 퍼져 나가게 하십시오. 당신은 파트너의 호흡 소리를 듣고 있습니까? 당신은 파트너가 앉아 있는 쪽의 온도가 얼마나 더 높은지 감지할 수 있습니까? 당신의 파트너와 지금 이 자리에 머무르기 위해서, 이 순간을 나누는 느낌을 갖도록 허용해 주십시오. 서로가 이 순간에 경험을 나누면서 어떻게 같이 명상에 참여하고 있는가를 인식하고 나눔의 순간을 즐기십시오. 당신의 선한 의지, 아마도 사랑까지도 파트너를 향해서 밖으로 전달될 수 있도록 허용해 주십시오.

🔲 사랑과 열정을 확장하기

당신이 당신의 파트너와 이 순간 같이 나누고 있음에 대한 알아차림이 증가하게 되면, 이러한 것을 상상 속에서, 예를 들어 다른 가족 구성원이나 하우스 메이트에게도 확장해 보십시오. 그들을 위한 사랑과 열정의 감정으로 가지고 그들이 존재를 상상 속에서 느껴 보십시오. 그런 다음에 당신의 이웃에게도 이러한 기분을 확장해 보십시오. 그들의 존재를 느끼고 그들과 연결됨을 느껴 보세요. 그들의 관심과 그들이 힘들어하고 있는 점들에 대해서 배려하는 마음으로 자비의 마음을 가져 보십시오. 마치 힘들어하는 아이를 보았을 때 배려해 주고 싶은 마음과 같이, 그들에게도 선의와 친절함을 보여 주십시오. 당신의 선한 마음을 당신이 살고 있는 도시, 주, 나라 그리고 세계를 향해서 외부로 지속적으로 확장해 보십시오. 당신의 선한 마음에 대한 기분이 발달하도록 허용할 때, 당신의 기분도 향상됨을 느낄 것입니다.

🔆 결론

    우울증과 양극성 장애는 고치기 어려운 문제일 수 있다. 그러나 당신은 상향 기법과 하향 기법을 통합해서 치료를 더 효과적으로 실천할 수 있다. 당신은 한편으로는 내담자의 낮은 에너지 또는 과도한 에너지의 증상을 치료하고 신체적인 기법을 첨가해서, 인지적인 어려움과 함께 뇌가 균형을 이루도록 도와줄 수 있다. 내담자를 너무 압박하지 말고, 또는 너무 급하게 서두르지 말고, 내담자에게 부드럽고 친절하고, 점진적으로 대하라. 내담자가 할 수 있는 것을 수용하면, 그들이 우울증을 극복하는 데 중요한 그들의 자신감과 긍정적인 기대를 증가하도록 도와줄 수 있을 것이다.

제22장

중독 회복하기

뇌과학에 근거한 중독 문제는 일반적으로 마약을 사용하면 뇌에서 신경적인 변화가 발생한다는 아이디어에 따른다. 의존성은 도덕성 빈약이나 나쁜 선택, 인종적인 배경 문제가 아니다. 물질 남용 문제는 뇌의 체계적인 변화에 의한 직접적인 결과로 발생한다(Kauer and Malenka 2007). 학습과 기억 형태로서 중독은 장기기억 강화작용(Long-Term memory Potentiation: LTP) 과정을 통해서 물질 주위에 회로를 재형성하면서 발생한 보상 회로의 특별한 시냅스의 변화와 관련이 있다. 행동, 감정, 인지는 뇌의 신호에서 전달되는 피드백에 의해서 왜곡될 수 있다. 그러므로 이와 같은 뇌 구조와 기능의 변화는 사람들이 물질 사용을 포기하는 데 겪는 어려움의 원인이 된다.

심리치료자들은 학습과 기억을 다루는 면에서 훈련이 잘 되어 있다. 그러므로 신경세포의 이런 변화를 치료적인 면으로 잘 설명할 수 있고, 이렇게 할 때 실제로 우리가 실행하는 개입이 강력한 효과를 가져올 수 있다. 중독이 어떻게 뇌를 변화시키는가를 인지한다면 이러한 중독 문제를 대처하기 위한 치료 전략을 명료하게 할 수 있다. 당신은 이러한 변화를 효과적으로 초래하는 기술을 어떻게 고안해 낼 것인가를 알게 될 것이다. 그리고 중독된 뇌가 정상적으로 돌아가기 위한 재배선되려 할 때, 물질 남용자들은 물질 사용을 포기하고 재발로부터 자유로울 수 있는 방법을 더 쉽게 터득할 것이다.

💡 중독에 있어서 보편적이고, 비특이적인 마음-뇌 변화: 변화된 보상 회로

각 종류의 마약을 남용하면 마음-뇌 체계에 구체적인 효과를 야기한다. 그러나 모든 남용 형태에 공통적인 한 가지 뇌의 변화는 뇌의 보상 회로가 변한다는 것이다. 실제로 어떤 사람이 알코올, 코카인, 헤로인 같은 물질에 중독이 되면 뇌의 보상 회로는 그러한 마약에 적용하기 위해서 변한다([그림 22-1], [그림 22-2]).

보상 회로는 건강하고 삶을 향상시키는 행동을 유지하도록 강화하기 위해서 자연스럽고, 내적으로 형성된 반응임을 기억하라. 뇌 보상 회로는 도파민이 중뇌(midbrain)에서 시작해서 전뇌(forebrain)로 투사되고 다시 중뇌(midbrain)로 방출되면서 활성화된다([그림 9-5] 참조). 정상적인 경우에는 본인이 좋아하는 음식 같은 것을 먹을 경우에, 뇌는 보상이 되는 감각 자극을 수용하고 처리하게 되면, 중뇌의 복측피개영역(Ventral Tegmental Area: VTA)을 활성화한다. 그러면 VTA는 측좌핵,

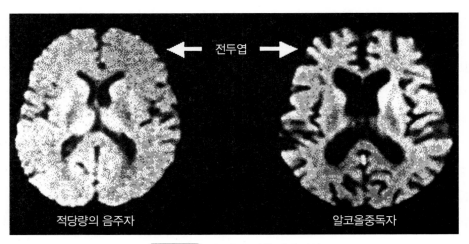

그림 22-1 알코올로 인한 뇌의 변화

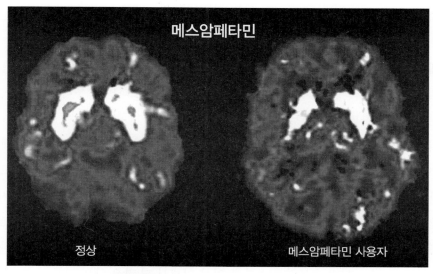

그림 22-2　메스암페타민으로 인한 뇌의 변화

격막(septum), 편도체, 전두엽에 도파민을 보낸다. 측좌핵은 동작기능을 활성화시키고, 전전두엽은 주의를 집중하게 한다. 도파민은 당신이 즐겨 먹은 음식에 대한 보상으로 쾌감을 느끼게 한다. 내분비선과 자율신경계는 보상 회로를 조절하기 위해서 시상과 뇌하수체를 통해서 상호작용한다. 우리는 제9장에서 정상적인 보상 회로에 관해서 이미 설명했다. 이 보상 회로는 생존을 위해서 먹고, 마시고, 성관계를 하는 것 같은 생존을 위해서 필요한 행동에 관여할 때 얻는 정상적인 쾌감을 추구하도록 하는 데 관여한다.

　사람이 알코올, 코카인, 헤로인, 또는 흔히 남용하는 다른 물질과 같은 마약을 사용할 때, 도파민이 보상 회로를 통해서 전전두엽과 변연계로 순환된다. 이렇게 되면 개인은 쾌감을 느낀다. 이 과정에서 마약중독은 물질 사용과 연관되어서 나타나는 긍정적인 강화로 시작된다. 해마는 보상을 받는 맥락을 기억하고 연합학습이 이루어진다. 중뇌, 전뇌, 신경전달물질 체계는 약물을 사용해서 느끼는 긍정적인 감각을 활성화한다. 약물은 시냅스의 활동을 극적으로 변화시키고, 약물의 사용이 보상 회로에 전달되도록 새롭게 자극하고 회로에 변화를 가져온다. 어떤 의미에서는 보상 회로는 약물 회로가 되는 것이다.

　각 개인이 어느 정도 쾌감을 느끼고 활력소를 느끼는가는 Jung의 리비도 개념 및 도교의 기(氣)에 대한 아이디어와 같이 개인마다 수준이 다르다. 인간의 신체는 스스로 통제하는 경향이 있다(Squire et al. 2003). 그러나 약물을 남용하는 중독자는 단숨에 쾌감을 극대화하려고 시도한다. 약물은 GABA 방출을 억제하기에 이것은 마치 브레이크에서 발을 떼게 하는 것과 같아서 더 많은 도파민을 분비하게 한다. 도파민을 과소비하면 보상 회로가 손상을 입게 된다.

뇌는 또한 민감화(sensitization)하게 되면서 지속적인 약물 사용에 적응하게 된다. 약물이 존재하면 신체의 일부분에서는 항상성을 유지해서 정상화를 하려고 시도한다. 약물이 회로의 일부분으로 사용되는, 정상적인 항상성 균형과는 다른 새로운 알로스타틱 균형(allostatic balance)이 형성된다. 다르게 표현하면, 보상 회로는 변화를 통해서 안정을 유지하려고 시도한다(Koob and Le Moal 2001). 약물에 대한 내성(tolerance)이 커지면서 동일한 효과를 얻기 위해서 더 많은 양의 약물이 필요하다(Squire et al. 2003). 새로운 알로스타틱 균형은 아주 경직되고, 고착된 체계라는 문제점을 가지고 있다. 약물 중독자들은 삶의 일상생활에서 자연적인 반응을 통해서 쾌감을 느낄 수 있는 방법이 거의 없다. 이렇게 되면 중독자의 전체 쾌감 반응은 이제 약물 사용에 속박된다. 내담자는 약물이 없으면 삶이 밋밋하고 무채색 같은 기분을 느낀다. 이와 같이 삶에 대한 흥미의 상실은 보상 회로의 고장에서 발생한 것이다.

사용자가 약물을 사용하지 않았을 때 생기는 금단(withdrawal) 상태에서는 오히려 정반대의 기분, 즉 부정적인 정서, 불안 및 강렬한 신체적 불편감을 경험한다. 도파민과 세로토닌 수준이 눈에 띄게 지속적으로 변화하면, 중독자는 메마른 정서를 느끼게 되고 약물을 사용했을 때의 반대 효과를 느끼게 된다. 불안과 스트레스는 약물에 대한 의존과 금단 증상의 공통적인 요소이다. 신체의 변화에 의해서 항상성의 균형의 변화가 이루어졌다. 제9장에서 설명한 것처럼, 이러한 반응은 극도의 스트레스를 경험하는 것이며 스트레스 반응을 활성화한다.

약물 남용에 대한 치료: 정상적인 기능을 회복하기

우리는 약물 남용이 어떻게 신경세포 조직이 관여해서 뇌의 보상 회로에 손상을 입히는가를 살펴보았다. 건강한 쾌감을 즐기고 위험한 것을 회피하려는 유기체의 자연스러운 경향이 중독자의 뇌에서는 더 이상 작동하지 않는다. 뇌의 균형이 오류 신호를 보내고 있는 상황에서 단순히 직접적이고 인지적인 방법으로 개입하는 것은 부족하다. 대신에 뇌가 회로를 통해서 건강한 기능을 회복하고, 보다 균형 잡힌 기능을 회복할 수 있도록 격려할 필요가 있다. 그렇게 되면 마음, 뇌, 신체는 조화롭게 작용해서 재발을 방지할 가능성이 높고, 회복의 길에 머물 가능성이 많다. 다음에 제시하는 실습은 보상 회로가 정상적으로 가동할 수 있도록 도움을 제공하는 방법이다.

무의식을 깨워서 보상 체계의 균형을 이루기

최면과 명상은 그 과정을 통제하고 대처하는 데 사용될 수 있을 효과적인 자원이다. 안정감을 적극적으로 발달시키면 공포/스트레스 회로의 활성화 수준을 낮추는 데 도움을 줄 수 있다. 내담자가 금단 과정에서 발생하는 전반적인 긴장을 완화하는 데 필요한 자신감을 얻게 되면 긴장을 느껴도 어느 정도 여유를 즐길 수 있다. 명상이나 최면을 활용해서 전반적인 긴장을 완화할 수 있도록 하라. 잠깐 동안이라도 이완 상태로 전환하여 약물 사용을 촉발하는 근본적인 문제를 다루어라. 여기서는 최면기법을 먼저 소개한 후에 명상 기법을 소개한다.

내담자가 자연스럽게 긴장을 이완하는 방법을 도와주기 위해서 내담자의 자동적이고 자연적인 성향을 활용할 수 있다. 사람들은 어떤 방법보다 자신이 더 선호하는 방법을 좋아하는 경향이 있다. 사람들은 모든 방법을 사용하지만, 때로는 다른 어떤 방법보다는 더 특별히 선호하는 방법에 의존하는 경우가 있다. 만약 당신이 사물을 지각할 때 선호하는 모드를 알게 되면, 더 자연스럽게 긴장을 완화할 수 있도록 하는 데 도움을 받을 것이다.

눈을 감고 당신이 집에 마지막으로 들어갔을 때를 상상해 보십시오. 당신은 집에 도착했다는 것을 어떻게 기억하고 있나요? 문을 통해서 걸어가고 있는 당신의 모습의 그림을 그릴 수 있나요? 그렇다면, 아마도 당신은 시각적인 경향이 있을 수 있습니다.

당신은 문을 통해서 걸어 들어갈 때의 감각과 문의 열린 공간을 통해서 걸어 들어

가는 것을 기억하고 있나요? 그렇다면 당신의 경향이 감각적일 수 있습니다.

또는 문을 여는 소리와 닫는 소리를 기억합니까? 만약에 이것이 좀 더 명료하다면, 당신이 선호하는 지각은 청각적인 형태일 수 있습니다.

다른 가능성은 당신이 문을 열었을 때, '나는 정말 집에 오고 싶었구나.' 또는 '나는 어젯밤에 내가 했던 것을 생각하고 있었구나.' 등과 같은 생각에 관련된 경험에 연결될 수 있습니다. 그렇다면 당신은 인지적인 경향의 성향을 가질 수 있습니다.

어떤 사람은 '나는 집에 오게 되어서 기쁘다.'와 같은 감정을 느끼고 있었던 것을 기억할 수 있습니다. 만약에 당신이 느끼고 있었던 것을 가장 강하게 기억하고 있다면, 당신은 사물에 대해서 감정적으로 대하는 경향이 있을 수 있습니다. 무슨 방법으로 기억을 했든지 간에, 당신이 긴장 완화를 시작하려고 할 때 연관된 지각 형태를 사용하십시오.

긴장 완화를 무의식적으로 유도하기

어떤 것을 상상하기 위해서는 당신에게 가장 자연스러운 방법을 선택해서 시작하라. 여기서는 각 지각 모드를 사용해서 이완을 유도하는 단순한 방법을 소개한다. 당신에게 가장 자연스러운 한 가지 방법을 터득하고 사용하라. 다른 때는 다른 방법을 가지고 실험을 해 볼 수 있다.

신체 감각 모드: 기분을 가라앉힌 상태에서 의자에 편안하게 앉으십시오. 손바닥을 당신의 무릎에 부드럽게 올려놓으세요. 눈을 감고, 당신의 한 손의 감각을 느끼십시오. 자신에게 다음을 물어보십시오. 내 손은 가벼워지는 느낌인가 무거워지는 느낌인가? 당신이 질문에 한 것에 무엇이 일어나는지를 알아차리기 위해서 어떤 감각이 느껴지는지 기다려 보십시오. 또는 즉시 손이 뚜렷이 가볍게 또는 무겁게 느껴집니까? 또는 경미한 정도의 감각을 느낍니까? 당신은 다른 감각들, 즉 따뜻함, 차가움, 찌릿함 또는 다른 감각들을 느낄 수도 있습니다.

이미지 모드: 앉거나 완벽하게 누우십시오. 긴장을 크게 풀고 편안하게 느꼈던 곳을 상상해 보십시오. 아마도 휴가 중에 갔던 아름다운 곳, 해변가, 숲속, 가장 좋아하는 식당, 박물관 또는 당신 집의 한 공간일 수도 있습니다. 아주 편안한 장면을 생

생하게 그려 보십시오. 할 수 있는 만큼 많고 구체적인 세부 사항, 즉 색깔, 질감, 조명 등을 알아차리십시오. 가능하면 당신이 그곳에 있는 상황을 연상해 보십시오. 당신이 이러한 이미지를 즐기는 잠시 동안 자신이 편안함을 느끼도록 허용해 주십시오.

소리 모드: 눈을 감고, 현재 들리고 있는 음악, 당신이 특별히 좋아하는 음악을 들을 수 있습니다. 음악을 기억하고 그것을 계속 진행하도록 할 수도 있습니다. 당신은 그 음악의 멜로디를 듣고 음악을 들으면서 즐기고 있습니까? 이 음악을 들으면서 더욱더 긴장을 완화하도록 하십시오.

냄새 모드: 당신이 좋아하는 향수, 꽃의 향기를 상상해 보고, 소나무 향기 또는 공기에서 신선한 바다 냄새를 맡아 보십시오. 숨을 들이마실 때마다 그 향기도 들이마십시오. 도움이 된다면 과거의 기억을 생각해 보십시오.

기분 모드: 당신이 온전히 편안하고 행복했던 때를 기억해 보십시오. 욕조에서 물에 잠겨 있을 수도 있고, 친구와 함께 편안하게 걸을 때일 수도 있습니다. 가능한 한 생생하게 그 기분을 기억하도록 해 보십시오.

사고 모드: 당신의 최면에 대한 아이디어를 생각해 보십시오. 그것은 무엇이라고 생각하나요? 당신은 그 생각을 하면서 편안합니까? 근육이 이완되고 있다는 생각을 하나요? 생각이 좀 더 느려지고 긴장을 푸는 생각에 집중하고 있나요? 최면을 생각해 보고, 최면이 당신에게 무슨 경험을 줄 수 있는지에 관해서 스스로 경험할 수 있도록 허용해 보십시오.

다른 모든 지각 모드: 제시된 감각과 다른 무엇이 일어나고 있으면 그것을 당신 자신만의 독특한 반응으로 수용하십시오. 당신은 자신만의 표현할 수 있는 많은 방법을 알게 될 것이고, 이러한 모든 반응은 유용할 수 있습니다. 소수의 어떤 사람들은 아무런 감각도 느끼지 않습니다. 혹시 이러한 현상이 당신에게 나타나면, 이러한 무감각이 어떻게 느껴지고 발전하고 있는지 더 집중해 보십시오. 당신은 자신의 무의식적인 마음이 어떤 것을 당신에게 암시하는지 점차적으로 알게 될 수 있습니다. 물론 이러한 경험은 미미한 것처럼 느낄 수 있습니다.

최면을 통한 심오한 경험 체험하기

당신이 어떤 반응을 느끼기 시작하면, 그것이 미묘한 것일지라도 최면을 사용해서 그 경험을 더 깊이 느낄 수 있도록 유도할 수 있다. 다음은 전형적인 이야기를 통해 당신의 내담자가 깊은 최면의 경지로 **빠져들게** 하고, 내적인 주의력에 집중할 수 있도록 하는 전형적인 예시이다.

조용히 앉아 스스로에게 집중할 수 있도록 허락해 주면, 당신은 아주 편안함을 느낄 수 있습니다. 이러한 과정은 당신의 의식과 무의식의 과정 사이에서 미묘한 대화를 하는 과정과 관련이 있습니다. 예를 들면, '나는 긴장을 완화하고 싶다.'와 같이 당신은 의식적으로 무엇을 원할 수 있습니다. 그러나 무의식은 항상 그러한 요구나 소망에 반응을 하지는 않습니다. 오히려, 원하는 것이 이루어지도록 제안을 할 수 있습니다. 그리고 당신의 무의식이 그것이 가장 좋은 방법으로 실현할 수 있도록 자유를 허용해 주고 기다려 줄 수 있습니다. 당신은 자신의 무의식이 어떻게 편안하고 싶어 하는지를 알 수 없지만, 분명히 무의식이 그 방법을 알아낼 것이라고 자신감을 가져도 좋습니다.

기억을 통해 최면화된 안정감

당신은 완벽하게 편안함을 느꼈던 때를 기억할 수 있나요? 아마도 당신이 선호하는 지각적인 모드를 통해서 기억할 수 있을 것입니다. 그러나 기억하고 있는 방식에 제한을 두지 말고, 당신의 무의식이 그러한 기억을 떠올려 보도록 요청한 후에 앉아서 기다려 보십시오. 당신은 무의식이 제공해 주는 기억에 놀랄 수도 있습니다. 아주 미세한 기억의 변화라도 감지하십시오. 부분적인 것을 생생하게 또는 모호하게 기억할 수도 있습니다. 인내를 가지십시오. 당신이 기다리는 동안 당신이 호흡하는 속도는 점점 더 느려지고 좀 더 긴장이 완화될 것입니다. 이에 따라서 근육이 안정되고 생각도 더 느리게 떠오르게 될 것입니다. 그러한 기억을 즐기십시오. 그러한 기억을 생각하고 재경험하도록 하여 아주 깊이 이완하도록 허용해 주십시오.

부정적인 자기 암시를 변화시키기 위한 4단계를 적용하기

　약물을 사용하는 사람은 스스로에게 반복적으로, 약물을 사용하면 쾌감을 느낄 수 있다고 암시하기에, 자기 암시는 중독을 영속화하는 데 기여할 수 있다. 많은 그러한 자기 암시는 부정확한 오해에서 비롯된다. 단순히 부정적인 암시를 강제로 중단하게 해서 이를 중지할 수는 없다. 새해의 결심이 좋은 예가 되는데, 이는 의식적으로 지시하는 결심이 어떻게 거의 작동하지 않는가를 보여 주는 좋은 사례이다. 우리는 여기에 의식과 무의식을 통합해서 더 좋은 변화를 야기하는 방법을 제시한다. 실습을 위해 약물 남용자들이 스스로에게 부정적으로 암시하는 전형적인 예를 제시한다. "약물을 사용하면 긴장이 완화되고, 원기가 솟아나고, 말할 수 없는 어떤 쾌감을 느낄 것이다." 다른 전형적인 오류 개념은, 중독 물질은 '멋있고', 그것을 사용하는 사람들과 잘 어울릴 수 있다는 것이다. 각 개인은 4단계의 방법을 실천에 옮기기 위해서 자기 암시를 의심 없이 사용할 수 있다. 당신은 다른 형태의 중독에도 적용하기 위해서 이러한 질문들을 수정할 수 있다.

■ 관찰하기, 질문하기, 상상하기, 허용하기

　관찰하기: 당신이 사용하는 중독 물질에 대해서 자신에게 무슨 말을 하고 있습니까? 아마도 당신은, '나는 물질을 사용할 때만 기분이 좋다.' 또는 '약물 사용하는 것은 멋있기에 나는 약물 사용할 때 멋있는 존재이다.' 또는 '나는 중독 물질을 끊기 원하지만, 나는 할 수 없다.'와 같은 생각을 하고 있을 수도 있습니다.

　질문하기: 이러한 진술들은 당신의 믿음이고, 많은 경우에 당신에게 해를 끼치도록 작용하는 자기암시입니다. 자신에게 '나는 약물을 사용할 때 기분이 좋다.'고 말할 때는 다른 어떤 것도 당신에게 즐거움을 주지 못한다고 스스로에게 암시하는 것입니다. 그래서 당신은 자신에게 다음과 같은 질문을 스스로에게 던져 볼 수 있습니다. 마약 사용이 정말로 쾌감을 준다고 믿는다면, 예를 들어 다음과 같은 질문을 해 보십시오.

　"마약을 실제로 사용했을 때 정말로 내가 생각하는 만큼 즐거움을 주었는가? 그것은 항상 쾌감을 주었는가? 마약이 몸에서 빠져나갈 때 기분은 어땠는가? 비용과 위험성을 고려할 때 정말로 즐거움을 주었는가? 또한 마약을 남용할 때 수반하는 많은 고통이 있지 않은가?" 마약이 실제로 신체에 끼치는 영향에 관한 정보를 수집해 보십시오. 담배, 알코올, 헤로인, 코카인과 같은 물질은 실제로 당신의 신체와 뇌를 손상시킵니다. 당신은 정말로 이것을 원하십니까?

만약에 이것을 끊을 수 없다고 생각하면, 이러한 믿음에 대해 다음 질문을 해 보십시오. 당신은 일어날 수 있는 많은 가능성에 대해서 확신을 가지고, 미래에 대해 예언을 하고 있다는 것을 스스로에게 지적해 보십시오. 여기에서는 명상과 개방적인 마음이 도움이 될 수 있습니다.

상상하기: 상황을 있는 그대로 숙고해 보십시오. 즐거움의 근원은 당신 자신에게 있지, 약물에 있지 않습니다. 약물 없이도 즐거움을 느끼는 상황을 생생하게 상상해 보십시오. 당신이 약물을 사용하기 전에 느꼈던 즐거움, 또는 최근에 즐거움을 느꼈던 순간을 생생하게 상상해 보십시오. 아마도 당신은 친구들과 함께 있었을 수도 있고, 집에서 편안함을 느꼈을 수도 있고, 휴가 중 또는 외부 자연과 함께 할 때 즐거움을 느꼈을 수도 있습니다. 물질을 사용하지 않고 즐거움을 느낄 수 있는 경험을 가능한 한 많이 생생하게 상상해 보십시오.

또한 미래는 모든 가능성이 열려 있다는 것을 심사숙고해 보십시오. 중독을 극복하고 승리하고 있는 당신의 모습도 생생하게 상상해 보십시오.

허용하기: 이제 당신이 즐거운 경험을 누리는 것을 지속적으로 상상할 때 당신에게 반응이 생기는 것을 허용하십시오. 당신은 편안하고, 즐거운 기분이 일어나기 시작하는 것을 느낄 것입니다. 그리고 그 기분은 강렬하게 퍼져 나갈 것입니다. 당신은 성공적으로 노력해서 얻는 자연스럽고 진정한 즐거움을 누릴 수 있도록 자신을 허용해 주십시오. 당신이 부정적인 암시에서 자유를 획득할 때, 행복과 동기를 유발하기 위해 당신 외부에 있는 어떤 것에 의존했던 것에서 더 자유로움을 누릴 수 있는 자신의 능력을 발견하게 될 것입니다.

변화를 위해서 지능의 비의식적 뇌 회로를 믿기

우리는 문제를 해결하기 위해서 의식적이고 합리적인 마음에 의존하는 경향이 있지만, 심리적인 문제를 다룰 때는 합리적인 해결책이 자주 작동하지 않는다. 비의식적인 뇌 회로(non-conscious brain pathway)는 자연의 아름다움에 반응하는 능력이나, 망각하기 위해 반응하는 능력이 탁월하다.

금연하고 싶어 하는 중년의 내담자가 있었다. 그녀는 맡은 일을 적극적으로 성취하고 열심히 노력하는 전문가로서의 자신을 자랑스럽게 여기고 있었다. 그러나 최근에 건망증 때문에 고통을 받고 있었다. 그녀는 때로는 중요한 양식에 내용을 적어 넣거나, 중요한 세부 사항을 검토하는 것을 잊었다. 그럴 때면 자신에 대한 화난 감정 때문에 담배를 더 많이 피웠다. 우리는 이 장에 제시된 실습을 통해서, 그녀가 아름다운 곳에 있었을 때 자발적으로 긴장을 완화하고, 그녀가 기억할 필요 없는 것은 잊어버리는 타고난 능력이 있는지를 탐색했다. 그녀는 다음 주에 미소를 지으면서 돌아왔다. 그녀는 우리에게 "저는 아주 놀라운 경험을 했어요. 일주일 내내, 저는 담배 피우는 것을 잊어버렸어요. 첫 3일간은 매일 단지 두 개비만 피웠어요. 그 후에 저는 완전히 금연했습니다. 아주 놀라운 것은 직장에서 일하는 동안 건망증이 사라졌습니다."라고 말했다. 그녀는 무의식적으로 자신의 문제를 해결했는데, 담배 피우는 것과 같은 기억할 만한 것이 아니면 잊어버리고, 직장에서 해야 하는 일은 기억하게 되었다.

뇌는 건강한 삶을 위해서 필요한 모든 것을 조직화하고 있다. 공포/스트레스 체계는 위험으로부터 우리를 보호하고, 보상 회로는 우리 삶을 지속할 수 있는 것을 계속하도록 안내해 주는 역할을 한다. 물질 남용은 사람들에게서 자연스럽고 건강한 반응을 빼앗아가기에 자연스러운 본능을 왜곡한다. 내담자의 신경계가 정상적인 기능으로 회복되면, 당신은 내담자의 내면에 있는 정서 조절 체계를 다시 습득하도록 도와줄 수 있다. 내재된 지혜가 있는 것이다. 우리는 언제 우리가 피곤한지 인식하며, 언제 충분한 수면을 취했는가를 알고 있다. 우리는 배고픈 때를 인식하고 과식한 때도 인식한다. 우리가 적절하게 귀를 기울이면 수면과 음식물 섭취를 조절할 수 있을 것이다. 이러한 실습은 내담자가 자연스러운 내면의 지혜, 즉 필요한 것을 지각하도록 안내해 준다. 그렇게 하면 내면의 자신감이 커지며, 유기체의 내적인 욕구와 조화롭게 살 수 있는 능력을 발달시킬 수 있다.

편안하게 느낄 때까지 몇 분 동안 조용히 앉아 있으십시오. 만약 당신이 최면을 이용한다면 편안한 상태의 트랜스로 들어가십시오. 그 후에 당신의 생각들이 다음과 같은 관념에서 흘러가도록 두십시오. 당신의 몸은 피곤하면 수면을 취하고, 배가

고플 때는 식사하는 방법을 알고 있습니다. 당신은 자신의 마음-뇌-몸 체계의 무의식적인 지혜가 제공하는 단서를 신뢰할 수 있습니다. 자신의 내면의 신호를 경청하도록 허용하고, 그 신호에 긍정적이고 건강하게 반응하십시오. 내면에 초점을 맞추면, 당신을 도와줄 수 있는 자신감의 저장고를 발견할 것입니다. 아직까지 알려지지 않은 당신 자신의 내면의 장점을 발견하면, 그것은 변화하는 자원이 될 수 있습니다. 준비가 되면 최면에서 나와서 편안하고 새로운 기분을 느껴 보십시오.

연합 및 미래에 관한 심상화

당신은 내담자가 더 긍정적인 미래, 즉 흥미로운 경험과 새로운 가능성이 가득한 미래를 활성화하도록 도울 수 있다. 내담자가 약물 사용 없이 자신의 장점과 미래를 위한 잠재력을 활성화시키는 것은 아주 중요하다.

Joey는 강인한 사람이다. 그는 항상 싸울 준비가 된 갱의 일원이었다. 그는 주위에 있는 사람들에게 공포를 조장해서 자신의 의견을 밀어붙였다. 그는 '멋지게' 보이기 위해서 헤로인을 사용했다. 그러나 사랑하는 여인을 발견하고 새로운 삶을 살기 위해서 헤로인을 포기하기로 결심했다. Joey는 최면 치료를 시작했고, 트랜스 상태를 경험할 때 효과가 좋았다. 그는 전에는 전혀 느껴 보지 못한 진정한 편안함을 느끼기 시작했다. 또한 자신의 삶은 진정으로 아무것도 성취하지 못했다는 것을 느끼기 시작했다. 우리는 그가 장점을 가지고 있는 것을 보았고, 트랜스 상태에서 자신의 능력을 아주 잘 사용하지는 못하는 것을 깨달았다. 우리는 그가 자신의 능력을 알아차리고, 그동안 다른 사람들에게 끼쳤던 고통과 마음고생에 대한 죄책감에 직면할 수 있도록 노력했다. 그는 헤로인을 성공적으로 끊었다. 그러나 재활 훈련을 마치고 자신의 삶에 다시 돌아왔을 때, 여자친구는 계속해서 마약을 사용하고 있었고, 친구들 역시 똑같은 범죄의 삶을 살고 있는 것을 발견했다. 그는 트랜스 상태에서 자신을 위해서 더 긍정적이고 진실한 삶을 시각화하는 작업을 했다. 주위 사람들에게 공포를 야기했던 그의 능력을 이용해서 정직한 일을 추구하는 쪽으로 방향을 전환했다. 그는 수년 후에 우리를 다시 찾아와서 마약과 범죄를 전혀 모르는 다른 여성과 결혼했고, 큰 회사의 매니저로 행복하게 일하고 있다고 말했다.

자신의 습관에서 어떻게 벗어날 수 있을까를 상상해 보십시오. 당신은 과연 어떤 긍정적인 성취감을 가지게 될까요! 당신은 내가 왜 좀 더 일찍 변화할 수도 있지 않았을까 하는 생각을 할 수도 있습니다. 당신이 미래의 삶을 떠올릴 때 당신은 무슨 생각과 이미지를 가지고 있나요? 당신은 그것을 어떻게 실행했나요? 당신은 어떤 상태입니까? 당신의 생각과 연상 작용들이 변화의 원천에서 흘러나올 수 있지만, 그 원천은 의식되지 않습니다. 무의식이 당신을 긍정적인 방향으로 도울 수 있도록 하십시오. 그리고 긴장을 풀고 몇 분 동안 편안하게 쉬어 보십시오. 이러한 경험을 다음 며칠 동안 자주 반복해서 경험해 보십시오. 원한다면 각 회기마다 한 가지 사항을 첨가해서 자기 암시를 강조할 있습니다. 어떤 사람들은 이러한 효과를 즉각적으로 느낄 수 도 있지만, 어떤 사람들은 여러 번의 회기가 필요할 수도 있습니다.

당신은 두뇌 회로를 기억하기와 잊어버리기, 상상하기 및 창조적인 반응들을 통합해서 뇌를 좀 더 좋은 방향으로 사용할 수도 있다. 필요하면 안정을 유지할 수 있고, 이렇게 되면 신경계가 더 건강하게 반응하고 덜 활성화되는 균형을 이루고, 물질에서 해방되고 자연스러운 삶의 즐거움에 더 반응하도록 변화를 촉진할 수 있다.

💡 호흡이 가진 힘

호흡은 중독을 극복하는 데 도움이 되는 방식으로 신경계에 강력한 영향력을 행사할 수 있다. 가장 많이 사용되고 있는 명상 중의 하나는 마음챙김 호흡이다. 호흡은 심장과 신경계에 고도로 연결되어 있기에 그것은 균형을 이루는 직접적인 방법이 된다.

앉아서 눈을 감으십시오. 스스로 자연스럽고 부드럽게 호흡을 하도록 하십시오. 코를 통해서 공기가 들어오기 시작하는 것을 관찰하십시오. 코를 통해서 공기가 들어오는 것을 느껴 보고, 공기가 허파까지 도달하는 동안 그 감각을 지속적으로 느껴 보십시오. 공기가 들어갈 때, 가슴의 움직임과 횡격막에 집중하십시오. 숨을 내쉴 때 공기가 움직이는 것을 따라가면서 느껴 보십시오. 공기가 움직여서 상부로 올라와서 코로 나올 때, 횡격막이 어떻게 아래로 압박을 가하는지 알아차리십시오. 공기가 코를 통해서 나오는 감각을 느껴 보십시오.

호흡을 할 때마다 처음으로 완벽하게 느끼고 즐기는 독특한 경험처럼 간주하십시오. 다음 번 호흡을 할 때는 완벽하게 새로운 경험으로 접근하십시오. 신선한 관심을 가지고 호흡이 들어오고 나오는 것을 따라가 보십시오. 각 순간은 독특하고, 이전과 다른 독특하고 새로운 가능성에 열려 있습니다. 매 순간의 호흡은 당신이 전적으로 집중할 만한 가치가 있습니다.

모든 호흡을 이러한 방법으로 몇 분간 따라서 하면, 사람들은 자주 편안하고 안정감을 누리는 경험을 한다. 이러한 경험은 내면의 감각적인 자원이 된다.

마음챙김 호흡을 통해 직관을 열기

매일 중요한 순간 호흡에 마음챙김으로 집중하면 치료적인 도구로서 도움이 된다. 호흡에 집중하면 내면에서 현재 일어나는 사건과 직접적으로 접촉하게 된다. 하루 중 다양한 시간에 호흡에 집중하면 사람들은 그들의 호흡이 질적으로 다르다는 것과 함께, 그렇게 호흡을 하는 동안에 미묘하게 나타나면서 일어나고 있는 심오한 느낌도 알아차리게 된다. 예를 들면, 우리가 과제를 서둘러서 성취하려고 할 때는, 호흡이 빨라지고 호흡 간격도 짧아진다. 이것을 알아차리기 위해서 정지하면, 짜증 난 감정이 떠오를 수도 있다.

긴장하거나 불안할 때 마음챙김 호흡을 하면, 이 순간 당신이 다시 감각에 접촉할 수 있도록 도움을 줍니다. 당신이 몇 분간 자세히 집중을 하면, 이전에는 알아차리지 못한 불편한 감정이 표면에 떠오를 수 있습니다. 감정적인 반응에는 대체로 깊거나 얕은 특정한 호흡 패턴이 동반됩니다. 처음에는 당신이 호흡 패턴을 있는 그대로 경험하십시오. 그리고 나서, 신속하게 알아차리면서 수용하십시오. 당신은 어느 정도 또는 전체적인 불편한 감정이 편안하게 변하는 것을 즐길 수 있습니다.

항상 어떤 것도 변화하려고 시도하지 말고 있는 그대로 시작하십시오. 인내를 가지고 마음챙김 호흡을 실시하면 변화는 일어납니다. 매 순간은 새롭다는 것을 기억하십시오. 그러면 불편한 호흡이나 느낌일지라도, 궁극적으로는 변화될 것입니다. 새로운 직관적인 깨달음을 얻기 위해서는 아무 데서나 몇 분 동안 당신의 호흡에 집중해 보십시오.

단지 순간적인 경험이 발생하는 대로 아주 구체적인 수준에서 지속적으로 생각해 보십시오. 이러한 경험이 좋다 나쁘다, 또는 좋아한다 싫어한다 등과 같은 경험을 하고 있는 것을 평가하는 마음이 더해지면, 그것도 있는 그대로 알아차리십시오. 마음챙김을 할 수 있는 능력은 시간이 지나면서 향상될 것이고, 진전을 볼 것이며, 자신감을 얻을 것입니다.

집착 버리기를 통해 갈망에서 마음챙김적으로 벗어나기

필요한 경우에 불교 명상에서 유래한 집착에서 벗어날 수 있는 능력은 중독을 통제하는 데 도움이 된다. 집착 버리기(non-attachment)는 훈련을 통해서 습득될 수 있는 기술이다. 모든 사람은 때로는 경쟁적인 게임을 하거나 일을 기한 내에 완결하는 노력을 할 경우에 겪는 불편한 감정에 잘 대처했던 때가 있었다. 불편한 감정이 생기는 대로 직면하게 되면 그것을 통제할 수 있는 기회를 얻게 된다. 이러한 집착 버리기 명상 기법은 쾌감을 추구하고, 고통을 회피하는 것을 넘어서서, 집착의 사이클을 단절해서 뇌가 건강하지 못한 보상 회로에서 벗어나 신경계가 균형을 회복하도록 하는 데 도움이 된다.

다음에 제공하는 실습은 갈망(craving)에 직접적으로 효과가 있는 마음챙김 명상 기법을 제시한다. 내담자의 독특한 필요성에 적합하게 지시 사항을 개별적으로 적용하라.

갈망의 기분을 느낄 때는 앉아서 그 감정에 주의를 집중해 보십시오. 매 순간마다 신체 감각을 알아차리십시오. 당신이 그러한 감각을 부정적인 언어로 명명하기 시작하면 그 점을 알아차리십시오. 순간순간의 경험에 깊이 빠지지 말고 지속적으로 그 경험을 풍성하게 느껴 보십시오. 당신이 조용하게 앉아 있는 동안에 호흡이 안정되고 신체 근육이 이완되도록 하십시오. 또한 호흡하고 있는 것에 집중하십시오. 자신을 관찰하는 동안에 불필요한 긴장이 편안해지도록 허락해 주십시오. 혹시 생각이 순간 다른 데로 빠지면 부드럽게 다시 그 생각을 원상태로 되돌리십시오. 이러한 현상을 바라보는 동안 가능한 한 편안하게 호흡을 하십시오. 대체로 갈망이라는 기분은 다양한 방법으로 변할 것입니다. 그러한 변화가 일어나는 것을 알아차리십시오. 시간이 지나면, 그러한 느낌은 편하게 가라앉거나 사라질 것입니다.

갈망의 특징을 구별하기

통상적인 갈망의 경험을 마음챙김하면서 자세히 바라보면, 갈망은 단순히 한 가지의 압도적인 경험이 아니라는 것을 알 수 있을 것입니다. 즉, 많은 부분들이 갈망이라는 감정에 영향을 주고 있습니다. 이런 점을 알아차리지 못했다면, 각 부분들을 구별하려고 노력해 보십시오. 현재 느끼고 있는 신체 감각을 구별해 보십시오. 이러한 신체 감각이 우리 몸의 다른 부분들에서와 같이 한 부분에서도 느껴집니까. 호흡의 질은 어떠합니까? 호흡이 길어집니까 또는 짧아집니까? 지금 떠오르는 감정들이 있습니까? 그렇다면, 어떤 감정들인지 알아차리십시오. 당신이 느끼는 각 감정의 질적인 면을 "나는 지금 슬퍼하고 있고 또한 지쳐 있다." 등과 같이 정의해 보십시오. 어떠한 형태의 생각을 하고 있나요? 명상적인 알아차림, 편안함, 안정감을 유지하십시오.

마음챙김을 다른 상황으로 확장하십시오. 갈망을 촉발하는 장소를 알아차림하십시오. 그것이 사람과 연관성이 있습니까? 개인적인 사람의 행동입니까? 혹시 그에 관련된 생각입니까? 이렇게 하기 위해서는 매일 아침저녁으로 가능한 한 많이 순간순간 멈추고 마음챙김하면서 바라보는 것이 필요합니다. 그런 후에 이러한 영역들의 일부분이 구별되면, 그러한 것들이 순간적인 경험과 어떻게 연결되어 있는지 알아차리십시오. 예를 들면, 생각이 다른 사람으로 변하고, 갈망으로 변합니까? 또는 약물을 사용했던 장소에 대한 기억이 일어나고 갈망이 일어납니까? 당신에게 갈망 반응을 신호하고 촉발하는 어떤 단서라도 알아차리십시오.

작은 변화를 시도하기: 해로움 감소하기

갈망의 감정을 통제하기 시작하면, 당신은 중독이 당신에게 끼치는 해로움을 작은 단계부터 최소화할 수 있습니다. 당신이 현재 있는 곳에서 변화를 시도하십시오. 주삿바늘 교환 프로그램(Needle exchange programs)[1]에 참여하기, 알코올의 양을 줄이기, 더 통제된 방법으로 술 마시기 등과 같이 해가 줄어들도록 행동 변화를 실천할 수 있습니다.

초기에는 해로운 행동을 중지하려는 의지가 없거나, 또는 할 수 없다고 느낄 수 있습니다. 그러나 대처 기술을 향상시키면서 점진적으로 실천할 수 있습니다. 이러한 방법을 정기적으로 실천하십시오. 당신은 자신감과 마음의 융통성을 증진시키는 도움을 받게 될 것입니다. 당신의 내면에서 자신감의 원천을 느끼기 시작하면 미래를 위해서 더 나은 선택을 할 수 있는 기반을 형성하게 될 것입니다.

집착 버리기를 지속하기

초기 연습을 통해서 쾌감이나 또는 고통을 느낄 때 집착 버리기를 실천하기 위해 발달된 기술을 사용하십시오. '나의 갈망'은 단지 일종의 신체 감각일 뿐이지 당신의 모든 것을 대표하는 것이 아니라는 것을 명심하십시오. 쾌감이나 통증은 일어나고 사라지는 것이기에 평안함과 명상에 집중하는 것 사이의 중도를 추구하십시오.

금욕을 선택하기

알아차림의 기술과 비집착 기술을 습득하면, 사람들은 필연적으로 자신이 무슨 행동을 하고 있으며, 물질 사용이 실제로 자신의 삶에 부정적으로 영향을 주고 있다는 것을 더 잘 깨닫게 된다. 그들은 자신에게 해로운 물질이나 자신에게 파괴적인 결과를 가져오는 행동을 포기하려는 동기를 더 강화할 수 있다. 뇌의 의존성이 견고한 것처럼 보일 수 있지만, 뇌 회로에는 어느 정도 가소성이 있다는 것을 기억하라. 더 좋고 건강한 습관을 실천하면 보상회로는 정상화될 수 있다.

내담자가 물질 남용에서 철회할 때, 그 과정을 모니터링하기 위해 의료적인 보살

---

[1] [역자 주] 마약중독자들 사이에 일어나는 주삿바늘을 통한 감염병을 예방하기 위하여 새 주삿바늘로 바꾸어 주는 정책

핌이 필요함을 명심하라. 당신은 내담자가 안전하고 건강하게 중독 물질이나 행동에서 철회할 수 있게 병원이나 의료적인 시설을 선택할 수 있도록 안내를 제공해 줄 수 있다.

　　당신이 이러한 과정을 시도할 준비가 되어 있을 때, 물질 사용을 중지하거나 당신을 그곳으로 안내할 수 있는 행동에 몰입하십시오. 이러한 과정에서 느끼는 긴장과 다른 감정을 의식적으로 알아차리십시오.

　　마음챙김, 이완 기법, 비집착 방법들은 당신이 불편한 감정을 직면하고 그러한 감정이 일어나는 그대로 수용하는 데 도움을 줍니다. 그렇게 되면, 당신은 그러한 불편한 감정에도 불구하고 감정을 안정화시킬 수 있습니다.

　　당신이 과거에 무슨 감정을 느꼈고, 내일은 어떤 감정을 느끼고, 내일 어떻게 느낄지 또는 지금 현재 어떻게 느낄지라도, 당신의 감정은 가능성으로 가득 채워진 마음챙김의 모든 순간의 한 부분입니다. 마음속에 일어나는 의심과 불안을 알아차리십시오. 그러나 그것들이 이 순간 일어나고 있는 것에 주의를 기울이는 것을 방해하지 않도록 하십시오. 예를 들면, 당신이 '나는 이 문제를 해결할 수 없어.' 또는 '나는 항상 문제를 가지고 있어.'와 같은 생각을 하고 있다는 것을 완벽하게 알아차린다면, 그러한 생각은 이 순간이 흘러가고 있는 단지 한 부분임을 고려해 보십시오. 그러한 생각들은 알아차림 흐름의 한 부분으로 수용될 수 있습니다.

작업하기

자기감(sense of self)은 물질 남용에 의해 자주 왜곡된다. 물질 남용자들(abusers)은 자신을 사용자(users)라고 생각한다. 자신을 물질 사용자로서 정의하는 것은 사회적인 상호작용과 행동 습관, 신념 및 오랜 시간의 행동을 통해서 형성된 인지적 구성이다. 사람들은 명상, 최면, 인지치료를 통해서 자신의 깊은 내면의 본성, 즉 장점들과 자신의 인격을 재발견하게 된다. 우리의 신경계가 좀 더 개방적이고 적응적으로 변하게 되면, 좀 더 편견이 없고 융통성이 있는 자기감이 돌아오게 된다.

영원히 변하는 존재로서 당신의 역동에 대한 명상

심호흡을 하면서 각 호흡이 어떻게 새롭고 다른가를 알아차리기 위해서 이미 익숙한 마음챙김 명상으로 시작하십시오. 주위의 상황들이 스쳐 가는 각각의 순간과 함께 어떻게 변하고 있는지 느껴 보십시오. 아마도 산들바람을 느낄 수 있고, 그 후에 바람이 그칠 수 있습니다. 또는 지나가는 차 소리를 들을 수 있고, 그 후에 고요함이 있을 수 있습니다. 점차적으로 명상의 초점을 지금 당신 자신에 대한 느낌으로 변환하십시오. 지금 여기에 앉아 있으면서 이 순간 당신 자신에 대해서 어떻게 생각하고 있는지 알아차리십시오. 무엇을 알아차리든지 자세히 주의를 집중하십시오. 이러한 명상을 나중에 다시 또는 다른 날에도 반복해서 실천하십시오. 당신은 당신에 대한 새로운 생각, 감정을 가질 수 있습니다. 매 순간은 당신 사적인 자아에 대한 감각과 당신이 관심을 가지고 있는 당신 주위의 사람들을 포함해서, 당신의 생각, 감정 및 감각의 독특한 조합이라는 것을 매 순간 알아차리시오. 매 순간은 열려 있고, 동시에 발견되어야 할 순간입니다. 당신의 마음-뇌-몸의 조화를 통해서 당신은 이제 희망찬 미래의 새로운 경지를 맛볼 수 있습니다.

긍정적인 마음을 육성하기: 건강한 보상을 추구하기

뇌는 가소성을 가지고 있기에 건강한 균형을 유지하기 위해서 다시 적응할 수 있다. 유익한 동기들은 존재하지만 자주 간과되는데, 중독 증상이 의식적인 알아차림을 압도하기 때문이다. 사람들은 대체로 자신은 행복과 사회적 수용, 아마도 영적인 성취감을 추구하기 위해서 마약을 사용했다고 주장한다. 행복을 원하고 수용받고 영적인 성취를 원하는 것이 본성적으로 틀렸다고 말할 수 없지만, 그러한 목적을 달성하기 위해서 마약을 사용하는 것은 궁극적으로 목적을 달성할 수 없다. 물질을 남용하는 것에서 벗어나야 그동안 간과되었던 긍정적인 질적인 삶이 발달되고 증진된다.

당신은 즐기기 위해서 무엇을 하고 있습니까? 물질 사용에 깊이 빠져 있는 사람들은 자주 자신의 이익과 장점에 접촉하는 데 실패합니다. 당신은 어린 시절에 무엇을 하고 싶어 했습니까? 당신이 오랫동안 간직했던 자발적인 어떤 호기심은 아직 실현되지 않는 잠재력의 씨앗이 될 수 있습니다. 물건을 수집했습니까? 운동에 관심이 있었습니까? 그림을 그리거나 미술을 사랑했습니까? 항상 정원에서 일했습니까? 아주 작은 것에서 시작하십시오. 씨앗을 뿌려서 자라게 하고, 레크리에이션 센터에 가서 야구를 하거나, 그림을 그려 보십시오. 당신이 원하는 대로 배우는 경험을 즐기도록 허락해 주십시오. 도움이 된다면 다른 사람들에게서 책 또는 지침서 등을 구해 보십시오. 당신의 장점을 탐색하고 개발하도록 하십시오. 알지 못했지만 항상 존재했던 당신의 능력들을 발견하고 놀라게 될 것입니다.

💡 결론

물질 남용과 작업할 때에 뇌를 염두에 두어라. 보상 회로가 중독의 핵심이다. 정상적인 보상 회로가 활성화되도록 돕는 치료적 개입은 신경계가 다시 균형을 찾는 데 도움이 될 것이다. 금단 증상에 대처하기 위한 자원을 구축하는 것은 건강한 균형을 유지하도록 도와줄 뿐만 아니라, 내담자가 모든 삶에서 행복과 보상을 발견하도록 돕게 될 것이다.

참고문헌

Adams, F. (1886). *The genuine works of Hippocrates.* (Trans.). London: Sydenham Society.

Adolphs, R. (1999). The human amygdala and emotion. *The Neuroscientist, 5*(2), 125-137.

Aftanas, L., & Golosheykin, S. (2005). Impact of regular meditation practice on EEG activity at rest and during evoked negative emotions. *International Journal of Neuroscience, 115*(5), 893-909.

Ainsworth, M. D. S., Blehat, J. C., Waters, E., & Wall, S. (1978). *Patterns of attachment: a psychological study of the strange situation.* Hillsdale: Erlbaum.

Albert, D. Z. (1992). *Quantum mechanics and experience.* Cambridge: Harvard University Press.

Alexander, A., & French, T. M. (1946). *Psychoanalytic therapy: principles and application.* New York: Ronald Press.

Alptekin, K. (2001). Tc-99 m HMPAO brain perfusion SPECT in drug-free obsessivecompulsive patients without depression. *Psychiatry Research: Neuroimaging, 107*(1), 51-56.

Altman, J., & Das, G. D. (1967). Autoradiographic and histological evidence of postnatal hippocampal neurogenesis in rats. *Journal of Comparative Neurology, 124*, 319-335.

Anand, B. K., & Brobeck, J. R. (1951). Hypothalamic control of food intake in rats and cats. *Yale Journal of Biology and Medicine, 24*, 123-140.

Apkarian, A. V., Thomas, P. S., Krauss, B. R., & Szeverenyi, N. M. (2001). Prefrontal cortical hyperactivity in patients with sympathetically mediated chronic pain. *Neuroscience Letters, 311*, 193-197.

Archer, G. S., Piedrahita, J., Nevill, C. H., Walker, S., & Friend, T. H. (2003). Variation in behavior, cloned pigs. *Applied Animal Behaviour Science, 81*(4), 321-331.

Armstrong, D. M. (1968). *A materialist theory of the mind.* London: Routledge & Kegan Paul.

Atkinson, R. C. & Shiffrin, R. M. (1968). Human memory: A proposed system and its control processes. In K. W. Spence & J. T. Spence (Eds.), *The psychology of learning and motivation. Vol. 2. Advances in research and theory.* New York: Academic.

APA. (2007). Mirror, mirror in the brain: Mirror neurons, self-understanding and autism research. Society for Neuroscience, November 7.

Aserinsky, E., & Kleitman, N. (1953). Regularly occurring periods of eye mobility, and concomitant phenomena during sleep. *Science, 118*, 273-274.

Badawi, K., Wallace, R. K., Orme-Johnson, D., & Rouzere, A. M. (1984). Electrophysiologic characteristics of reparatory suspension periods occurring during the practice of the transcendental meditation program. *Psychosomatic Medicine, 46*(3), 267-276.

Baddeley, A. (1990). *Human memory: Theory and practice.* Needham Heights: Allyn & Bacon.

Badenoch, B. (2008). *Being a brain-wise therapist.* New York: W. W. Norton & Company.

Badgaiyan, R. D., & Posner, M. I. (1997). Time course of cortical activation in implicit and explicit recall. *Journal* of Neuroscience, 17, 4904-4913.

Baliki, M., Geha, P. Y., Apkarian, A. V., & Chialvo, D. R. (2008). Beyond feeling chronic pain hurts the brain, disrupting the default-mode network dynamics. *Journal of Neuro Science, 28*(6), 1398-1403.

Bandura, A. (1977). *Social learning theory*. New York: General Learning Press.

Banks, S. J., Eddy, K. T., Angstadt, M., Nathan, P. J., & Phan, K. L. (2007). Amygdala-frontal connectivity during emotion regulation. *Social Cognitive Affect Neuroscience, 2*(4), 303-312.

Bartels, A., & Zeki, S. (2000). The neural basis of romantic love. *NeuroReport, 11*(17), 3829-3834.

Battino, R., & South, T. L. (2005). *Ericksonian approaches: A comprehensive manual*. Norwalk: Crown House Publishing.

Bavelier, D., Tomann, A., Hutton, C., Mitchell, T., Liu, G., Corina, D., et al. (2000). Visual attention to the periphery is enhanced in congenitally deaf individuals. *Journal of Neuroscience, 20*(17), 1-6.

Bayes, T. (1763). An essay towards solving a problem in the doctrine of chances. By the late Rev. Mr. Bayes, communicated by Mr. Price, in a letter to John Canton, M. A. and F. R. S. *Philosophical Transactions of the Royal Society of London, 53*, 370-418.

Baxter, L. R., Schwartz, J. M., & Bergman, K. S. (1992). Toward a neuroanatomy of obsessive compulsive disorder. *Archives of General Psychiatry, 49*, 681-689.

Bear, M. F., Connors, B. W., & Paradiso, M. A. (1996). *Neuroscience: Exploring the brain*. Baltimore: Williams & Wilkins.

Bagley, S. (2007). *Train your mind, change your brain: How a new science reveals our extraordinary potential to transform ourselves*. New York: Ballantine Books.

Bender, E. (2004). Brain data reveal why psychotherapy works. *Psychiatric News, 39*(9), 34.

Benes, F. M., Vincent, S. L., & Todtenkopf, M. (2001). The density of pyramidal and nonpyramidal neurons in anterior cingulate cortex of schizophrenic and bipolar subjects. *Biological Psychiatry, 50*(6), 395-406.

Berger-Sweeney, J., & Hobmann, C. F. (1997). Behavioral consequences of abnormal cortical development: Insights into developmental disabilities. *Behavioral Brain Research, 86*, 121-142.

Bernier, R., & Dawson, G. (2009). The role of mirror neuron dysfunction in autism. In J. Pineda (Ed.), *Mirror neuron systems: The role of mirroring processes in social cognition* (pp. 261-286). New York: Humana.

Berry, T. (1992). *Religions of India: Hinduism, yoga, Buddhism*. New York: Columbia University Press.

Bhatia, M., Kumar, A., Kumar, N., Pandey, R. M., & Kochupilla, V. (2003). Electrophysiologic evaluation of Sudarshan Kriya: an EEG, BAER and P300 study. *Indian Jouranal of Pharmacology, 47*, 157-163.

Blanchard, C., Blanchard, R., Fellous, J. M., Guimarlaes, F. S., Irwin, W., LeDoux, J. E., et al. (2001). The brain decade in debate: III. *Neurobiology of Emotion Brazilian Journal of Medical and Biological Research, 34*, 283-293.

Bliss, G., & Lemo, T. (1973). Long-lasting potentiation of synaptic transmission in the dentate area of the anaesthetized rabbit following stimulation of the preforant path. *J Physiol (Lond), 232*, 331-356.

Blumer, H. (1969). *Symbolic interactionism: Perspective and method*. New Jersey: Englewood Cliffs.

Bogen, J. E., & Bogen, G. M. (1983). Hemispheric specialization and cerebral duality. *BBS, 6*, 517-520.

Bogen, J. E., & Vogel, P. J. (1962). Cerebral commissurotomy in man: Preliminary case report. *Bulletin of the Los Angeles Neurological Society, 27*, 169-172.

Boshuisen, M. S., Ter Horst, F. J., Paans, A. M., & Reinders, A. A. (2002). rCBF differences between panic disorder patients and control subjects during anticipatory anxietyand rest. *Biological Psychiatry, 52*, 126-135.

Bowers, K. S. (1984). On being unconsciously influenced

and informed. In Bowers, K. S. & Meichenbaum, D. S. (Eds.), *The unconscious reconsidered*. New York: Wiley. 227-272. http://www.brainexplorer.org/neurological_control/Neurological_Neurotransmitters.shtml.

Bowlby, J. (1983). *Attachment*. New York: Basic Books.

Bowlby, J. (2005). *A secure base: Parent-child attachment and healthy human development*. London: Routledge. (Original work published 1988).

Boyke, J., Driemeyer, J., Gaser, C., Buchel, C., & May, A. (2008). Training-induced brain structure changes in the elderly. *Journal of Neuroscience, 28*(28), 7031-7033.

Brazelton, T. B. (1982). Joint regulation of neonate-parent behavior. In E. Tronick (Ed.), *Social interchanges in infancy: Affect, cognitive, and communication*. Baltimore: University Park Press.

Breedlove, S. M., Rosenzweig, M. R., & Watson, N. V. (2007). *Biological psychology: An introduction to behavioral, cognitive, and clinical neuroscience*. Sunderland: Sinauer Associates, Inc.

Bremmer, J. D. (2005). *Brain imaging handbook*. New York: W. W. Norton & Company.

Briones, T. L., Klintsova, A. Y., & Greenough, W. T. (2004). Stability of synaptic plasticity in the adult rat visual cortex induced by complex environment exposure. *Brain Research, 20*, 1018, 1, 130-135.

Broadbent, D. E. (1958). *Perception and communication*. London: Pergamon Press.

Brodmann, K. (1909/1994). *Localisation in the cerebral cortex*. (trans: Laurence, G.). London: Smith-Gordon.

Brooks, D. C., & Bizzi, E. (1963). Brain stem electrical activity during deep sleep. *Archives Italiennes de Biologie, 101*, 648-665.

Brown, S. L. (1994). Serotonin and aggression. *Journal of Offender Rehabilitation, 21*(34), 27-39.

Brown, T. G., & Sherrington, C. S. (1912). The role of reflex response and limb reflexes of the mammal and its exceptions. *Journal of Physiology, 44*, 125-130.

Buccino, G., Binkofski, F., Fink, G. R., Fadiga, L., Fogassi, L., Gallese, R. J., et al. (2001). Action observation activates premotor and parietal areas in a somatotopic manner: An fMRI study. *European Journal of Neuroscience, 13*, 400-401.

Buccino, G., Lui, F., Canessa, N., Patteri, I., Lagravinese, G., & Benuzzi, F. (2004). Neural circuits underlying imitation learning of hand actions: An event-related fMRI study. *Neuron, 42*, 323-334.

Bush, G., Luu, P., & Posner, M. I. (2000). Cognitive and emotional influences in anterior cingulated cortex. *Trends in Cognitive Sciences, 4*(5), 215-222.

Butt, A. M., & Bay, V. (2012). 10th European Meeting on Glial Cells in Health and Disease. Prague Conference Center, Prague, Czech Republic. *Future Neurology, 7*(1), 27-28.

Byrne, J. H., & Berry, W. O. (1989). *Neural models of plasticity*. San Diego: Academic.

Cabeza, R., & Nyberg, L. (2000). Imaging cognition II: An empirical review of 275 PET and fMRI studies. *Journal of Cognitive Neuroscience, 12*, 1-47.

Cacioppo, J. T., & Berntson, G. G. (2007). Affective distinctiveness: illusory or real? *Cognition and Emotion, 21*(6), 1347-1359.

Calvert, G. A., & Campbell, R. (2003). Reading speech from still and moving faces. The neural substrates of visible speech. *Journal of Cognitive Neuroscience, 15*, 50-70.

Campos, J. J., Thein, S., & Owen, D. A. (2003). A Darwinian legacy to understanding human infancy: Emotional expressions as behavior regulators. *Ann. N.Y. Academy of Science, 1000*, 110-134.

Cannon, W. B. (1927). The James-Lange theory of emotion: A critical examination and an alternative theory. *American Journal of Psychology, 39*, 106-124.

Cannon, W. B., & Uridil, J. E. (1921). Studies on the conditions of activity in endocrine glands. VIII. Some effects on the denervated heart of stimulating the nerves of the liver. *American Journal of Physiology, 58*, 353-

354.

Carr, D. B., & Sesack, S. R. (2000). Projections from the rat prefrontal cortex to the ventral tegmental area: Target specificity in the synaptic associations with mesoaccumbens and mesocortical neurons. *Journal of Neuro Science, 20,* 3864-3873.

Carr, L., Iacoboni, M., Dubeau, M. C., Mazziotta, J. C., & Lenzi, G. L. (2003). Neural mechanisms of empathy in humans: A relay from neural systems for imitation to limbic areas. *Proceedings of the National Academy of Sciences, U. S. A., 100,* 5497-5502.

Carter, C. S. (1999). The contribution of the anterior cingulated cortex to executive processes in cognition. *Reviews in the Neurosciences, 10,* 49-57.

Cernuschi-Frias, B., Garcia, R. A., & Zanutto, S. (1997). A neural network model of memory under stress. IEEE Transactions on systems, man, and cypernetics—Part B. *Cybernetics, 27,* 2, April, pp. 278-284.

Chatrian, G. E. (1976). The mu rhythms. In A. Remond (Ed.), *Handbook of electroencephalography* (pp. 104-114). Amsterdam: Elsevier.

Chekhov, M. (1953). *To the actor on the technique of acting.* New York: Harper & Row.

Chen, G., Rajkowska, G., Du, F., Seraji-Bozorgzad, N., & Manji, H. K. (2000). Enhancement of hippocampal neurogenesis by lithium. *Journal of Neurochemistry, 75,* 1729-1734.

Cherry, E. C. (1953). Some experiments on the recognition of speech, with one and with two ears. *The Journal of the Acoustical Society of America, 25*(5), 975-979.

Churchland, P. M. (1995). *The engine of reason, the seat of the soul: A philosophical journey into the brain.* Cambridge: The MIT Press.

Churchland, P. M. (1988). *Matter and consciousness revised.* Cambridge: The MIT Press.

Churchland, P. S. (1986). *Neurophilosophy: Toward a united science of the mind-brain.* Cambridge: The MIT Press.

Cimino, G. (1999). Reticular theory versus neuron theory in the work of Camillo Golgi. *Rivista Internazionale Di Storia Della Scienza, 36*(2), 431-472.

Clark, A. (1997). *Being there: Putting brain, body, and world together again.* Cambridge: MIT Press.

Cleare, A. J., & Bond, A. J. (1997). Does central serotonergic function correlate inversely with aggression: A study using D-fenfluramine in healthy subjects. *Psychiatry Research, 69,* 89-95.

Cleary, T. (1993). *The flower ornament sutra: A translation of the Avatamsaka sutra.* Boston: Shamabhala.

Cloninger, R., Svrakic, M., & Przybeck, T. R. (1993). A psychobiological model of temperament and character. *Archives of General Psychiatry, 50,* 975-990.

Cochin, S., Barthelemy, C., Lejeune, B., Roux, S., & Martineau, J. (1998). Perception of motion and qEEG activity in human adults. *Electroencephalography and Clinical Neurophysiology, 107,* 287-295.

Cochin, S., Barthelemy, C., Roux, S., & Martineau, J. (1999). Observation and execution of movement: similarities demonstrated by quantified electroencephalography. *European Journal of Neuroscience, 11,* 1839-1842.

Cohen-Seat, G., Gastaut, H., Faure, J., & Heuyer, G. (1954). Etudes expérimentales de l'activité nerveuse pendant la protection cinematographique. *Revue Internationale de Filmologie, 5,* 7-64.

Cohen-Tannoudji, M., Babinet, C., & Wassef, M. (1994). Early determination of a mouse somatosensory cortex marker. *Nature, 368,* 460-463.

Colcombe, S. J., Erickson, K. I., Rax, N., Webb, A. G., Cohen, N. J., & McAuley, E. (2003). Aerobic fitness reduces brain tissue loss in aging humans. *Journals of Gerontology. Series A, Biological Sciences and Medical Sciences, 58*(2), 176-180.

Conze, E. (1995). *A short history of Buddhism.* Oxford: Oneworld Publications.

Conze, E. (1951). *Buddhism: Its essence and development.* New York: Philosophical Library.

Cook, F. H. (1977). *Hua-yen Buddhism: The jewel net of Indra*. Pennsylvania: The Pennsylvania State University Press University Park.

Corballis, P. M. (2003). Visuospatial processing and the right-hemisphere interpreter. *Brain and Cognition, 53*, 171-176.

Cosmides, L., & Tooby, J. (2000). Introduction: Evolution. In M. S. Gazzaniga (Ed.), *The new cognitive neurosciences*, Second Edition, Cambridge: A Bradford Book, The MIT Press, pp. 1163-1166.

Cozolino, L. (2006). *The neuroscience of human relationships: Attachment and the developing social brain*. New York: W. W. Norton & Company.

Craig, A. D. (2003). Interoception: The sense of the physiological condition of the body. *Current Opinion in Neurobiology, 13*, 500-505.

Craik, F. L. M., & Lockhart, R. S. (1972). Levels of processing: A framework for memory research. *Journal of Verbal Learning and Verbal Behavior, 11*, 671-684.

Crick, F., & Koch, C. (1990). Towards a neurobiological theory of consciousness. *Seminars in the Neurosciences, 2*, 263-275.

Crivellato, E., & Ribatti, D. (2007). Soul, mind, brain: Greek philosophy and the birth of neuroscience. *Brain Research Bulletin, 71*, 327-336.

Crossin, K. L., & Krushel, L. A. (2000). Cellular signaling by neural cell adhesion molecules of the immunoglobulin family. *Developmental Dynamics, 216*, 260-279.

Crosson, B. (1992). *Subcortical functions in language and memory*. New York: Guilford Press.

Cuijpers, P., van Straten, A., Andersson, G., & van Oppen, P. (2008). Psychotherapy for depression in adults: A meta-analysis of comparative outcome studies. *Journal of Consulting and Clinical Psychology, 76*(6), 909-922.

Damasio, A. R. (2010). *Self comes to mind: Constructing the conscious brain*. New York: Pantheon Books.

Damasio, A. R., Grabowski, T. J., Bechara, A., Damasio, H., Ponto, L. L., Parvizi, J., et al. (2000). Subcortical and cortical brain activity during the feeling of self-generated emotions. *Nature Neuroscience, 3*(10), 1049-1056.

Damasio, A. R. (1994). *Descartes' error: Emotion, reason and the human brain*. New York: G. P. Putnam's Sons.

Damasio, A. R., Tranel, D., & Damasio, H. (1990). Individuals with sociopathic behavior caused by frontal damage fail to respond automatically to social simuli. *Behavioral Brain Research, 41*, 81-84.

Dappreto, G., Davies, M., Pfeifer, J., Scott, A., Sigman, M., & Bookheimer, S. (2006). Understanding emotions in others: Mirror neuron dysfunction in children with autism spectrum disorders. *Nature Neuroscience, 9*, 28-30.

Darwin, C. (1859/1999). *On the origin of species by means of natural selection: Or the preservation of favored races in the struggle for life*. New York: Bantam.

Darwin, C. (1872). *Expression of the emotions*. London: John Murray.

Das, G. D., & Altman, J. (1970). Postnatal neurogenesis in the caudate nucleus and nucleus accumbens septi in the rat. *Brain Research, 21*, 122-127.

Davidson, R. J., Kabat-Zinn, J., Schumacher, J., Rosenkranz, M., Miller, D., Santorelli, S. F., et al. (2003). Alterations in brain and immune function produced by mindfulness meditation. *Psychosomatic Medicine, 65*, 564-570.

Davidson, R. J., Pizzagalli, D., Nitschke, J. B., & Putnam, K. (2002). Depression: Perspectives from affective neuroscience. *Annual Review of Psychology, 53*, 535-573.

Davis, M., & Whalen, P. J. (2001). The amygdala: Vigilance and emotion. *Molecular Psychiatry, 6*(1), 13-35.

Debner, J. A., & Jacoby, L. L. (1994). Unconscious perception: Attention, awareness, and control. *Journal of Experimental Psychology: Learning Memory and Cognition, 20*(2), 304-317.

Derbyshire, S. W. G., Whalley, M. G., & Oakley, D.

A. (2008). Fibromyalgia pain and its modulation by hypnotic and non-hypnotic suggestion: An fMRI analysis. *European Journal of Pain, 13,* 542-550.

Desikachar, T. K. V. (1955). *The heart of yoga.* Rochester: Inner Traditions International.

Descartes, R. (1984). *Meditations on first philosophy.* (J. Cottingham, trans.). Cambridge: Cambridge University Press.

de Lange, F. P., Koers, A., Kalkman, J. S., Bleijenberg, G., Hagoort, P., van der Meer, J. W. M., et al. (2008). Increases in prefrontal cortical volume following cognitive behavioral therapy in patients with chronic fatigue syndrome. *Brain, 13*(8), 2172-2180.

Descartes, R. (1968). *Discourse on method and the meditations.* New York: Penguin Books.

Deuschl, G. (2009). Neurostimulation for Parkinson's disease. *JAMA, 301*(1), 104-105.

Deutsch, J. A., & Deutsch, D. (1963). Attention: Some theoretical considerations. Psychological *Review, 70,* 80-90.

Devinsky, O., Morrell, M. J., & Vogt, B. A. (1995). Contributions of anterior cingulate cortex to behavior. *Brain, 118,* 279-306.

Diamond, M. C., Scheibel, A. B., Murphy, G. M, Jr., & Harvey, T. (1985). On the brain of a scientist: Albert Einstein. *Experimental Neurology, 88,* 198-204.

Dillbeck, M. C., & Orme-Johnson, D. W. (1987). Physiological differences between transcendental meditation and rest. *American Psychologist, 42*(9), 879-881.

Dobson, K. S., Hollon, S. D., Dimidjian, S., Schmaling, K. B., Kohlenberg, R. J., Gallop, R. J., et al. (2008). Randomized trial of behavioral activation, cognitive therapy, and antidepressant medication in the prevention of relapse and recurrence in major depression. *Journal of Consulting and Clinical Psychology, 76*(3), 468-477.

Drevets, W. C., & Raichle, M. E. (1998). Riciprocal suppression of regional cerebral blood flow during emotional versus higher cognitive processes: implications for interactions between emotion and cognition. *Cognition Emotion, 12,* 353-385.

Dudek, F. E., & Traub, R. D. (1989). Local synaptic and electrical interaction in hippocampus: Experimental data and computer simulations. In J. H. Byrne & W. O. Berry (Eds.), *Neural Models of plasticity: Experimental and theoretical approaches* (pp. 378-402). San Diego: Academic.

Duyvendak, J. J. L. (1992). *Tao Te Ching, The book of the way and its virtue.* Boston: Charles E. Tuttle, Co. Inc.

Ecker, B. (2008). Unlocking the emotional brain: Finding the neural key to transformation. *Psychotherapy Networker, 32,* 5, 42-47, 60.

Egner, T., Jamieson, G., & Gruzelier, J. (2005). Hypnosis decouples cognitive control from conflict monitoring processes of the frontal lobe. *NeuroImage, 27,* 969-978.

Ekman, P. (1992). An *argument for basic emotions. Cognition and Emotion, 6,* 169-200.

Ekman, P. (2003). *Emotions revealed: Recognizing faces and feelings to improve communication and emotional life.* New York: Times Books.

El-Badri, S. M., Cousins, D. A., Parker, S., Ashton, H. C., Ferrier, I. N., & Moore, P. B. (2006). Magnetic resonance imaging abnormalities in young euthymic patients with bipolar affective isorder. *British Journal of Psychiatry, 189,* 81-82.

Elias, A. N., Guich, S., & Wilson, A. F. (2000). Ketosis with enhanced GABAergic tone promotes physiological changes in transcendental meditation. *Medical Hypotheses, 54,* 660-662.

Epel, E. S., Blackburn, E. H., Lin, J., Dhabhar, F. S., Adler, N. E., & Morrow, J. D. (2004). Accelerated telomere shortening in response to life stress. *Proceedings of the National academy of Sciences of the United States of America, 101*(49), 17312-17315.

Erickson, M. H., & Rossi, E. L. (2006). *The Neuroscience

editions: *Healing in hypnosis; Life reframing in hypnosis; Mind-body communication in hypnosis; Creative choice in hypnosis.* Phoenix: Milton H. Erickson Foundation Press.

Erickson, M. H. (1964). Initial experiments investigating the nature of hypnosis. *American Journal of Clinical Hypnosis, 7,* 254-257.

Erik, S., Mikschi, A., Stier, S., Claramidaro, A., Gapp, V., Weber, B., et al. (2010). Emotion regulation in major depression. *Journal of Neuroscience, 30*(47), 15725-15734.

Eriksson, P. S., Perfilieva, E., Bjork-Eriksson, T., Alborn, A., & Nordborg, C. (1998). Neurogenesis in the adult human hippocampus. *Nature Medicine, 4,* 1313-1317.

Esiri, M. (1994). Dementia and normal aging: Neuropathology. In F. A. Huppert, C. Brayne, & D. W. O'Connor (Eds.), *Dementia and normal aging* (pp. 385-436). Cambridge: Cambridge University Press.

Evans, B. (2005). *Space shuttle Columbia: Her missions and crews.* New York: Springer.

Evans, J. (2009). Biological Psychology, Psychology 106. University of California, San Diego, January 5-March 7.

Fadiga, L., Fogassi, L., Pavesi, G., & Rizzolatti, G. (1995). Motor facilitation during action observation: A magnetic stimulation study. *Journal of Neurophysiology, 73,* 2608-2611.

Fadiga, L., Craighero, L., Buccino, G., & Rizzolatti, G. (2002). Short communication: Speech listening specifically modulates the excitability of tongue muscles: A TMS study. *European Journal of Neuroscience, 15,* 399-402.

Fancher, R. E. (1979). *Pioneers of psychology.* New York: W. W. Norton & Co.

Feldman, R. S., Meyer, J. S., & Quenzer, L. F. (1997). *Principles of neuropsychopharmacology.* Sunderland: Sinauer Associates, Inc., Publishers.

Ferdinand, R. D., & White, S. A. (2000). Social control of brains: From behavior to genes. In M. S. Gazzaniga

(Ed.), *The new cognitive neurosciences,* Second Edition. Cambridge: A Bradford Book, The MIT Press. pp. 1193-1208.

Fisher, H. E., Aron, A., & Brown, L. L. (2006). Tomantic love: a mammalian brain system for mate choice. *Philosophical Transactions of the Royal Society B, 361,* 2173-2186.

Fitzgerald, P. B., Fountain, S., & Daskalakis, Z. J. (2006). A comprehensive review of the effects of rTMS on motor cortical excitability and inhibition. *Clinical Neurophysiology, 117*(12), 2584-2596.

Foa, E. B., Hearst-Ikeda, D. E., & Perry, K. J. (1995). Evaluation of a brief cognitive-behavioral program for the prevention of chronic PTSD in recent assault victims. *Journal of Consulting and Clinical Psychology, 63*(6), 948-955.

Foder, J. A. (1983). *The modularity of mind.* Cambridge: MIT Press.

Foder, J. A., & Pylyshyn, Z. (1988). Connectionism and cognitive architecture: A critical analysis. *Cognition, 28,* 3-71.

Fogassi, L., Ferrari, P. F., Gesierich, B., Rozzi, S., Chersi, F., & Rizzolatti, G. (2005). Parietal lobe: From action organization to intentional understanding. *Science, 308,* 662-666.

Francis, D. D., Szegda, K., Campbell, G., Martin, W. D., & Insel, T. R. (2003). Epigenetic sources of behavioral differences in mice. *Nature Neuroscience, 6*(5), 445-446.

Frank, J. D., & Frank, J. (1991). *Persuasion and healing.* Baltimore: Johns Hopkins University Press.

Frank, J. D., Hoehn-Saric, R., Imber, S., Liberman, B., & Stone, A. (1978). *Effective ingredients of successful psychotherapy.* New York: Brunner/Mazel.

Freud, S. (1999). *The interpretation of dreams: Original 1899 version.* Oxford: Oxford University Press.

Freud, S. (1953). *The complete psychological works of Sigmund Freud.* (trans: Strachey, J.). Toronto: Hogarth

Press.

Freud, S. (1960). *The Ego and the Id*. New York: W. W. Norton & Company.

Fritsch, G. T., & Hitzig, E. (1870; 1960). On the electrical excitability of the cerebrum. In: Von Bonin G (trans.) *Some Papers on the Cerebral Cortex*. Springfield, IL: Charles C. Thomas. pp. 3–21.

Frodl, A., Schaub, A., Banac, S., Charypar, M., Jager, M., & Kummier, P. (2008). Reduced hippocampal volumes correlates with executive dysfunctioning in major depression. *Journal of Psychiatry Neurosis, 31*(5), 316–323.

Furmark, T., Tillfors, M., Marteinsdottir, I., Fischer, H., Pissiota, A., Langstrom, B., et al. (2002). Common changes in cerebral blood flow in patients with social phobia treated with citalopram or cognitive-behavioral therapy. *Archives of General Psychiatry, 59*, 425–433.

Gabrieli, J. D. E., Corkin, S., Mickel, S. F., & Growdon, J. H. (1993). Intact acquisition and longterm retention of mirror-tracing skill in Alzheimer's disease and in global amnesia. *Behavioral Neuroscience, 107*(6), 899–910.

Gage, F. H., Eriksson, P. S., Perfilieva, E., & Bjork-Eriksson, T. (1998). Neurogenesis in the adult human hippocampus. *Nature Medicine, 4*(11), 1313–1317.

Gage, F. H., Kempermann, G., & Hongjun, S. (2008). Adult neurogenesis: A prologue. *Adult Neurogenesis, 52*, 1–5.

Gall, F. J., & Hufeland, C. W. (2010). *Some account of Dr. Gall's new theory of physiognomy, founded upon the anatomy and physiology of the brain, and the form of the skull: With the critical strictures of C. W. Hufeland, M.D.* Charleston, SC: Nabu Press.

Gallese, V., Fadiga, L., Fogassi, L., & Rizzolatti, G. (1996). Action recognition in the premotor cortex. *Brain, 119*, 598–609.

Gallese, V., Keysers, C., & Rizzolatti, G. (2004). A unifying view of the basis of social cognition. *Trends in Cognitive Science, 8*(9), 397–401.

Gallese, V. (2009). Mirror neurons and the neural exploitation hypothesis: From embodied simulation to social cognition. In J. A. Pineda (Ed.), *Mirror neuron systems: The role of mirroring processes in social cognition* (pp. 163–184). New York: Humana Press.

Ganguly, K., Kiss, L., & Poo, M. M. (2000). Enhancement of presynaptic neuronal excitability by correlated presynaptic and cerebellar interneurones. *Journal of Physiological, 527*, 33–48. (London).

Garcia, R., & Cacho, J. (2006). Psosopagnosia: Is it a single or multiple entity? *International Congress of Neuropsychology, 19*(13), 42.

Gardner, M. (1974). Mathematical games: The combinatorial basis of the "I Ching", the Chinese book of divination and wisdom. *Scientific American, 230*(1), 108–113.

Gardner, H. (1976). *The shattered mind*. New York: Vintage Books.

Gascoigne, S. (1997). *The Chinese way to health: A self-help guide to traditional Chinese medicine*. Boston: Tuttle Publishing.

Gastaut, H. J., & Bert, J. (1954). EEG changes during cinematographic presentation. *Electroencephalography and Clinical Neurophysiology, 6*, 433–444.

Gauthier, L. V., Taub, E., Perkins, C., Ortmann, M., Mark, V. W., & Uswatte, G. (2008). Remodeling the brain: Plastic structural brain changes produced by different motor therapies after stroke. *Stroke, 39*, 1520.

Gazzaniga, M. S. (Ed.). (2000). *The new cognitive neurosciences* (2nd ed.). A Bradford Book Cambridge: The MIT Press.

Gazzaniga, M. S. (1973). The split brain in man. In R. Ornstein (Ed.), *The nature of human consciousness*. San Francisco: W. H. Freeman.

Gellhorn, E., & Kiely, W. F. (1972). Mystical states of consciousness: Neurophysiological and clinical aspects. *Journal of Nervous and Mental Disease, 154*, 399–405.

Gershon, A. A., Dannon, P. N., & Grunhaus, L. (2003). Transcranial magnetic stimulation in the treatment of depression. *American Journal of Psychiatry, 160,* 835–845.

Giles, L. (1959). *Taoist teachings translated from the book of Lieh-Tzu.* London: John Murray.

Goldapple, K., Segal, Z., Garson, C., Lau, M., Bieling, P., Kennedy, S., et al. (2004). Modulation of cortical-limbic pathways in major depression: Treatment-specific effects of cognitive behavior therapy. *Archives of General Psychiatry, 61*(1), 34–41.

Goldman-Rakic, P. S., Isseroff, A., Schwartz, M. L., & Bugbee, N. M. (1982). The neurobiology of cognitive development. In P. H. Mussen (Ed.), *Infancy and developmental psychobiology, Vol II* (pp. 281–344). New York: Wiley.

Golomb, J., Kluger, A., de Leon, M. J., Ferris, S., Convit, A., Mittelman, M., et al. (1994). Hippocampal formation size in normal human aging: A correlate of delayed secondary memory performance. *Learning and Memory, 1,* 45–54.

Gould, E., Beylin, A., Tanapat, P., Reeves, A., & Shors, T. J. (1999). Learning enhances adult neurogenesis in the hippocampal formation. *Nature Neuroscience, 2,* 260–265.

Green, E. E., Green, A. M., & Walters, A. D. (1970). Voluntary control of internal states: Psychological and physiological. *Journal of Transpersonal Psychology, 1*(1), 1–26.

Green, R. L., & Ostrander, R. L. (2009). *Neuroanatomy for students of behavioral disorders.* New York: W. W. Norton & Company.

Greenough, W. T., Black, J. E., & Wallace, C. S. (1987). Experience and brain development. *Child Development, 58,* 539–559.

Gregory, P. S. (1988). *Predatory dinosaurs of the world.* New York: Simon & Schuster.

Grevert, P., Albert, L. H., & Goldstein, A. (1983). Partial antagonism of placebo analgesia by naloxone. *Pain, 16,* 129–143.

Grigg, Ray. (1995). *The new Lao Tzu: A contemporary Tao Te Ching.* Boston: Charles E. Tuttle, Inc.

Grutzendler, J., Kasthuri, N., & Gan, W. B. (2002). Long-term dendritic spine-stability in the adult cortex. *Nature, 420,* 812–816.

Guillery, R. W. (2007). Relating the neuron doctrine to the cell theory. Should contemporary knowledge change our view of the neuron doctrine? *Brain Research Reviews, 55,* 411–421.

Halfhill, T. R. (2008). *What is the electric brain?* http://www.halfhill.com/ebrain.html.

Hamilton, A. F., de C., Brindley, R. M. & Frith, U. (2007). Imitation and action understanding in autistic spectrum disorders: How valid is the hypothesis of a deficit in the mirror neuron system? *Neuropsycholologia, 45,* 1859–68.

Hankey, A. (2006). Studies of advanced stages of meditation in the Tibetan Buddhist and Vedic traditions. I: A comparison of general changes. *Evidence-based Complementary and Alternative Medicine, 3, 4,* 513–521.

Hannibal, J. Hindersson, P., Knudsen, S. M., Georg, B., & Fahrenkrug, J. (2001). The photopigment melanopsin is exclusively present in pituitary adenylate cyclase-activating polypeptide-containing retinal ganglion cells of the retinohypothalamic tract. *Journal of Neuroscience, 21,* RC191: 1–7.

Harlow, H. F. (1964). Early social deprivation and later behavior in the monkey. In: Abrams, H. H. Gurner & J. E. P. Tomal (Eds.), *Unfinished tasks in the behavioral sciences* (pp. 154–173). Baltimore: Williams & Wilkins.

Harman, G. (1999). The intrinsic quality of experience. In W. G. Lycan (Ed.), *Mind and cognition* (pp. 14–29). Oxford: Blackwell.

Harris, A. J. (1947, 1974). Harris test of lateral dominance: Manual for administration and interpretation. Psychological Corporation, New York.

Haug, H. (1985). Are neurons of the human cerebral cortex

really lost during aging? A morphometric examination. In J. Tarber & W. H. Gispen (Eds.), *Senile dementia of Alzheimer type* (pp. 150-163). New York: Springer.

Hayward, J. W., & Francisco, J. V. (1992). *Gentle bridges: Conversations with the Dalai Lama on the sciences of mind*. Boston: Shambhala Publications.

Hebb, D.O. (1949). *The organization of behaviour*. New York: Wiley. [Cited on pp. 18-21].

Heidegger, M. (1962). *Being and time*. San Francisco: Harper San Francisco.

Hendelman, W. J. (2000). *Atlas of functional neuroanatomy*. Boca Raton: CRC.

Hendry, S. H., Hsiao, S. S., Brown, M. C. (2003). Fundamentals of sensory systems. In L. R. Squire, F. E. Bloom, S. D. McConnell, J. L. Roberts, N.C. Spitzer, M. J. Zigmond (2003). Fundamental Neuroscience, Second Edition. (pp. 577-589). New York: Academic.

Henricks, R. C. (1989). *Lao-tzu Te Tao Ching*. New York: Ballantine Books.

Hetherington, A. W., & Ranson, S. W. (1940). Hypothalamic lesions and adiposity in the rat. *The Anatomical Record, 78*(2), 149-172.

Hess, E. H. (1973). *Imprinting: Early experience and the developmental psychobiology of attachment*. New York: Van Nostrand-Reinhold.

Hilgard, E. R. (1977). *Divided consciousness: Multiple controls in human thought and action*. New York: Wiley.

Hirai, T. (1974). *Psychophysiology of Zen*. Tokyo: Igaku Shoin Ltd.

Hoe, P. R., Trapp, B. D., De Vellis, J., Claudio, L., & Colman, D. R. (2003). Cellular components of nervous tissue. In L. R. Squire, F. E. Bloom, S. D. McConnell, J. L. Roberts, N. C. Spitzer, & M. J. Zigmond (Eds.) (2003). *Fundamental Neuroscience, Second Edition*. New York: Academic, pp. 49-75.

Horn, N. R., Dolan, M., Elliott, R., Deakin, J. F. W., & Woodruff, P Wr. (2003). Response inhibition and impulsivity: An fMRI study. *Neuropsychologia, 41*(14), 1956-1966.

Hotzel, B. K., Ott, U., Gard, T., Hempel, H., Weygandt, M., & Morgen, K. (2008). Investigation of mindfulness meditation morphometry. *Social Cognition and Affective Neuroscience, 3*, 5561.

Howard, R. J., Ffytche, D. H., Barnes, J., McKeery, D. Ha, Y., Woodruff, P. W., Bullmore, E. T., Simmons, A., Williams, S. C. R., David, A. S., & Brammer, M. (1998). The functional anatomy of imagining and perceiving color. *Neuro Report, 9*, 1019-1023.

Hubel, D. H., & Wiesel, T. N. (1962). Receptive fields, binocular interaction and functional architecture in the cat's visual cortex. *The Journal of Physiology, 160*, 106-154.

Hugdahl, K. (1996). Cognitive influences on human autonomic nervous system function. *Current Opinion in Neurobiology, 6*, 252-258.

Husserl, E. (1900, 1970). *Logical investigations*, Vol. I. & II. New York: Humanities Press.

Hutchins, E. (1995). *Cognition in the wild*. Cambridge: MIT Press.

Iacoboni, M., Molnar-Szakacs, I., Gallese, V., Buccino, G., Mazziotta, J. C., & Rizzolatti, G. (2005). Grasping the intentions of others with one's own mirror neuron system. *Plos Biology*, www.plosbiology.org. 3, 3, 0001-0007.

Jacobson, E. (1929). *Progressive relaxation*. Chicago: University of Chicago Press.

Jain, N., Florence, S. L., Qi, H. X., & Kaas, J. H. (2000). Growth of new brain stem connections in adult monkeys with massive sensory loss. *Proceedings of the National academy of Sciences of the United States of America, 97*, 5546-5550.

James, W. (1896). *The principles of psychology* (Vol. I). New York: Henry Holt and Company.

Jamieson, G. A. (Ed.). (2007). *Hypnosis and conscious states: The cognitive neuroscience perspective*. Oxford:

Oxford University Press.

Jenkins, W. M., Merzenich, M. M., Ochs, M. T., Allard, T., & Guic-Roble, E. (1990). Functional reorganization of primary somatosensory cortex in adult owl monkeys after behaviorally controlled tactile stimulation. *Journal of Neurophysiology, 63,* 82-104.

Joffe, R., Segal, Z., & Singer, W. (1996). Change in thyroid hormone levels following response to cognitive therapy for major depression. *American Journal of Psychiatry, 153*(3), 411-413.

Johansson, B. (1991). Neuropsychological assessment in the oldest-old. *International Psychogeriatrics, 3* (Suppl), 51-60.

Johnson, S. (2008). *Hold me tight.* New York: Little Brown and Company.

Johnston, W. (1974). *Silent music: The science of meditation.* New York: Harper & Row.

Kaas, J. H., & Preuss, T. M. (2003). Human brain evolution. In L. Squire, F. E. Bloom, S. K. McConnell, J. L. Roberts, N. C. Spitzer, & M. J. Zigmond. (Eds.), *Fundamental neuroscience* (pp. 1147-1166). New York: Academic.

Kabat-Zinn, J. (2003). *Coming to our sense: healing ourselves and the world through mindfulness.* New York: Hyperion Press.

Kalat, J. W. (2007). *Biological psychology.* Belmont: Thomson Wadsworth.

Kandel, E., Schwartz, J., & Jessell, T. (2000). *Principles of neural science.* New York: McGraw-Hill Medical.

Kanwisher, N., McDermott, J., & Chun, M. M. (1997). The fusiform face area: a module in human extrastriate cortex specialized for face perception. *Journal of Neuro Science, 17*(11), 4302-4311.

Kant, E. (2005). *Critique of judgment.* In J. H. Bernard, (ed.) New York: Barnes and Noble, Inc.

Kaufman, A. S., Reynolds, C. R., & McLearn, J. E. (1989). Age and WAIS-R intelligence in a sample of adults in the 20-74 year age range: A cross sectional analysis with educational level controlled. *Intelligence, 13,* 235-253.

Kauer, J. A., & Malenka, R. C. (2007). Synaptic plasticity and addiction. *Nature Reviews Neuroscience, 8*(11), 844-868.

Kerr, D. S., Huggertt, A. M., & Abraham, W. C. (1994). Modulation of hippocampal long-term potentiation and long-term depression by corticosteroid receptor activation. *Psychobiology, 22,* 123-133.

Kesner, R. P., & Williams, J. M. (1995). Memory for magnitude of reinforcement: Dissociation between the amygdala and hippocampus. *Neurobiology of Learning and Memory, 64,* 237-244.

Kimura, D. (1996). *Understanding the human brain* (pp. 136-141). New York: Encyclopedia Britannica, Inc.

Kohler, E., Keysers, C., Umilta, M. A., Fogassi, L., Gallese, V., & Rizzolatti, G. (2002). Hearing sounds, understanding actions: Action representation in mirror neurons. *Science, 297,* 846-848.

Kohr, R. L. (1977). Dimensionality in the meditative experience. *Journal of Transpersonal Psychology, 9*(2), 193-203.

Konishi, M. (1985). Birdsong: From behavior to neuron. *Annual Review of Neuroscience, 8,* 125-170.

Koob, G. F., & Le Moal, M. (2001). Drug addiction, dysregulation of reward, and allostasis. *Neuropsychopharmacology, 24,* 97-129.

Kosslyn, S. M., Thompson, W. L., Costantini-Ferrando, M. F., Alpert, N. M., & Spiegel, D. (2000). Hypnotic visual illusion alters color processing in the brain. *American Journal of Psychiatry, 157,* 1279-1284.

Krawitz, A., Fukunaga, R., & Brown, J. W. (2010). Anterior insula activity predicts the influence of positively framed messages on decision making. *Cognitive, Affective, & Behavioral Neuroscience, 10*(3), 392-405.

Kroger, W. S. (1977). *Clinical and experimental hypnosis.* Philadelphia, PA: J. B. Lippincott.

Krose, B., & van der Smagt, P. (1996). *An introduction to neural networks.* Amsterdam: University of Amsterdam.

Kubie, L. S. (1961). *Neurotic distortion of the creative*

process. New York: The Noonday Press.

Kuhn, H. G., Dickinson-Anson, H., & Gage, F. H. (1996). Neurogenesis in the dentate gyrus of the adult rat: Age-related decrease of neuronoal progenitor proliferation. *The Journal of Neuroscience, 16*(6), 2027-2033.

Kuyken, W., Byford, S., Taylor, R. S., Watkins, E., Holden, E., White, K., et al. (2008). Mindfulness-based cognitive therapy to prevent relapse in recurrent depression. *Journal of Consulting and Clinical Psychology, 76*(6), 966-978.

Lane, R. D., Reiman, E. M., Ahern, G. L., Schwartz, G. E., & Davidson, R. J. (1997a). Neuroanatomical correlates of happiness, sadness, and disgust. The *American Journal of Psychiatry, 154*(7), 926-933.

Lane, R. D., Reiman, E. M., Bradley, M. M., Lang, P. J., Ahern, G. L., Davidson, R. J., et al. (1997b). Neuroanatomical correlates of pleasant and unpleasant emotion. *Neuropsychologia, 35*(11), 1437-1444.

Lange, F. P., Koers, A. K., Kalkman, J. S., Bleijengerg, G., Hagoort, P., van der Meer, J. W. M., et al. (2008). Increase in prefrontal cortical volume following cognitive behavioural therapy in patients with chronic fatigue syndrome. *Brain, 131*, 2172-2180.

Larson, J., & Lynch, G. (1986). Induction of synaptic potentiation in hippocampus by patterned stimulation involves two events. *Science, 232*, 985-988.

Lazar, S. W., Kerr, C. E., Wasserman, R. H., Gray, J. R., Greve, M., Treadway, T., MCGarvey, M., Quinn, B. T., Dusek, J. A., Benson, H., Rauch, S. L, Moore, C. L. and Fishi, B. 2005. Meditation experience is associated with increased cortical thickness. *NeuroReport, 16*, 17, 1893-1897.

Lazarus, R. S. (1991). *Emotion and adaptation*. New York: Oxford University Press.

LeDoux, J. E. (1996). *The emotional brain: The mysterious underpinnings of emotional life*. New York: Touchstone.

LeDoux, J. E. (2000). Emotion circuits in the brain. *American Review of Neuroscience, 23*, 155-161.

LeDoux, J. E. (2003). The emotional brain, fear, and the amygdala. *Cellular and Molecular Neurobiology, 23*, 4, 5, 727-738.

Legge, J. (1962). *The texts of Taoism* (Vol. I). New York: Dover Publications, Inc.

Leidermann, P. (1981). Human mother-infant social bonding: Is there a sensitive phase? In K. Immerlmann, G. W. Barlow, L. Petrinovich, & M. Main (Eds.), *Behavioral development* (pp. 454-468). Cambridge: Cambridge University Press.

Lentz, J. (2011). *Trance altering epiphanies you can create*. Jeffersonville: Healing Words Press.

Leung, Y., & Singhai, A. (2004). An examination of the relationship between Qigong meditation and personality. *Social Behavior and Personality: An International Journal, 32*(4), 313-320.

Leven, S. (1998). A computational perspective on learned helplessness and depression. In R. W. Parks, D. S. Levine, & D. L. Long (Eds.), *Fundamentals of neural network modeling* (pp. 141-163). Cambridge: The MIT Press.

Leven, S. (1988). Memory and Learned helplessness: A triune approach. Presented at the M.I.N.D. Conference on Motivation, Emotion, and Goal Direction in Neural Networks. Dallas, May 23.

Levenson, R. W. (2003). Blood, sweat, and fears: The autonomic architecture of emotion. *Annals of the New York Academy of Sciences, 1000*, 348-366.

Levi-Montalcini, R. (1982). Developmental neurobiology and the natural history of nerve growth factor. Annual *review of Neuroscience, 5*, 341-362.

Levine, D. S., & Aleksandrowicz, A. M. C. (2005). Neural network approaches to personal change in psychotherapy. *Proceedings of International Joint Conference on Neural Networks*, Montreal, Canada, July 31-August 4, 0-7803-9048.

Levine, J. (1945a). Studies in the interrelations of central nervous structures in binocular vision: I. The lack of bilateral transfer of visual discriminative habits acquired monocularly by the pigeon. *Journal of Genetic Psychology, 67*, 105-129.

Levine, J. (1945b). Studies in the interrelations of central nervous structures in binocular vision: II. The condition under which interocular transfer of discriminative habits takes place in the pigeon. *Journal of Genetic Psychology, 67*, 131-142

Levine, J. (1952). Studies in the interrelations of central nervous structures in binocular vision: III. Localization of the memory trace as evidenced by the lack of intra and interocular habit transfer in the pigeon. *Journal of Genetic Psychology, 18*, 19-27.

Levine, S. (1998). Creativity. In K. H. Pribram (Ed.), *Brain and values* (pp. 427-470). Mahwah: Erlbaum.

Levinthal, C. F. (2008). *Drugs, behavior, and modern society*. Boston: Pearson Education, Inc.

Liberman, A. M., & Mattingly, I. G. (1985). The motor theory of speech perception revised. *Cognition, 21*, 1-36.

Linden, D. E. J. (2006). How psychotherapy changes the brain-the contribution of functional neuroimaging. *Molecular Psychiatry, 11*, 528-538.

Lindvall, O., Sawle, G., Widnet, H., & Rothwell, J. C. (1994). Evidence for long-term survival and function of dopaminergic grafts in the progressive Parkinsoon's disease. *Annals of Neurology, 35*, 172-180.

Luders, E., Toga, A. W., Lepore, N., & Gaser, C. (2009). The underlying anatomical correlates of long-term meditation: volumes of gray matter. *Neuroimage, 45*, 672-678.

Lumsden, A., & Kintner, C. (2003). Neural induction and pattern formation. In L. R. Squire, F. E. Bloom, S. D. McConnell, J. L. Roberts, N. C. Spitzer, & M. J. Zigmond (Eds.), *Fundamental neuroscience* (2nd ed., pp. 363-390). New York: Academic.

Luk, C. (1991). *The secrets of Chinese meditation*. York Beach: Samuel Weiser, Inc.

Lupien, S. J., de Leon, M., de Santi, S., Convit., A., Tarshish, C., Nair, N. P. (1998). Cortisol levels during human aging predict hippocampal atrophy and memory deficits. Nature Neuroscience. *1*, 1, 69-73.

Lutz, A., Gretschar, L. L., Rawlings, N., Ricard, M., & Davidson, R. J. (2004). Long-term meditators self-induce high-amplitude gamma synchrony during mental practice. *Neuroscience, 101*(46), 16369-16373.

Lycan, W. G. (1999). *Mind and cognition*. Oxford: Blackwell Publishing.

Maclean, P. D. (1952). Some psychiatric implications of physiological studies on frontotemporal portion of limbic system (visceral brain). *Electroencephalography and Clinical Neurophysiology, 4*(4), 407-418.

MacLean, P. D. (1985). Brain evolution relating to family, play and the separation call. *Archives of General Psychiatry, 42*, 405-417.

MacLean, P. D. (1967). The brain in relation to empathy and medical education. *Journal of Nervous and Mental Disease, 144*, 374-382.

Maguire, E. A., Gadian, N., Ssrude, J. S., Good, C. D., Ashburner, J., Fractowist, R. S., et al. (2000). Navigation related structural changes in the hippocampi of taxi drivers. *PNAS, 97*(8), 4398-4403.

Maren, S. S., & Quirk, G. J. (2004). Neuronal signaling of fear memory. *Nature Reviews Neuroscience, 5*, 844-852.

Martin, K. C., Bartsch, D., Bailey, C. H., & Kandel, E. R. (2000). Molecular mechanisms underlying learning-related long-lasting synaptic plasticity. In M. S. Gazzaniga (Ed.), *The New Cognitive Neurosciences*. Cambridge: The MIT Press.

Martin, K. C., & Zukin, R.S. (2006). RNA trafficking and local protein synthesis in dendrites: an overview. *The Journal of Neuroscience, 5*, 26, 27, 7131-4.

Massimini, M., Ferrarelli, F., Huber, R., & Esser, S. K. (2005). Breakdown of cortical effective connectivity during sleep. *Science, 309*, 2228-2232.

Matus, A. (2000). Actin-based plasticity in dendritic splines. *Science, 290*, 754-758.

Mayberg, H. S., Brannan, S. K., Tekell, J. L., Silva, J. A., Mahurin, R. K., McGinnis, S., et al. (2000). Regional metabolic effects of fluoxetine in major depression: serial changes and relationship to clinical response. *Biological Psychiatry, 48*, 830-843.

McConnell, S. K. (1992). The genesis of neuronal diversity during development of cerebral cortex. *Seminars in the Neurosciences, 4*, 347-356.

McCulloch, W. S., & Pitts, W. H. (1942). A logical calculus of the ideas immanent in nervous activity. *Bulletin of Mathematical Biology, 5*, 115-133.

McCulloch, W. S. (1965). *Embodiment of mind*. Cambridge: The MIT Press.

McKeon, R. (1947). *The basic works of Aristotle*. New York: Random House.

McEwen, B. S., & Magarinos, A. M. (1997). Stress effects on morphology and function of the hippocampus. *Annals of the New York Academy of Sciences, 821*, 271-284.

Meaney, M. J. (2001). Maternal care, gene expression, and the transmission of individual differences in stress reactivity across generations. *Annual Review of Neuroscience, 24*, 1161-1192.

Medina, J. F., Christopher Repa, J., Mauk, M. D., & LeDoux, J. E. (2002). Parallels between cerebellum and amygdala dependent conditioning. *Nature Reviews Neuroscience, 3*, 122-131.

Mednick, S. A., & Mednick, M. T. (1962). *Examiner's manual: Remote associates test*. Boston: Houghton-Mifflin.

Mesulam, M. M. (2000). *Principles of behavioral and cognitive neurology* (2nd ed.). New York: Oxford University Press.

Metz, A. E., Yau, H.-J., Centeno, M. V., Apkarian, A. V., & Martina, M. (2009). Morphological and functional reorganization of rat medial prefrontal cortex in neuropathic pain. *PNAS, 106*(7), 72423-72428.

Meyer, A. (1950). *The collected papers of Adolph Meyer Neurology* (Vol. I). Baltimore: The Johns Hopkins Press.

Miller, G. A. (1956). The magical number seven, plus or minus two: Some limits on our capacity for processing information. *Psychological Review, 63*(2), 81-97.

Miller, M. B., Van Horn, J. D., Wolford, G. L., Handy, T. C., Valsangkar-amyth, M., Inati, S., et al. (2002). Extensive individual differences in brain activations associated with episodic retrieval are reliable over time. *Journal of Cognitive Neuroscience, 14*(8), 1200-1214.

Milling, L. S., Kirsch, I., Allen, G. J., & Reutenauer, E. L. (2005). The effects of hypnotic and nonhypnotic suggestion on pain. *Annals of Behavioral Medicine, 29*, 116-127.

Milner, D., & Goodale, M. A. (1995). The visual brain in action. Oxford: Oxford University Press.

Minsky, M., & Papert, S. (1969). *Perceptrons: An introduction to computational geometry*. Cambridge: MIT Press.

Mirsky, A. F. (1996). Disorders of attention: A neuropsychological perspective. In G. R. Lyon & N. A. Krasnegor (Eds.), *Attention, memory and executive function* (pp. 71-96). Baltimore: Paul H. Brookes.

Mitchell, D. B. (2006). Nonconscious priming after 17 years: Invulnerable implicit memory? *Psychological Science, 17*(11), 925-929.

Mitchell, D. B., & Brown, A. S. (1988). Persistent repetition priming in picture naming and its dissociation from recognition memory. *Journal of Experimental Psychology: Learning Memory and Cognition, 14*, 213-222.

Moldakarimov, S., Bazhenov, M., & Sejnowski, T. J. (2010). Perceptual priming leads to reduction of gamma frequency oscillations. *Proceedings of the National academy of Sciences of the United States of America, 107*(12), 5640-5645.

Moran, F. M. (1993). *Subject and agency in psychoanalysis: Which is to be master?*. New York: New York University Press.

Movius, H. L., & Allen, J. J. B. (2005). Cardiac vagal tone, defensivenss, and motivational style. *Biological Psychology, 68*, 147-162.

Moruzzi, G., & Magoun, H. W. (1959). Brain stem reticular formation and activation of EEG. *Electroencephalography and Clinical Neurophysiology, 1*, 455-473.

Muller, J. P. (2003). *Elements of physiology (facsimile)*. London: Thoemmes Continuum.

Murphy, G. (1960). *Human Potentialities*. London: George Allen & Unwin, Ltd.

Naqvi, N. H., Rudrauf, D., Damasio, H., & Bechara, A. (2007). Damage to the insula disrupts addiction to cigarette smoking. *Science*, 26, 315, 5811, 531-534.

Nelson, J. P., McCarley, R. W., & Hobson, J. A. (1983). REM sleep burst neurons, PGO waves, and eye movement information. *Journal of Neurophysiology, 50*(4), 784-797.

New, A. S., Trestman, R. L., Mitropoulou, V., Benishay, D. S., Coccaro, E., Silverman, J., et al. (1997). Serotonergic function and self-injurious behavior in personality disorder patients. *Psychiatry Research, 69*, 17-26.

Newberg, A. B., & Iversen, J. (2003). The neural basis of the complex mental task of meditation: neurotransmitter and neurochemical considerations. *Medical Hypothesese, 61*(2), 282-291.

Newberg, A. B., Wintering, N., Waldman, M. R., Amen, D., Khalsa, D. S., Alavi, A. (2010). Erebral blood flow differences between long-term meditators and non-meditators. Consciousness and Cognition. *Consciousness and Cognition*, In Press, Elsevier Inc.

Newell, A. (1980). Physical symbol systems. *Cognitive Science, 4*, 135-183.

Newell, A., Rosenbloom, P. S., & Laird, J. E. (1989). Symbolic architecture for cognition. In M. L. Posner (Ed.), *Foundations of cognitive science*. Cambridge: MIT Press.

Nicola, K. (1941). *The natural way to draw: A working plan for art study*. Boston: Houghton Mifflin Company.

Nienhauser, W. H. (Ed.). (1994). *Ssu-ma Chien, The grand scribe's records*. aVol. I. Bloomington: Indiana University Press.

Nobre, A. C., Coull, J. T., Maquet, C. D., Frith, C. D., Vandenberghe, R., & Mesulam, M. M. (2004). Orienting attention to locations in perceptual versus mental representations. *Journal of Cognitive Neuroscience, 16*, 363-373.

Northoff, G., & Bermpohl, F. (2004). Cortical midline structures and the self. *Trends in Cognitive Sciences, 8*(3), 102-107.

Novelly, R. A. (1992). The dept of neuropsychology to the epilepsies. *American Psychologist, 47*(9), 1126-1129.

Oakley, D. A. (2008). Hypnosis, trance and suggestion: Evidence from neuroimaging. In M. R. Nash & A. Barnier (Eds.), *Oxford handbook of hypnosis* (pp. 365-392). Oxford: Oxford University Press.

Oberman, L. M., Ramachandran, V. S., & Pineda, J. A. (2008). Modulation of mu suppression in children with autism spectrum disorders in response to familiar or unfamiliar stimuli: The mirror neuron hypothesis. *Neuropsychologia, 46*, 1558-1565.

Oberman, L. M., & Ramachandran, V. S. (2009). Reflections on the mirror neuron system: Their evolutionary functions beyond motor representation. In J. A. Pineda (Ed.), *Mirror neuron systems* (pp. 39-62). New York: Humana Press.

O'Nuallain, S. (2009). Zero power and selflessness: what meditation and conscious perception have in common. *Cognitive Sciences, 4*(2), 46-64.

Orne, M. T. (1959). The nature of hypnosis: Artifact and essence. *Journal of Abnormal and Social Psychology, 58*, 277-299.

Ownby, R. L. (1998). A computational model of alcohol

dependence: Simulation of genetic differences in alcohol preference and of therapeutic strategies. In R. W. Parks, D. S. Levine, & D. L. Long (Eds.), *Fundamentals of neural network modeling* (pp. 123-140). Cambridge: The MIT Press.

Papez, J.W. (1937). A proposed mechanism of emotion. The Journal of Neuropsychiatry and Clinical Neuroscience. 1995 7, 1, 103-112.

Paquette, V., Lévesque, J., Mensour, B., Leroux, J. M., Beaudoin, G., Bourgoulin, P., et al. (2003). Change the mind and you change the brain: effects of cognitive-behavioral therapy in the neural correlates of spider phobia. *Neuroimage, 18*(2), 401-409.

Pauling, L. (1977). Crusading scientist: Transcript of broadcast of NOVA, Angier, J. Executive producer, 417.

Paulus, M. P., Rogalsky, C., Simmons, A., Feinstein, J. S., & Stein, M. B. (2003). Increased activation in the right insula during risk-taking decision making is related to harm avoidance and neuroticism. *NeuroImage, 19*, 1439-1448.

Pellionisz, A., & Llinas, R. (1982). Space-time representations in the brain. The cerebellum: Distributed processor for productive coordination. *Neuroscience, 4*, 325-348.

Petri, H. L., & Mishkin, M. (1994). Behaviorism, cognitivism, and the neuropsychology of memory. *American Scientist, 82*, 30-37.

Pineda, J. A. (Ed.). (2009). *Mirror neuron systems: The role of mirroring processes in social cognition.* New York: Humana Press.

Pineda, J. A., Moore, R., Elfenbeinand, H., & Cox, R. (2009). Hierarchically organized mirroring processes in social cognition: The functional neuroanatomy of empathy. In J. A. Pineda (Ed.), *Mirror neuron systems: The role of mirroring processes in social cognition* (pp. 135-162). New York: Humana.

Pineda, J. (2007). Neuroanatomy and physiology: Cognitive Science 107a lecture, University of California, San Diego. September-December. 10/1/07.

Pineda, J. (2007). Neuroanatomy and physiology: Cognitive Science 107a lecture, University of California, San Diego. September-December. 10/15/07.

Pitman, R. K. (1989). Post-traumatic stress disorder, hormones, and memory. *Biological Psychiatry, 26*, 221-223.

Piver, S. (2008). The surprising self-healing benefits of meditation. *Weil Lifestyle.* http://www.drweil.com/drw/u/ART02791/self-healing.

Place, U. T. (1999). Is consciousness a brain process? In W. G. Lycan (Ed.), *Mind and cognition* (pp. 14-29). Oxford: Blackwell.

Plato, (1997). *Complete works* (trans: Cooper J. M.). (Ed.) Indianapolis: Hackett Publishing Company.

Pons, T. P., Garraghty, P. E., Ommaya, A. K., Kaas, J. H., Taub, E., & Mishkin, M. (1991). Massive cortical reorganization after sensory deafferentation in adult macaques. *Science, 252*(5014), 1857-1860.

Popper, K. (1965). *Conjectures and refutations: The growth of scientific knowledge.* New York: Harper and Row.

Porges, S. W. (2011). *The Polyvagal theory: Neurophysiological foundations of emotions, attachment, communication, and self-regulation.* New York: Norton.

Porges, S. W. (1992). Vagal Tone: A physiologic marker of stress vulnerability. *Pediatrics, 90*(3), 498-504.

Porges, S. W., Doussard-Roosevelt, J. A., & Maiti, A. K. (1994). Vagal tone and the physiological regulation of emotion. *Monograph for the Society for Research in Child Development,, 59*, 167-186.

Portas, C. M., Rees, G., Howseman, A. M., et al. (1998). A specific role for the thalamus in mediating the interaction attention and arousal in humans. *Journal of Neuro Science, 18*, 8979-8989.

Posner, M. L. (1978). *Chronometric explorations of mind.* Hillsdale, NJ: Erlbaum.

Posner, M. I., Rothbart, M. K., Sheese, B. F., & Tang,

Y. (2007). The anterior cingulate gyrus and the mechanisms of self-regulation. *Cognition Affect Behavior Neuroscience, 7*(4), 391-395.

Posner, M. L., & Peterson, S. E. (1990). The attention system of the human brain. *Annual Review of Neuroscince, 13*, 25-42.

Posner, M. L., & Fan, J. (2004). Attention as an organ system. In J. Pomerantz (ed.), *Neurobiology of perception and communication: From synapse to society the IVth De Lange conference.* Cambridge: Cambridge University Press.

Posner, M. L., & Rothbart, M. K. (1998). Attention, self-regulation, and consciousness. *Philosophical Transactions of the Royal Society Biological Sciences, 29*(1377), 1915-1927.

Prasko, J., Horácek, J., Zálensky, R., Kopecek, M., Novák, t., Pasková, B., Skrdiantová, L., Belohlávek, O., Hörschi, C. (2004). The change of regional brain metabolism (18FDG PET) in panic disorder during the treatment with cognitive behavioral therapy or antidepressants. *Neuro Endocrinol Letters 25*, 5, 340-8.

Prescott, J. W. (1979). Alienation of affection. Psychology Today. (December).

Rainville, P., Duncan, C. H., Price, D. D., & Carrier, B. (1997a). Pain affect encoded in human anterior cingulated but not somatosensory cortex. *Science, 277*, 968-971.

Rainwille, P., Hofbauer, R. K., Bushnell, M. C., Duncan, G. H., & Price, D. D. (2002). Hypnosis modulates activity in brain structures involved in the regulation of consciousness. *Journal of Cognitive Neuroscience, 14*(6), 887-901.

Rainville, P., Hofbauer, R. K., Paus, T., Duncan, G. H., Bushnell, M. C., & Price, D. D. (1999). Cerebral mechanisms of hypnotic induction and suggestion. *Journal of Cognitive Neuroscience, 11*, 110-125.

Rainville, P., Duncan, G. H., Price, D. D., Carrier, B., & Bushness, M. C. (1997b). Pain affect encoded in human anterior cingulated but not somatosensory cortex. *Science, 277*, 968-971.

Rainville, P., & Price, D. D. (2003). Hypnosis phenomenology and the neurobiology of consciousness. *International Journal of Clinical and Experimental Hypnosis, 51*, 105-129.

Ramachandran, V. S., Rogers-Ramachandran, D. C., & Stewart, M. (1992). Perceptual correlates of massive cortical reorganization. *Science, 258*(5085), 1159-1160.

Ramachandran, V. S. (1997). Brain damage and mental function: An introduction to human neurophysiology. University of California, San Diego. August 4-September 4.

Ramachandran, V. S., Blakeslee, S., & Sacks, O. (1999). *Phantoms in the brain: Probing the mysteries of the human mind.* New York: Harper Perennial.

Ramachandran, V. S. (2000). Mirror neurons and imitation learning as the driving force behind "the great leap forward" in human evolution. Retrieved August 25, 2006, from http://www.edge.org/documents/archive/edge69.html.

Raskin, S. A., Borod, J. C., & Tweedy, J. (1990). Neuropsychological aspects of Parkinson's disease. *Neuropsychology Review, 1*, 185-221.

Rauch, S. L., Shin, L. M., Whalen, P. J., & Pitman, R. K. (1998). Neuroimaging and the neuroanatomy of post-traumatic stress disorder. *CNS Spectrums, 75*, 30-41.

Raz, A., Shapiro, T., Fan, J., & Posner, M. I. (2002). Hypnotic suggestion and the modulation of Stroop interference. *Archives of General Psychiatry, 59*, 1155-1161.

Restivo, L., Ferrari, F., Passino, E., Sgobio, C., Bock, J., Oostra, B. A., et al. (2005). Enriched environment promotes behavioral and morphological recovery in a mouse model for the fragile X syndrome. *PNAS (Proceedings of the National Academy of Science), 102*(32), 11557-11562.

Reynolds, J. H., Gottlieb, J. P., & Kastner, S. (2003).

Attention. In L. R. Squire, F. E. Bloom, S. K. McConnell, J. L. Roberts, N. C. Spitzer, & M. J. Zigmond (Eds.), *Fundamental neuroscience*. Amsterdam: Academic.

Richardson, M., Strange, B. A., & Dolan, R. J. (2004). Encoding of emotional memories depends on amygdala and hippocampus and their interactions. *Nature Neuroscience, 7*, 278-284.

Richter, C. (1927). Animal behavior and internal drives. *The Quarterly Review of Biology, 2*, 307-343.

Rieber, R. W., & Robinson, D. (Eds.). (2001). *Wilhelm Wundt in history*. New York: Kluwer/Plenum.

Rizzolatti, G., Craighero, L., & Fadiga, L. (2002). The mirror system in humans. In M. I. Stamenov & V. G. (Eds). Mirror neurons and the *evolution of brain and language* (pp. 37-59). Amsterdam: John Benjamins Publishing Company.

Rizzolatti, G., & Arbib, M. A. (1998). Language within our grasp. *Trends Neuroscience, 21*, 181-194.

Roediger, H. L., & McDermott, K. B. (1993). Implicit memory in normal human subjects. In F. Boiler & J. Gralman (Eds.), *Handbook of Neuropsychology*. Vol. 8. Elvesner Science Publishers. (pp. 63-122).

Ross, N. W. (1960). *The world of Zen*. New York: Vintage.

Ross, W. D. (1924; 1953). Aristotle, Metaphysics, 2 Vols. Oxford: Clarendon Press.

Rosenblatt, F. (1958). The perceptron: A probabilistic model for information storage and organization in the brain. *Psychological Review, 65*(6), 386-408.

Rossi, E. L., Erickson-Klein, R., & Rossi, K. L. (2006). *The neuroscience edition: The collected papers of Milton H. Erickson M. D.: On hypnosis, psychotherapy and rehabilitation*. Phoenix: Milton H. Erickson Foundation Press.

Rossi, E. L. (2012). *How therapists can facilitate wonder, wisdom, truth, and beauty*. Phoenix: Milton H. Erickson Foundation Press.

Rossi, E. L. (2002). *The psychobiology of gene expression: Neuroscience and neurogenesis in hypnosis and the healing arts*. New York: W. W. Norton & Co.

Rusak, B., & Zucker, I. (1979). Neural regulation of circadian rhythms. *Physiological Reviews, 59*, 449-536.

Rush, A. J., Stewart, R. S., Garver, D. L., & Waller, D. A. (1998). Neurobiological bases for psychiatric disorders. In R. N. Rosenberb & D. E. Pleasure (Eds.), *Comprehensive neurology* (2nd ed., pp. 555-603). New York: Wiley.

Sadato, N., Pascual-Leone, A., Grafman, J., Deiber, M. P., & Dold, G. (1996). Activation of the primary visual cortex by Braille reading in blind subjects. *Nature, 380*, 526-528.

Salenius, S., Schnitzler, A., Salmelin, R., Jousmaki, V., & Hari, R. (1997). Modulation of human cortical rolandic rhythms during natural sensorimotor tasks. *Neuroimage, 5*, 221-228.

Sala, M., Perez, J., Soloff, P., Ucelli di Nemi, S., Caverzase, E., Soares, J. C., et al. (2004). Stress and hippocampal abnormatlities in psychiatric disorders. *European Neuropsychopharmacology, 14*(5), 393-406.

Salthouse, T. A., Babcock, R. L., Skovronek, E., Mitchell, D. R. D., & Palmon, R. (1990). Age and experience effects in spatial visualization. *Developmental Psychology, 26*, 128-136.

Sergent, J., Ohta, S., & MacDonald, B. (1992). Functional neuroanatomy of face and object processing. *A Positron Emission Tomography Study. Brain, 115*(1), 1536.

Saxena, S., Gorbis, e., O'Neill, J., Baker, S. K., Mandlkern, M. A., Maidment, K. M., Chang, S., Salamon, N., Brody, A. L., Schwartz, J. M., & London, E. D. (2009). Rapid effects of brief intensive cognitive-behavioral therapy on brain glucose metabolism in obsessive-compulsive disorder. *Molecular Psychiatry, 14*, 197-205.

Schacter, D. L., Wig, G. S., & Stevens, W. D. (2007). Reductions in cortical activity during priming. *Current Opinion in Neurobiology, 17*, 171-176.

Schacter, D. L. (1985). Priming of old and new knowledge in amnesic patients and normal subjects. *Annals of the*

New York Academy of Sciences, 444(13), 41-53.

Schacter, D. L. (1987). Implicit memory: History and current status. *Journal of Experimental Psychology: Learning Memory and Cognition, 13*, 501-518.

Schachter, S., & Singer, J. (1962). Cognitive, social, and physiological determinants of emotional state. *Psychological Review, 69*, 379-399.

Schmolck, H., Kensinger, E. A., Corkin, S., & Squire, L. R. (2002). Semantic knowledge in patient H.M. and other patients with bilateral medial and lateral temporal lobe lesions. *Hippocampus, 12*, 520-533.

Schneider, A. M., & Tarshis, B. (1986). *An introduction to physiological psychology.* New York: Random House.

Schneider, P., Scherg, M., Dorsch, G., Specht, H. J., Gutschalk, A., & Rupp, A. (2002). Morphology of Heschl's gyrus reflects enhanced activation in the auditory cortex in musicians. *Nature Neuroscience, 5*, 688-694.

Schoenemann, P. T., Sheehan, M. J., & Glotzer, L. D. (2005). Prefrontal white matter volume is disproportionately larger in humans than in other primates. *Nature Neuroscience, 8*, 242-252.

Schore, A. N. (2005). Back to basics: Attachment, affect regulation, and the right brain: Linking developmental neuroscience to developmental neuroscience to pediatrics. *Pediatrics in Review, 26*(6), 204-217.

Schore, A. N. (2003). *Affect regulation and the repair of the self.* New York: Norton.

Schultz, W., Dayan, P., & Montague, P. R. (1997). A neural substrate of prediction and reward. *Science, 275*(5306), 1593-1599.

Schultz, W. (2001). Reward signaling by dopamine neurons. *The Neuroscientist, 7*(4), 293-302.

Scoville, W. B., & Milner, B. (1957). Loss of recent memory after bilateral hippocampal lesions. *Journal of Neurology, Neurosurgery and Psychiatry, 20*, 11-22.

Seligman, M. E. (1975). *Helplessness.* New York: W. H. Freeman.

Serizawa, K. (1989). *Tsubo: Vital points of oriental therapy.* Tokyo: Japan Publications, Inc.

Shannahoff-Khalsa, D. (2006). *Kundalini Yoga meditation: Techniques specific for psychiatric disorders, couples therapy, and personal growth.* New York: W. W. Norton & Company.

Sharot, T., Riccardi, A. M., Raio, C. M., & Phelps, E. A. (2007). Neural mechanisms mediating optimism bias. *Nature, 450*, 102-106.

Shen, K. (2003). Think globally, act locally: Local translation and synapse formation in cultured aplysia neurons. *Neuron, 49*(3), 323-325.

Sherrington, C. S. (1906). *The integrative action of the nervous system.* Cambridge: Cambridge University Press.

Sherwood, C. C., Holloway, R. L., Semendeferi, K., & Hof, P. R. (2005). Is prefrontal white matter enlargement a human evolutionary specialization? *Nature Neuroscience, 8*, 537-538.

Shore, A. (2012). *The science and art of psychotherapy.* New York: W. W. Norton & Company.

Siegel, D. (2007). *The mindful brain.* New York: W. W. Norton & Company.

Simpkins, C. A., & Simpkins, A. M. (2012). *Zen Meditation in psychotherapy: Techniques for clinical practice.* Hoboken: Wiley.

Simpkins, C. A., & Simpkins, A. M. (2011). *Meditation and yoga in psychotherapy: Techniques for clinical practice.* Hoboken: Wiley.

Simpkins, C. A., & Simpkins, A. M. (2010a). *Neuro-hypnosis: Using self-hypnosis to activate the brain for change.* New York: W. W. Norton & Company.

Simpkins, C. A., & Simpkins, A. M. (2010b). *The dao of neuroscience: Eastern and western principles for optimal therapeutic change.* New York: W. W. Norton & Company.

Simpkins, C. A., & Simpkins, A. M. (2009). *Meditation for therapists and their clients.* New York: W. W. Norton &

Co.

Simpkins, C. A., & Simpkins, A. M. (2005). *Effective self hypnosis: Pathways to the unconscious*. San Diego: Radiant Dolphin Press.

Simpkins, C. A., & Simpkins, A. M. (2004). *Self-hypnosis for women*. San Diego: Radiant Dolphin Press.

Simpkins, C. A., & Simpkins, A. M. (1997). *Zen around the world: A 2500-year journey from the Buddha to you*. Boston: Charles E. Tuttle Co., Inc.

Simpkins, A., de Callafon, R., & Todorov, E. (2008). Optimal trade-off between exploration and exploitation. In W. A., Seattle, (Ed.), *2008 American Control Conference*. June 11-13.

Simpkins, A. & Todorov, E. (2009). Practical numerical methods for stochastic optimal control of biological systems in continuous time and space. To appear in IEEE April, 2009.

Singer, T., Symour, B., O'Dobery, J., Kaube, H., Dolan, R. J., & Firth, C. D. (2004). Empathy for pain involves the affective but not sensory components of pain. *Science, 303*, 1157-1162.

Skinner, J. E., & Yingling, C. (1977). Central gating mechanisms that regulate event-related potentials and behavior. In J. E. Desmedt (Ed.), *Attention, voluntary contraction and eventrelated cerebral potentials* (pp. 30-69). New York: Basal.

Snowdon, D. A., Greiner, L. H., Kemper, S. J., Nanayakkara, N., & Mortimer, J. A. (1999). Linguistic ability in early life and longevity: Findings from the Nun Study. In J. M. Robine, B. Forette, C. Franceschi, & M. Allard (Eds.), *The paradoxes of longevity*. Berlin: Springer.

Sofonov, M. G. (1996). Focusing on the knowable: Controller invalidation and learning. In A. S. Morse (Ed.), *Control using logic-based switching* (pp. 224-233). Berlin: Springer.

Soyen, S. (1987). *Zen for Americans*. New York: Dorset Press.

Spiegel, D. (1988). Dissociation and hypnosis in posttraumatic stress disorder. *Journal of Traumatic Stress, 1*, 17-33.

Sohlberg, M. M., Catherine, A., & Mateer, C. A. (1989). *Introduction to cognitive rehabilitation: theory and practice*. New York: Guilford Press.

Spear, L. (2010). *The behavioral neuroscience of adolescence*. New York: W. W. Norton & Company.

Spencer, D. G., & Lal, H. (1983). Effects of anticholinergic drugs on learning and memory. *Drug Development Research, 3*, 489-502.

Sperry, R. W. (1974). Lateral specialization in the surgically separated hemispheres. In F. O. Schmitt & F. G. Worden (Eds.), *Neurosciences: Third study program* (pp. 5-19). Cambridge: MIT Press.

Sperry, R. W. (1961). Cerebral organization and behavior. *Science, 133*-1749.

Sperry, R. W. (1945). Restoration of vision after crossing of optic nerves and after transplantation of eye. *Journal of Neurophysiology, 8*, 15-28.

Springer, S., & Deutsch, G. (1981). *Left brain, right brain*. San Francisco: W. H. Freeman.

Squire, L. R., Bloom, F. E., McConnell, S. D., Roberts, J. L., Spitzer, N. C., & Zigmond, M. J. (2003). *Fundamental Neuroscience* (2nd ed.). New York: Academic.

Squire, L. R., & Knowlton, B. J. (2000). The medial temporal lobe, the hippocampus, and the memory systems of the brain. In M. S. Gazzaniga (Ed.), *The new cognitive neurosciences* (2nd ed., pp. 765-779). Cambridge: MIT Press.

Squire, L. R., & Kandel, E. R. (2000). *Memory: From mind to molecules*. New York: Henry Holt & Company.

Squire, L. R. (1986). Mechanisms of memory. *Science, 232*(4578), 1612-1619.

Squire, L. R. (1987). *Memory and the brain*. New York: Oxford University Press.

Squires, E. J., Hunkin, N. M., & Parkin, A. J. (1996). Memory notebook training in a case of severe amnesia.

Neuropsychological Rehabilitation, 6, 55-66.

Stahl, S. M. (2000). Essential psychopharmacology: Neuroscientific basis and practical applications (2nd ed.). Cambridge: Cambridge Press.

Stanford, C. B. (1999). The hunting apes: Meat eating and the origins of human be havior. Princeton: Princeton University Press.

Stanislavski, C. (1936, 1984). An actor prepares. New York: Theatre Arts Books.

Strafella, A. P., Ko, J. H., & Monchi, O. (2006). Therapeutic application of transcranial magnetic stimulation in Parkinson's disease: the contribution of expectation. Clinical Neurophysiology, 31(4), 1666-1672.

Strakowski, S. M., DelBello, M. P., Sax, K. W., Zimmerman, M. E., Shear, P. K., Hawkins, J. M., et al. (1999). Brain magnetic resonance imaging of structural abnormalities in bipolar disorder. Archives of General Psychiatry, 56, 254-260.

Strehl, U., Leins, U., Goth, G., Klinger, C., Hinterberger, T., & Birbaumer, N. (2007). Selfregulation of slow cortical potentials: A new treatment for children with attention deficit/hyperactivity disorder. Pediatrics. doi: 10. 1542/peds.2005-2478.

Stengel, R. F. (1994). Optimal control and estimation. New York: Dover Publications.

Sternberg, R. J. (1996). Cognitive psychology. San Diego: Harcourt Brace College Publishers.

Steward, O., & Levy, W. B. (1982). Preferential localization of polyribosomes under the base of dendritic spines in granule cells of the dentate gyrus. Journal of Neuro Science, 2, 284-291.

Suzuki, D. T. (1973). Zen and Japanese culture. Princeton: Princeton University Press.

Suzuki, S. (1979). Zen mind, beginner mind. New York: Weatherhill.

Swaminathan, N. (2011). Glia-The other brain cells. Jan-Feb: Discover Magazine.

Taylor, S. E., Gonzaga, G. C., Klein, L. C., Hu, P.,

Greendale, G. A., & Seeman, T. E. (2006). Relation of oxytocin to psychological responses and hypothalamic-pituitary-adrenocortical axis and activity in older women. Psychosomatic Medicine, 68, 236-245.

Teicher, M. H. (2001). Wounds that time won't heal: The neurobiology of child abuse. Cerebrum 3, 1, 8-9 & 124.

Thorndike, E. L. (1931, 1977). Human learning. Cambridge, MA: M. I. T. Press Paperback Edition.

Thorndike, E. L. (1918). The nature, purposes, and general methods of measurements of educational products. In G. M. Whipple (Ed.), Seventeenth yearbook of the national society for the study of education (Vol. 2, pp. 16-24). Bloomington: Public School Publishing.

Titchener, E. (1909). Experimental psychology of the thought processes. New York: Macmillan.

Tomberg, C. (1999). Unconscious attention manifested in non-averaged human brain potentials for optional short-latency cognitive electrogeneses without subsequent P300. Neuroscience Letters, 263, 2, 26, 181-184.

Tooby, J., & Cosmides, L. (2000). Mapping the evolved functional organization of mind and brain. In Gazzaniga, (Ed). The new cognitive neurosciences, Second Edition. (pp. 1167-1178) Cambridge: A Bradford Book, The MIT Press.

Toropov, B., & Hansen, C. (2002). The complete idiot's guide to Taoism. New York: Alpha Books.

Totorov, E. (2006). Optimal control theory. In K. Doya (Ed.), Bayesian brain. Cambridge: MIT Press.

Tow, P. M., & Whitty, C. W. (1953). Personality changes after operations on the cingulated gyrus in man. Journal of Neurology Neurosurgery and Psychiatry, 18, 159-169.

Trachtenberg, J. T., Chen, B. E., Knott, G. W., & Feng, C. (2002). Long-term in vivo imaging of experience-dependent synaptic plasticity in adult cortex. Nature, 420, 788-794.

Tran, P. B., & Miller, R. J. (2003). Chemokine receptors:

Signposts to brain development and *disease*. *Nature Reviews Neuroscience, 4*, 444-453.

Treisman, A. M. (1969). Strategies and models of selective attention. *Psychological Review, 76*, 282-299.

Tronic, E. Z. (2007). *The neurobehavioral and social-emotional development of infants and children*. New York: W. W. Norton & Co.

Tronic, E. Z. & Weinberg, M. (1980). Emotional regulation in infancy: Stability of regulatory behavior. Paper presented at International Conference on Infant Studies.

Tronic, E. Z., Als, H., & Brazelton, T. B. (1980). Monadic phases: A structural descriptive analysis of infant-mother face-to-face interaction. *Merrill-Palmer Quarterly of Behavior and Development, 26*, 3-24.

Tronson, N. C., & Taylor, J. R. (2007). Molecular mechanisms of memory reconsolidation. *Nature Reviews Neuroscience, 8*, 262-275.

Tulving, E. (1983). *Elements of episodic memory*. New York: Oxford University Press.

Tulving, E. (1989). Remembering and knowing the past. *American Scientist, 77*, 361-367.

Umilta, M. A., Kohler, E., Gallese, V., Fogassi, L., Fadiga, L., & Keysers, C. (2001). I know what you are doing: A neurophiysiological study. *Neuron, 31*(1), 155-165.

Unis, A. S., Cook, E. H., Vincent, J. G., Gjerde, D. K., Perry, B. D., Mason, C., et al. (1997). Platelet serotonin measures in adolescents with conduct disorder. *Biological Psychiatry, 42*(7), 553-559.

Vallée, M., Mayo, W., Dellu, F., Le Moal, M., Simon, H., & Maccari, S. (1997). Prenatal stress induces high anxiety and postnatal handling induces low anxiety in adult offsprings: Correlations with corticosterone secretion. *Journal of Neuroscience, 17*(7), 2626-2636.

van der Kolk, B. A. (1997). The psychobiology of post-traumatic stress disorder. *J Clinical Psychiatry, 585*, 16-24.

Vanderwolf, C. H. (1992). The electrocoricogram in relation to physiology and behavior: A new analysis. *Electroencephalography and Clinical Neurophysiology, 82*, 165-175.

Van Essen, D. C. (2007). Cause and effect in cortical folding. Nature Reviews Neuroscience. doi: 10.1038/nrn2008-c1.

Van Gelder, T. (1995). What might cognition be, if not computation? *Journal of Philosophy, 91*, 345-381.

Vesalius, A. (1998-2009). *On the fabric of the human body*, (trans: Richardson, W. F., Carman, J.B.). 5 vols. San Francisco and Novato: Norman Publishing.

Vythilingam, M., Anderson, E. R., Goddard, A., & Woods, S. W. (2000). Temporal lobe volume in panic disorder-A quantitative magnetic resonance imaging study. *Psychiatry Research, 99*, 75-82.

Vogt, B. A. (2005). Pain and emotion interactions in subregions of the cingulated gyrus. *Nature Reviews Neuroscience, 6*, 533-544.

Wager, T. D., Rilling, J. K., Smith, E. E., & Sokolik, A. (2004). Placebo-induced changes in fMRI in the anticipation and experience of pain. *Science, 303*, 1162-1167.

Waley, A. (1958). *The way and its power*. New York: Grove Weidenfeld.

Watson, B. (1968). *The complete works of Chuang Tzu*. New York: Columbia University Press.

Watson, J. B., & Rayner, R. (1929). Conditioned emotional reactions. *Journal of Experimental Psychology, 3*, 1-14.

Watts, A. (1957). *The way of Zen*. New York: Vintage Books.

Weiskopf, N., Veit, R., Erb, M., Mathlak, K., Grodd, W., Goebel, R., et al. (2003). Physiological self-regulation of regional brain activity using real-time functional magnetic resonance imaging (fMRI): Methodology and exemplary data. *Neuroimage, 19*(3), 577-586.

Weitzman, E. D. (1981). Sleep and its disorders. *Annual Review of Neuroscience, 4*, 381-417.

Whitehorn, J. C. (1947). Psychotherapeutic strategy. *Acta Medica Scandinavica Supplementum, 196,* 626-633.

Whitehorn, J. C. (1963). The situation part of diagnosis. *International Journal of Group Psychotherapy, 8*(3), 290-299.

Whitehorn, J. C. (1972). *Personal Interview.* Maryland, September: Baltimore. 15.

Wicker, B., Keysers, C., Plailly, J., Royet, J. P., Gallese, V., & Rizzolatti, G. (2003). Both of us disgusted in my insula: The common neural basis of seeing and feeling disgust. *Neuron, 40,* 655-664.

Widrow, B., & Hoff, M. E. (1960). Adaptive switching circuits. In 1960 WESCON Convention Record (pp. 96-104) Dunno [Cited on pp. 23-27].

Wilhelm, R. (1990). *Tao te ching: The book of meaning and life.* London: Arkana.

Williams, M. A., Morris, A. P., McGlone, F., Abbott, D. F., & Mattingley, J. B. (2004). Amygdala responses to fearful and happy facial expressions under conditions of binocular suppression. *Journal of Neuroscience, 24*(12), 2898-2904.

Williams, J., Hadjistavropoulos, T., & Sharpe, D. (2006). A meta-anaylsis of psychological and pharmacological treatments for Body Dysmorphic Disorder. *Behavior Research and Therapy, 44*(1), 99-111.

Williams, A. L., Selwyn, P. A., Liberti, L., Molde, S., Njike, V. Y., McCorkle, R., et al. (2005). Efficacy of frequent mantram repetition on stress, quality of life, and spiritual well-being in veterans: a pilot study. *Journal of Palliative Medicine, 5,* 939-952.

Wilshire, B. (1984). *William James: Essential writings.* Albany: The State University of New York Press.

Wilson, D. H., Reeves, A., Gazzaniga, M., & Culver, C. (1977). Cerebral commissurotomy for control of intractable seizures. *Neurology, 27,* 708-715.

Winkelman, P., Niedenthal, P. A., & Oberman, L. M. (2009). Embodied perspective on emotioncognition interactions. In J. A. Pineda (Ed.), *Mirror neuron systems: The role of mirroring processes in social cognition* (pp. 235-260). New York: Humana.

Witkiewitz, K., Marlatt, G. A., & Walker, D. (2005). Mindfulness-based relapse prevention for alcohol and substance use disorders. *Journal of Cognitive Psychotherapy, 19*(3), 211-228.

Wohlschlager, A., & Bekkering, H. (2002). Is human imitation based on a mirror-neurone system? Some behavioural evidence. *Experimental Brain Research, 143,* 335-341.

Yapko, M. (2001). *Treating depression with hypnosis: Integrating cognitive-behavioral and strategic approaches.* New York: Brunner/Routledge.

Yapko, M. (2003). *Tranceworks: An introduction to the practice of clinical hypnosis.* New York: Routledge.

Yapko, M. (2006). *Hypnosis and treating depression: Applications in clinical practice* (3rd ed.). New York: Routledge.

Yutang, L. (1942). *The wisdom of China and India.* New York: Random House.

Zanchin, G. (1992). Considerations on "the sacred disease" by Hippocrates. *Journal of the History of the Neurosciences, 1,* 91-95.

Zeelenberg, R., Pecher, D., Shiffrin, R., & Raaijmakers, F. G. W. (2003). Semantic context effects and priming in word association. *Psychonomic Bulletin & Review, 10*(3), 653-660.

Zeig, J. K. (2006). *Confluence: The selected papers of Jeffrey K. Zeig.* Phoenix, AZ: Zeig, Tucker, & Theisen, Inc.

Zeld, D. H., & Pardo, J. V. (1997). Emotion, olfaction, and the human amygdala: Amygdala activation during aversive olfactory stimulation. *Proceedings of the National Academy of Sciences, 15,* 94, 8, 4119-4124.

Zehr, J. L., Todd, B. J., Schultz, K. M., McCarthy, M. M., & Sisk, C. L. (2006). Dendrite pruning of the medial amygdala during pubertal development of the male Syrian hamster. *Journal of Neurobiology, 66,* 578-590.

Zigova, T., Snyder, E., & Sanberg, P. R. (2003). *Neural stem cells for brain and spinal cord repair*. Totowa: Humana Press.

Zillmer, E. R., Spiers, M. V., & Culbertson, W. C. (2008). *Principles of neuropsychology*. Belmont: Thomson Wadsworth.

Zola-Morgan, S. M., & Squire, L. R. (1990). The primate hippocampal formation: Evidence for a time-limited role in memory storage. *Science, 250*, 228-290.

💟 찾아보기

인명

Aristotle 25, 26

Bellman, R. 99
Berger, H. 85
Bowlby, J. 205
Brodmann, K. 47

Cajal, S. R. 38, 39, 218
Churchland, P. 57

Damasio, A. 54
Darwin, C. R. 186
Descartes, R. 29, 31, 52

Erickson, M. H. 75, 181, 243, 250, 295

Foder, J. 53, 57
Franz, S. I. 218
Freud, S. 332, 333, 334, 336, 338, 339

Gage, F. 221
Gage, P. 68
Galen 27

Galvani, L. 30
Gazzaniga, M. S. 72
Golgi 38, 39

H. M. 69
Heidegger, M. 60, 103
Hennig, W. 183
Hippocrates 71
Hubel, D. H. 219

Jackson, H. 36, 37
James, W. 217

Konorski, J. 217

Lashley, K. 71, 218
Loewi, O. 40, 41
Luria, A 36, 37

Markov, A. 97
McCulloch, W. S. 163
Minsky, M. 163
Muller, J. P. 31

Papert, S. 163

Pitts, W. 163

Porges, S. W. 302

Ramachandran, V. S. 222

Rizzolatti, G. 311, 312

Rosenblatt, F. 163

Rossi, E. 223

Sherrington, C. S. 218

Thales 55

Thorndike, E. L. 162

Titchener, E. 317

Vesalius, A. 28

Volta, A. 30

Wiesel, T. N. 219

내용

2계층 연결망 165

Activating attention 237

Attention 237-254

BOLD 84

CAT 80

CBT 327

CNS 142

CT 80

Edwin Smith 외과 파피루스 22

EEG 85, 86

ERP 87

fMRI 82, 84, 85

Free-Flowing Attention 249

GAD 349

HPA 경로 350, 352, 353

HPA 축 133, 151

hypnosis 298

LTD 282

LTP 283

Maintaining attention 238

MEG 88

Mild cognitive impairment 208, 210

MRI 82, 83, 84

Non-judgmental 275

Orienting attention 238-239

P300 87

PDP 102

PET 82, 88

PTSD 350, 358, 359, 361

rCBF 81

Relapse prevention 391

REM 156, 157

RET 326

SNRT 372

SPECT 81

The short path and the long path of
    emotion 261

Titchener의 원 242

TLU 165, 166, 170

TMS 88, 89

Unconscious memory 282

XOR 163

XOR 케이스 164

가로면 46

가시 109

가지치기 201, 205, 206

각성 238

간뇌 198

감각 뉴런 110

감각 처리 146

감마아미노뷰티르산(GABA) 118, 119, 351

감마파의 일관성 345

감정 명명 384

강박장애

강박장애(OCD) 123, 350, 362, 363

강화 학습 174

개재뉴런 112

거울 뉴런 53, 133, 310–320

결정적 시기 203-205

골지체 109

공감 317-320

공포/스트레스 경로 146, 151, 152, 368

공황장애 350, 366

과분극화 114

관념 운동 379, 380

관상 46

교감신경계 145

교세포 108, 110, 112, 118

구심로차단 220

구조 125, 130

국재화 31, 32, 126

군소 215, 216

근육 뉴런 110

글루타메이트 118, 351

기능 125, 130, 134

기능주의 57

기억 69, 70

기억 응고화 157, 286

기억 체계 69

기억상실 131

기억상실증 287

기저핵 76, 126, 128

길항제 372

나무 이론 189
나트륨 이온 113
나트륨–칼륨 113
나트륨–칼륨 펌프 113
낭배 형성 196
내측 45
네트워크 228, 229, 230
노르에피네프린 118, 120, 121, 124, 145, 351
뇌 71
뇌 속 경로 228
뇌 영상 79, 88
뇌간 126, 191
뇌량 70
뇌섬엽 133, 264, 265
뇌신경 142
뇌실 143
뇌척수액 143
뉴런 107, 108, 110, 113, 115
니코틴 수용기 119

다중미주신경이론 143, 302
단기기억 282, 284, 285
대뇌화 188
대상회 264, 266, 267
대측 46
도파민 120, 150, 210, 211, 351
동역학계 이론 103
동적 분극 법칙 110
동종피질 191
동측 45
두정엽 134, 137

등급전위 114

랜덤워크 97
리간드 개폐형 115

마르코프 성질 97
마르코프 체인 97
마약 남용 399
마음이론 52
마음챙김 275-277, 376, 380-388
말소리 지각 318
말초신경계 142
망각 296
메스암페타민 393
명상 339-342
명상 54
모노아민옥시다제(MAO) 372
모델링 91, 101, 102
무스카린 119
무의식 75, 330-333, 337
무의식적 주의 241-243, 249, 250
문측 44, 46
물리주의 55
물질 남용 391, 401, 407-410
미측 45
미토콘드리아 109
민감한 시기 203, 204

반구 70
반구 우세 73
반추 370-373, 378, 380, 381, 388
방어 338, 339

방어기제 338

방추형 300

배측 45

배측 흐름 140

배타적 논리합 163

백색질 206

범불안장애 349

베이지안 추론 94-96

벨먼 방정식 99

변연계 60, 126, 129, 130, 350-356, 358, 361, 373-375

병렬 분배 처리 102

보상 회로 391-395, 405, 407, 410

보상경로 121, 146, 149

보상의 뇌과학 331

복측 45, 46

복측 피개영역 149

복측 흐름 140

부교감신경계 142, 145

분극화 114

분기학 183

분리뇌 70

분리뇌 환자 70

분화 199

브로카 영역 318

비선언적 기억 287, 288

비지도 학습 173

비판단적 태도 275

사건 관련 전위 87

사고의 언어 53

사다리 이론 188

삼중 뇌 191

삼중 뇌 모델 25

삼환계 항우울제 372

상부 45

상징체계 91

상향식 182, 240, 241

생물학적 리듬 153

생체아민계 118

선언적 기억 282, 287

선택적 세로토닌 재흡수 억제제(SSRI) 372, 373

선택적 주의 245, 247

세로토닌 122, 124, 351

세포 사멸 200

세포 사후 201

세포사 200

세포체 109

소뇌 127

수녀 연구 208

수면-각성 주기 155

수상돌기 109

수용기 119

수초 110

수초화 206

수학적 모델링 93

순행성 기억상실증 69

숨뇌 198

슈반 세포 110

시냅스 107-110, 115-118, 123

시냅스 재배열 201

시냅스 전 채널 115

시냅스 형성 200

시상 132

시상면 46

시상하부 132

시상하부-뇌하수체-부신 축 133

신경 유도 196

신경가소성 213, 215, 222, 230

신경망 159-162, 170-177

신경발생 213, 223

신경유도 196

신경 차단 220

신경전달물질 107, 110, 116-118

신경펩타이드 118, 123

신경호르몬 116

신체내부감각 259, 265, 266

신피질 191

실무율 115

실행증 76

심신 일원론 56, 57, 62

아미노산 123

아미노산계 118

아세틸콜린(ACh) 119, 145

아폽토시스 200, 201

안면인식장애 73

안정전위 113

안정화 200

알로스타틱 394

알츠하이머병 209

알코올 392, 393, 400

알파파 341

암묵적 기억 293, 294

애착 204, 205

약물 남용 394

양극성 장애 369, 373-375, 390

어디 경로 140

얼굴실인증 73, 74

에피네프린 122

엑스레이 82

엔돌핀 118

역 전파 172

역치 168

역행성 기억상실증 69

연결주의 모델 101

연합뉴런 112

염색 기법 79

오피오이드 118, 123, 124, 149

우뇌 통역기 73

우울 370-373, 376

우울증 369-378, 381, 388

울트라디안 리듬 153

유심론 59, 62

유전자 발현 216

유전자형 202

응고화 131

의식 54, 60, 75

의식적인 운동 신호 254

이동 198

이드 충동성 334, 338

인공 신경망 170

인드라망 161

인지행동치료 326

인프라디안 리듬 153

일주기 리듬 132, 153, 154

자기 조직화 체계 185-187

자기 최면 250, 252

자기감 53

자기공명영상(MRI) 80

자기조직화 신경망 173

자연이 치유한다(natura sanat) 228

자유롭게 흐르는 주의 249

자율신경계 142, 144, 152

자폐 319

자폐증 319

장기 강화작용 282

장기 우울증 282

장기기억 69, 282, 285, 286

장기기억 강화작용 391

장소 56

재배치 222

재응고화 288, 291

전두엽 134-138

전문화 190

전압개폐형 115

전전두엽 피질 68, 192

전체론 31, 126

전측 45

절차 기억 70

점화 288, 290, 293

정동적 신경과학 258

정서의 진화적 발달 258

정신역동치료 326, 333

정중 시상면 46

제거적 유물론 57, 62

제시 290, 292, 296

조절 경로 145

종뇌 198

종말단추 115

좌뇌 통역기 72

주의 초점을 정확하게 맞추는 것 246

주의를 좁히기 244

중뇌 198, 199

중독 391, 392, 399, 400, 405-410

중변연 경로 149

중추신경계 142

증식기 198

지도 학습 173

지적 설계 185, 186

진화 182, 185, 191

진화론 186

집착 버리기 405

짧은 경로와 긴 경로 353

차등보존 가설 209

채널 115

척수 198, 199

척수 신경 142, 143

최면 286, 290, 295, 343-347, 395-402, 408

최면 트랜스 76

최적 제어 100

최적 제어 이론 98

최적성 99

축색 109

축색둔덕 114

측두엽 131, 134, 138, 139

측두엽 손상 73

측좌핵 392, 393

치매 210, 211

카그라스 증후군 74
칼륨 이온 113
코카인 392, 393, 400

탈분극화 114
텐서 이론 101
통증 경로 147
투쟁 혹은 도피 129, 152, 350
특정 공포 356

파라크린 신호 116
파충류의 뇌 192
파킨슨병 76, 210
파페츠 회로 129, 263
퍼셉트론 163, 164, 165, 174
편도체 74, 130, 131, 133, 262, 264
편재화 71
평형전위 114
표상 52
표현형 202
푸르킨예세포 127
풍요 221
피드백 233
피드백 시스템 171
피드포워드 171, 233
피드포워드 시스템 171
피질 126, 132, 134, 139
피질의 정중선 구조 53

피질하치매 210
핍돌기교세포 110

하부 45
하향식 182, 240, 241
하향식 처리 과정 52
학습 모형 172
학습된 무기력 176
해마 131, 280, 282, 284-286, 352-358, 371, 373
행동치료 326
헤로인 392, 393, 400
헵의 학습 규칙 172
호르몬 116
호문쿨루스 136, 223
호흡 260, 269, 270, 274, 398, 403-406, 409
홉필드 신경망 171
화석 182
확률론적 시스템 96, 101
환지통 222
활동전위 114
활성 규칙 168
후뇌 198
후두엽 134, 139
후측 45
흑질 210
흑질 선조체 경로 149

저자 소개

C. Alexander Simpkins 박사와 Annellen M. Simpkins 박사는 임상심리전문가로서 명상, 최면치료 및 신경과학에 전문성을 가지고, 서로 밀접하게 공조하고 있다. 특히 Alexander Simpkins 박사는 동양의 도교를 포함해서 27개의  책을 공저로 출판했다. 이들은 신경과학의 원리를 인지치료, 명상, 최면치료에 통합적으로 적용하여 마음—뇌 변화를 촉진하는 심리치료를 개발했다. 또한 무의식적 방법을 사용한 치료 효과에 관한 연구를 심리치료 전문가와 일반 대중을 상대로 강연해 오고 있다. 이들은 30년 이상 심리치료 현장 경험이 있으며, 이들의 책은 외국에서 출판상을 받기도 했다.

역자 소개

채규만(Chae Kyuman)
Illinois Institute of Technology 임상심리학 박사
서울대학교 대학원 심리학과 석사
한국 및 미국 임상심리전문가
한국상담심리전문가
한국기독상담전문가
한국중독상담심리전문가
전 햇불트리니티 신학대학원 초빙교수
　　숭실대학교 기독대학원 초빙교수
　　국민대학교 교육대학원 겸임교수
　　한국임상심리학회 회장
　　한국인지행동치료학회 회장
　　대한성학회 회장
현 한국열린사이버대학교 상담심리학과 석좌교수
　　성신여자대학교 심리학과 명예교수
관심분야: 부부 및 성 치료, 가족치료, 아동 및 성인 ADHD 치료, 아동·청소년 및 성인 트
　　　　라우마 치료, 중독상담, 성소수자 상담

김지윤(Kim Jeeyun)
서울대학교 대학원 심리학과 석사(임상 및 상담 심리학)
임상심리전문가
정신건강임상심리사 2급
전 서울대학교 대학생활문화원 전임상담원
　　충북대학교, 서울대학교 강사
현 마음뜨락 임상심리센터 공동대표
관심분야: 정서조절, 인지행동치료, 변증법적 행동치료, 트라우마 치료, 청소년 및 일반인
　　　　대상 심리교육, 자폐스펙트럼장애를 위한 사회성 기술 교육

정진영(Jeong Jinyoung)

서울대학교 대학원 심리학과 석사(임상 및 상담 심리학)

임상심리전문가

정신건강임상심리사 2급

청소년상담사 2급

현 마음뜨락 임상심리센터 공동대표

관심 분야: 섭식장애, 트라우마 치료, 인지행동치료, EMDR, 마음챙김 명상

전진수(Jun Jinsoo)

고려대학교 대학원 심리학과 석사, 박사(임상 및 상담 심리학)

임상심리전문가

정신건강임상심리사 2급

(사)한국명상학회 명상지도전문가(R급)

전 아주대학교, 강남대학교, 한국열린사이버대학교 등 심리학 강의

현 이수(理修)심리상담센터장

관심분야: 한국형 마음챙김 기반 스트레스 감소 프로그램, 암환자를 위한 마음챙김, 건강
을 위한 마음 다스리기, 명상을 통한 수행 역량 개발

채정호(Chae Jeong-Ho)

가톨릭대학교 의과대학 학사, 석사, 박사

정신건강의학과 전문의

인지행동치료전문가

전 대한불안의학회 이사장 및 회장

　　한국트라우마스트레스학회 회장

　　대한명상의학회 회장

　　한국인지행동치료학회 회장

　　대한정서인지행동의학회 이사장

　　한국직무스트레스학회 회장

　　한국EAP협회 회장

현 가톨릭대학교 서울성모병원 정신건강의학과 교수

　　긍정학교 교장

관심분야: 트라우마 및 스트레스장애, 불안장애, 긍정심리학 및 인지행동치료, 두뇌자극
치료, 움직임 명상 등

치료자를 위한 뇌과학
Neuroscience for Clinicians: Evidence, Models, and Practice

2021년 1월 15일 1판 1쇄 발행
2024년 9월 25일 1판 3쇄 발행

지은이 • C. Alexander Simpkins · Annellen M. Simpkins
옮긴이 • 채규만 · 김지윤 · 정진영 · 전진수 · 채정호
펴낸이 • 김 진 환
펴낸곳 • (주) **학지사**

　　　　　04031 서울특별시 마포구 양화로 15길 20 마인드월드빌딩 5층
대표전화 • 02) 330-5114　　팩스 • 02) 324-2345
등록번호 • 제313-2006-000265호

홈페이지 • http://www.hakjisa.co.kr
인스타그램 • https://www.instagram.com/hakjisabook/

ISBN 978-89-997-2267-7 93180

정가 23,000원

출판미디어기업 **학지사**

간호보건의학출판 **학지사메디컬** www.hakjisamd.co.kr
심리검사연구소 **인싸이트** www.inpsyt.co.kr
학술논문서비스 **뉴논문** www.newnonmun.com
원격교육연수원 **카운피아** www.counpia.com
대학교재전자책플랫폼 **캠퍼스북** www.campusbook.co.kr